LES INDOMPTABLES

ARRÊTEZ DE SUIVRE LE TROUPEAU

LES LECTRICES ONT AIMÉ !

« Quel roman ! Les mots ne sont pas assez forts pour décrire la puissance et l'intensité de ce livre. Le style est frais et moderne. Féministe, féminin, mais avant tout puissant et terriblement réel. »

Aurélie, de @aurelivres57

« C'est une lecture qui fait réagir, réfléchir, qui nous secoue. *Les Indomptables* est pour moi une grande lecture, un roman comme je les aime pour nous ouvrir l'esprit et nous faire évoluer sur un chemin plus positif et bienveillant. »

Laure, de @liseusehyperfertile

« Un roman d'actualité très bien écrit, sur des femmes qui assument d'être elles-mêmes sans pour autant rentrer dans le moule. Une lecture captivante et divertissante ! »

Sandra, de @mordue_de_lectures

« Dans ce roman, les femmes sont très bien représentées. Elles sont ambitieuses, libérées, indépendantes, fortes et impertinentes. »

Cedrina, de @simplementced

« Un ouvrage qui met l'accent sur la difficulté d'être une femme dans une époque où chaque fait et geste est scruté, rapporté et jugé. Un livre écrit par une femme pour les femmes. Pour toutes celles qui veulent s'émanciper de la bien-pensance. »

Hélène, de @lespetiteslecturesdhelene

« *Les Indomptables* est un roman féministe mais pas que ! À travers l'histoire de ces trois femmes, l'autrice met en relief les choix et épreuves auxquels sont confrontées les femmes. Il donne à réfléchir, questionne, perturbe, nous incite à sortir de notre zone de confort. »

Célia, de @ladybooksss

« Ce livre aborde de nombreux sujets sensibles sans jamais tomber dans le pathos. Tout est abordé avec beaucoup d'humour. »

Alexandra, de @chromopixel

« La construction des chapitres est entraînante et dynamique. L'alternance des personnages donne un vrai rythme de lecture ! Les trois destins féminins sont variés et permettent d'appréhender différents problèmes, caractères et sujets de société. »

Marie, de @leslecturesdeknut

« Un roman moderne qui aborde des sujets actuels tels que le cyber harcèlement, la blogosphère et la vie virtuelle. Outre ces thèmes modernes, l'autrice aborde à travers la vie de ses trois héroïnes les notions de maternité, de solitude et d'ambition professionnelle. »

Soraya, de @soraya_bouquine

« *Les Indomptables* est un roman engagé, un peu provocateur sur les bords, qui questionne la place de la femme dans notre société moderne. Un beau roman, à mi-chemin entre *chick-lit* et ouvrage féministe engagé, qui fait la part belle à la sororité et à l'entraide entre les femmes. À lire pour rire et réfléchir en même temps ! »

Lise, de @douceur_de_lire

« L'autrice nous offre le portrait sans filtre de trois femmes modernes à l'ère 2.0. Ce livre choral aborde beaucoup de thématiques intéressantes ouvrant la réflexion sur la liberté des femmes. Un livre sur un ton un peu cru avec quelques éclats humoristiques. »

Jessica, de @the.eden.of.books

« L'autrice nous fait passer un message fort : osons assumer nos choix et nos actes, sans plus avoir à nous soucier de l'avis d'une société qui cherche à nous mettre dans des cases. »

Debora, de @debora.moloc

Dawn O'Porter

LES INDOMPTABLES

ARRÊTEZ DE SUIVRE LE TROUPEAU

Roman

Traduit de l'anglais
par Typhaine Ducellier

CHARLESTON

Titre original : *The Cows*

Traduit de l'anglais par Typhaine Ducellier

Édition française publiée par :
© Charleston, une marque des éditions Leduc.s, 2020
10, place des Cinq-Martyrs-du-Lycée-Buffon
75015 Paris – France
www.editionscharleston.fr

ISBN : 978-2-36812-513-7

Design de couverture : Claire Ward © HarperCollinsPublishers Ltd 2017
Photographie de couverture : © Shutterstock.com
Illustration p. 8 : © Micaela Alcaino

Maquette : Patrick Leleux PAO

À Chris et Art.

GÉNITRICE
PÉNIBLE
FÉMINISTE
JUGÉE
PAS ASSEZ FÉMINISTE
AUTORITAIRE
VOLEUSE DE SPERME
ÉMOTIVE
HORMONALE
SANS ENFANT
ÉLEVER
PUTE
CALME-TOI
SALOPE
TA GUEULE
MÈRE
HONTE
INSOLENTE
INSISTANTE
RADICALE

***Vache** (subst. fém.) : femelle adulte de la race domestiquée des bovins, utilisée comme source de lait ou de viande.*

« Vache » est le nom officiel donné à une génisse lorsqu'elle a eu un veau.

Si vous voulez un bon morceau de viande, alors c'est de la génisse qu'il vous faut, car les vaches, détruites par la gestation, ne donnent pas un steak tendre.

Les vaches sont des animaux incroyablement complexes : elles forment des amitiés et tombent même amoureuses, elles éprouvent des sentiments tels que la peur ou la colère, et même la rancœur.

Les vaches sont destinées à vivre dans un état hormonal constant, soit parce qu'elles sont grosses, soit parce qu'elles produisent du lait. Une génisse n'est qu'un morceau de viande, un simple outil de production. Au-delà de ça, elles n'ont pas grand-chose à offrir… en apparence. Certaines diront que ce phénomène se retrouve dans la société humaine et sa façon de considérer les femmes. D'autres non.

Chaque femme est différente et doit fournir des efforts constants pour ne pas être réduite à la condition de génisse, ou de vache. Les femmes n'ont pas à correspondre à un stéréotype. Les femmes n'ont pas besoin de suivre le troupeau.

1

Un vendredi d'avril, tard le soir

Tara

De la sueur perle sur son front et coule le long de son visage. Il y est presque, je le sens. Plus que quelques va-et-vient pour qu'il explose et me donne ce dont j'ai besoin. Il renifle et se frotte l'aile du nez, le poing fermé. Je pense qu'il souhaitait l'essuyer au départ, sauf qu'il se met presque un coup de poing au final. La sueur arrive à son menton, puis descend dans son cou pour atterrir sur son col de chemise blanc. Elle s'étend rapidement et forme une petite tache humide. Puis, comme s'il s'agissait d'un travail à la chaîne, une autre goutte apparaît et effectue exactement la même trajectoire. Il va craquer d'une minute à l'autre, j'en suis sûre.

Voilà plus de trois heures que nous sommes dans cette petite chambre d'un Holiday Inn, au bord de l'autoroute M4. J'ai demandé une chambre côté route, afin de pouvoir maintenir les fenêtres fermées à cause du bruit de la circulation. On crève de chaud : c'est la journée la plus chaude de l'année et j'ai dû couper la climatisation car la caméra détectait le bruit. Il ne va plus tenir longtemps. Quant à moi… je suis prête à tout endurer pour obtenir la petite phrase qui tue.

Il a accepté d'être interviewé uniquement parce qu'il savait qu'il serait seul dans la pièce avec moi et la caméra. Ce sale pervers semble avoir oublié que la fonction première d'un matériel d'enregistrement, c'est de capturer LE moment. Celui qui sera retransmis à des millions de personnes.

Cela fait des mois que je travaille sur ce documentaire : le harcèlement sexuel au travail. Shane Bower est le directeur général de Bower Beds, et je me suis entretenue avec de nombreuses employées parmi son personnel, toutes très loquaces quant à ses mains baladeuses. Hier, je lui ai tendu une embuscade sur le pas de sa porte, à 9 heures du matin, alors qu'il partait de chez lui pour se rendre au bureau. Je lui ai parlé des accusations et demandé ce qu'il avait à dire à ce sujet. Il a tout nié en bloc, bien sûr, et il est monté dans sa voiture. Je lui ai balancé une carte de visite par la portière ouverte. Mon instinct me soufflait qu'il me contacterait, et mon instinct a eu raison : deux heures plus tard, mon téléphone a sonné. Il voulait savoir sur quoi j'enquêtais. Je lui ai répondu que je réalisais un court-métrage sur le harcèlement sexuel pour une nouvelle chaîne numérique. Est-ce que les allégations portées contre lui étaient vraies ? Il a assuré que non, mais j'ai ajouté que j'étais en train de rassembler des preuves, et qu'il serait sage de sa part de tenter de convaincre les spectateurs de son innocence, car les images seraient diffusées avec ou sans sa participation. Alors il a accepté une interview. Seul avec moi. Dans une chambre d'hôtel.

Je me suis assurée que la caméra filmait à la seconde où il est entré dans la pièce.

Depuis ma place derrière la caméra, je déclare :

— Je suis persuadée que vous dites la vérité, Shane.

Je mens. Il empeste la culpabilité.

— Simplement, je pense que le public ne comprendra pas pourquoi autant d'employées de votre entreprise racontent la même histoire. Celle où vous leur demandez de sauter sur les lits, puis de vous sauter sur la…

— D'accord, d'accord, vous pouvez arrêter de répéter ça, s'il vous plaît ?

Il postillonne et transpire par tous les orifices. L'auréole de sueur sur son col s'étend désormais jusqu'à ses épaules.

— J'aime ma femme.

Je lis une peur sincère dans ses yeux. Il est stupéfait, comme une araignée qui se fige lorsque vous allumez la lumière au milieu de la nuit. Mais si la lumière reste allumée suffisamment longtemps, l'araignée bouge. Elle est obligée.

Je continue à filmer, il ne m'a pas dit d'éteindre. Ça me surprend toujours de voir à quel point les gens cachent la vérité pour finalement exploser, comme si c'était un soulagement de cracher le morceau. Il pourrait très bien mettre un terme à tout cela et partir en claquant la porte, sans rien me dire, sans se mouiller, mais c'est rarement le cas avec les personnes coupables. Je leur tends une corde, et elles finissent toujours par se pendre avec.

— Mes enfants sont tout pour moi.

La sueur coule à une telle vitesse que je regrette de ne pas avoir un bavoir à lui prêter.

— Si vous êtes honnête, peut-être que tout se passera bien.

Je dis ça en sachant pertinemment que je couperai presque tout ce qui est sorti de ma bouche au montage et que j'éditerai ce moment pour donner l'impression qu'il a causé sa perte tout seul. C'est là qu'il me l'offre sur un plateau. La phrase la plus grandiose que j'aurais pu imaginer.

— Ces salopes se comportaient comme si elles ne demandaient que ça. Comment un type est censé deviner que ce n'était pas ce qu'elles voulaient ?

Ahhhhh, magnifique !

Je baisse la caméra, mais la laisse tourner, au cas où il aurait d'autres pépites en or massif dans sa manche. Cependant, tout ce qui se passe à partir de maintenant n'a plus vraiment d'importance. J'ai ce que je cherchais : un aveu. Une fin pour ma scène. La police peut prendre le relais.

En plus, j'ai même fini à temps pour le déjeuner. Trop forte !

***

— Je l'ai eu.

Je jette les cartes mémoire sur le bureau de mon patron.

— Quoi, il a avoué ? s'enquiert Adam.

Il a son ton grinçant habituel. Je sais ce que ça signifie : il est ravi des images obtenues, et inquiet à l'idée de devoir me féliciter.

— Oui. La confession parfaite. Je t'avais dit que je réussirais.

— C'est bon, Tara, arrête de faire comme si tu étais dans une série policière. C'était une proie facile.

— Une proie facile ? J'ai dû l'isoler et l'enfermer dans une chambre minuscule pendant des heures pour en arriver là. C'était tout sauf facile.

Adam se lève, s'empare des cartes mémoire et va dans le grand bureau. Là, il les agite et annonce :

— On le tient.

Sa déclaration est accueillie par des applaudissements. Tout le monde est heureux que le programme sur lequel nous travaillons dur depuis des mois finisse en apothéose. Plantée derrière lui, je le regarde récolter les lauriers, en regrettant de ne pas avoir le courage de crier : « NOUS, MON CUL ! C'EST MOI QUI AI FAIT TOUT LE BOULOT. » Mais naturellement, l'individualité n'a pas sa place dans un travail d'équipe.

— Tara, Andrew, Samuel, est-ce qu'on peut se réunir vite fait dans la petite salle, s'il vous plaît ? lance Adam.

Il nous presse de le suivre dans une petite pièce aux murs multicolores, qui accueille des poufs, des magazines, une télévision et un grand tapis rond Ikea. L'endroit a été conçu pour stimuler la créativité et c'est ici que l'équipe chargée du développement vient faire semblant de travailler. Ils passent des heures assis là à regarder la télé, lire des livres et des magazines et décortiquer le MailOnline[1] en espérant trouver l'inspiration pour de nouveaux programmes télé. Ils sont trois et, au cours des deux dernières années, aucune des idées qu'ils ont eues ne s'est matérialisée à l'écran. Non pas que je compte les points, mais j'en suis à ma cinquième.

Je redoute toujours ces réunions, car elles me forcent à interagir avec trois ego mâles surdimensionnés qui savent tous que je suis excellente dans mon travail mais refusent de l'admettre. Il y a Andrew, responsable production ; Samuel, responsable développement, et Adam, le big boss. Les gens disent souvent que la télévision est une industrie à dominante masculine, et ils ont bien raison. C'est étrange, néanmoins, car un tas de femmes travaillent à la télé et beaucoup ont des postes à responsabilités. Le problème, c'est que, lorsqu'on en vient aux parts de marché, le consensus est que les femmes visionnent des programmes pensés pour les hommes, mais que les hommes ne visionneront pas un programme considéré comme féminin. Si tout est davantage masculin que féminin, les sociétés de diffusion ne perdront pas le public « footeux ». Autrement dit, avant même qu'un programme soit conçu, il a déjà été décrété que ce que les femmes veulent regarder est moins important que ce que les hommes, eux, veulent regarder. Ce sexisme infiltre l'industrie et les gens qui font les programmes, et vous le trouvez dans toute sa splendeur ici, dans les bureaux de Great Big Productions.

Alors que nous prenons place sur les poufs aux couleurs vives, mon pantalon en imitation cuir fait un énorme bruit de pet. Bien sûr, tout le monde sait d'où vient le

1. Site Internet des journaux britanniques *Daily Mail* et *Mail on Sunday*. (Toutes les notes sont de la traductrice.)

bruit, mais je sens que le doute plane. Ils s'interrogent et ils espèrent même : me serais-je humiliée en public ? Il y a une pause, au cours de laquelle ils guettent l'apparition d'une odeur. Une fois que tout le monde a la certitude que l'air est pur, Adam commence :

— D'accord, donc... non, attendez, il nous faut du café.

Il appelle son assistante, Bev. Je savais qu'il ferait ça. Il saisit toujours la moindre opportunité de montrer que c'est lui le patron, et le coup de l'assistante est un grand classique.

— Est-ce que tu pourrais nous apporter des cafés et de l'eau, s'il te plaît ? demande-t-il quand Bev entre dans la salle.

Elle porte une jupe un peu trop courte pour passer inaperçue au bureau et un chemisier blanc à travers lequel on peut voir son soutien-gorge rose.

— Plus vite que ça, ajoute-t-il.

Il l'incite à se dépêcher afin de pouvoir passer à la phase suivante de son plan, à savoir : mater ses fesses et pousser d'étranges grognements tandis qu'elle s'éloigne.

Un sifflement et un gros soupir graveleux retentissent, suivis du commentaire « Comment voulez-vous rester concentré sur le boulot » lancé à voix basse, accompagné de quelques ricanements et, naturellement, d'un regard dans ma direction, pour s'assurer que je n'en perds pas une miette. Je le fixe, pour qu'il soit bien certain que j'ai pris note de ses fausses intentions sexuelles.

Adam tente de me cacher son homosexualité depuis ce moment, il y a deux ans, où je l'ai surpris en train de regarder une vidéo d'un plan à trois (trois hommes, je précise) sur Internet. Il a paniqué lorsqu'il s'est rendu compte que son écran se reflétait dans la fenêtre derrière lui, m'offrant une vue imprenable. Il m'a assuré qu'il s'agissait de recherches dans le cadre d'un programme qu'il développait.

— Sur les orgies gays en bord de piscine ? avais-je demandé.

— Oui, avait-il simplement répliqué en fermant son ordinateur.

Nous n'avons plus jamais abordé le sujet et, bien sûr, je n'ai jamais vu le moindre programme sur les orgies gays.

Depuis lors, dès qu'il en a l'occasion, Adam s'applique à me montrer que ce sont les femmes qui l'attirent. Et il n'a rien trouvé de mieux que de traiter son assistante comme un objet. J'ignore pourquoi il ne se contente pas de dire la vérité, mais de toute évidence, il préfère passer pour un gros dur macho. Ça me fait de la peine pour lui, ça doit être épuisant de vivre ainsi dans le déni.

Désireuse de faire avancer les choses, je suggère :

— On peut peut-être parler boulot ?

Pour vous la faire courte : nous sommes une société de production télévisuelle qui a compris que l'avenir se jouait sur Internet. Par conséquent, nous créons du contenu et de multiples séries numériques pour nous faire connaître afin d'être toujours d'actualité quand la télé, elle, sera obsolète. Nous diffuserons des programmes portant majoritairement sur de vraies personnes dans des situations réelles, et j'ai été recrutée pour mener ce projet à bien. Je suis connue pour mes brillants programmes télé qui dressent le portrait de toutes les sphères de la société et mon patron pense que cela fonctionnera à merveille sous forme de webisodes de quinze minutes. Il a raison (car il est extrêmement intelligent et visionnaire, bien qu'il soit incroyablement impoli et agaçant). C'est super important pour moi : j'ai travaillé sans relâche pendant des années sur des productions au long cours à petit budget, et je tiens enfin l'opportunité de concevoir des programmes plus avant-gardistes (vive le jargon horrible de la télé), avec moins d'Ofcom[2] et plus de gros mots. On doit étrenner la série avec mon documentaire sur le harcèlement sexuel. Ça va être génial. C'est le job de mes rêves. L'inconvénient, c'est que je dois passer beaucoup de temps en compagnie de ces trois-là.

---

2. Équivalent britannique du CSA français.

— Ce n'est pas parce qu'on travaille sur du contenu numérique qu'on peut se la couler douce en termes d'argent. Les budgets sont réduits. Tu en es consciente, pas vrai ? demande Andrew.

Il me fixe avec condescendance, comme si être économe était un concept qui m'échappait totalement. Il n'est pas particulièrement doué dans son travail, et il le sait. Sa technique ? Attaquer pour masquer sa trouille de se faire virer.

— Ne t'inquiète pas, Andrew, je ne taperai pas dans le budget pour acheter des tampons et des chaussures. Je pense que je suis capable de me contrôler.

Ma technique à moi, c'est d'attaquer pour me défendre.

— Et il ne faudra pas compter tes heures. Budget serré rime avec longues journées, continue-t-il d'un air entendu.

C'est reparti ! C'est le moment où je dois, une fois de plus, expliquer ma situation, même s'ils la connaissent déjà.

— Je dois partir à 17 heures pour récupérer Annie à la garderie.

Je prends bien soin de dire « à la garderie » et non pas « chez ma mère ». Ils me prennent davantage au sérieux s'ils pensent que je paie pour la faire garder.

Je récolte le défilé de réactions habituelles : Adam lève les yeux au ciel, Andrew pousse un soupir contrarié et Samuel décroise et recroise les jambes tandis que j'admets être, comme Andrew l'a dit un jour, « désengagée ». Ils savent parfaitement ce qu'ils font, sauf que ça ne rime à rien, car ils savent aussi que tout va bien se passer.

— Je ne peux pas la laisser à la garderie après 17 h 30 les jours de semaine. Je vous l'ai déjà dit.

— Tu ne peux pas demander à ta mère de la prendre quand on est dans le jus ? tente Adam, toujours prêt à tirer sur la corde.

— Non, je ne peux pas.

Il y a de la défiance dans ma voix. Bien sûr que ma mère pourrait la garder, mais ce n'est pas le problème. Le problème, c'est que je tiens à passer du temps avec ma fille. Je pars à 17 heures, c'est ce que stipule le contrat que j'ai signé quand j'ai commencé chez Great Big Productions il y a quatre ans. Une condition sur laquelle Adam a toujours essayé de revenir depuis.

— Très bien, dit ce dernier.

Il souffle et croise les bras sur sa poitrine comme un gamin mécontent. Samuel fait un petit bruit désapprobateur et croise les jambes dans l'autre sens. L'ironie du temps qu'ils sont en train de perdre avec ça les dépasse complètement.

— C'est juste que ce n'est pas très équitable, tu ne trouves pas ? Pour les autres ? insiste Adam.

Je sais qu'Adam n'a aucun problème avec le fait que je parte à 17 heures, parce que cela n'affecte jamais mon travail. Il a juste trouvé une occasion de s'affirmer, et il saute dessus.

— Je suis mère célibataire, Adam, alors évite de me parler d'équité, je te prie. Je travaille à plein temps et tout ce que je demande, c'est de pouvoir m'en aller à 17 heures pour récupérer ma fille à la garderie. J'arrive deux heures avant tout le monde tous les matins et je n'ai pas pris la moindre journée d'arrêt maladie en trois ans. J'assure.

Il marque un silence assez long pour que la tension me donne mal à la tête avant de répondre :

— Tu ne dois pas assurer qu'au travail, pour t'être retrouvée dans ce pétrin.

Rires gras, gloussements, ricanements, etc.

— Très drôle.

Je me redresse sur mon pouf, ce qui donne lieu à un autre énorme bruit de pet.

— Désolée, j'ai forcé au déjeuner.

Ça a le mérite de les faire passer à autre chose.

Cam

www.HowItIs.com
Camilla Stacey

Je suis une fausse blonde d'un mètre quatre-vingt-six dont les sourcils se rejoignent si je ne les épile pas. Je dois aussi avouer que j'ai des mains et des pieds immenses et que mes bras et mes jambes sont d'une longueur peu commune. J'ai bien conscience que cette description me donne l'air d'être l'enfant illégitime de Monsieur Chatouille et Cousin Machin, pourtant, j'ai un physique plutôt attrayant.
J'ai l'air de venir d'une tribu de guerrières amazones alors qu'en réalité, je viens de la banlieue de Londres – mon père est de Woking et ma mère de Barnet. Je suis juste grande et avec de grandes mains, que voulez-vous ?
En dépit de mes imperfections, mon apparence ne m'a jamais posé de problème. Je ne sais pas ce que c'est d'avoir peur de se mettre en bikini ou de retirer mon haut devant un homme. Je ne suis pas inquiète à propos de mon poids, parce que je ne grossis jamais, peu importe ce que je mange. Je porte des vêtements taille 38 alors que je fais probablement un 36, mais il me faut une taille au-dessus à cause de mes membres tentaculaires.
J'ai un joli visage, je l'aime bien. Je ressemble un peu à Emma Stone, mais avec un nez plus prononcé et une peau plus mate. J'ai de grands yeux marron, des cils d'une longueur surréaliste et des joues naturellement roses. Mes dents ne sont pas bien alignées mais je n'ai jamais envisagé de porter un appareil à partir du moment où c'est devenu très beau d'avoir les dents un peu de travers (merci, Kate Moss).
J'ai consacré beaucoup de temps à observer mon corps, pas par vanité, mais plutôt d'un point de vue scientifique. J'ai examiné mon reflet nu à de nombreuses reprises, parce que c'est mon corps et que je dois le connaître mieux que quiconque. Je me suis accroupie au-dessus de miroirs pour voir ce que les hommes voient, j'ai inspecté mon visage devant un miroir grossissant et compté mes rides. Je me

connais vraiment bien, parce que j'ai pris le temps de me connaître. À trente-six ans, je suis heureuse d'être celle que je suis.

J'imagine que certaines personnes seront choquées que je parle de ma propre image de manière aussi positive. Car on n'est pas censés faire ça, pas vrai ? On vit dans un monde qui célèbre la minceur, les gros seins ou les fesses joliment musclées. La société nous encourage tous à devenir et à nous sentir beaux. Mais dès que quelqu'un admet aimer sa silhouette, on trouve que cette personne est imbue d'elle-même. Ne m'en veuillez pas d'aimer mon apparence. Je ne suis pas en train de dire que je me trouve parfaite, ni que je suis mieux qu'une autre ou que tous les hommes de la Terre me désirent. Tout ce que je dis, c'est que mon image ne me déprime pas. J'ai un tas de problèmes, mais mon apparence n'en fait pas partie.

Je ne pense pas être la seule dans ce cas-là. Alors dites-moi… qu'est-ce que vous voyez quand vous vous regardez dans la glace ?

Bises,

Cam

Stella

Qu'est-ce que je vois quand je me regarde dans la glace ? Voilà la question que je me pose en avalant la dernière bouchée du croissant au beurre qui a accompagné ma lecture du post de Camilla Stacey. J'adore Cam ; avec Alice, on citait souvent ses meilleures phrases. C'est comme si elle pensait aux trucs auxquels on n'avait pas encore pensé. *Qu'est-ce que je vois dans la glace, Cam ?* Hum… Ma façon de me décrire ne serait pas aussi positive que la tienne, ça, c'est sûr. Pas parce que je ne me trouve pas séduisante ; je n'ai aucun problème avec mon apparence, en réalité. Simplement, regarder dans le miroir me fait soit regretter le passé, soit redouter l'avenir. Si je parvenais à me voir uniquement pour ce que je suis, alors je ne détesterais sans doute pas autant me regarder. Le problème, c'est que ce que je vois, ce sont les fantômes de ma mère et de ma sœur qui me fixent.

Je fais défiler mon fil d'actualité Facebook. Sans surprise, je suis inondée de messages.

> Je pense à toi. Bisous

> J'espère que tu réussiras à sourire aujourd'hui. Où qu'elle soit, je sais qu'Alice va boire quelques coupes de champagne. Bisous

> Je ne peux pas imaginer ce que tu dois ressentir aujourd'hui. Je n'oublierai jamais vos fêtes d'anniversaire complètement dingues. Elle me manque tellement... Je t'embrasse très fort.

> Je n'arrive toujours pas à y croire. J'espère que la journée ne sera pas trop douloureuse pour toi. Je porterai mon ruban rose avec fierté. Gros bisous

Il doit bien y avoir vingt-cinq messages, mais pas un seul qui comporte les mots « joyeux anniversaire ». Je n'ai pas revu la majorité de ces gens depuis l'enterrement d'Alice il y a cinq ans, pourtant, ils continuent à placarder ces messages creux sur mon mur tous les ans. Ils ne s'en souviendraient sans doute même pas si Facebook n'était pas là pour le leur rappeler.

En continuant à scroller, je tombe sur d'innombrables statuts sur Alice, de gens qui revendiquent la relation qu'ils avaient avec elle et déversent leur tristesse. Des gens qui espèrent générer de la sympathie en écrivant des messages affligés pour dire combien elle leur manque. C'est d'une transparence... Je n'ai même jamais mentionné Alice sur Facebook. Je déteste les posts qui veulent juste attirer l'attention. Ceux où les gens écrivent, ouvertement ou énigmatiquement, sur les malheurs qui les frappent, tout ça dans l'espoir que leurs « amis » répondent avec des messages compatissants. L'un d'eux, signé par Melissa Tucker, une fille qui allait à l'école avec nous et qui jouait au netball avec Alice, dit :

> Aujourd'hui, c'est l'anniversaire d'une des meilleures amies que j'aie jamais eues. Elle était drôle, belle, douce et généreuse. Je n'ai jamais rencontré quelqu'un comme elle. Repose en paix, Alice Davies. Le monde est plus sombre sans toi pour l'éclairer.

« Jamais rencontré quelqu'un comme elle » ? C'était ma sœur *jumelle*. Je ne sais pas si Melissa est cruelle ou stupide, mais je dois me retenir de toutes mes forces pour ne pas couvrir sa page d'insultes. Il faut vraiment être dérangé pour écrire ce genre de choses.

Je regarde le petit point vert en bas à gauche de mon écran. « Alice Davies – connectée ». Je l'imagine allongée sur le ventre dans notre appartement, occupée à poster des idioties sur Facebook comme avant.

J'ai dit à tout le monde que j'avais fermé son compte quand elle est morte, mais c'est faux. En réalité, j'ai supprimé tous ses amis et j'ai rendu son compte privé. Je suis sa seule « amie ». Pour tous les autres, son compte n'existe plus, mais moi, je peux aller sur son profil dès que j'en ai envie et relire tous ses vieux statuts. Comme celui où elle racontait qu'elle ne pouvait pas cuisiner le plat qu'elle voulait parce que le supermarché à côté de la maison était à court de tomates cerise. Ceux que j'aime le plus, ce sont ceux du quotidien, sans le moindre intérêt. Quand elle vivait sa vie, tout simplement.

Tous les matins, quand j'arrive au travail, je me connecte à son compte sur mon portable, pour la voir en ligne lorsque je suis sur l'ordinateur. Le petit point vert me donne l'impression qu'elle est juste là, assise sur son lit, prête à me dire bonjour à n'importe quel moment.

— Bonjour, lance Jason en sortant de son bureau.

Je sursaute et il me sourit.

— Pardon, je ne voulais pas vous faire peur.

Je ferme rapidement l'onglet Facebook et ouvre la page d'accueil du studio, même s'il trouverait sûrement bizarre que je sois là-dessus. Mais il ne regardera pas mon écran, de toute façon. Il n'est pas ce genre de patron.

— Il faut que j'y aille. Quelle angoisse ! se lamente-t-il.

Il est debout devant moi, les bas croisés. C'est sa position par défaut. Ce n'est ni défensif, ni impoli : c'est comme ça que ses mains tombent lorsqu'il ne tient pas son appareil photo.

— Ça ne sert à rien d'angoisser. Elle veut simplement savoir comment ça se passe, pas vrai ? Vous n'avez pas à lui faire lire quoi que ce soit, dis-je pour le rassurer.

— J'étais censé lui remettre le premier jet la semaine dernière. Il va falloir que j'explique pourquoi je ne l'ai pas fait.

— Vous n'avez qu'à lui expliquer que ça avance bien, et que vous aurez fini pour la date butoir. Après, si je peux vous donner un conseil… vous devriez vous couper du monde. Pas de télé ni d'Internet jusqu'à ce que vous ayez terminé.

— C'est un cauchemar, votre truc. Mais vous avez peut-être raison.

Jason décroise un bras pour se frotter le visage. Il semble épuisé, mais ça lui va bien. Il est marqué par le passage du temps, il a toujours l'air d'avoir mal dormi, même quand il affirme avoir passé une très bonne nuit. Il ne porte jamais autre chose que des chemises amples et des jeans. Il est grand et mince, rempli d'une énergie qui l'empêche de rester très longtemps assis sans bouger. Son cerveau passe d'une idée à l'autre sans lui donner le temps de réfléchir, selon lui, alors il parle souvent à tort et à travers ou coupe la parole aux autres, mais l'étincelle dans son regard encourage les gens à le pardonner. Une partie de son charme vient du fait qu'il est sincère et agréable. C'est pour ça qu'il est si doué dans son travail. Enfin, le côté photographie, tout du moins. Parce que pour ce qui est d'écrire, c'est une cata.

— J'ai trouvé une application qui pourrait vous aider. En gros, c'est comme un énorme verrou pour votre ordinateur. Ça vous empêche de faire quoi que ce soit tant que vous n'avez pas écrit un certain nombre de mots. Vous voulez essayer ? Je peux aussi effacer vos applis de réseaux sociaux et mettre en place un blocage sur votre portable.

Je suis convaincue que c'est sa seule chance. Jason sort son ordinateur portable de son sac et le pose devant moi.

— D'accord. Allez-y. Il faut que je prenne des mesures radicales. Vous n'aurez qu'à le laisser sur mon bureau quand vous aurez fini, je pense venir demain pour travailler. Vous pourrez vous occuper de mon portable lundi ?

— Pas de problème.

Il reste là pendant un trop long moment, à m'observer. Je lève la tête vers lui pour l'encourager à parler.

— Vous avez de la chance, Stella, vous savez ? Votre vie ne s'arrête pas si vous ne trouvez rien à dire ou à écrire ou à photographier. Vous venez simplement au travail, puis vous rentrez chez vous retrouver votre petit ami dans la maison dont vous êtes propriétaire, en sachant que demain, tout sera pareil. Tout sera parfait. Je vous envie.

Jason m'envie ? Pardon ? Je dois me retenir pour ne pas me lever et crier tellement fort qu'il en tomberait à la renverse. Il est jaloux de *ma* vie ? Est-ce qu'il a la moindre idée de ce que c'est d'être moi ? Non. Aucune. Je n'ai jamais rien confié de personnel à Jason. Il ignore tout de ma mère, d'Alice, de ma santé. Il n'a que les informations de base : je vis à Londres, dans un appartement qui m'appartient, avec mon petit ami Phil. C'est tout ce qu'il a besoin de savoir. Néanmoins, je trouve ça bizarre qu'il n'en sache pas plus alors qu'on se voit dans ce studio cinq jours par semaine, huit heures par jour, qu'on discute presque constamment… enfin, *il* discute. Je ne sais pas trop comment c'est possible de survoler les sujets de fond et de s'entendre aussi bien, mais nous y parvenons. Une bonne relation de travail a toutes les qualités d'une mauvaise relation amoureuse. Si seulement ça pouvait être aussi simple de passer autant de temps avec son petit ami !

— « Parfait » n'est peut-être pas le mot que j'emploierais, bredouillé-je en minimisant l'imperfection monstrueuse qu'est mon existence.

— De mon point de vue, ça y ressemble beaucoup. Vous avez un petit ami, la sécurité. Vous allez vous marier, avoir des enfants. Une vraie famille. Je crèverai sûrement tout seul dans mon studio, assommé par la chute d'un trépied, ou un truc tout aussi pathétique.

Il balaie le studio d'un regard un peu perdu. Son visage est vieillissant et buriné mais ses yeux bleus pétillent encore. En temps normal, on évite d'aborder les détails personnels de nos vies, mais c'est comme si écrire ce livre le poussait à réexaminer tout ce qui l'entoure, moi y compris.

— En fait, c'est moi qui suis jalouse de *vous*, dis-je doucement.

À croire que j'ai trouvé une petite voix dans ma tête qui a besoin d'être entendue.

— Vous créez, et ça enthousiasme les gens. Vous prenez des photos qui changent leur façon de penser. Regardez-les.

Je montre les murs du studio, couverts de tirages de son travail. Je me surprends souvent à admirer les portraits en très grand format. Ils sont si précis ; comme si les pensées des modèles étaient inscrites sur leur visage.

— Vous capturez des moments à côté desquels nous passerions tous, si vous n'étiez pas là pour nous les montrer. Et maintenant, vous êtes en train d'écrire un livre. Quelque chose qui vous survivra. Une preuve physique, tangible, de votre existence. Si ça se trouve, dans cinquante ans, quelqu'un sera assis dans un hall d'hôtel, ou en train d'attendre dans un aéroport, ou de parcourir les rayons de la bibliothèque d'un ami, et cette personne tombera sur un exemplaire de votre livre. Elle verra vos photos, elle lira vos mots et se demandera qui était l'esprit brillant qui a immortalisé ces histoires. Puis elle inspectera la couverture et verra votre nom, et elle lira à voix haute « Jason Scott ». Elle songera à quel point vous étiez intelligent, elle vous sera reconnaissante de l'avoir inspirée et de lui avoir fait passer le temps. Enfin, elle reposera le livre et quelqu'un d'autre le trouvera et l'adorera à son tour. C'est votre héritage. Un travail formidable, que vous avez créé. C'est vous qui avez de la chance.

Il y a une longue pause, durant laquelle il me dévisage assez intensément. Il est tellement sexy que, parfois, je dois l'imaginer sur le trône pour me sortir ce genre de pensée de la tête.

— On aurait dit un discours que vous avez répété pendant des semaines, finit-il par déclarer.

Certes, il n'a jamais rien entendu d'aussi profond sortir de ma bouche. D'habitude, je suis plutôt du genre autoritaire. C'est d'ailleurs pour ça qu'il m'a engagée : il est un artiste tête en l'air qui a besoin de cadre et d'organisation, et j'aime organiser la vie des autres parce que cela me permet d'oublier le chaos qui règne dans ma tête.

— Je pense simplement que vous devriez être fier de ce que vous avez accompli, même si ce n'est pas toujours facile.

Là-dessus, j'ouvre son ordinateur, comme pour mettre un terme à la conversation.

— Vous avez tout à fait raison.

Il continue à m'étudier pendant un moment tandis que je cherche le logiciel dont je lui ai parlé et que je commence à le télécharger.

— Vous savez manier les mots. Peut-être que vous devriez écrire mon livre ?

Il me lance un clin d'œil malicieux. Il ne plaisante qu'à moitié.

— Vous avez quelque chose de prévu ce soir ? s'enquiert-il.

— On va juste dîner avec Phil et des amis. C'est mon anniversaire.

Cette perspective m'excite autant que mon ton le laisse supposer. À savoir pas du tout.

— Bon sang, Stella, vous auriez dû me le dire, je vous aurais acheté un petit quelque chose. Vous allez où ?

— Au Pizzaro, un restaurant de tapas sur Bermondsey Street. Rien d'indécent. C'est juste un petit resto sympa et décontracté.

— C'est un anniversaire important ? Vos soixante ans, peut-être ? plaisante-t-il avec l'air de quelqu'un qui est fier de sa blague.

— Attention à ce que vous dites ! Et sinon, j'ai vingt-neuf ans, donc non. Rien de spécial ni d'important.

— D'accord. Bon, alors amusez-vous bien. Buvez comme un trou et faites des folies. On se voit lundi.

— À lundi.

Une fois qu'il a fermé la porte du studio derrière lui, je pousse son ordinateur sur le côté et me remets sur le mien. Pendant quelques instants, je fixe le petit point vert en priant pour qu'il fasse quelque chose qui me prouverait qu'Alice est vraiment là. Sauf que ça n'arrivera jamais. Je clique sur sa page et j'écris :

Joyeux anniversaire, sœurette. Tu me manques.

Je rassemble mes affaires et je m'en vais.

Tara

J'ai rarement l'occasion d'aller chercher Annie à l'école, alors le vendredi, lorsqu'elle a cours de danse et qu'elle sort à 16 heures, je fais toujours en sorte d'être là. Cela implique de partir encore plus tôt du bureau, mais je souris face aux ondes de culpabilisation de mes collègues, parce que ça n'arrive pas à la cheville de la culpabilité que j'éprouve quand je ne le fais pas. Être une mère célibataire qui travaille signifie qu'en général, il y a toujours quelqu'un qui m'en veut quelque part, soit ma fille, soit mon patron. Je me retrouve donc perpétuellement à m'excuser auprès de l'une ou de l'autre pour ne pas leur accorder suffisamment de temps. Ce sentiment de ne jamais être réellement assez pour personne m'inquiète beaucoup. Est-ce que je gagnerais davantage d'argent et est-ce que je serais plus compétente si je ne quittais pas le bureau à 17 heures ? Est-ce que ma fille serait plus heureuse si je débauchais toujours à 16 heures ? Qui sait quelle est la bonne réponse à ces questions. Personnellement, je ne l'ai pas, et je ne peux pas m'empêcher de me dire que les autres mamans qui attendent devant la grille de l'école pensent que je suis une mauvaise mère.

Je me suis persuadée qu'elles jugent toutes ma situation et, par conséquent, je ne fais rien pour créer des liens avec elles. Du coup, elles ne font rien non plus pour en créer avec moi. Elles sont là, à papoter ensemble comme de vieilles amies, tandis que moi, j'attends ma fille tout en répondant à des mails sur mon portable, sans lever le nez pour dire bonjour, ou presque. Elles doivent penser que je suis vraiment imbue de ma personne ou impolie, et elles n'ont pas complètement tort : mon manque d'intérêt est délibéré, donc je *suis* impolie, je suppose. En même temps, si elles faisaient davantage d'efforts avec moi, j'en ferais davantage avec elles. Il n'y en a pas une seule qui se dit : *Elle est seule pour élever sa fille. On devrait peut-être aller vers elle, pour qu'elle fasse partie du groupe ?* Non. Aucune ne se dit ça. Elles se contentent de papoter entre elles et de me juger parce que Annie n'a pas de père et que c'est souvent ma mère qui la récupère après l'école. Ma mère assure que je suis parano et qu'elles lui parlent, à elle. C'est donc évident que c'est moi qui pose problème. Mais qui sont-elles pour me juger ? Est-ce que ça vaut mieux d'être mère au foyer plutôt que de travailler comme je le fais ? Est-ce qu'elles sont plus heureuses que moi ? Allez savoir. Peu importe. Je n'ai jamais été capable de tisser des liens avec d'autres femmes uniquement parce que j'étais mère et elles aussi. Je détestais tous ces cours pour les mères et leur bébé où on est censé s'ouvrir aux autres, partager nos sentiments, donner des conseils, se faire aider... J'avais l'impression d'être la figure de proue de la controverse dans une pièce remplie de femmes qui incarnaient la norme. J'ai arrêté les cours quelques semaines après avoir commencé. Annie et ma mère étaient tout ce dont j'avais besoin. Mon village était petit, mais indestructible. J'étais parfaitement heureuse et à l'aise avec mes choix.

Lorsqu'on affronte la vie seule, on apprend vite à compter sur le moins de monde possible.

Cinq ans plus tard, devant la grille de l'école, je ne parviens toujours pas à rentrer dans ce monde. Pas évident de briser la glace quand vous avez passé votre journée à rassembler des informations sur un détraqué sexuel et qu'elles ont probablement passé la leur à surgeler des portions de lasagnes dans de petits sacs individuels. C'est difficile de parler éducation des enfants avec des gens qui ne font rien d'autre que ça, car ils sont une espèce à part à mes yeux. *Allez Annie, dépêche-toi de sortir !*

— Tara ! crie une voix amicale qui me prend par surprise.

Je me tourne et reconnais Vicky Thomson. Sa fille Hannah est dans la classe d'Annie. Vicky est une femme au foyer qui s'ennuie, veut désespérément recommencer à travailler et est convaincue qu'elle pourrait trouver un job à la télé même si elle n'a pas la moindre expérience dans ce domaine. Elle tente sans relâche de me vendre des idées de programmes comme si je faisais partie du jury pour découvrir les nouveaux talents et que j'avais le pouvoir de changer sa vie. Le pire, c'est que certaines de ses idées sont loin d'être mauvaises. Elle me rejoint d'un pas pressé.

— J'espérais bien vous croiser. J'ai travaillé sur l'idée dont je vous ai parlé, annonce-t-elle en partant du principe que je m'en souviens. J'ai pensé que vous pouviez peut-être aller plus loin en matchant les gays à la fin ?

— Comment ?

Mon ton est un peu sec. Mais si je lui fais un retour trop détaillé, elle ne me lâchera jamais la grappe. Et elle ne m'aide en rien à passer inaperçue.

— Vous savez, mon idée de « Take My Gay Away ». Un programme sur les parents qui refusent l'homosexualité de leurs enfants et les envoient dans un camp aux États-Unis pour les rendre hétéros. Vous avez dit que ça vous plaisait, alors j'ai continué à travailler dessus. Peut-être que vous pouvez pitcher le concept à votre société ? Je suis plus que prête à reprendre le boulot, trois enfants en six ans, c'est bon. J'ai besoin de penser à autre chose maintenant qu'ils sont tous à l'école, vous comprenez ?

J'approuve d'un ton poli :

— C'est une excellente idée.

— Alors vous croyez qu'on devrait pitcher ? insiste-t-elle.

— Je pense que c'est captivant, mais nous avons quelque chose de très similaire en cours de développement, alors je ne suis pas sûre que ça nous intéresse.

C'est la réponse habituelle que je donne aux gens qui me proposent des concepts qui me plaisent plus ou moins. Ça me permet de couvrir mes arrières si jamais je décide de le leur piquer un jour.

— Ah. Je vois. Et mon idée sur les femmes qui veulent un pénis mais refusent que la société les voie comme des hommes ? tente-t-elle, collée à moi comme un chiot qui sentirait que j'ai une friandise dans la poche.

Aussitôt, le requin en moi a envie d'en savoir plus.

— Attendez, ça existe ?

— Ouais, j'ai vu ça sur Internet.

— Mais vous cherchiez quoi pour tomber là-dessus ?

— « Fille avec une bite », répond-elle comme si c'était le truc le plus normal au monde.

— Pourquoi ?

— Je ne sais pas trop. Je suppose que je me demandais juste ce que ça faisait d'être une fille avec une bite.

— Vous aimeriez en avoir une ?

— Non.

— D'accord.

Les portes de l'école s'ouvrent et les enfants en jaillissent comme une déferlante. Annie est une des dernières à sortir. Elle est plus lente que d'habitude et je vois tout de suite qu'elle est triste.

— Annie, qu'est-ce qui se passe ?

Je m'agenouille devant elle et rapproche mon visage du sien.

— Tu es malade ?

Elle secoue lentement la tête et baisse les yeux.

— Il s'est passé quelque chose à l'école ? Quelqu'un a été méchant avec toi ?

— Non, mais Trudy fête son anniversaire samedi et elle dit que je peux pas venir parce qu'il y a pas de place pour moi.

— Pourquoi elle te dirait une chose pareille ?

En réalité, je ne suis pas étonnée. La mère de Trudy m'a tout l'air d'être la reine des connasses. Elle a fait claquer sa langue en signe de mécontentement quand je suis arrivée en retard au dernier spectacle de Noël. Si fort que tout le monde l'a entendue. J'avais dû quitter un tournage tôt pour venir au spectacle ; Adam m'avait engueulée comme jamais mais j'étais partie quand même pour ne pas décevoir Annie, tout ça pour me faire réprimander parce que j'avais ouvert la porte au moment où la Vierge Marie (interprétée par Trudy elle-même) cherchait un endroit où passer la nuit. À croire que j'avais déboulé avec perte et fracas en plein milieu d'une représentation de *MacBeth* au National Theatre. J'étais restée dans le fond de la salle et j'avais fait signe à Annie, qui était sur scène et jouait l'âne le plus formidable que j'aie jamais vu. Elle m'avait fait signe aussi et une de ses oreilles était tombée. La mère de Trudy avait de nouveau fait claquer sa langue. Mais cette fois, ça m'était complètement égal : retard ou non, je savais qu'Annie était enchantée que je sois là.

Je frotte les bras d'Annie pour la réconforter et lui propose :

— Viens avec moi, on va voir ce qu'on peut faire, d'accord ?

Je lui prends la main et je me dirige au pas de charge vers Trudy et sa mère, qui est en train de donner à une autre maman les informations sur la fête d'anniversaire.

— C'est sur le thème de Disney, indique-t-elle. Et venez avec votre mari, plus on est de fous, plus on rit.

Alors qu'elle termine sa phrase, elle me voit débouler et tousse, comme si cela pouvait couvrir les mots qui viennent de sortir de sa bouche. Avec assurance, je lance :

— Bonjour.

— Bonjour. Viens Trudy, il faut qu'on y aille.

Elle prend sa fille par la main et l'entraîne de force à sa suite.

— Attendez.

J'ai parlé fort. Elle s'arrête, avec sur le visage l'expression tendue de quelqu'un qui n'a pas envie qu'on lui fasse une scène.

— Annie vient de m'expliquer qu'il n'y avait pas de place pour elle samedi, mais Annie et Trudy sont si bonnes amies qu'il s'agit sans doute d'un malentendu ?

— Euh, c'est-à-dire que...

La mère de Trudy regarde autour d'elle dans l'espoir que quelqu'un vienne à son secours.

— La maison n'est pas assez grande pour inviter tout le monde. Les enfants, leurs parents...

Je me creuse la tête pour me rappeler son prénom. Verity ? D'un ton convaincu, je continue :

— J'ai pensé que vous croyiez peut-être qu'Annie avait déjà quelque chose de prévu.

Hors de question qu'elle fasse ça à ma fille. C'est vraiment cruel. Alors je sors l'artillerie lourde :

— Trudy, est-ce que tu aimerais qu'Annie vienne à ton anniversaire ?

— Oui ! crie Trudy.

Une joie sans limite se lit sur son visage, et celui d'Annie s'illumine également. Je dévisage la mère de Trudy pour l'obliger à céder. Elle se penche vers moi, et Trudy et Annie en font autant pour essayer d'entendre ce qu'elle va me dire.

— Il faut que vous sachiez qu'Annie a confié des choses inappropriées à Trudy. Je ne sais pas ce qui se passe chez vous, mais je n'apprécie pas que ma fille rentre à la maison et me demande ce qu'est un pervers parce que sa copine lui a raconté que sa maman en connaissait un.

Un nœud se forme dans ma gorge. *Annie est mise à l'écart de ses amies à cause de moi ?* Et c'est reparti pour une bonne grosse dose de culpabilité maternelle.

— Écoutez, elle m'a sûrement entendu discuter au téléphone d'un programme que je réalise sur le harcèlement sexuel. Je peux vous assurer qu'il ne se passe rien de répréhensible chez moi. Pas de pervers. D'ailleurs, je ne sais même pas à quand remonte la dernière fois qu'un homme s'y trouvait. Voilà, Verity, désormais vous savez tout sur mon travail *et* ma vie sexuelle. Est-ce qu'Annie peut venir à l'anniversaire, oui ou non ?

Verity grimace façon « pour l'amour du ciel » et couvre les oreilles de sa fille au cas où je prononcerais d'autres insanités. Elle pousse ensuite énorme un soupir théâtral tandis qu'Annie, Trudy et moi la fixons, dans l'attente d'une réponse.

— Allez, Verity. Je parlerai à Annie de ce qu'elle a entendu et je ferai plus attention quand je passe des coups de fil professionnels. S'il vous plaît, ne la punissez pas à cause de moi.

— C'est bon, cède-t-elle. Disney. De 13 heures à 15 heures.

Elle commence à s'éloigner en entraînant Trudy.

— Et au fait, je m'appelle Amanda, pas Verity.

Waouh. Rien à voir, donc.

Je m'accroupis devant Annie.

— Voilà. Tu vois, tout est arrangé. Elle ne savait pas à quel point tu avais envie d'y aller, c'est tout. Ça va mieux ?

— Oui. Il me faut un déguisement, fait-elle remarquer gentiment.

Je meurs intérieurement en me rendant compte que, maintenant, je dois lui trouver un costume.

— Est-ce que je peux être une princesse ?

Je me relève, je lui prends la main et je me dirige vers la voiture.

— Tu te souviens de ce que je t'ai expliqué sur les filles et les princesses ?

— Tu as dit que toutes les petites filles n'étaient pas obligées d'être des princesses.

— C'est ça. C'est la tenue que toutes les autres petites filles vont choisir, alors on devrait peut-être faire autre chose, qu'est-ce que tu en dis ?

— Oui !

— Super !

— Maman, demande-t-elle alors que je l'installe dans son siège. C'est quoi, une vie sexuelle ?

Il faut vraiment que je fasse attention à ce que je dis.

Cam

— Voilà, ma chérie, toutes les étagères sont posées, dit le père de Cam alors qu'il sort de sa chambre.

Elle est installée sur la banquette sous la fenêtre, dans son superbe appartement, occupée à se demander où mettre la méridienne dégotée sur eBay qu'on vient juste de lui livrer.

— Tu as besoin d'autre chose avant que j'y aille ?

— Non, merci, Papa, c'est tout.

Elle le couve d'un regard affectueux.

— Peu importe mon âge, j'aurai toujours besoin que mon papa vienne poser mes étagères, pas vrai ?

— J'espère bien. Je compte sur toi pour toujours faire semblant d'avoir encore besoin de moi, d'accord ? Même si ce n'est pas le cas.

Il s'approche d'elle pour la serrer dans ses bras. Ils savent tous les deux que Cam est aussi bonne bricoleuse que lui. Si elle lui demande un coup de main, c'est uniquement pour lui faire plaisir.

— Je suis très fier de toi, Camilla. J'ai travaillé toute ma vie et je ne suis pas sûr d'avoir accompli autant de choses que toi.

— Tu as élevé quatre filles, Papa. Je dirais que c'est assez énorme, comme accomplissement.

— Vous êtes devenues le centre de mon univers, ça c'est sûr.

Cam l'observe avec compassion. Elle a toujours été en phase avec son père, bien plus que ses sœurs. Avant la naissance de Tanya, la plus âgée des trois sœurs de Cam, il travaillait comme promoteur de spectacles comiques dans tout le pays. Ce n'était pas un emploi stable et cela impliquait de souvent faire nocturne, ce qui n'était pas franchement compatible avec un bébé, alors il a démissionné. Comme il n'avait pas de diplôme, il a trouvé un poste de gardien dans une école, qu'il a occupé jusqu'à ce qu'il prenne sa retraite, quatre ans plus tôt. Il n'a jamais aimé son travail : ça ne comportait aucune créativité, c'était dur et exigeant. Mais il a tenu, parce que c'est un père formidable et que c'est le genre de sacrifices que font les gens pour leurs enfants.

— Je t'ai toujours dit que le succès se résumait à être heureux, pas vrai ?

— C'est ce que tu as toujours dit, en effet, confirme Cam.

— Les gens mettent trop l'accent sur l'argent. Je n'ai jamais été riche, mais vous étiez toutes en bonne santé et heureuses. Peu importe ce que je devais faire dans la journée, j'avais l'impression d'être l'homme le plus riche du monde quand je rentrais à la maison.

Elle sait qu'il ne le pense pas vraiment. Si ça n'avait dépendu que de lui, il aurait continué à promouvoir des spectacles et tout le monde aurait fait avec. Mais la mère de Cam voulait de la stabilité et son père est un type trop bien pour contester ce genre de chose.

— Mais j'adore être pétée de fric, plaisante-t-elle en lui donnant un petit coup d'épaule.

Ils rient tous les deux.

— Ne t'avise pas de parler comme ça devant ta mère.

Bien sûr qu'elle ne parlerait jamais de la sorte devant sa mère. Cam et son père ont le même sens de l'humour et ont toujours été complices. Il est le seul qui, dans la famille, ne remet pas ses choix en question, et c'est une des raisons pour lesquelles elle l'aime par-dessus tout.

— Tu as toujours été différente, Camilla. Tu as toujours été fidèle à tes convictions, tu n'as jamais essayé d'être ce que les gens voulaient que tu sois. Je suis fier de toi, petite.

— Bon sang, Papa, arrête ! Je viens juste d'emménager et les larmes sont interdites dans cet appartement, même si ce sont des larmes de joie.

Ils s'étreignent à nouveau. Avant de le lâcher, elle murmure à son oreille :

— Merci.

— Pourquoi tu me remercies ? Tu as accompli ça toute seule.

— C'est vrai. Mais tu m'as toujours encouragée à être moi-même. Je ne suis pas comme les autres, et tu m'as permis de découvrir comment être heureuse à ma manière.

— Je n'avais pas le choix. Tu n'aurais jamais pu être autrement.

Il se dirige à pas lents vers la porte.

— Appelle-moi si tu as besoin d'autre chose, d'accord ?

— Promis.

— Et interdiction d'inviter des garçons ici.

— Papa ! Allez, file, sinon Maman va t'enguirlander d'être en retard pour le dîner. Je t'aime. À bientôt.

Cam le pousse gentiment sur le palier.

— Et attention dans l'escalier !

Puis elle ferme la porte et s'y adosse. En parcourant son appartement du regard, elle autorise un énorme sourire à éclairer son visage. Un appartement victorien à 1,2 million dans Highgate, avec deux chambres et une superbe vue sur Londres. Elle a acheté des meubles datant de l'époque où la maison a été construite, qu'elle a mélangés avec d'audacieuses pièces d'art moderne. C'est beau, c'est lumineux et c'est à elle, dans un quartier de Londres où les gens rêvent de vivre, sans jamais y parvenir. Elle n'en revient pas.

Elle se laisse tomber sur la méridienne victorienne vert pomme, attrape son ordinateur et le pose sur ses cuisses. Elle ouvre *HowItIs.com* et s'émerveille devant ce que son site est devenu. Non seulement il lui rapporte environ 20 000 livres par mois de recettes publicitaires, mais il lui offre aussi une notoriété et un public. Il lui donne une voix. Ça n'a jamais été le fort de Cam d'interagir avec les gens, mais elle a toujours eu beaucoup de choses à dire. À cause de cette combinaison malchanceuse, l'école a été une expérience pénible : avec une tête trop pleine de pensées mais aucun exutoire, on réfléchit trop et on ne s'exprime pas assez. Dans le cas de Camilla, cela s'est manifesté sous la forme d'un malaise qui rebutait les autres enfants et l'a rendue solitaire. Jusqu'à ce qu'Internet fasse une arrivée fracassante dans sa vie alors qu'elle avait une vingtaine d'années. Enfin, elle a trouvé un moyen de montrer au monde qui elle était vraiment, elle a eu une chance de s'exprimer sans la pression des interactions sociales. Ça a métamorphosé sa vie.

Des cartons sont alignés le long des murs, et la télé n'est pas encore installée. Elle n'aura pas de connexion Internet avant plusieurs jours, alors elle utilise une clé 4G, ce qui veut dire qu'elle peut blogguer absolument partout. C'est ce dévouement inconditionnel qui a fait d'elle la femme qu'elle est devenue.

Cam fait partie des premières bloggueuses bien-être à succès, et elle a réussi à conserver sa place de « blog de référence pour les femmes qui parlent sans détour ». En tout cas, c'est ce que le *Times* a déclaré dans sa liste de « tendances à suivre cette année ». Quant au *Guardian*, il estimait en 2016 que « toutes les femmes veulent l'approbation de Cam Stacey... ». Avec près de deux millions d'abonnés et huit contrats avec de grands publicitaires, elle croule sous l'argent et l'amour. Pour autant, elle doit faire attention. Blogguer est un jeu dangereux, particulièrement lorsqu'on bloggue sur les femmes et qu'on est aussi franche que Cam. Les femmes veulent des modèles ; par conséquent, elles suivent d'autres femmes très médiatisées qu'elles encensent comme des héroïnes, des penseuses avant-gardistes. Mais à la seconde où ces figures médiatisées font une erreur, disent ce qu'il ne faut pas ou créent un peu *trop* la controverse, elles sont jetées dans l'arène.

C'est ce qui est arrivé à une de ses amies l'année dernière. Kate Squires, une femme adorable. Elle écrivait sur sa vie de mère occupant un poste de haut vol dans une agence de relations publiques. Elle est devenue une véritable source d'inspiration et n'a pas tardé à compter cinquante mille followers sur Twitter. Partout, les mères qui travaillaient se tournaient vers Kate pour suivre son exemple : parvenir à « jongler » et trouver un équilibre entre vie professionnelle et vie personnelle. Mais un jour, Kate a tout foutu en l'air avec un tweet. Un pauvre petit tweet idiot qui a changé le cours de sa vie.

> Les femmes sans enfants ne savent pas combien c'est dur de devoir s'occuper d'autre chose que de soi-même. #besoindetempspourmoi

La population infertile de la planète dans son ensemble a crié au scandale. Kate avait personnellement offensé toutes les femmes qui ne pouvaient procréer, sur Twitter et au-delà. Sa déclaration était si blessante que le *Times* a rédigé un article sur une femme qui avait fait trois fausses couches et avait tenté de se suicider après avoir lu le tweet de Kate. « J'étais déjà au plus bas, et ça m'a achevée, avait-elle déclaré. J'ai eu le sentiment que la société me disait que je n'avais aucune valeur en tant que femme parce que je ne peux pas avoir d'enfants. »

Les gens ont eu raison d'être blessés : son tweet manquait effectivement de sensibilité. Mais méritait-elle une chasse aux sorcières haineuse en ligne et les terribles événements qui en ont découlé ? Cam a suivi l'affaire par sympathie, mais aussi pour voir ce qu'elle pouvait apprendre. Entre s'intéresser au débat et le mener, c'est une corde raide sur laquelle il n'est pas facile de trouver son équilibre. Et quand on vit dans un monde où cent quarante caractères peuvent ruiner votre existence, il faut de la concentration, de la préparation et un grand sens de la diplomatie pour ne pas tomber.

Kate a posté le tweet d'excuse d'usage : « Je ne voulais blesser personne, j'avais juste eu une journée vraiment difficile. » Toutefois ça n'a rien arrangé. Elle est allée sur le plateau de *Loose Women* vêtue d'une robe à fleurs pour présenter des excuses sincères mais légèrement pathétiques, ponctuées de moult regards de biche traquée à la Lady

Di. En quittant le studio, elle a été huée par des militants avec des pancartes qui disaient « LES NON-MÈRES AUSSI ONT DES SENTIMENTS ». Ces images ont été capturées puis diffusées sur presque toutes les chaînes d'information, tandis que Kate devenait l'incarnation de la société, cruelle dans sa façon de traiter les femmes sans enfants. Elle a invoqué le pardon, mais les réseaux sociaux n'étaient tout simplement pas capables de le lui accorder. En quelques semaines, elle a disparu des réseaux et de la surface du monde. Son agence de relations publiques l'a virée en arguant qu'il était impossible qu'une personne avec une image publique comme celle de Kate les représente. Elle est désormais au chômage, son mari l'a quittée parce qu'elle a complètement pété les plombs et elle a dû abandonner sa grande maison de Penge pour un petit appartement dans le sud de Londres. Kate répond à peine au téléphone ; Cam ne lui a pas parlé depuis des mois. Toute sa vie a basculé à cause d'un tweet.

Cam a observé et Cam a appris.

Elle a réussi à trouver cet équilibre délicat entre repousser les limites, être courageuse et n'offenser personne. Bien sûr, il lui arrive de temps à autre de tomber sur des abrutis qui la détestent, cependant elle est suffisamment forte pour les ignorer. Elle est souvent la cible de féministes conservatrices, qui semblent penser que son attitude vis-à-vis du sexe est la raison pour laquelle tant de femmes sont victimes d'abus sexuels. Mais le but de Cam n'est pas de promouvoir les différentes facettes du féminisme moderne, et provoquer les « traditionalistes » fait partie du jeu, tout simplement. Même les menaces de viol qu'elle a reçues après un article assez incisif sur Bill Cosby ne l'ont pas affaiblie. Il y a une sacrée nuance entrer venir frapper à sa porte et l'agresser physiquement, et tweeter : « Je vais te plaquer sur le capot d'une voiture et te faire regretter d'avoir dit ça. »

Sur Internet, la plupart des gens ne racontent que des conneries. Pour survivre dans cette jungle digitale, il faut en avoir bien conscience, et c'est le cas de Cam. Néanmoins, les droits de la femme sont un sujet délicat. C'est toujours le même combat – le féminisme – mais chaque femme est unique, et c'est impossible de faire plaisir à tout le monde.

Alors que ses yeux se ferment, elle reçoit un texto.

Je crois que c'est à toi, ton nom est marqué dessus. Tu veux le récupérer ?

Le message est accompagné d'une photo du pénis en érection de son amant de vingt-huit ans. Il a écrit CAM au stylo-feutre autour de la base. Elle pense à ses draps de soie sauvage et espère que c'est de l'encre qui se lave facilement...

Apporte de la pizza et ton pénis. Bisous

D'un seul coup, elle est moins fatiguée.

Stella

— Pour moi, ce sera les beignets de cabillaud et l'agneau, dis-je au serveur qui prend notre commande.

Il est là depuis des plombes, à attendre que je me décide. Mais c'est mon anniversaire, alors j'ai le droit d'être pénible. Et puis j'essaie aussi de faire passer le temps : Phil est bizarre et Jessica est surexcitée, et je ne suis d'humeur ni pour l'un ni pour l'autre.

— Donnnnc... On a une grande nouvelle à vous annoncer avec Mike, commence Jessica.

C'est ma plus vieille amie, la seule qui a fait un effort avec moi après la mort d'Alice, sans tout ramener à elle. Elle fait partie de ces personnes aussi rares qu'extraordinaires qui s'aiment bien et n'ont pas besoin de la validation d'amis supposés. Elle est gentille, mais son énergie peut être difficile à gérer. Phil ne comprend pas pourquoi je ne lui ai pas parlé de l'épreuve que je traverse, il ne comprend pas pourquoi il devrait être le seul à porter le poids de mon héritage familial sur ses épaules. Mais ce n'est pas aussi simple avec Jessica : elle n'a jamais connu le moindre traumatisme. C'est une bonne amie parce qu'elle est loyale, mais lui parler de ma vie me donne l'impression d'être la personne la plus désaxée de la Terre. À quoi bon partager votre douleur avec quelqu'un qui est incapable de compatir ? Une des raisons pour lesquelles je me suis mise en couple avec Phil est que son père est mort lorsqu'il avait quatorze ans. Quelque chose dans sa tragédie m'a permis de me confier sur la mienne. De toute façon, c'est mon petit ami, et c'est son rôle de me soutenir. La seule chose qu'on a vraiment en commun avec Jessica, c'est notre passé. Mais comme Phil le répète souvent, je devrais avoir au moins une amie femme. Alors je suis là, prête à entendre la grande nouvelle.

Phil se raidit et fait mine de se lever pour quitter la table, mais je pose ma main sur son genou pour le forcer à rester. J'ai besoin qu'il reste. Que notre relation soit en train de se désagréger ou non, c'est mon compagnon et j'ai besoin d'un compagnon. De quelqu'un à mes côtés. Toute seule, je ne suffis pas.

— Je suis enceinte ! explose Jessica.

Comme si on ne savait pas ce que ça signifie quand une jeune mariée dit qu'elle a « une grande nouvelle à vous annoncer ». Elle est tellement heureuse qu'elle en dégouline presque. Je sais que je peux me comporter comme une véritable garce dans des situations où des gens expriment leur joie, alors j'essaie de ne pas faire ça à Jessica. Elle ne le mérite pas. Je me penche au-dessus de la table et je serre sa main dans la mienne comme une princesse coincée.

— Félicitations. C'est prévu pour quand ?

Je fais de mon mieux pour ne pas avoir l'air jalouse.

— Le 1er janvier. Je parie qu'il va arriver le 31 décembre, le petit fêtard.

Elle se blottit contre Mike, lui aussi incroyablement gentil, quoique pas très exaltant. Il sourit, visiblement fou de joie avec sa nouvelle femme et son embryon tout neuf. Philippe, en revanche, joue avec sa fourchette avec la même fascination qu'un enfant de six ans face à un iPad. Je me sens obligée de surcompenser, alors je me lève pour contourner la table et prendre Jessica dans mes bras.

— Je suis tellement contente pour vous.

Je m'approche de Mike et le serre dans mes bras, lui aussi.

— Vous allez être des parents géniaux.

— Merci. On est vraiment contents. Il va falloir vous dépêcher, vous deux. Notre crevette va avoir besoin d'un camarade de jeu, lance Jessica, rayonnante.

Je réponds, avec un peu trop d'enthousiasme :

— On y travaille.

Phil lâche sa fourchette et se plonge dans la lecture du menu, bien que nous ayons déjà commandé. Il était si sociable avant, si enjoué. C'est ce qui m'a plu chez lui. J'ai besoin d'une personne comme ça, quelqu'un de plus extravagant, de plus séduisant, de plus social. Comme Alice. Grâce à sa sociabilité, on était les filles les plus populaires de l'école. Tout le monde voulait traîner avec les jumelles Davies. Mais, si la nouveauté des jumelles avait plu à tous au début, ils n'en appréciaient qu'une des deux en réalité. Je n'étais pas une bonne amie comme Alice l'était. Ma nature distante n'attirait pas les gens comme le faisait sa chaleur. Sans elle, je n'aurais jamais été populaire. Après sa mort, il n'a pas fallu bien longtemps pour que l'évidence apparaisse : sans mon double plus aimable, ça n'intéressait personne de continuer à être mon ami. À part Jessica, que j'ai gardée pour que Phil arrête de me coller des copines potentielles dans les pattes parce qu'il croit que ça me fera du bien.

— De qui est-ce l'anniversaire ? lance le serveur de retour à notre table.

Il tient une bouteille de champagne et quatre flûtes.

— C'est elle ! annonce Mike en me montrant du doigt.

Jessica lui sourit de toutes ses dents.

— Waouh, du champagne ? Merci, Phil !

Je lui caresse la cuisse. Ça fait un moment qu'il n'a pas eu une attention de ce genre. Les gestes romantiques étaient dans ses habitudes, avant.

— Hein ? Non, dit-il, l'air inquiet. Nous n'avons pas commandé ça.

— Non, en effet ! Un certain Jason Scott a appelé le bar pour nous demander d'apporter cette bouteille à votre table, clarifie le serveur.

Je me surprends à rougir légèrement, sans trop savoir pourquoi.

— Ohhhhh, c'est trop gentil, roucoule Jessica. Peut-être que je peux en boire un tout petit verre ?

Elle regarde Mike, dans l'attente de son approbation. Il hoche la tête, et le serveur remplit les verres.

— Alors, est-ce que Jason est toujours aussi beau ? questionne Jessica.

Je ris pour cacher mon émotion. Je suis sincèrement touchée par le geste de mon patron. Et même un peu sidérée, je dois avouer.

— Oui, il est toujours plutôt bel homme. Mais je ne peux pas dire ça, c'est mon patron et c'est bizarre. Et puis je n'ai d'yeux que pour Phil. Santé.

Je lève mon verre, mais seulement deux flûtes rencontrent la mienne pour trinquer. Un grincement sonore résonne dans la salle tandis que Phil recule brusquement sa chaise.

— Désolé, marmonne-t-il lorsqu'il se rend compte que tout le monde nous regarde. Je reviens dans une minute.

Il se dirige précipitamment vers les toilettes et je reste seule avec Jessica et Mike, à tenter de faire semblant que tout est normal.

Tara

— Je reviens te chercher à midi demain, dis-je à Annie en l'embrassant.

— Viens quand tu veux, on ira promener le chien demain matin, puis on fera des œufs et du bacon, intervient ma mère.

Mes choix et mon mode de vie la dépassent totalement et pourtant, elle est formidable. Elle est tellement désespérée à l'idée que je ne trouve pas de figure paternelle pour Annie qu'elle a accepté de la garder tous les vendredis soir afin que je puisse avoir des rendez-vous.

— Évite juste de le dire à ton père.

Voilà ce qu'elle me répète chaque semaine quand je pars de chez eux.

— Tu sais qu'il ne supporte pas l'idée de t'imaginer avec un homme. La façon dont tu es tombée enceinte, ça a failli le tuer. Tu as donné raison à tous les pères de la Terre !

Ma mère est drôle. Elle est tantôt libérale tantôt conservatrice, et je ne sais jamais à l'avance de quel côté la balance va pencher.

— Je sais, Maman. Si tu pouvais lui rappeler que j'ai quarante-deux ans, ce serait génial. Et puis regarde le résultat.

On jette toutes les deux un coup d'œil dans le salon. Annie est en train de prendre des selfies avec l'iPhone de ma mère.

— Elle a besoin d'un père, assène ma mère.

— Elle n'a *besoin* de rien du tout, Maman, tout va bien. Mais ce serait bien pour elle. Et ce serait aussi bien pour moi de ne pas mourir toute seule.

— Est-ce que tu as un rendez-vous ce soir ? demande-t-elle.

— Oui. Il a l'air bien, il travaille dans les médias, plutôt mignon. Avec un peu de chance, ce n'est pas un assassin.

— S'il te plaît, Tara, ne plaisante pas avec ça. J'ai lu un article sur une fille qui s'est fait tuer après un rencard. Ce n'est pas drôle.

— D'accord, j'essaierai de ne pas me faire assassiner.

J'ouvre la porte d'entrée.

— Embrasse Papa pour moi.

Je ferme la porte derrière moi, pour la rouvrir aussitôt.

— Au fait, il croit que je fais quoi, le vendredi soir ?

Je suis curieuse de savoir ce que ma mère a bien pu inventer, car elle a raison : dès qu'il m'imagine en compagnie d'un homme, mon père convulse.

— Je lui ai dit que tu avais créé un groupe de tricot.

— Quoi ? Maman, c'est pathétique.

— Désolée, j'ai paniqué. C'est la première chose qui m'est venue à l'esprit. Il faudra peut-être que tu achètes quelque chose sur eBay pour son anniversaire et que tu fasses comme si c'était toi qui l'avais tricoté.

Je la serre dans mes bras puis je pars. L'instant d'après, je l'entends ouvrir la porte derrière moi.

— Tu n'es pas obligée de coucher avec tous, Tara ! crie-elle en pleine rue.

Est-ce que c'était libéral ou conservateur ? Je ne suis pas très sûre…

Une fois à la maison, je prends une douche rapide avant d'enfiler un joli haut en soie et mon pantalon en faux cuir. Je me maquille un peu, j'ébouriffe mes cheveux et je suis prête. Ça fait longtemps que j'ai arrêté de faire trop d'efforts pour un rencard. Je me demande toujours ce que les mecs (qui, eux, ne se changent pas après leur sortie du travail) pensent lorsqu'une femme arrive sur son trente et un avec en prime une énorme couche de maquillage. Ça met la barre à un niveau que je n'ai vraiment pas le courage de maintenir, alors je porte une version un tantinet plus élaborée de mes vêtements habituels. Je pense que c'est la bonne solution. Mais je suis encore célibataire, alors peut-être que ma tactique n'est pas si bonne que ça.

C'est bizarre d'être célibataire quand on a un enfant. Pas seulement parce que toutes les personnes que vous rencontrez vous jugent ou compatissent, mais parce qu'il faut pousser la réflexion bien plus loin que le désir qu'un homme vous inspire ou non. C'est ce qu'on appelle être responsable, j'imagine. Je ne peux pas laisser un plan cul venir chez moi et rencontrer ma fille. Ce serait trop perturbant pour elle. Alors, en général, je ne ramène personne à la maison. C'est très bien pour Annie, mais pour moi, ça craint.

Annie ne m'a jamais connue dans une relation, aussi je dois faire attention à la façon dont je gère la situation.

Je lui ai présenté un homme l'année dernière parce qu'il était tout simplement génial. Pour une fois, j'ai oublié toutes mes peurs et j'ai invité ce type dans nos vies. Au final, il était si génial qu'il était marié. Parce que, naturellement, les hommes bien dans la quarantaine ne sont jamais célibataires, eux. Bande d'enfoirés.

Il a passé un samedi après-midi chez moi, à faire rire Annie si fort qu'elle est allée se coucher ivre de joie. Lorsqu'elle s'est endormie, on a commencé à faire l'amour, et en plein milieu, son portable s'est mis à sonner sans arrêt. Au bout d'un moment, il a répondu car les sonneries répétitives cassaient vraiment l'ambiance. Puis il a éclaté en sanglots. C'était sa femme, qui l'appelait pour lui annoncer que son père avait fait une crise cardiaque et qu'il était mort. Il était littéralement en moi quand il a pris l'appel. Franchement, c'est le pire truc qui pouvait arriver pendant l'acte depuis ce couple en Chine qui était en pleine action contre une baie vitrée dans leur appartement lorsque la vitre avait lâché. Il était si bouleversé que je n'ai même pas pu l'engueuler pour m'avoir menti. Au lieu de ça, j'ai dû le réconforter, alors que j'avais juste envie de sectionner son pénis avec des ciseaux à ongles et de le jeter sur la route. Accessoirement, j'étais aussi sincèrement, profondément triste.

Il est parti quelques minutes plus tard et je n'ai plus jamais eu de ses nouvelles. Annie me parle encore de lui : elle le surnomme « monsieur Rigolo ». Un jour, je lui expliquerai que M. Rigolo s'est avéré aussi drôle qu'un épisode de chaude-pisse – dont il m'a également fait cadeau.

C'est sinistre de prendre un traitement pour une IST quand on a une petite fille. J'avais l'impression d'être infestée et contagieuse et je n'avais qu'une hâte, finir le flacon d'antibiotiques. À la fin du traitement, je me suis fait le serment de ne plus jamais présenter un homme à ma fille, à moins a) d'être certaine qu'il n'était pas marié et b) de ne pas avoir à faire un test pour les maladies sexuellement transmissibles.

Désormais, je place la barre très haut pour mes rendez-vous du vendredi soir. Je veux quelqu'un de bien. Quelqu'un d'honnête, de stable et de drôle. On ne sait jamais. Al, le type de ce soir, a l'air bien sur sa photo. Mais d'abord, un petit verre rapide avec ma meilleure amie Sophie.

— Désolée, je suis en retard ! s'écrie Sophie en me rejoignant au bar. J'étais chez le coiffeur et ça a pris une éternité : j'ai décidé que je n'aimais pas la couleur, du coup je lui ai demandé si elle pouvait… enfin bref, saluuut !

Sophie est toujours en retard. C'est pour ça que j'ai apporté ma liseuse électronique.

Sophie est fille unique, comme moi, et nous sommes comme deux sœurs. Rôle que chacune s'est d'ailleurs attribué dans la vie de l'autre lorsque nous avions dix ans. Je m'interrogeais quand même très souvent sur le bien-fondé de cette décision, car elle me rendait folle la moitié du temps. Jusqu'au jour où une autre amie à l'école a dit que si sa sœur n'était pas sa sœur, elles ne seraient jamais amies, mais qu'elle l'aimait de toute façon parce que c'est ce que font les sœurs. Ça m'a vraiment marquée. J'ai pris conscience que si Sophie devait être la sœur que je n'aurais jamais, c'était normal que nous ne soyons pas toujours d'accord. J'avais juste à l'aimer. C'est ce que j'ai fait, et je continue, parce que nous avons un passé commun et que ça ne s'efface pas d'un claquement de doigts, peu importe le nombre de fois où une personne vous fait passer après son brushing.

— Tu es superbe, lui dis-je, parce que c'est vrai.

Ses cheveux sont toujours impeccables et Sophie est splendide. Mince, blonde, une peau parfaite… C'est agaçant, d'autant plus que presque tout est naturel. À part sa couleur de cheveux.

— Merci. Bon, est-ce qu'on peut boire du champagne ? Je crois que j'ai besoin de quelque chose qui pétille.

Je nous commande deux coupes mais elle prend une bouteille à la place. Nous sommes donc là, assises à un comptoir à 18 h 40, à boire du champagne sans raison.

— Je n'ai que vingt minutes, j'ai rencard à 19 heures avec un certain Al.

Je souris doucement. J'ai des fourmis pré-rendez-vous, une petite bouffée d'espoir… Peut-être que ce sera bien. Mais probablement pas.

— Mon Dieu, je n'en reviens pas que tu continues à faire ça. Personnellement, je ne pourrais pas. Enfin, je ne suis jamais vraiment sortie avec des hommes comme tu le fais. Carl a été le seul et j'ai fini par l'épouser, ça montre bien que ça fonctionne. Santé !

Je n'arrive toujours pas à accepter que Sophie se soit mariée. Elle était indomptable, presque sauvage. Je n'ai jamais rencontré quelqu'un avec un tel goût pour le sexe et la bringue. La quantité d'énergie qu'elle déployait pour ces deux activités m'a toujours fascinée.

— Comment va Carl, justement ?

— Ça va. La routine. Tout va toujours très bien tant que je n'évoque pas mon passé.

— Encore ?

— Oui, c'est le grand secret de Polichinelle. Enfin, il ne sait rien du tout et je ne lui dirai jamais rien. Mais il a toutes ces hypothèses sur moi et le genre de vie que je menais avant. Le pire, c'est qu'il est très près de la vérité. Il dit qu'il ne comprend pas comment une femme avec mon physique n'a pas passé son temps à s'envoyer en l'air quand elle était célibataire.

— Je vois. Tu sais que c'est carrément insultant, pas vrai ?

Au moment où je dis ça, je prends conscience que certes, c'est insultant, mais que Carl a tout à fait raison. Sophie *a* passé son temps à s'envoyer en l'air.

— Hier, Beth Taylor m'a tagguée sur une vieille photo sur Facebook. Elle était au lycée avec nous, tu te souviens ? C'est une photo de nous à dix-sept ans, et je suis en train de rouler une pelle à un mec en arrière-plan. Elle m'a tagguée, donc, et elle a écrit : « C'est comme ça que je me souviens de toi, Sophie. J'espère que tu vas bien. » Quelle conne. Qui a l'idée de faire un truc pareil ?

— J'ai vu. Personnellement, j'ai trouvé ça drôle. Et, à mon avis, la plupart des gens ne sont pas mariés à quelqu'un qui leur ferait un scandale parce qu'ils ont roulé une pelle à dix-sept ans…

— Certes. Peut-être, mais quand même. Je dois faire super attention. Il est vraiment vieux jeu et il faut absolument que ce mariage fonctionne, alors c'est plus simple si je modifie un peu mon passé. Mais avec cette saloperie d'Internet, je dois constamment être sur mes gardes. N'importe qui pourrait tweeter un truc sur moi, ou poster une vieille photo. Tu te rappelles la fois où on est allées à Ibiza, la soirée mousse ? Heureusement que nos portables ne faisaient pas encore appareil photo. Mais si quelqu'un m'avait prise en photo avec un de ces appareils jetables et que ça apparaissait sur Facebook ? Il y a sûrement plein de photos de moi super compromettantes. J'ai juré à Carl que je n'avais jamais pris de drogue. Il péterait un plomb s'il savait le genre de choses qu'on faisait à l'époque. À chaque fois que je reçois une notification Facebook, j'ai des sueurs froides !

Je bois une gorgée de champagne et je lui fais un clin d'œil.

— N'empêche qu'on s'est bien amusées, pas vrai ?

— C'est vrai. Trinquons !

Je ne sais pas comment Sophie peut être mariée avec quelqu'un qui ne l'accepte pas telle qu'elle est, comment elle peut jouer le rôle d'une personne nouvelle, avec un passé nouveau. C'est une sacrée leçon pour moi de la regarder cacher qui elle était – est ? – à son mari. Cela m'a permis de savoir ce que je voulais, ou plutôt ce que je ne voulais pas. Et ce que je ne veux surtout pas, c'est tomber sur quelqu'un qui ne m'aimera pas comme je suis. Je ne veux pas avoir à mentir, ni cacher ni nier quoi que ce soit. Sophie ne le reconnaîtra jamais, mais elle a épousé Carl parce qu'elle a passé sa vie à faire la fête et qu'elle n'a aucune compétence particulière lui permettant d'exercer une profession qui lui plairait. Un mec riche était donc sa seule solution pour avoir une jolie maison et de l'argent pour acheter des bouteilles de champagne alors que vous ne disposez que de vingt minutes pour les boire et que vous n'avez absolument rien à fêter. Je préfère encore être pauvre et seule.

— Je ferais mieux d'y aller si je ne veux pas être en retard, dis-je en descendant de mon tabouret. Tiens, pour le champagne.

Elle refuse l'argent que je lui tends et sort la carte de crédit de Carl de son sac.

— Ne t'en fais pas, c'est fait pour ça. Oh, et s'il te pose la question, est-ce que tu peux lui dire qu'on était avec un groupe d'amis ? Ça faciliterait les choses.

— Sophie, je suis ta meilleure amie depuis l'école primaire et ça continue à lui poser problème qu'on sorte toutes les deux ?

— Oui. Quand on n'est que toutes les deux, il croit qu'on prépare un sale coup. Il pense que tu as une mauvaise influence. Ne me regarde pas comme ça ! S'il te plaît, contente-toi de lui dire que c'étaient de vieux copains d'école. D'accord ? Plus il y a de regards posés sur moi, plus il croira que je me suis bien tenue.

Je me rassois.

— Je le trouve autoritaire, Sophie. Il veut te contrôler et ça m'inquiète, lui fais-je remarquer en la forçant à me regarder dans les yeux.

Elle m'adresse un petit sourire avant de tourner la tête.

— Peut-être que ça ne me fait pas de mal qu'on me contrôle un peu ? répond-elle, songeuse, entre deux gorgées de champagne. Je ne peux pas être livrée à moi-même, qui sait ce qui m'arriverait ?

Elle me lance un regard critique. Je sais très bien ce qu'elle entend par là. Nous avons fait la fête sans répit la plus grande partie de notre vie, mais après l'arrivée d'Annie, j'ai dû arrêter. Aussitôt, il est devenu très clair que, même si j'étais bien déchaînée, ce n'était rien comparé à Sophie. Sans m'en rendre compte, je l'avais empêchée de devenir totalement incontrôlable pendant toutes ces années : je la ramenais à la maison lorsqu'elle avait trop bu, je la sortais de chambres où elle n'aurait pas dû être, je l'empêchais de sniffer trop de lignes de coke, je lui enlevais des verres à shot des mains. Quand je suis tombée enceinte, il n'y avait plus personne pour faire ça et j'ai tout de suite vu le danger. J'étais enceinte de six mois lorsque j'ai atterri aux urgences un vendredi soir. L'hôpital m'avait appelée à 2 heures du matin : elle avait été retrouvée dans une allée, la jupe autour de la taille, tellement défoncée qu'elle était à peine capable de prononcer son nom. Je l'avais trouvée en pleurs sur son lit d'hôpital. Un barman de la boîte où elle avait passé la soirée avait mis quelque chose dans son verre. Il n'y avait pas de signes de sévices sexuels, mais à en juger par la bosse sur son front et l'état de ses vêtements, il avait essayé.

— Je suis incapable de rester seule, avait-elle constaté sur un ton pathétique. Et tu ne peux plus m'empêcher de faire des bêtises, alors je ne sais pas comment je vais faire.

Je l'avais emmenée à la maison et je m'étais occupée d'elle pendant une semaine. Mais ensuite, elle était rentrée chez elle, pour « repartir de zéro ». Elle était déterminée à changer, à grandir. Il y avait encore eu quelques « incidents », puis elle avait rencontré Carl. Ils s'étaient mariés dans l'année. Désormais, quelqu'un s'occupe d'elle comme elle l'espérait, et même si cela me met mal à l'aise, je sais que c'est probablement mieux comme ça. Et elle l'aime, parce qu'il est riche.

— Il a tout un tas d'autres qualités, dit-elle en agitant la carte de crédit. Je suis heureuse, je t'assure. Je t'aime.

— Je t'aime aussi. Il faut que je me sauve.

Elle se sert un autre verre, et je me répète que ce n'est plus mon problème.

J'entre dans l'hôtel Sanderson sur Berners Street et je balaie le bar du regard. C'est bien plus huppé que le style d'endroit que j'aurais choisi – je suis plus du genre pub. Mais je ne vais pas refuser des cocktails chic dans un bel hôtel si c'est ce que le gentleman désire. Je suis ici pour rencontrer Al : sa photo n'est pas mal, il travaille dans les médias et il était libre ce soir. Trois excellentes raisons d'aller boire un verre, si vous voulez mon avis. Enfin, surtout la photo, je dois avouer.

Je scanne la pièce et je le vois. Il est bel homme, mais sa photo date, c'est évident. Il a les cheveux plus longs, désormais, et son visage est bien plus marqué. Mais ça ne fait rien. Je ne juge pas les gens qui mettent une photo flatteuse sur les sites de rencontre, tout le monde fait ça. Je m'attends en général à être un peu déçue dans la vraie vie, et j'espère toujours que leur personnalité vaut la peine. Al a l'air plus âgé que sur son profil, mais alors que je m'approche de lui, je me rends compte qu'il est vraiment, vraiment séduisant.

— Bonjour, dis-je en m'installant sur le tabouret près du sien. C'est très chic ici, est-ce que vous venez souvent ?

Il semble surpris que je me sois assise. Étais-je supposée lui demander la permission ? Il est sans doute un peu nerveux, tout simplement.

— Non, c'est la première fois, à vrai dire. Je ne suis pas le genre de type qui vient dans des endroits comme celui-ci, pour être honnête.

— D'accord.

Du coup, je trouve ça étrange qu'il ait suggéré de se retrouver dans ce bar d'hôtel BCBG, ça empeste les liaisons extraconjugales.

— Qu'est-ce que vous buvez ?

— Un pisco sour.

— Parfait. Je vais prendre ça aussi.

Alors que je fais signe au serveur de m'apporter la même chose, il me lance sur un ton sec :

— Un verre et c'est tout, d'accord ? Je n'ai pas envie de plus.

Je suis tellement abasourdie que ma mâchoire manque se décrocher.

— Désolé, reprend-il. Je ne veux pas être impoli. Mais je n'aime pas mener les gens en bateau.

Je descends de mon tabouret, offusquée.

— Peut-être que vous ne m'attirez pas non plus, vous avez pensé à ça ?

— Si tout allait bien pour vous et que vous pouviez vous permettre de faire la difficile, alors oui, ça se tiendrait.

— Pardon ? Ce n'est pas parce que j'ai swipé à droite en voyant votre photo que je mourais d'envie de vous. C'est juste un dîner.

Je devrais tourner les talons, mais après avoir eu affaire à Shane Bower et à mon patron, je refuse de m'écraser face aux misogynes arrogants qui pensent que rabaisser les femmes est un don de Dieu. Qu'il aille se faire foutre.

— Je parie que vous êtes marié et père de famille et que vous cherchez un joli petit cul à vous envoyer avant de rentrer chez vous les retrouver, pas vrai ?

Mon propre vitriol me surprend, mais c'est plus fort que moi.

— Waouh. Premièrement, non, je ne suis pas marié et je n'ai pas d'enfants. Et deuxièmement, qu'est-ce que ça veut dire, « swiper à droite » ?

— Comment ça, qu'est-ce que ça veut dire ? Tinder. Vous savez très bien de quoi je parle.

— Tinder ? Je ne suis jamais allé sur Tinder de ma vie, assure-t-il d'un air sincèrement déconcerté.

Je l'examine attentivement.

— Vous n'êtes pas Al, c'est ça ?

— Non, je ne suis pas Al. Et j'en déduis que vous n'êtes pas prostituée ?

— Non ! Non, absolument pas.

Il suit mon regard. À l'autre bout du bar, un homme aux cheveux bruns coupés court et vêtu d'une chemise grise est en train de pianoter sur son portable avec mauvaise humeur tout en scrutant la porte. Je sors mon téléphone de mon sac. J'ai cinq messages, tous de Al, dans lesquels il se décrit avec toujours plus de détails et demande « Laquelle êtes-vous ? ».

— Jason, se présente mon voisin en me tendant la main.

— Tara, dis-je tout en prenant conscience qu'il m'attire follement.

Le barman m'apporte mon verre.

Une heure plus tard, Jason et moi avons bu trois pisco sour, vidé deux soucoupes de chips, un bol d'olives et déchiqueté trois serviettes en papier. Nous avons parlé politique, évoqué à quel point les chiens de notre enfance nous manquaient, et nous avons même eu une altercation animée mais cordiale sur la meilleure manière de préparer une bonne sauce bolognaise.

La connexion est aussi sensationnelle qu'inattendue et la soirée a pris des allures de rendez-vous galant. Alors que je me fais cette réflexion, je remarque que le vrai Al quitte le bar avec une femme qui porte une robe extrêmement moulante.

— Tu vois ? commente Jason. Al s'en sort bien, au final. Dans une heure et deux billets de 50, il ne se rappellera même plus que tu lui as posé un lapin.

— Je l'ai échappée belle.

Je bois la dernière gorgée de mon cocktail en autorisant mes yeux à flirter.

— En résumé : tu es célibataire, tu n'as pas d'enfants, tu ne couches pas avec des prostituées et tu n'es pas sur Tinder. Tu es également assis seul à un comptoir un vendredi soir et tu n'attends personne. Dis-moi la vérité, maintenant : qu'est-ce qui ne va pas, chez toi ?

— J'adore les prostituées, je te signale. C'est juste toi qui ne me plaisais pas.

Je lui donne une tape affectueuse sur la jambe.

— Plus sérieusement, je suppose que je suis vieux jeu, reprend-il. Et que j'ai encore de l'espoir. Je ne suis pas sur Tinder parce que l'idée me met mal à l'aise. Je crois que je suis célibataire parce que je suis difficile et que je choisis des femmes qui ne me conviennent pas. Et je suis tout seul au bar parce que mon éditrice m'a convoqué pour m'entendre lui assurer que mon livre avançait bien. Après une engueulade maison, je suis resté ici et ça fait désormais deux heures que je suis assis là à faire comme si tout allait bien.

— Ton éditrice ? Tu écris ?

Je trouve ça terriblement sexy.

— Je suis photographe, en réalité. Mais je suis en train de travailler sur mon premier livre et comme un idiot, j'ai accepté qu'il contienne beaucoup de texte en plus des photos. Je dois le rendre dans trois semaines. Mon assistante m'a bloqué l'accès à Internet et je m'apprête à m'enfermer dans une cave pour le terminer.

— De quoi parle le livre ?

— Normalement, mon travail porte sur les gens, et surtout sur les gens qui ne sont pas ceux qu'on croyait. J'ai fait un reportage pour le *Times Magazine* sur des multimillionnaires qui vivent comme s'ils étaient au chômage et des gens se sont dit que ça ferait un bon livre. C'est génial, mais l'article devait faire mille mots. Le livre doit en faire quarante mille et j'avance à un rythme d'environ dix mots toutes les dix-sept heures.

— Waouh ! J'ai lu l'article, je m'en souviens. C'était fascinant. J'adore ton travail. Pourquoi ces gens ne dépensent pas leur agent ? C'est bizarre. J'ai tellement de questions que je ne sais pas par où commencer !

— Bien. Alors ne commence pas. Je ne veux pas être impoli, mais j'aimerais bien faire comme si rien de tout ça n'existait jusqu'à demain matin. Est-ce qu'on peut parler d'autre chose que du travail ?

— Bien sûr, aucun problème.

L'idée me plaît beaucoup. Ma vie se résume à mon travail et à Annie, et même si j'aime les deux, une nuit de repos me ferait du bien, à moi aussi.

— Excuse-moi, je devrais te demander ce que tu fais dans la vie, pas vrai ?

— Je travaille pour la télévision, dans le documentaire. J'adore ce que je fais, c'est complexe et varié. Mais tu as raison : c'est vendredi soir et il y a d'autres choses dont on devrait discuter.

— Ah bon ?

— Absolument. Tu as dit que tu sortais avec des femmes qui ne te convenaient pas. Qu'est-ce qu'elles ont, ces femmes ?

Pourvu que la réponse ne me décrive pas...

— Rien, ce ne sont pas les bonnes pour moi, c'est tout. L'ambition et le succès sont deux choses qui m'attirent énormément, alors je choisis des femmes qui ont accompli beaucoup de choses. L'inconvénient, c'est qu'elles ne veulent jamais d'enfants, et je fais partie de ces types qui veulent désespérément fonder une famille. Je veux tomber amoureux et avoir des bébés. Mais je commence à croire que c'est le truc le moins sexy au monde qu'un homme puisse dire à une femme, car à chaque fois, je me fais larguer.

— Oh...

D'un coup, j'ai l'impression d'être un vieux morceau de viande qui a largement dépassé sa date limite de consommation.

— Tu vois ? C'est comme ça que ça se passe. Je dis que je veux des enfants et elles tirent exactement la même tête que toi en ce moment. Le danger d'être un homme vieux jeu dans un monde de femmes modernes.

J'écarte doucement mon verre vide.

— Détrompe-toi : je trouve ça très bien que tu veuilles des enfants et que tu désires faire les choses correctement. Et aussi que tu penses que c'est un monde de femmes. J'ai un enfant. Une petite fille de six ans qui s'appelle Annie. Je l'aime de tout mon cœur, mais il est hors de question que j'en aie d'autres.

— Et son père ? s'enquiert-il sans ménagement.

— Waouh. Tu n'y vas pas par quatre chemins.

Son audace me surprend et en même temps, je suis soulagée à l'idée de mettre les choses à plat tout de suite. Je pense à Sophie, à ce mariage hideux à cause duquel toute sa vie est un mensonge. Si quelque chose doit se passer entre nous, il faut qu'il me prenne telle que je suis.

— Un type qui s'appelait Nick. J'ignore son nom de famille.

Je hausse les sourcils, comme pour lui dire : « Vas-y, juge-moi. »

— D'accord. C'est… c'était une histoire d'un soir, ou quelque chose de plus sinistre ?

— Rien de sinistre. Juste une histoire d'un soir. Une histoire très sympathique et très rapide lors de laquelle un de mes ovules a fricoté avec un de ses spermatozoïdes. Et avant que tu me demandes comme il a réagi, il n'est pas au courant. Je ne lui ai jamais dit.

Je n'ose pas le regarder et me prépare à me faire jeter. Mais merde, après tout. J'ai quarante-deux ans. Je suis maman. Je suis à la recherche d'une personne très spéciale pour faire partie de ma vie et de celle de ma fille, et s'il est incapable d'encaisser ma vérité, alors quel intérêt de boire un autre verre ?

Il appelle le serveur.

— Est-ce que nous pourrions avoir une bouteille de champagne, s'il vous plaît ?

Je le dévisage, confuse.

— En quel honneur ?

— Si ça marche entre nous, je viens juste de gagner un enfant gratuit ! répond-il en riant.

Ce mec est génial.

Stella

Je fixe mon reflet dans le miroir de la salle de bains et me force à ne pas détourner les yeux. Si je ne fais pas ça souvent, ce n'est pas un hasard. C'est impossible d'oublier quelqu'un dont vous voyez le visage à chaque fois que vous vous regardez dans la glace. Parfois, ça me semble cruel, et parfois, j'ai l'impression d'avoir une chance inouïe de pouvoir voir Alice dès que j'en ai envie.

Je plisse le nez et je souris, mais je n'arrive pas à reproduire exactement son expression. Le seul moyen qu'avaient les gens de nous différencier, c'était ça : son sourire. Il était bien à elle, à tel point que, même moi, j'étais incapable de l'imiter.

Notre mère disait toujours qu'Alice était la rose et moi les épines. Nous faisions partie de la même fleur, mais notre impact sur le monde était totalement différent. Sa douceur dissimulait ma dureté. Désormais, je suis mise à nu, incapable de me cacher derrière les pétales de sa personnalité. Ne pas piquer les gens qui s'approchent de moi est un combat quotidien.

— Pourquoi tu as mis ça ? demande Phil en entrant dans la salle de bains.

Je désactive aussitôt le mode Alice pour me remettre en mode Stella.

— Tu m'as fait peur, je ne t'ai pas entendu rentrer.

Il met un tube de dentifrice dans le pot près du lavabo et commence à déballer un nouveau rasoir. J'essaie de faire diversion :

— Tu as fait les courses ? Je pensais préparer un gratin de pâtes au thon.

— J'ai acheté du poulet. Stella, pourquoi est-ce que tu as mis ça ?

Il parle de la jupe que je porte. Une jupe corolle vintage violette et bleue avec un imprimé oiseau. C'était à Alice. Sa fringue préférée. Je n'arrive pas à me résoudre à la jeter et je la porte tout le temps, ce qui met Phil très en colère.

Avec mauvaise humeur, je marmonne :

— C'est juste une jupe, Phil.

Je retourne dans la chambre. En mon for intérieur, je pense : *C'est bon, Stella, pas la peine de l'agresser. Qu'est-ce qu'Alice ferait à ta place ?* J'essaie de lui ressembler. D'être plus raisonnable, plus douce, plus heureuse. Même si j'ai envie d'attaquer Phil et de lui faire mal. Il y a une bombe en moi, prête à exploser. Mais si elle détonne, je ne sais pas si quiconque survivra à la destruction. Alors j'avale ma salive, j'entre en contact avec l'esprit d'Alice et je tente d'éteindre la mèche.

— Peut-être que le moment est venu de se débarrasser de ses vêtements ? suggère-t-il, alors qu'il sait pertinemment qu'il entre en terrain miné.

— D'accord. Et peut-être que je peux aussi m'amputer le visage, tant que j'y suis ?

— Stella, arrête. Il faut que tu fasses le deuil d'Alice. Il est temps.

Je me dirige calmement vers la cuisine et lance pardessus mon épaule :

— Comment veux-tu que je prépare le poulet ? Je pourrais le paner.

— Je ne pense pas que ce soit sain pour toi de continuer à porter les vêtements de ta sœur, insiste-t-il en me rejoignant.

Je sors le wok d'un placard.

— Ou alors le faire sauter avec des légumes.

— Stella, tu vas m'écouter, bordel ? Enlève cette jupe !

— Très bien !

Je claque le wok sur le plan de travail, fais rageusement glisser la jupe sur mes cuisses, la laisse tomber par terre, puis je la ramasse pour la rouler en boule et la balancer à la poubelle.

— Voilà ! C'est bon, tu es content ?

Il me couve d'un regard rempli de pitié et secoue la tête.

En petite culotte, une spatule à la main, je repose ma question d'un ton calme :

— Alors, pané ou sauté avec des légumes ?

— Tu as besoin d'aide, Stella. Tu as sérieusement besoin d'aide.

Là-dessus, il sort en trombe de l'appartement et claque la porte derrière lui. Après son départ, je récupère la jupe dans la poubelle et je la remets.

Je pense que je vais le faire sauter avec des légumes.

Cam

Allongée sur son lit, Cam observe le corps endormi de Mark. Sa peau glabre est couverte d'une fine couche de sueur et ses muscles forment un désert montagneux de vallons lisses, rendus orangés par l'éclat des lampadaires de la rue. C'est l'amant parfait. Le genre d'amant que les auteurs donnent aux femmes au foyer négligées dans les romans érotiques. Il est parfait pour ce dont Cam a besoin en ce moment.

Elle se demande si elle devrait l'embrasser délicatement dans son sommeil, avant de se rappeler les limites d'une relation comme celle-ci. Si le sexe peut être abordé avec l'abandon le plus total, l'affection, elle, doit être gérée avec soin.

Elle attrape son ordinateur. Avoir un amant plus jeune, voilà le genre de matière première dont elle aurait tort de se priver.

> La seconde moitié de la vingtaine est vraiment la fleur de l'âge pour un homme, vous ne croyez pas ? Ils ont survécu aux désastres de l'adolescence et n'ont pas encore le désir de planter leur graine et d'avoir des enfants. Ils sont souvent à l'apogée de leur forme physique, en pleine quête d'accomplissement professionnel, et ils se fraient un chemin parmi les femmes qu'ils rencontrent tel un chasse-neige avec un pénis.
>
> Je les adore. Pour les femmes comme moi – de trente-six ans, célibataire et heureuse, pour rappel –, ce sont de véritables cadeaux. Je m'en suis dégoté un récemment, alors que je faisais la queue chez Whole Foods. J'étais venue acheter une pizza surgelée bio et lui des boissons protéinées. Nos regards se sont croisés, nous avons parlé de la pluie et du beau temps, et une heure et demie plus tard, nous étions dans mon lit. Ce n'est pas notre conversation convenue qui nous a attirés l'un vers l'autre, c'est le désir. Tout simplement. Si vous me jugez pour ça, alors je pense que vous n'avez pas compris comment fonctionne une relation entre adultes consentants : c'est sain, consensuel, et ça ne requiert aucune opinion d'aucune sorte.
>
> Sauf qu'on adore ça, pas vrai ? Juger les choix sexuels des autres, surtout s'ils ont un petit côté polémique. Nous rions, nous remettons en question et nous mettons notre auréole sur notre tête avant de dire à tous ceux qui ne font pas comme

nous qu'ils ont tort ou qu'ils sont bizarres. Mais, dans le fond, si c'est agréable et que tout le monde est content (et majeur), de quel droit crier au scandale ? Pour qui se prend-on ?
Pourquoi un acte aussi privé et intime que l'acte sexuel suscite-t-il un tel intérêt au sein de notre société ? Ça excite les gens d'un point de vue physique, mais ça les excite encore plus quand ils peuvent jaser sur les déviances d'autrui. Pourquoi certains devraient se sentir mal à l'aise et d'autres se comporter de façon « anormale » dans une société aussi diversifiée que la nôtre ?
Mais on nous a répété ce qui était « normal », n'est-ce pas ? C'était écrit dans les livres bien avant notre naissance : la monogamie est le seul schéma acceptable, nous sommes supposés « trouver le bon », nous marier, avoir des enfants. Mais peut-être que la monogamie n'est pas faite pour tout le monde. Peut-être que certaines personnes, comme moi, n'ont réellement pas peur d'être seules. Peut-être même que c'est leur but.
Je suis ravie de ne pas être « normale ». À trente-six ans, je n'ai aucune intention de me poser. Certains dans mon entourage trouvent ça insupportable. Mais je suis comme ça et je suis incapable d'être autrement.
Il y a davantage de femmes célibataires dans la trentaine et la quarantaine qu'il n'y en a jamais eu dans l'Histoire. Nous sommes le segment démographique qui augmente le plus. Néanmoins, être célibataire ne signifie pas ne pas avoir envie de sexe, ou ne pas mériter d'avoir une vie sexuelle. Mon choix est d'avoir un amant plus jeune, qui me procure l'attention physique dont j'ai besoin tout en me permettant de conserver la liberté émotionnelle à laquelle je tiens plus que tout. C'est mon choix, et alors que je suis assise là à regarder une superbe créature endormie dans mon lit, qui est là quand j'en ai besoin et s'en va ensuite, je me sens fière de ne pas être « normale ». J'irais même jusqu'à dire que je vous le conseille.
Faites de beaux rêves.
Bises,
Cam

Tara

À 23 h 36, nous sommes devant le Sanderson en train de nous peloter furieusement comme si nous n'étions pas en plein milieu d'une rue de Londres, à la vue de tous.

— Viens chez moi, murmure Jason. On peut regarder la télé ensemble. Je te prêterai un pyjama. On peut parler sentiments ?

Il se plaque encore plus contre moi et prend mon visage entre ses mains.

— Sinon, j'ai tellement envie de toi qu'on peut aussi baiser sur ce pas-de-porte.

Il m'embrasse. Nos bouches ont exactement la même saveur et s'assemblent à la perfection telles deux pièces d'un puzzle. Comme quand vous essayez d'ouvrir une porte avec le mauvais jeu de clés depuis une éternité et que vous trouvez enfin la bonne : elle entre si facilement dans la serrure que vous prenez conscience de combien vous faisiez fausse route avant. Le désir électrise mon bas-ventre. Ce mec m'attire avec une telle force que c'est aussi bon que l'acte lui-même. Voilà la connexion dont je me suis languie tous les samedis soir que j'ai passés seule après avoir mis Annie au lit, quand je me sentais froide, vide et rejetée par mes propres choix après un énième rencard merdique la veille. Tout ce que je voulais, c'était me sentir sincèrement excitée. Une pulsion cent pour cent réelle, venant de mon corps tout entier, de m'envoyer en l'air jusqu'à l'épuisement, juste par envie.

Je recule. « Vieux jeu », « famille », « un enfant gratuit ». Ses mots résonnent dans ma tête. *Si ça doit vraiment se faire, alors le sexe peut attendre.*

— Attends, dis-je en me décalant sur le trottoir. On arrête. Pas ce soir.

— Tu plaisantes ?

— Pas du tout. Ne faisons pas ça ce soir. Revoyons-nous vendredi prochain ? Pour un rendez-vous ? Comme au bon vieux temps ?

Même si je ne le revois jamais, au moins je conclurai cette soirée avec dignité.

— Je veux te revoir. Je pense simplement que c'est bien de prendre son temps, parfois.

— Tu sais que les gens couchaient déjà ensemble *au bon vieux temps* ?

Il rajuste sa braguette mais le sourire qu'il m'adresse me prouve qu'il comprend.

— Laisse-moi t'appeler un taxi alors, propose-t-il.

— C'est gentil, mais je vais prendre le métro. Je ne suis pas loin de la station et ça serait trop long en taxi.

— Tu vis où, d'ailleurs ?

— Walthamstow.

— Walthamstow. Je n'y suis jamais allé. Peut-être que vendredi prochain marquera la nuit où je prendrai la ligne Victoria jusqu'au bout ?

— Peut-être. C'est une ligne plutôt sexy.

Je passe mon bras sous le sien et nous nous dirigeons vers la station de métro la plus proche.

— Je te donne mon numéro, dis-je lorsque nous arrivons à Tottenham Court Road. Je te promets que ce n'est pas une fausse excuse, je veux vraiment te revoir.

Je l'embrasse pour lui prouver que j'ai réellement envie de lui. Au bout de quelques secondes, il s'écarte et sort son portable de sa poche. Je lui dicte mon numéro, qu'il enregistre dans ses contacts.

— Est-ce que c'est permis de sextoter ? demande-t-il.

Je ris et hoche la tête.

— Tous les textos sont permis. Écris-moi.

— Tu peux compter sur moi. Et toi, réponds-moi.

— Tu peux compter sur moi.

Il m'embrasse à nouveau. Le doute me pousse presque à crier : « C'EST BON JE VIENS CHEZ TOI ET JE VAIS TE CHEVAUCHER TOUTE LA NUIT. » Mais je pense à mes sentiments, je pense à Annie et je parviens à contrôler mes pulsions. Tandis que je m'éloigne, je me sens incroyablement bien. À la fois si surexcitée que je serais capable de faire demi-tour, lui arracher ses vêtements et m'envoyer en l'air au beau milieu d'Oxford Street, et aussi en paix, en accord avec moi-même.

Alors que j'arrive en bas de l'escalator, je reçois un message.

> J'ai passé une soirée géniale. Hâte de recommencer. Je t'embrasse. J

Je m'arrête. Je n'ai plus qu'une barre et je veux lui répondre avant de ne plus avoir de réseau du tout. Je ne veux pas qu'il ait le moindre doute quant à ce que je ressens, alors je me lance sans me retenir.

> Je ne serai pas aussi bien élevée la prochaine fois. J'espère qu'on refera ce qu'on a fait sur ce pas-de-porte et même plus. Je me demande si tu auras des exigences particulières ?

J'appuie sur « envoyer ». Une petite bulle apparaît aussitôt pour indiquer qu'il est en train de me répondre, mais l'instant d'après, je n'ai plus de réseau. Pas grave. Ça me fera quelque chose d'agréable à lire en sortant du métro.

Jason

Jason est encore à l'entrée de la station de métro, à espérer qu'elle change d'avis et revienne sur ses pas. Mais étant donné qu'il n'est pas dans un film de Richard Curtis, il ne tarde pas à comprendre qu'elle est vraiment partie. Il est déçu, jusqu'à ce qu'il reçoive son message.

« Des exigences particulières ? »

C'est super excitant. Jason n'en revient pas d'avoir autant de chance. Elle est intelligente, drôle et sexy à mourir. Cela fait très longtemps qu'il n'avait pas autant désiré quelqu'un, mais il a envie de faire les choses correctement, lui aussi.

« Des exigences particulières ? » Hummm. Peut-être qu'il est un peu trop tôt pour lui dire qu'il adore l'idée qu'elle caresse tout son corps avec ses cheveux ? Il ne saurait pas expliquer pourquoi, mais c'est son truc. Ça n'a rien de sordide ou de bizarre. Simplement, il adore les femmes aux cheveux longs. Et Tara a de longs cheveux épais. C'est ce qu'il a remarqué en premier chez elle, même s'il a eu l'intelligence de ne pas faire de commentaire. Cela dit, un peu de sexe ne lui ferait vraiment pas de mal. Ça fait un bail qu'il n'a rien connu de remarquable. Il commence à taper une réponse.

Je pense qu'on...

Pile à ce moment-là, un cycliste lui rentre dedans. Le type tombe, mais il se relève rapidement, remonte sur son vélo et s'éloigne à toute vitesse. Est-ce qu'il était gêné ? Est-ce qu'il fuyait quelqu'un ? Jason n'en a rien à foutre, tout ce qui l'intéresse, c'est que son portable a fait un vol plané et qu'il a disparu dans une bouche d'égout.

Adieu, Tara et son numéro.

ET MERDE.

Tara

Alors que le métro passe Seven Sisters, je regarde autour de moi. Mon wagon est vide. Je ressens une chaleur en moi, le battement sourd de ma libido comme un cœur qui bat la chamade dans ma petite culotte. Je pourrais patienter jusqu'à être à la maison pour lui donner ce qu'elle veut, mais en même temps… Je suis là, toute seule dans ma rame. Légèrement ivre et chamboulée après une rencontre électrisante. Ça fait tellement longtemps que je n'ai pas ressenti ces papillonnements d'excitation, pourquoi attendre ?

J'attrape l'exemplaire d'un journal gratuit qui traîne sur la banquette, je l'étale sur moi, puis je glisse ma main dans mon pantalon, et ensuite dans ma culotte. Je laisse ma tête basculer en arrière et je pense au corps de Jason pressé contre le mien. Je nous imagine sur ce pas-de-porte, nus à présent. Mes jambes enroulées autour de sa taille tandis qu'il me presse contre la porte, et tant pis si on peut nous voir. Complètement partie dans mon fantasme, je frotte fort. C'est délicieux. J'écarte les jambes et je sens l'air frais effleurer ma peau tandis que le journal tombe à terre. Le métro commence à freiner. Je manque de temps mais je ne peux pas et je ne veux pas m'arrêter. Je frotte plus fort, j'imagine plus fort, je respire plus fort jusqu'à ce que je jouisse plus fort que je n'avais joui depuis très longtemps. On ralentit encore. Je sais qu'il faut que je bouge mais je veux juste savourer ce moment pendant encore une petite seconde.

J'entends un reniflement.

J'ouvre les yeux et je vois un gamin blond, qui porte un survêtement. Il tient un portable devant lui. Pour prendre une photo ? Mon Dieu, est-ce qu'il est en train de me *filmer* ?

Je me jette sur lui en hurlant :

— C'est quoi, ce bordel ?

Mais la rame s'arrête dans un à-coup qui me fait perdre l'équilibre. Je finis par terre dans l'allée, avec mon pantalon autour des chevilles. Les pieds du jeune disparaissent alors qu'il remonte le quai en courant.

— PERVERS !

Qu'est-ce que j'ai fait ?

2

Cam

CAM EST ASSISE À SA TABLE DE CUISINE, en tee-shirt et en culotte. Par-dessus son petit déjeuner composé de café noir et d'œufs brouillés sur du pain grillé avec une bonne dose de ketchup, elle finalise l'article qu'elle a commencé à écrire lorsque Mark est parti à la salle de sport à 9 heures. Alors qu'elle le relit, à l'affût de fautes d'orthographe, quelqu'un sonne à sa porte, avec une telle insistance qu'elle croit d'abord à un incendie. Elle se précipite dans sa chambre pour enfiler un legging puis court jusqu'à l'interphone.

— Quoi ? Quoi ?

Tout ça pour entendre sa sœur lui dire :

— Cam, c'est Mel. On est en route pour le parc et on s'est dit qu'on allait passer te dire bonjour.

Elle appuie sur le bouton et entend aussitôt les pas des trois enfants de Mel qui cavalent dans l'escalier. Elle ouvre la porte de l'appartement et voit entrer à fond de train Max, onze ans, Tamzin, neuf ans et Jake, quatre ans.

— Bonjour, lance-t-elle tandis qu'ils passent devant elles.

— Bonjour, Tata Cam !

Ils continuent leur galopade jusqu'à la fenêtre, d'où ils se mettent à nommer tous les bâtiments et monuments londoniens qu'ils parviennent à voir depuis le nouveau nid douillet de Cam.

Mel grimpe péniblement les marches, ralentie par le poids des sacs et de la glacière.

— Attends, je vais t'aider, offre Cam en la rejoignant aussitôt qu'elle l'aperçoit.

— Je n'ai jamais vu un appartement aussi mal adapté aux enfants. Il y a combien de marches ? Bon sang, Cam, tu ne portes pas de soutien-gorge ! râle Mel d'un ton désapprobateur.

— C'est un vieux bâtiment, il y a quarante-six marches et je n'ai pas d'enfant, donc ça ne me dérange pas. Et je ne porte pas de soutien-gorge parce que je suis chez moi. Seule. Du moins, je l'étais.

— Je sais, mais quand même. Tu aurais pu en mettre un avant d'ouvrir la porte.

— Mel, tu es ma sœur.

— Oui, mais les enfants ne… Enfin, bref.

Cam ferme la porte et marmonne un « bienvenue » sarcastique entre ses dents.

Mel laisse tomber les sacs à terre puis presse ses mains contre le bas de son dos avant de s'arquer en arrière. Elle laisse échapper un bruyant soupir, qui ne suffit cependant pas à masquer le bruit de ses articulations qui craquent. Elle a l'air épuisée.

— C'est sympa, commente-t-elle en regardant autour d'elle. C'est grand. Tu ne vas pas te sentir seule ?

— Aucune chance, répond Cam. Je te sers un thé ?

— Je ne préfère pas. Si j'en bois un maintenant, j'aurais besoin d'aller au petit coin une fois qu'on sera au parc.

— Comme tu veux.

Elle allume tout de même la bouilloire. Elle a envie d'un autre café et est reconnaissante que sa vessie le lui permette.

— Tout va bien ? s'enquiert Cam.

— Pas vraiment. Maman est super contrariée. Elle pense que ton site Internet est inconvenant et elle est trop embarrassée pour se rendre à son club parce qu'elle croit que toutes les autres dames te prennent pour une lesbienne qui brûle ses soutiens-gorge !

Cam lance à sa sœur un regard victorieux.

— Ça expliquerait pourquoi je n'en porte pas.

Elle repense à l'article qu'elle a écrit hier soir sur son amant plus jeune. Sa mère va le détester, mais cela aura au moins le mérite de régler l'aspect lesbien du problème.

— Est-ce que tu pourrais faire quelque chose pour qu'elle se sente mieux ? N'importe quoi ? Elle ne parle littéralement que de ça.

— Mel, il n'y a rien que je puisse faire pour que Maman se sente mieux. Je suis comme je suis. Je lui ai répété je ne sais combien de fois de ne pas lire mon blog, mais elle continue. Si ça la perturbe tant que ça, elle n'a qu'à arrêter, c'est tout.

Mel se dandine jusqu'à la fenêtre.

— Les enfants, encore cinq minutes et on y va. Je veux arriver au parc avant qu'il y ait trop de monde et que quelqu'un nous vole notre arbre. Je dois m'asseoir à l'ombre, autrement mes veines gonflent avec la chaleur, explique-t-elle à l'attention de Cam.

Cam regarde sa sœur et ne sait pas trop quoi répondre. Mel a vraiment une sale tête. Elle n'a jamais réussi à se remettre de ses grossesses, que ce soit physiquement ou émotionnellement. Avant, elle était sportive et avait un corps superbe. Mais après chaque enfant, elle est devenue de plus en plus grosse, au point de faire désormais un bon 46. Malheureusement, la plupart de ses kilos se concentrent au niveau de ses fesses et de ses cuisses ; par conséquent, elle souffre de sévères irritations de la peau pendant les mois d'été et les jours de grande chaleur sont particulièrement inconfortables. Elle est très jolie, belle, même, mais entre le stress du quotidien, le manque de sommeil et ses trois enfants à gérer, il lui est difficile de retrouver le sourire qui séduisait tant de garçons au lycée.

Elle a souffert de dépression post-partum après chaque accouchement et son mariage ne tient qu'à un fil. Cam est certaine que Dave, le mari de Mel, la trompe, et elle ne parvient pas franchement à lui en vouloir. La tournure qu'a prise la vie de Mel l'a transformée en une personne compliquée, qui porte en elle beaucoup de colère dont elle ne sait pas quoi faire. Elle est la meilleure publicité contraceptive que Cam ait jamais vue.

La vérité, même si Mel ne l'admettra jamais, c'est qu'elle ressemble beaucoup à Cam. Elle n'a jamais été maternelle, elle n'a jamais eu besoin d'être en couple pour être heureuse. Mais elle a été plus faible que Cam au moment de tenir tête à la tradition. Leur mère ne voyait pas d'autre avenir possible pour ses filles que le mariage et les enfants. Les deux aînées, Tanya et Angela, se sont conformées à ce modèle avec joie : elles ont épousé des types rencontrés à l'université et totalisent sept enfants à elles deux. Tanya est professeure de yoga et Angela gère une garderie. Du point de vue de Cam, tout cela est idéal et relativement gerbant. Comme si elles lisaient *Maison & Jardin* et qu'elles tentaient de vivre dans une des photos. Mais à l'instar de Cam, Mel n'était pas faite pour ce moule-là. Elle était intelligente, douée pour les études, première de sa classe. Elle voulait aller en fac de droit et travailler dans un grand cabinet londonien, pas uniquement être mère au foyer. Mais ensuite, elle a rencontré Dave et elle est tombée enceinte de Max. Cam lui avait vivement conseillé de ne pas le faire, mais Mel a pris la décision stupide d'en parler à leur mère. Et elle n'a pas réussi à vaincre la culpabilité sous laquelle leur mère l'a ensevelie pour avoir ne serait-ce qu'envisagé d'avorter. Alors elle a eu un enfant à vingt-six ans, même si elle n'en voulait pas. Et depuis, elle vit une vie qui ne lui convient pas.

— Alors, les enfants, vous êtes contents d'aller au parc ? demande Camilla en les rejoignant.

Ils se tournent vers elle d'un bloc, comme des singes dans une cage qui se savent observés.

— Pourquoi est-ce que tu n'as pas d'amoureux ? l'interroge Tamzin.

C'une version miniature de Cam, y compris au niveau de ses grandes mains.

— Peut-être que j'en ai un, rétorque Cam qui n'est pas d'humeur à se laisser emmerder par un petit singe.

— Non, tu n'en as pas. Maman a dit que tu aimais peut-être les filles, déclare Max nonchalamment.

— Max, c'était une conversation privée entre Mamie et moi, lance sèchement Mel en tentant de le faire taire du regard.

— Alors pourquoi vous avez dit ça alors qu'on était tous à table ? insiste Max.

Cela met un terme à la conversation. Cam n'est en rien surprise que sa mère et sa sœur dissertent sur elle en son absence. Elles ne parlent déjà que d'elle quand elle est *dans* la pièce, alors pourquoi se donneraient-elles la peine d'arrêter lorsqu'elle n'est pas là ?

— Les enfants, un jour vous serez grands, et vous comprendrez que la vie ne se résume pas à avoir des amoureux et des amoureuses. On peut aussi avoir une jolie maison ou un travail qu'on aime, explique Cam en écartant les bras comme pour attirer l'attention sur son superbe appartement.

Ils se tournent tous à nouveau vers la fenêtre.

— Ça vous plaît ?

Pas de réponse. *Les enfants n'ont aucun goût,* se dit Cam.

— Moi, je veux me marier et avoir trois enfants, déclare fièrement Tamzin en regardant sa tante par-dessus son épaule.

— Ou peut-être pas, peut-être que tu changeras d'avis, ou peut-être que tu ne rencontreras personne que tu aimes et que tu vivras heureuse, seule dans ton bel appartement et entourée d'œuvres d'art sans avoir peur qu'un petit monstre dessine dessus au marqueur ?

Mel lève les yeux au ciel.

— C'est bon, Cam, elle ne fait pas partie de ton bataillon « les femmes n'ont pas besoin d'hommes ». Toutes les petites filles ont le même rêve.

— Moi, je déteste l'art, assène Max, signant le triomphe de sa mère.

Il se dirige vers le portable de Cam. Il a cassé le précédent en sautant dessus parce qu'il voulait télécharger illégalement *Kung Fu Panda* et que la connexion n'était pas assez bonne.

— Hors de question, avertit Cam en le mettant hors de sa portée. Interdiction de t'approcher de mon ordi.

— Pourquoi ? Il y a du porno dessus ? rétorque Max effrontément.

— Max ! Comment tu sais ce qu'est le porno ? interrompt Mel, sincèrement horrifiée.

— À cause du blog de Tata Cam. Elle a un écrit un article où elle expliquait que le porno était bon pour les gens.

Cam regarde Mel d'un air coupable. Mel la regarde d'un air furieux.

— Quoi ? Ça va, ce n'est pas comme si l'article contenait des photos ! Et puis ce n'est pas moi qui lui ai montré mon blog.

— Il le consulte dès qu'il va sur Internet. Tout le monde peut le voir. Tu ne peux pas écrire sur autre chose ? Des choses qui ne feront pas de dégâts psychologiques sur mes enfants ?

— Calme-moi, tes enfants vont parfaitement bien. Et c'est peut-être à toi de régler le contrôle parental ?

Elles se tournent vers Max, désormais en train de montrer ses fesses à la fenêtre de Cam pendant que Tamzin frappe contre la vitre pour attirer l'attention des passants dans la rue. Jake observe et apprend.

— Je te conseille de remballer, Max, avertit Cam. J'ai entendu dire que des petits garçons avaient été envoyés en prison parce qu'ils s'étaient exhibés dans le quartier.

Max est un sale gosse beaucoup trop sûr de lui, mais ça reste un enfant, qui dévisage désormais Cam comme s'il se demandait si ce qu'elle vient de dire est vrai. De toute évidence, il ne veut pas prendre de risque, car il remonte son pantalon.

— Bon, on ferait mieux d'y aller, déclare Mel.

Elle repasse les bras dans les anses des sacs et pousse un grognement en pliant les genoux pour les soulever.

— Tu as TELLEMENT de chance de vivre à côté du parc. Je déteste le métro, il y fait une chaleur terrible, c'est l'enfer pour ma circulation. Allez, les enfants. On s'en va.

— Je dois travailler, mais je peux vous rejoindre là-bas un peu plus tard ? propose Cam, qui a envie de passer du temps avec eux, mais pas dans son bel appartement tout neuf.

— Si tu veux.

Mel rassemble les enfants, qui se mettent à dévaler les marches, la laissant se débattre avec les sacs. Elle leur emboîte le pas en traînant les pieds.

— Et s'il te plaît, mets un soutien-gorge ! crie-t-elle par-dessus son épaule.

De retour à la table de la cuisine, Cam a le sentiment de déborder de motivation. C'est toujours comme ça après avoir vu un membre de sa famille. Certaines personnes se renfermeraient en se sentant incompris par leurs proches. Elles perdraient toute confiance en elles, se recroquevilleraient sur elles-mêmes. Mais pour Cam, c'est une source d'inspiration qui l'a motivée dans presque tout ce qu'elle a accompli. Elle a passé toute sa vie à tapoter sur l'épaule de sa mère et ses sœurs en leur répétant : « Acceptez-moi, je ne suis pas comme vous mais je suis heureuse. » Pourtant, pour une raison quelconque, elles n'ont jamais semblé y parvenir. Cam sait que c'est difficile pour sa mère lorsqu'elle lit ses articles, et même si elle n'a de cesse de lui dire d'arrêter, dans le même temps, elle est ravie qu'elle le fasse. *HowItIs.com* est le lieu où elle peut s'exprimer librement sans être dénigrée par la société ou sa mère qui considèrent qu'elle n'est pas dans la norme. Ne pas rentrer dans le moule, c'est précisément ce qui a catalysé son succès. Le moment est venu d'écrire un article pour toutes les personnes qui sont heureuses de se sentir seules au beau milieu d'une foule.

Qui a envie que je lui raconte une histoire d'amour ? Personne ne l'a jamais racontée auparavant. L'histoire s'appelle Camie et son grand amour, Internet.
Il était une fois une fille qui s'appelait Camie. Elle s'en sortait plutôt bien à l'école, elle travaillait dur et voulait bien faire. Elle eut une phase de rébellion, pendant laquelle elle fuma trop de cigarettes, embrassa des garçons et but trop de cidre, mais globalement, c'était une gentille fille.
Ce n'était pas son truc d'essayer d'avoir l'air cool, mais en n'essayant pas d'avoir l'air cool, elle passait sûrement pour une fille qui tentait d'avoir l'air cool, justement. Elle portait des pantalons serrés et des tee-shirts à l'effigie de groupes de musique, tandis que les autres filles portaient des jupes courtes et des hauts décolletés. Elle n'avait pas beaucoup d'amis. Elle consacrait plutôt son temps à parler musique avec les garçons que ragots avec les filles. Dans l'ensemble, elle traversa l'adolescence sans trop d'ennuis ; les autres filles la trouvaient intimidante ; les garçons aussi, sans doute. Tout ce qu'elle voulait, c'était un peu de paix et de tranquillité. Elle vivait avec ses trois grandes sœurs, alors sortir de la maison équivalait un peu à prendre des vacances, et elle ne voulait pas gâcher ce temps précieux en le passant avec trop de gens, aussi elle avait tendance à rester dans son coin.
Oui, vous avez deviné : Camie, c'est moi. Et voici la suite de l'histoire...
J'ai fini le lycée, je suis partie à la fac et j'ai fait des études d'anglais. Je faisais partie de ces étudiants qui lisaient religieusement le contenu de chaque module. J'avais toujours un livre à la main, et la drôle d'habitude de lire plusieurs journaux par jour d'un bout à l'autre. Pourquoi ? Parce que je savais que je voulais écrire. Et que pour être douée, je devais absorber autant de mots que possible. À mon sens, c'était le seul moyen de communiquer les milliards de pensées et d'opinions que j'avais en tête d'une manière que tout le monde comprendrait. Parce qu'en matière d'interactions sociales, j'étais vraiment nulle.

J'ai fait ce que tous les écrivains en herbe faisaient à l'époque : j'ai écrit des pages et des pages d'articles, que j'ai imprimés et envoyés à des éditeurs dans des enveloppes jaunes. Je n'ai jamais reçu la moindre réponse. Puis ce truc formidable est arrivé... Les gens appelaient ça e-mail. D'un coup, je pouvais envoyer mon travail sous forme de pièces jointes. C'est ce que j'ai fait, mais mes tentatives restaient toujours sans réponse. Puis, un jour, j'ai lu un article sur ce passe-temps peu connu qui s'appelait « blogguer ». Ça parlait de cette femme qui blogguait sur sa famille. Son mari était photographe, elle était belle, leurs enfants étaient charmants et leur chien adorable. Tous les jours, son mari prenait une photo, qu'elle postait avec un petit mot racontant ce qu'ils avaient fait ce jour-là. C'était plutôt gerbant, à vrai dire, pas du tout mon truc. Mais ensuite, j'ai découvert que 30 000 personnes se connectaient à son site quotidiennement pour lire ce qu'elle avait à dire. Et j'ai su que c'était la solution pour moi.
Alors, je l'ai épousé ! Je parle bien sûr d'Internet. Je veux dire que je me suis construit un site Web. Puis nous avons commencé à faire des bébés. (Vous avez saisi la métaphore, mes bébés sont mes articles.)
Cela m'a permis de trouver ma voix intérieure. J'ai écrit, encore et encore. Chaque jour, sans faute, je postais quelque chose. Ça pouvait être un ressenti, ou une réaction à quelque chose dans l'actualité. Puis je le faisais lire à tous les gens que je connaissais. Je faisais imprimer des flyers que je glissais sous les essuie-glaces ou dans les boîtes aux lettres. J'envoyais le lien par mail à tous les éditeurs de journaux et magazines. Je le postais sur des milliers de pages MySpace. C'est devenu toute ma vie ; c'est devenu une obsession. Si je n'étais pas en train d'écrire, j'étais en train de faire de la pub. Je n'avais pas besoin d'être remarquée par des éditeurs de journaux : je me constituais mon propre public toute seule. Et regardez-moi aujourd'hui. J'ai un des blogs lifestyle les plus anciens du Royaume-Uni. La semaine prochaine marquera le seizième anniversaire du lancement de *HowItIs.com* et le site a toujours autant

de succès. Plus d'un demi-million de personnes lisent mes articles chaque jour : c'est un plus grand lectorat que ceux de la plupart des publications de la presse écrite.

Je raconte cette histoire pour tous ceux qui ont une voix mais ne savent pas comment se faire entendre. Vous n'avez pas à être une personne très sociable, vous n'êtes pas obligé d'être charmant, d'avoir une confiance en vous démesurée, d'être beau ou mince. Tout ce qu'il vous faut, c'est quelque chose à dire.

Internet est l'amour de ma vie, car il me permet d'être celle que je veux être. Des mots qui resteraient coincés dans ma gorge affluent au bout de mes doigts avec une facilité déconcertante. Je ne sais pas trop ce que je serais devenue si je n'avais pas eu cet exutoire. Et le plus drôle, c'est que je communique avec des centaines de milliers de personnes tous les jours, sans avoir à prononcer un seul mot. Alors allez-y : postez vos sentiments en ligne. Même si personne ne les lit pour l'instant, un petit morceau de vous est là-dehors, qui durera toujours. C'est magique !

Bises,

Cam

Tara

— Maman, le coton n'arrête pas de tomber, gémit Annie alors que nous approchons de chez Trudy.

Deux ballons d'anniversaire sont accrochés à la porte et un petit Post-it indique PRINCESSES, ENTREZ SANS FRAPPER.

J'ai mal à la tête. Trop d'alcool et pas assez d'heures de sommeil. Je n'arrive pas à me sortir le visage de ce gamin de la tête, son portable braqué sur moi comme un pistolet chargé de honte. Et Jason n'a toujours pas répondu au dernier message que j'ai envoyé avant de prendre le métro. Comment ai-je pu si mal interpréter la situation ?

— Maman ? insiste Annie. Je me sens bête.

J'ai débarqué chez ma mère à 11 h 30 ce matin, armée d'un carton vide, un bâton de colle, une feuille de papier orange, un élastique, un chapeau blanc, des collants blancs et six paquets de boules de coton. C'est fou ce qu'on peut dénicher au supermarché du coin quand on a besoin de créer un costume pour une enfant de six ans. J'ai fait un trou dans le carton pour la tête, puis j'ai recouvert le tout de coton. J'ai fabriqué un nez façon carotte avec le papier orange et l'élastique. Avec les collants et le chapeau, elle a un look du tonnerre. Bon, d'accord, peut-être pas du tonnerre, mais j'ai fait de mon mieux.

— Maman, un bonhomme de neige c'est pas carré.

— Ne t'inquiète pas, Annie. Tu as quand même l'air d'un bonhomme de neige.

— Mais pourquoi je suis un bonhomme de neige, si c'est l'été ?

— Il y avait un bonhomme de neige dans *La Reine des neiges*, pas vrai ?

Visiblement, ma tentative de la rassurer tombe à plat.

Nous entrons. La fête se déroule dans le jardin. Des cris perçants d'enfants surexcités traversent la maison. J'aurais dû prendre davantage de Nurofen.

La maison est charmante. Une très imposante demeure mitoyenne dans le style victorien, avec des étagères bien rangées, une énorme télévision, un sofa bleu marine luxueux et une grande maison de poupées devant une fenêtre en saillie. Je suis surprise qu'Amanda ait si bon goût. Son mari doit très bien gagner sa vie.

— Annie ! Annie ! crie Trudy tout en débarquant dans le salon au pas de course.

Trois autres petites princesses sont dans son sillage, vêtues de costumes parfaits achetés dans de vrais magasins de déguisements. Je suis aussitôt triste pour Annie. Elle a l'air ridicule, en comparaison.

Les petites filles la prennent par la main et l'entraînent dans le jardin, où un château gonflable est mis à mal par une quinzaine d'enfants surexcitées. À droite du château se trouve une longue table ornée d'une nappe bleue et couverte d'innombrables plateaux qui débordent de nourriture bleue et blanche. J'ai envie de tout dévorer.

Une vingtaine d'adultes sont rassemblés en bout de table, autant d'hommes que de femmes. Les pères et les mères. Pourquoi est-ce que je me sens si nerveuse dans ce genre de situation ? Mon anxiété, décuplée par la gueule de bois, me souffle que j'ai été le sujet de conversation jusqu'à maintenant. Je m'approche du groupe et lance un timide « Bonjour ».

— Tara !

Amanda me rejoint, amicale, comme si la scène gênante à la sortie de l'école n'avait jamais eu lieu. C'est un peu perturbant.

— Je te sers un peu de vin ? propose-t-elle en m'offrant un verre de blanc.

Je pourrais jurer que tout le monde a arrêté de parler et me sourit, de ce sourire coincé qu'affichent les gens pendant qu'ils attendent que votre regard croise le leur afin de pouvoir vous saluer. Je scanne brièvement l'assemblée et grommelle un « bonjour » pour leur permettre de reprendre le cours de leurs conversations.

— Alors ? insiste Amanda en agitant doucement le verre sous mon nez.

Je réfléchis un instant, mais mon visage doit parler pour moi car elle baisse le bras.

— Il est encore trop tôt pour vous ?

— Oh non, il n'est jamais trop tôt. Mais j'ai eu une grosse soirée hier et je me sens un peu patraque.

— Il faut soigner le mal par le mal, il n'y a que ça qui marche ! s'exclame un homme en chemise bleue qui se dirige vers nous.

— Je vous présente Pete, mon mari, annonce Amanda.

Quelque chose dans son expression m'indique qu'elle est en colère contre lui.

— Bonjour, Pete.

Je tends la main pour serrer la sienne. Il est grand, avec une bouche qui occupe une grande partie de son visage et un regard de dragueur invétéré.

— Je peux vous servir un Bloody Mary vite fait bien fait, propose-t-il. Il est tout prêt dans le frigo. Moi non plus, je n'étais pas très frais ce matin.

— Ce serait parfait. Merci !

Il rentre aussitôt à l'intérieur.

— Le costume d'Annie, c'est... courageux.

Je décide de prendre ça comme un compliment. Et d'en profiter pour bien lui montrer que j'ai mémorisé son nom, à présent.

— Merci, Amanda. J'aime l'encourager à développer sa propre personnalité, au lieu de faire comme les autres.

Nous tournons la tête vers Annie. Elle est précisément en train d'enlever son carton pour enfiler une robe de princesse.

— Enfin, ça ne marche pas à tous les coups...

— En effet.

Nous restons plantées là, à faire comme si nous étions fascinées par les jeux de nos enfants pendant que nous tentons de trouver quelque chose à nous dire, mais un courant négatif passe entre nous, qui échappe à notre contrôle. C'est cosmique. Et je n'ai pas l'énergie de lutter contre ça.

— Et voilà !

La voix de Pete brise le silence. Il est de retour et me tend un Bloody Mary.

— Waouh, il y a même la branche de céleri. Santé.

Nous trinquons et je bois une grande gorgée. C'est délicieux.

— Bon, amusez-vous bien, lâche Amanda en s'éloignant, à croire qu'elle a atteint ses limites en ma présence.

— Pete ! crie-t-elle pour lui ordonner de la suivre.

Je ne peux pas m'empêcher de remarquer qu'il mate mes seins avant d'emboîter le pas à sa femme.

Je rejoins les autres parents et égrène un chapelet de « Bonjour, enchantée, bonjour, ravie », avant de me tourner vers le buffet.

— Hummm, des cupcakes blue velvet, j'adore !

J'attrape une assiette en carton et la remplis de nourriture. Tout le monde me regarde l'air de dire « elle en tient une couche ». J'ai l'impression de détonner face à ces pères et mères. Je me sens très seule. C'est quand même fou : au travail, je déborde d'assurance, mais il suffit que je me retrouve dans un groupe comme celui-ci pour que j'aie envie de m'enfoncer la tête dans le gâteau d'anniversaire.

— Un Bloody Mary et des glucides, ça ne peut vouloir dire qu'une chose, devine Tracey Fletcher, la mère de Gabby.

Nous avons déjà papoté à plusieurs reprises. Elle est plutôt sympathique, mais elle a ce petit côté guindé que semblent acquérir de nombreuses femmes une fois qu'elles sont mariées et mères de famille, y compris les plus rebelles. Même Sophie, quand j'y pense, en dépit du fait qu'elle n'ait pas d'enfants. Avant, ces femmes étaient des bringueuses dévergondées qui buvaient comme des trous et se droguaient allègrement. Désormais, elles sont ennuyeuses, plan-plan et mariées à des hommes qui imploseraient s'ils savaient le genre de vie que leurs gentilles petites épouses menaient auparavant. C'est le sentiment que j'ai avec Tracey, qu'elle a un passé qu'elle refuse d'avouer. Elle prend toujours une seconde pour répondre aux questions, comme si elle avait besoin de ce mini-laps de temps pour se remémorer ce qu'il convient de dire. Ou peut-être que je me fais des films ?

— Bien vu. J'ai une gueule de bois terrible. Heureusement, tout ce dont j'ai besoin se trouve sur cette table.

Silence autour de ladite table.

— Je n'ai pas eu de vraie gueule de bois depuis des années, déclare Tracey. Avec les deux petits, c'est tout bonnement impossible.

Les parents grommellent tous leur assentiment.

— Oh, je comprends. Ma mère garde Annie tous les vendredis soir pour que je puisse sortir et faire la grasse matinée. Autrement, je ne pourrais pas.

— Et je suppose que vous alternez aussi un week-end sur deux avec le père d'Annie ? Entendons-nous bien, pour rien au monde je ne voudrais que ça nous arrive avec James, mais la garde alternée doit avoir ses bons côtés ?

Tracey regarde les autres par-dessus son épaule. Je me demande si ce sont eux qui l'ont envoyée à la pêche aux informations. Que les gens présument que le père d'Annie et moi sommes séparés, ça n'a rien d'inhabituel. Ce qui est inhabituel, en revanche, c'est qu'on me pose la question devant un public de parents à une fête d'anniversaire sur le thème des princesses de Disney. Quand je suis dans un bon jour, le sujet me rend anxieuse à l'extrême. Là, avec la gueule de bois en prime, je me rends soudain compte que j'ai le visage en sueur.

— Oh, en réalité, Annie n'a pas de père.

Je me fourre une moitié de cupcake dans la bouche et prie pour qu'elle passe à autre chose.

— Ah. Justement, avec les filles, on était en train de se dire qu'on ne savait pas grand-chose sur vous et qu'on aimerait bien apprendre à vous connaître un peu mieux.

Les filles. Pourquoi les femmes utilisent-elles le mot *filles* en parlant d'elles-mêmes ? C'est vraiment bizarre.

— OK...

Nouvelle bouchée de cupcake.

— Est-ce que la séparation a été difficile ? insiste Tracey une fois que j'ai mâché et avalé.

— Non. Nous n'étions pas ensemble.

Les autres mères se sont rapprochées. Combien de cupcakes je peux me fourrer dans la bouche pour ne pas avoir à parler ?

— Oh, pardon, je ne voulais pas être indiscrète !

Elle marque une pause, puis :

— Alors quoi, c'était juste une aventure ?

Je pourrais me contenter de dire oui, mais entre le Bloody Mary qui commence à faire effet et les restes d'alcool de la nuit dernière qui se baladent encore dans mes veines, je me sens animée d'une bravade peu habituelle.

— Non, ce n'était pas une aventure. Juste un coup d'un soir. Enfin, on peut aussi parler d'aventure, je suppose, dans le sens où son sperme s'est aventuré dans mon vagin jusqu'à mon utérus.

Je ris, car je trouve que c'était plutôt drôle. Mais à voir la tête qu'elles tirent toutes, on n'a sans doute pas le même sens de l'humour.

— C'est imagé, commente Tracey en attrapant un cupcake qu'elle n'a évidemment pas la moindre intention de manger. Alors, il ne voulait pas être impliqué ?

Bon sang, on dirait un détecteur de mensonges. Un détecteur infaillible.

— En fait, il n'a jamais su que j'étais enceinte. Je ne le lui ai jamais dit.

Nouveau silence. Qui semble durer une éternité. Je finis par comprendre que ce n'est pas une pause bizarre à la Tracey : elle ne sait vraiment pas quoi répondre. Pas de problème, mes nerfs font la conversation pour deux.

— Enfin bref, à présent, je veux trouver l'amour. Mais le véritable amour avec un homme célibataire, pas un simple donneur de sperme. Alors ne vous en faites pas, mesdames, vos maris sont en sécurité !

Je laisse échapper un rire sonore, presque fou. *À quoi je joue ? À qui je joue ? Pourquoi est-ce que je viens de mentionner leurs maris ?*

— Pete ! crie Anna à travers le jardin. Pete, va chercher le gâteau.

Je m'aperçois alors qu'il se tenait derrière moi.

La troupe des parents se disperse en plusieurs petites tribus dans le jardin. Toutes les épouses établissent un contact physique avec leur mari. Je me retrouve toute seule devant le buffet. Enfin, accompagnée d'approximativement quarante mille calories de cupcakes bleus. J'ai l'impression d'être le friand à la saucisse un peu écrasé que personne ne veut manger.

Après une minute ou deux, mon anxiété l'emporte. Je me précipite vers le château gonflable et donne des coups de coude aux parents qui se trouvent sur ma route pour rejoindre ma fille.

— Annie ? Annie, viens, on y va.

— Mais, Maman, on n'a pas encore mangé le gâteau, fait-elle remarquer avec embarras.

— On mangera du gâteau à la maison. Allez, prends ton carton.

— Mais...

— ANNIE, maintenant !

Elle m'obéit, mortifiée de se faire crier dessus devant ses amies. Ça m'est égal, je suis trop mal à l'aise pour affronter le jugement de ces gens. Et accessoirement, je crois que je vais vomir.

J'attrape la main d'Annie et je traverse la maison à toute vitesse, avec le sentiment d'échapper à une avalanche. Lorsque j'ouvre la porte, Vicky Thomson se tient là, le poing levé, prête à frapper. Je fais un bond de deux mètres.

— Tara, vous partez ? Mon Dieu, je suis affreusement en retard. Est-ce que la fête est terminée ? Pourquoi vous avez la bouche bleue ?

Trop de questions. Je la contourne en traînant Annie derrière moi.

— OK, bon, alors au revoir. Et on devrait prendre un café, j'ai travaillé sur quelques nouvelles idées, je pense vraiment qu'on...

Mais Annie est sanglée dans son siège auto avant qu'elle ait le temps de finir sa tirade. Une fois que j'ai tourné le coin de la rue, je me sens un peu plus calme. Je regarde alors Annie dans le rétroviseur.

Ma petite princesse est en train de pleurer à chaudes larmes.

Cam

— Allô, bonjour, ça fait plus d'une heure que j'attends ma pizza... Oui, Stacey... Comment ? Je vous ai déjà eu au téléphone ?... Oh laissez tomber, je vais appeler une autre pizzeria.

Cam raccroche.

— Qu'est-ce que c'est chiant, grogne-t-elle. Ça va prendre une éternité pour être livrés maintenant.

Mark aussi a très faim, mais il n'est pas du genre à s'agacer. Cam, en revanche, se dirige comme une furie vers la cuisine et ouvre et referme bruyamment les portes des placards et du frigo. Ils sont tous vides.

— Ma belle, tu mordrais quand tu as les crocs.

La pointe d'humour de Mark l'irrite encore plus. Elle souffle.

— J'ai eu envie de pizza toute la journée.

— On y va, alors ? suggère Mark avec désinvolture.

— Quoi ? Aller chercher des pizzas à emporter ?

— Non, allons dîner quelque part. C'est samedi soir.

La proposition refroidit un tantinet Cam. *Allons dîner quelque part* ? Genre, assis l'un en face de l'autre ? Dans un restaurant ? Habillés ? À se faire la conversation ? Est-ce que c'est possible ?

Avant qu'elle ait le temps de lui faire part de ses interrogations, Mark est à la porte, prêt à partir.

— Allez, viens, je meurs de faim.

Elle attrape ses clés, enfile une paire de tongs et le suit. C'est parti, on dirait.

Cam dévisage Mark tandis qu'il consulte le menu. Quelques mois ont passé depuis qu'ils se sont rencontrés dans la queue du Whole Foods, ils ont fait l'amour dans toutes les positions imaginables, et elle ne sait même pas s'il a un deuxième prénom. Elle n'a pas la moindre idée de ce qu'elle pourrait lui raconter.

— Je ne sais pas pourquoi je prends la peine de lire le menu, je sais déjà que je vais prendre la Spéciale Viandes. Et toi ? s'enquiert Mark en posant son menu sur la table avant de faire un signe de tête à un serveur.

— Moi ? Quoi, moi ? répond Cam, soudain inquiète à l'idée qu'il lui demande d'exprimer des sentiments.

— Euh, quelle pizza tu vas prendre ?

— Ah. Une hawaïenne, comme d'habitude.

— Beurk. Des fruits sur une pizza, non merci.

— C'est noté.

Cam tente d'accompagner sa réponse d'une expression qui, d'après elle, montre qu'elle est heureuse de découvrir les petits détails de sa personnalité, même si elle trouve la situation terriblement gênante.

Elle aime beaucoup Mark et elle aime passer du temps avec lui, ce n'est pas le problème. Mais elle a activement évité les relations traditionnelles pendant la majorité de sa vie d'adulte, parce qu'elle n'est pas douée pour ça. Elle préfère ne pas partager son repas avec une autre personne – sauf si c'est quelqu'un qui la connaît très bien. Pour un verre, probablement. Pour un café, pas de problème. Mais un repas ? Un vrai rendez-vous ? Elle ne sait pas faire. Ce qu'elle maîtrise, c'est être à la maison, en petite culotte, à papoter de tout et de rien entre deux parties de jambes en l'air. Dans cet environnement-là, elle a des accessoires, des distractions pour fuir les interactions émotionnelles intenses. Mais maintenant, elle est là, assise en face de son plan cul, à se rendre compte pour la première fois que leur différence d'âge est bien réelle. Elle a l'impression que ça saute aux yeux, comme un homme plus âgé qui sortirait avec une jeune blonde sexy. Et en dehors d'un lit, ça lui paraît un peu ridicule.

Ils commandent.

— Alors, qu'est-ce que tu as fait aujourd'hui ? s'enquiert Mark en attendant.

— Oh, euh, je suis allée au parc avec ma sœur, ma nièce et mes deux neveux. On a nagé dans l'étang, c'était sympa, explique Cam avant de se fourrer deux olives dans la bouche.

— Ah, super. J'ai deux neveux, Jacob et Jonah. Ils veulent qu'on les appelle JJ. Moi, je dis JJJJ et ils trouvent ça super marrant.

— C'est très drôle, répond Cam en crachant ses noyaux d'olive dans sa main.

— Ils m'adorent. J'arrive à les porter tous les deux en même temps, alors ils m'appellent Oncle Hulk.

Il plie le coude et fléchit le biceps pour joindre le geste à la parole.

Cam sourit. Il est vraiment gentil et elle ne veut pas être impolie ou désagréable, mais...

— Les tiens ont quel âge ? continue-t-il.

Il se comporte comme n'importe quel être humain normal le ferait dans sa situation. Sauf que, pour Cam, c'est trop. Elle ne sait pas pourquoi elle trouve cela aussi insoutenable, mais c'est le cas. Elle ne peut pas. C'est tout.

— Mark, je suis désolée, mais je ne me sens pas très bien. Je dois avoir une insolation ou un truc comme ça. Est-ce qu'on peut leur demander de nous préparer les pizzas à emporter ?

— Bien sûr.

Ça ne semble pas le déranger. Il a quand même de la pizza, il a quand même Cam : pour lui, c'est tout bénéf'.

Il fait signe à un serveur et Cam se détend instantanément. Elle tue le temps en sortant son portefeuille de son sac et en comptant sa monnaie.

— Je t'invite, annonce-t-elle.

Mark accepte avec joie.

Lorsqu'ils quittent le restaurant, Cam réfléchit à nouveau.

— Je suis désolée, mais je pense que la chaleur m'en a vraiment mis un coup. Je n'ai pas mangé ce midi et j'ai passé l'après-midi à courir après les enfants et je ne me sens pas bien du tout. Ça ne t'embête pas de rentrer chez toi ?

— Bien sûr que non, ma belle. Pas de problème, assure Mark d'un ton compréhensif.

Il ouvre une des deux boîtes à pizza pour s'assurer qu'elle a la bonne.

— Tu veux que je te raccompagne ?

— Non, ça va aller. Mais merci.

Il est charmant et pas compliqué, deux qualités qu'elle apprécie sincèrement. Alors pourquoi est-elle incapable de déguster un repas en sa compagnie ?

— Tu vas sortir ce soir ? demande-t-elle.

— Sûrement. J'ai bien envie de danser un peu.

Cette phrase cristallise encore plus le contraste entre leurs modes de vie. Cam se demande s'il va draguer pendant la soirée. Une femme de son âge, qui travaille aussi dans une salle de sport et qui aime bien papoter. Elle sait qu'elle n'a pas le droit d'en avoir quelque chose à faire.

— Amuse-toi bien, dit-elle tandis qu'il s'éloigne.

— Merci, ma belle, lance-t-il par-dessus son épaule.

Elle rentre chez elle à pas lents.

De retour dans sa cuisine, son ordinateur devant elle, une demi-pizza à sa droite et une tasse de thé à sa gauche, elle cherche un sujet d'article. Elle sait bien qu'elle entretient de meilleures relations *via* Internet qu'elle ne le ferait en personne. Mais est-ce si important ? Pourquoi devrait-elle être parfaite dans le monde réel, lorsqu'elle peut être tout ce qu'elle veut sur Internet ? Ce n'est pas comme si elle n'avait aucun contact avec d'autres êtres humains : il y a sa famille, et puis Mark, et *bien sûr* qu'elle a des amis. Certes, elle vit la plupart de ses relations par e-mails interposés, mais ce n'est pas comme si elle était littéralement seule, comme une mamie à qui personne ne vient rendre visite dans sa maison de retraite. Elle pourrait sortir si elle le souhaitait. Elle n'en a simplement pas envie, c'est tout.

Elle reste là à y réfléchir pendant une minute.

Est-ce qu'elle a encore envie de sortir, parfois ? Ou est-elle devenue tellement absorbée par son alter ego virtuel qu'elle en a oublié comment communiquer en face à face ? Elle secoue la tête. Non... non, ce n'est pas ça. Internet lui a permis d'être tout ce qu'elle voulait être. Elle est heureuse de vivre derrière son écran. Dans la vraie vie, Cam n'est pas top. Alors que dans son monde à elle, elle est audacieuse, courageuse et puissante. Sa relation avec Internet n'a rien d'une honte.

Voilà. Elle le tient, son sujet d'article. Cam se met au travail.

Être seul ne veut pas dire se sentir seul

Je ne me rappelle pas la dernière fois où je me suis sentie seule. Et pourtant, je suis seule à longueur de temps. Je pense que ça vient du fait que j'ai grandi dans une maison débordante d'activités et que j'ai beaucoup vécu perdue dans mes pensées. À bien y réfléchir, j'ai sûrement autant

peur d'être entourée que la plupart des gens ont peur de la solitude. Ça ne me fait pas peur d'être seule. En réalité, ça me rend même très heureuse.
C'est difficile de se sentir seul si vous remplissez votre vie des choses que vous aimez. Personnellement, les choses que j'aime ne m'emmènent jamais très loin de chez moi. J'aime marcher, regarder des films, passer du temps avec ma famille... Et quand je suis à la maison, mes pensées et mon travail m'occupent bien assez.
Quand je suis seule, je passe à l'action. Je fais plein de choses, des plus triviales à l'écriture de mes articles. Là, alors que je suis justement en train de me livrer à cette activité dans ma cuisine, je me dis que j'ai bien envie de vous parler des autres choses que je fais quand je suis toute seule.
Parfois, je m'assois à la table de la cuisine et je m'épile le maillot à la pince à épiler. Ou alors je pose un petit miroir sur une table près de la fenêtre, et j'utilise la lumière du jour pour inspecter mes pores. Je presse des points noirs et arrache des poils qui poussent à des endroits de mon visage où ils n'ont rien à faire. Après ça, en général, je suis toute rouge et pas très jolie à voir, alors je m'abstiendrais sûrement de faire ça si j'avais de la compagnie. Je termine l'opération avec un masque, que je laisse poser pendant dix minutes tandis que j'envoie des mails à des amis.
Je suis super douée pour envoyer des e-mails aux gens. J'écrirais des lettres si ça ne me donnait pas des crampes au poignet, parce que j'adore l'idée d'entretenir des correspondances comme dans le temps. J'écris souvent des mails interminables à des amis d'école. Ils me répondent par quelques phrases, et je me sens toujours très fière de moi de garder le contact, même si je ne ferais jamais l'effort de les voir en personne. Je passe également des heures à lire les mails que vous m'envoyez et à y répondre.
Je cuisine aussi et je mets vraiment le paquet, parfois. Il y a quelques jours, pour dîner, je me suis fait un curry vert thaï au poulet. J'ai tout préparé moi-même, y compris la pâte de curry. Puis je me suis installée près de ma fenêtre et j'ai dégusté mon dîner en admirant la vue sur Londres

avec *Tapestry* de Carole King en fond sonore. Après ça, j'ai lu près de la moitié d'un roman sur un réfugié nord-coréen, avant d'aller au lit avec une tasse de thé à la menthe et d'écrire un article. Le lendemain matin, je me suis réveillée à 10 heures et j'ai fini le curry. Froid. Il n'y avait personne pour me juger, alors je l'ai fait, et c'était parfait. J'ai passé le reste de la journée à bricoler avec mon père.
Voilà à quoi ressemble ma vie. À quoi elle ressemble depuis très longtemps. Je suis seule, mais je ne me sens jamais seule. Et je ne suis pas sûre d'être capable d'en souffrir, parce que j'adore ça. Je pense qu'une fois qu'on est passé maître dans l'art d'apprécier sa propre compagnie, le bonheur vient tout seul.
Bises
Cam

Elle met son texte en ligne et s'empare d'une énorme part de pizza. D'habitude, elle se sent apaisée après avoir écrit un bon article, mais là, Cam n'arrive pas à se débarrasser de l'agitation qui s'est emparée d'elle un peu plus tôt. Comment son soi virtuel et son soi réel peuvent-ils être si différents ? Elle emporte sa pizza dans sa chambre et se glisse sous la couette pour la manger. En inspectant la pièce du regard, elle songe à quel point ce serait bien d'avoir un petit fauteuil dans le coin, avec un chouette imprimé, juste pour le plaisir. Peut-être qu'elle ira en chiner un demain, ce serait un moyen parfait d'occuper son dimanche. Alors qu'elle mâche sa dernière bouchée, elle laisse échapper un énorme pet parfumé à la pizza. Puis elle éteint la lumière et ne tarde pas à s'endormir.

Dimanche

Tara

Annie et moi sommes pelotonnées sur le canapé. Nous regardons un film, comme nous le faisons toujours les dimanches après-midi pluvieux. Quand mon portable bipe, je sursaute comme si une guêpe venait de me piquer.

— Quoi, Maman ? C'est qui ? demande Annie, un peu effrayée.

Je réponds d'un air morose.

— C'est juste Sophie.

Est-ce qu'il t'a écrit ?

Non.

Besoin que je te remonte le moral ? Viens à la maison, si tu veux. Amène Annie. Carl est là, mais ça ne pose pas de problème.

Peut-être plus tard. Pour l'instant, je suis trop occupée à mourir de honte. Bisous

D'accord. Viens si tu peux. J'aime bien que Carl me voie avec des enfants. Bisous

J'aimerais parler à Sophie du type qui m'a filmée dans le métro, mais comment je pourrais lui expliquer ça ? C'est tellement glauque que j'essaie d'effacer le souvenir de mon esprit. Je n'arrête pas de l'imaginer en train de se branler dans son salon en regardant la vidéo, ou pire encore, de la poster sur sa page Facebook pour que tous ses petits potes boutonneux puissent aussi se tripoter dessus. Je me sens vraiment mal de savoir qu'il y a quelqu'un, là-dehors, en possession de cette vidéo, et que je ne sais pas qui c'est. Mon Dieu. Une *vidéo* de moi en plein orgasme. Je ne peux pas imaginer pire.

Peut-être qu'il a simplement pris une photo ? Le journal n'a glissé de mes genoux qu'à la fin. Ce n'est peut-être pas aussi terrible que ce que je crois. Il faut juste que j'oublie ça, que je fasse comme si ça n'était jamais arrivé, autrement ça va me hanter jusqu'à la fin de mes jours. Je ne peux rien y faire, alors je dois me concentrer sur d'autres éléments de ma vie. Jason et le gros film que je me suis fait sur lui, par exemple. Pourtant, j'ai réellement cru que je lui plaisais. Cette journée est vraiment pourrie. Annie a envie de faire des activités et je me sens trop mal pour m'extirper du canapé. Je suis dans une impasse.

Elle était si contrariée de partir tôt de la fête d'anniversaire qu'elle a refusé de sortir de sa chambre hier après-midi. Après quelques tentatives pathétiques pour l'amadouer, j'étais si désespérée que je suis restée sur le canapé à manger des Pringles, comme une ado qui vient de se faire larguer. Plus tard, je lui ai apporté son dîner et je l'ai laissé manger dans sa chambre. Pourquoi les enfants aiment-ils autant ne pas manger à table ? Après le repas, elle m'a rejointe et on a joué aux cartes jusqu'à ce qu'elle aille au lit. Lorsqu'elle s'est endormie, je suis retournée à mes glucides, avec une bouteille de vin par-dessus le marché. C'est sans doute pour ça que je me sens encore plus mal qu'hier.

— Tu avais dit qu'on irait au parc aujourd'hui, proteste Annie.

Les bras croisés sur la poitrine, elle garde les yeux rivés sur l'écran. Je nous ai mis *Chitty Chitty Bang Bang*. On l'a vu des centaines de fois.

— Je sais. Je suis désolée, Annie. Maman ne se sent pas très bien. Qu'est-ce que tu aimerais regarder ? Tu peux choisir ce que tu veux, ça ne me dérange pas.

— Je ne veux pas regarder la télé, je veux aller dehors.

Je consulte à nouveau mon portable, même s'il n'a pas émis le moindre son. *Pourquoi est-ce que Jason ne m'a pas écrit ?* Peut-être qu'il a cru que son message était parti ? Mais si c'était le cas, il aurait attendu une réponse de ma part, il aurait relu nos échanges et vu que son texto n'avait pas été envoyé. Non, il a simplement décidé d'arrêter de m'écrire. Mais pourquoi ? J'ai envie de lui renvoyer un truc, quelque chose de cool, de facile, de drôle. Mais je ne parviens pas à m'y résoudre. Le moins que je puisse faire, c'est garder un minimum de dignité en évitant un autre SMS terriblement gênant. Annie souffle bruyamment.

— Je m'ennuie dans la maison, il pleut même pas dehors ! insiste-t-elle en fixant mon portable comme s'il s'agissait d'un autre enfant qui m'empêchait de m'occuper d'elle.

— Je sais. Je suis désolée, je ne me sens pas bien.

On reste assises en silence pendant plusieurs minutes face au téléviseur. Je sais qu'elle ne regarde pas plus le film que moi.

— J'ai faim, finit-elle par annoncer. Je veux aller au parc et manger une glace.

— On ne peut pas avoir juste une journée sans rien faire ?

Je me rends compte que c'est moi qui me comporte comme une enfant. Je suis une mère, pas une ado en mal d'amour. Je dois arrêter de me morfondre et m'occuper de ma fille. Je me traîne jusqu'à la cuisine. Il y a du poulet dans le frigo, ça fera l'affaire. Je mets le poulet entre deux tranches de pain et l'arrose d'une bonne couche de mayonnaise. Je pose quelques Pringles sur l'assiette à côté du sandwich, je remplis un verre d'eau et j'apporte le tout à Annie.

— Tiens. Je t'ai fait un sandwich. Poulet mayo, miam. Mange et après, on va se promener.

Elle prend quelques bouchées, qu'elle avale avec peine.

— Ça a un drôle de goût, Maman.

— Ça suffit, Annie, arrête de râler et mange ton sandwich !

Je regrette instantanément mon ton cassant. Je suis juste fatiguée, mortifiée, et j'aimerais me repaître de ces émotions jusqu'à ce qu'elles disparaissent. Mais Annie a l'air bouleversée.

— Excuse-moi, ma chérie, je…

— T'es MÉCHANTE ! hurle-t-elle.

Elle balance l'assiette à terre. Le sandwich s'ouvre et fait des éclaboussures de mayonnaise partout. Elle sort en trombe du salon et grimpe les marches quatre à quatre. La porte de sa chambre claque si fort que toute la maison tremble. C'est la première fois qu'elle fait une chose pareille. Je me sens affreusement mal. Je lance un torchon sur l'assiette pour faire comme si elle n'était pas là.

Le visage caché dans mes mains, je me répète que je dois être forte, qu'Annie n'y est pour rien, que nos week-ends sont précieux, et que je ne peux pas les gâcher simplement parce que je suis une pauvre ratée. On va aller voir Sophie, tout va bien se passer. Je vais me rattraper pour hier.

Je consulte à nouveau mon portable en montant l'escalier d'un pas lourd.

Toujours rien. Pourquoi est-ce qu'il ne m'a pas écrit ?

Stella

La soirée d'hier a été totalement merdique. Alors que j'étais en train de cuisiner le poulet sauté aux légumes, Phil est revenu. Il s'est installé dans le salon et a mis la télé si fort que j'arrivais à peine à réfléchir. Je suis restée dans la cuisine pendant une éternité pour retrouver mon calme. Je n'avais qu'une envie : débarquer dans le salon, arracher la télévision du mur et la lui exploser sur le crâne. De quel droit est-ce que *lui* se met dans cet état ? Est-ce que c'est lui qui a perdu toute sa famille ? Est-ce que c'est son corps à lui qui est menacé ? J'ai fixé sa nuque depuis la porte de la cuisine en articulant silencieusement tout ce que j'avais envie de lui hurler au visage. C'est lui qui est supposé être le plus fort de nous deux. Lui qui est supposé s'occuper de moi, m'aider à me sentir mieux. Voilà le genre d'homme qu'il était quand je l'ai rencontré. C'est lui qui m'a persuadée de faire les examens, avec ses « je suis là pour toi, ma chérie » et autres « c'est mieux de savoir ». Et maintenant qu'on a les résultats, c'est lui qui n'est pas de taille à encaisser.

Néanmoins, je me suis retenue. J'ai pensé à ce que je voulais. Ce que je veux, c'est ne pas être seule et avoir un bébé. Alors, comme d'habitude, j'ai ravalé ma peine et mes récriminations. J'ai retiré la jolie jupe d'Alice, je suis allée m'asseoir près de lui, j'ai posé ma main sur sa cuisse et je lui ai dit que j'étais désolée. Désolée de quoi, je ne suis pas très sûre. Toujours est-il qu'il a baissé le volume et accepté une assiette de poulet sauté. Nous avons mangé ensemble et regardé un film côte à côte.

Aujourd'hui, nous sommes installés à la table de la cuisine en train de déguster le rôti de bœuf que j'ai préparé, dans une nouvelle tentative pour l'empêcher de me quitter. Je commence à être à court de sujets de conversation : pas d'amis dont on pourrait discuter, pas de ragots au bureau, pas de nouvelles dans la famille, et j'essaie d'éviter les deux mots fatals qui commencent par *b* et par *c*.

Tout en mastiquant ma viande, je demande :

— Est-ce que tu savais que quand tu tapes sur Google « et si je meurs sans legs », les premiers résultats parlent de ce qui arrive à ton compte Facebook après ta mort ?

— Non, je ne savais pas, répond Phil avant de prendre une gorgée de vin rouge.

— Apparemment, tu peux désigner une personne comme étant ton « contact légataire » et c'est cette personne qui prendra le contrôle de ton compte après ta mort. En gros, je te donne mon mot de passe et tu peux changer mes photos, accepter mes demandes d'amis et tout le bazar.

— Pourquoi ne pas fermer ton compte, tout simplement ?

— Qui ça ?

— Toi ?

— En étant morte, c'est compliqué.

— OK, dans ce cas, pourquoi est-ce que le contact légataire ne se contente pas de fermer le compte ? Un compte Facebook ne sert à rien quand on est mort, si ?

Son ton est sec. Je prends un instant avant de répondre :

— Et si c'est tout ce que tu laisses derrière toi ?

— Ce serait carrément déprimant.

De toute évidence, il espère que cette conversation va bientôt toucher à sa fin. Mais je décide de le pousser dans ses retranchements.

— Peut-être que c'est tout ce que je laisserai derrière moi.

— Bon, Stella, tu es vraiment obligée de parler comme ça ? lâche Phil en se levant brusquement.

Il va poser son assiette près de l'évier et baisse la tête.

— Je n'en peux plus de ces conversations désinvoltes sur la mort, ça me retourne le cerveau.

— Désolée.

Je ne le suis pas, mais peu importe. Je me glisse derrière lui et je passe mes bras autour de sa taille. Nous restons comme ça pendant une minute ou deux. Le corps de Phil est raide comme un piquet, hostile. Je défais sa ceinture.

— J'ai envie de toi.

Je prends son pénis flasque dans ma main et essaie de le transformer en quelque chose de fonctionnel. Je n'avais jamais à faire ça au début de notre relation. Désormais, c'est devenu une habitude.

Après un long silence, il est enfin en érection.

— Viens au lit.

Je le prends par la main et le guide vers la chambre.

Il s'allonge pendant que je retire mon jean et ma culotte. Il baisse un peu son pantalon mais garde son caleçon. Je grimpe à califourchon sur lui.

— Je crois que je vais avoir besoin d'un petit coup de main, mon chéri.

En disant ça, je mets deux doigts dans sa bouche. Il les lèche et tourne la tête sur le côté. Je fais glisser mes doigts humides sur mon sexe. C'est lui qui m'a appris ça. Il aimait me regarder faire, avant. Je me positionne au-dessus de lui puis me baisse jusqu'à ce qu'il soit en moi. Il garde la tête tournée. Je bouge doucement de haut en bas, sans le quitter des yeux. Je m'applique, je pousse les gémissements qui l'excitaient. Je me penche en avant pour embrasser son cou, puis sa joue. Je dépose un baiser sur le coin de sa bouche tout en grognant et en augmentant la cadence, mais il refuse de me regarder. Il parvient à maintenir son érection, mais il ne bouge pas, il ne me donne rien. Je continue, j'accélère encore un peu le rythme, sans rien obtenir en retour.

Frustrée, j'aboie :

— Allez ! Baise-moi, bon sang !

Phil me pousse. Je roule sur le côté et cache mon visage dans mes mains. C'est trop embarrassant.

— Je suis désolé, Stell. J'ai trop mangé.

Mensonge. Même si je sais qu'il est sincère quand il dit qu'il est désolé.

Il se lève, remonte son jean et retourne dans le salon. Je l'entends qui allume la télévision.

Tara

Avant, Sophie et moi travaillions pour une agence de travail temporaire qui recrutait du personnel pour des soirées huppées. Nous servions des Yorkshire puddings miniatures à la crème de raifort et autres petits-fours prétentieux à la haute société londonienne. Nous devions nous farcir un tas de connards vaniteux, mais cela nous permettait aussi de fouiner chez eux, dans des maisons cossues de Notting Hill ou d'immenses appartements sur Sloane Square. Un monde à des années-lumière de celui dans lequel nous vivions à Walthamstow. Nos familles s'en sortaient bien à l'échelle locale et nous étions le haut du panier dans notre quartier d'origine, mais ce n'était rien en comparaison des bourges qui organisaient ces réceptions. À nos yeux, ils sortaient tout droit d'un film et vivaient dans une version de Londres que nous ne reconnaissions pas. Nous fantasmions à l'idée de porter des peignoirs luxueux et des pantoufles à talons en fourrure pour déambuler dans nos grandes demeures, en buvant une coupe de champagne après l'autre. C'était un rêve ridicule, mais chaque fois que j'arrive devant chez Sophie et Carl, je me rends compte que, pour elle, il s'est réalisé.

Je soulève Annie pour qu'elle puisse appuyer sur la vieille sonnette victorienne. Elle a du mal à pousser sur le bouton avec ses petits doigts, alors je mets les miens par-dessus et l'encourage :

— Un, deux, trois.

Aussitôt, résonne la superbe mélodie des cloches de Big Ben parfaitement accordées que leur sonnette à 400 livres produit dès qu'un visiteur se manifeste. La voix de Sophie retentit à l'interphone :

— Une seconde, je suis à l'étage !

Mais au même instant, un bruit de pas se fait entendre derrière la porte. Annie s'accroche à moi un peu plus fort, ce qui me réconforte merveilleusement. Elle a été en colère contre moi toute la journée. Mais comme tous les enfants, elle sait que, quoi qu'il arrive, elle est en sécurité avec sa maman. Je la serre contre moi, heureuse que nous formions de nouveau une équipe.

La porte s'ouvre lentement et Carl apparaît, avec son mètre quatre-vingt-dix, sa coupe de cheveux soignée, sa raie sur le côté et son corps d'athlète. Il porte un pull col V crème par-dessus une chemise à carreaux et un pantalon que je ne sais pas trop comment décrire. Un pantalon à pinces sport ? Même chez lui en tenue décontractée, il reste beaucoup plus élégant que la plupart des hommes que je connais lorsqu'ils sont au bureau.

— Salut, Carl. Ravie de te voir.

J'entre dans la maison et je l'embrasse sur les deux joues. J'ai l'impression d'être sous surveillance, comme si je risquais de dire un truc compromettant, susceptible de le mettre en pétard. Je me répète que je suis maman, qu'il n'est pas mon mari et que ça n'a aucune importance qu'il m'apprécie ou non. Toutefois, je me sens jugée.

— Bonjour, Tara, bonjour, Annie. Bienvenue. Entrez, je vous en prie. Sophie est je ne sais où.

Sa voix chaleureuse me rappelle que l'opinion que je me fais de Carl est surtout basée sur la paranoïa de Sophie.

— Saluuuuut, lance Sophie en descendant l'imposant escalier.

Dans son décor de princesse, elle est comme un poisson dans l'eau. Habillée tout en noir, dans un style simple mais impeccable, elle est plus belle que jamais.

— Tata Sophie !

Annie me lâche la main et se dirige vers elle en courant. Elles se sont toujours merveilleusement bien entendues, sans doute parce que Sophie a gardé son âme d'enfant. Cela dit, je suis presque sûre que le contact ne passerait pas aussi bien si les enfants étaient les siens. C'est aussi une des raisons qui l'ont encouragée à épouser Carl, d'ailleurs : il avait déjà trois fils d'un premier mariage et pas la moindre envie d'en avoir d'autres.

— Bonjour, ma chérie.

Sophie soulève Annie et dépose un gros bisou sonore sur sa joue. Je la vois glisser un regard en direction de Carl, pour s'assurer qu'il observe la scène. Elle doit croire qu'il la trouve plus responsable quand il la voit avec des enfants.

— Et si on allait dans la cuisine ? propose-t-elle.

La pièce en question est un immense cube blanc qui donne sur un vaste jardin méticuleusement entretenu. Carl se dirige vers le réfrigérateur, qui doit bien faire quatre fois la taille du mien, et demande à Sophie :

— Un 2008, peut-être ?

— Parfait.

Pendant qu'il débouche la bouteille de vin, Sophie ouvre la porte qui donne sur le jardin afin qu'Annie puisse jouer dehors et courir entre les parterres de fleurs. Impossible pour elle d'en faire autant à la maison, parce que mon jardin se résume à une cour minuscule. J'adore la voir s'amuser aussi joyeusement. C'est un petit rappel qui m'indique que je ne m'en sors peut-être pas trop mal en tant que mère.

— Alors, est-ce qu'il t'a écrit ? s'enquiert Sophie.

Carl pose trois énormes verres à vin devant nous et verse un fond de vin dans le sien. Mais alors qu'il sert Sophie, elle lève la main pour lui indiquer de ne pas lui en mettre autant. C'est bien la première fois de ma vie que je la vois faire une chose pareille. Carl semble impressionné. Sophie me fait un clin d'œil.

— Non, pas encore.

Je bois une gorgée. C'est si délicieux que je n'en crois pas mes papilles. C'est le vin le plus délicat, harmonieux et parfait que j'aie jamais bu. Je parie que la bouteille coûte au moins 50 livres. J'ai envie de descendre mon verre d'un seul coup, mais je me force à le déguster lentement.

— De toute évidence, j'ai très mal jaugé la situation. Il ne m'a pas contactée du week-end. Je suis dégoûtée.

— Je présume que vous parlez d'un jeune galant ? intervient Carl comme s'il était un vieil homme.

— Oui ! Tara avait un rendez-vous vendredi soir. Quelqu'un qu'elle a rencontré sur Internet, explique Sophie comme si elle rapportait un nouveau phénomène de société propre à la jeune génération.

— En fait, ce n'est pas exactement ce qui s'est passé. Je devais rencontrer un type d'Internet mais j'ai fini par passer la soirée avec un mec que j'ai rencontré au bar.

Je regrette aussitôt d'avoir voulu corriger la version de Sophie, parce que dit comme ça, ce n'est pas très flatteur. Carl a l'air confus et moi, je me sens honteuse.

— Je crois que je serais incapable d'aller à un rendez-vous avec un homme rencontré sur Internet. J'aurais trop peur qu'il attende quelque chose de moi dès le premier soir, fait observer Sophie avec un air de sainte-nitouche.

Je la fixe bouche bée, comme pour dire : « Excuse-moi, mais tu interprètes quel personnage, au juste ? »

— Ça n'a jamais été mon truc, de sortir avec des hommes.

Là, je dois carrément me retenir pour ne pas crier : « Non, ton truc, c'était de coucher avec ! » Qu'est-ce que c'est que cette façon de réécrire l'histoire ? Est-ce qu'elle fait ça pour plaire à son mari ? Je sais très bien ce qui se passe : elle a peur qu'il la quitte et qu'elle se retrouve sans rien. Mais serait-il vraiment capable d'une chose pareille ? Il est un peu snob et pompeux sur les bords, mais ça s'arrête là, à mon avis.

— Attends une seconde, intervient Carl. Tu devais retrouver quelqu'un rencontré sur un site Internet mais tu as terminé avec quelqu'un du bar ?

Il semble plus intrigué que moralisateur, mais Sophie paraît nerveuse.

— Oui. J'ai abordé la mauvaise personne. Quand je me suis rendu compte que ce n'était pas le bon, on était déjà en train de discuter et on s'entendait bien, alors je suis restée avec lui.

— Et l'autre type, alors ? interroge Carl.

— Il est parti en compagnie d'une femme qui ressemblait à une prostituée, il avait l'air plutôt content.

Je regarde Sophie en disant ça. Sous-entendu : « *Toi*, tu mens peut-être, mais pas moi. » Je vois bien qu'elle est terrifiée. Elle se demande comment se désolidariser de son amie dépravée.

— Mon Dieu, ce qu'on peut être différentes… lâche-t-elle.

Je recrache mon vin sur la table de cuisine d'un blanc immaculé qui peut accueillir une douzaine de convives.

— Attention, Tara, me réprimande Sophie avant de s'emparer d'un torchon pour nettoyer.

J'ai l'impression d'avoir quinze ans et d'être à table avec les parents de mon amie qui pensent que j'ai une mauvaise influence sur elle. Mais entre Jason et l'épisode du métro, j'ai atteint des sommets d'humiliation ce week-end et je suis bien décidée à ne pas en tolérer davantage.

— Nous ne sommes pas si différentes que ça, Sophie, tu ne crois pas ?

Elle arrête d'essuyer et me fixe. Carl est derrière elle et ne peut pas voir son visage. Elle plonge son regard dans le mien comme pour me dire « Joue le jeu, je t'en prie ». Mais pourquoi le devrais-je ? Pourquoi devrais-je rester là à passer pour une Marie-couche-toi-là alors qu'elle a remporté le titre de « Miss Traînée de Walthamstow » pendant treize années consécutives de 1998 à 2010 ? Alors que je m'apprête à rétablir la vérité, Annie entre dans la cuisine en courant.

— Maman, je crois que je vais être malade.

Elle est aussi verte que le jardin derrière elle. Puis, sans prévenir, elle propulse un jet de vomi sur le sol immaculé de Sophie et Carl.

3

Cam

L'article de Cam sur la solitude a été partagé quarante-deux mille fois, retweeté dix-huit mille fois et relayé dans *This Morning*. Elle est enchantée. Cela l'aide à marchander avec ses annonceurs, en prouvant que même si elle n'est plus toute jeune dans le paysage du blogging (et même vieille comparée à Mark et son corps d'Apollon), *HowItIs.com* est plus pertinent que jamais.

Néanmoins, c'est difficile de trouver du contenu chaque jour. Elle doit maintenir l'équilibre entre indignation, opinion et informations personnelles. Les articles dans lesquels ces trois éléments sont bien dosés font un carton et elle pense en tenir un qui serait parfait. Après avoir passé le week-end à faire une fixette sur la tentative échouée de dîner avec Mark et le fait qu'elle est totalement inadaptée à la société, elle sait que c'est le bon moment. Il ne s'agit pas de lui, mais d'elle : il s'agit de prendre le contrôle de sa vie de la manière la plus courageuse et honnête qui soit. Elle *est* heureuse, elle fait les *bons* choix et, à ses yeux, c'est important que tout le monde le comprenne. Cam sait aussi que ce qu'elle s'apprête à dire va déclencher une grosse réaction. De la part de ses lecteurs, bien sûr, mais surtout de la part de sa mère.

HowItIs.com

Pourquoi je ne veux pas d'enfants

Je ne veux pas d'enfants. Et non, je ne suis ni triste, ni égoïste, ni égocentrique, ni méchante. Je suis une femme de trente-six ans, gentille et drôle, que ses parents aiment profondément et qui a une vie sexuelle des plus épanouies. Je suis séduisante, en bonne santé, une bonne amie et une excellente amante. Je n'ai jamais été agressée sexuellement, j'ai eu des relations heureuses et mon estime de moi se porte très bien.

Simplement, je ne veux pas d'enfants. Ça ne veut pas dire que je ne suis pas très sympa. Ça ne signifie pas non plus que je déteste les enfants. À vrai dire, les gens qui disent détester les enfants me foutent les jetons. Quand d'autres personnes qui ne veulent pas d'enfants me disent ça, je songe : *Tu as été un enfant un jour, j'ai été un enfant un jour, le monde a besoin d'enfants.* Car après tout, c'est ce qu'ils sont : de petits adultes. Pas un truc qu'on peut détester. Je crois que les gens qui détestent les enfants se détestent surtout eux-mêmes. Je ne me déteste pas. Simplement, je ne veux pas d'enfants.

J'ai des nièces et des neveux que j'adore. Néanmoins, je ne tiens pas désespérément à faire partie de leur vie, à l'instar des tantes qui sont aussi mères de famille. Ils ne sont pas ma descendance de substitution. Ils sont juste mes neveux et nièces. Je suis une tante marrante qui leur rend visite, joue à des jeux, leur apprend des gros mots et repart lorsqu'il est l'heure d'aller au lit. Ils m'aiment, je les aime, mais je ne veux pas leur donner le sentiment que s'ils s'enfuyaient de chez eux, ils pourraient venir vivre dans mon incroyable nouvel appartement victorien qui, de bien des façons, est un peu mon bébé.

Ne pas avoir d'enfants me convient très bien pour tout un tas de raisons. Comme je l'ai déjà mentionné, je suis écrivaine et je passe la plupart de mon temps toute seule. J'adore cet aspect de ma vie et je sais que je devrais me battre pour le conserver si j'avais un enfant. Écrire, c'est ma thérapie à moi, ma façon de me connecter au monde. Ça me rend heureuse sur tellement de plans que je n'ai jamais eu le sentiment qu'il me manquait quelque chose tant que j'ai une pensée en tête et un papier ou un clavier pour la coucher par écrit. Je crois que si j'avais un enfant et que j'avais du mal à trouver le temps d'écrire, alors j'aurais le sentiment qu'il me manque quelque chose. Pourquoi voudrais-je une chose pareille ?

Bien sûr, je sais que si j'avais un enfant, l'amour nouveau que je ressentirais comblerait sûrement les vides et résoudrait mes inquiétudes, mais cela ne me laisserait pas le temps de faire toutes les autres activités que j'aime dans la vie. Par conséquent, je crois vraiment que je n'ai rien à gagner à avoir un enfant, parce que je perdrais tout un tas d'autres choses qui sont importantes à mes yeux. La solitude, les voyages, les couchers tardifs, les week-ends paresseux, le sexe sur le canapé au beau milieu de la journée, pour n'en citer que quelques-unes.

Je lis des histoires de femmes dont les vies s'écroulent parce qu'elles ne trouvent pas un homme avec qui se reproduire. Et d'autres qui ont réhypothéqué leur maison pour faire une nouvelle FIV. Je connais des mères parfaitement heureuses, mais également d'autres dont la carrière a souffert, ainsi que leur estime d'elles-mêmes, et la vérité que tout le monde refuse d'avouer, c'est qu'il est fort probable qu'elles ne récupèrent jamais ni l'une ni l'autre. Ma vie est libre de tous ces tracas. Je ne suis pas pressée de me poser, je ne me sens pas vide, il ne me manque rien. Vous pensez certainement que je suis un monstre d'égoïsme. Je pense que je suis une révélation.

Ma famille me demande souvent si je n'ai pas peur de me sentir insatisfaite à l'avenir en n'ayant jamais d'enfants. Chaque fois, je songe : *Parce que vous ne croyez pas qu'il y a des millions de femmes là-dehors qui se sentent insatisfaites justement parce qu'elles en ont eus ?* Avoir le choix, est-ce que ce n'est pas l'essence même du féminisme ? Comment peut-on examiner les cinq siècles passés, la manière dont les femmes étaient reléguées au second rang parce que c'étaient elles qui portaient les enfants, et ne pas s'accorder à dire que c'est une réaction raisonnable que de ne pas vouloir d'enfants ?

En tant que société, nous devons arrêter d'accorder de la valeur aux femmes uniquement parce qu'elles ont des bébés. Ma décision de ne pas fonder une famille implique que certaines personnes penseront toujours que j'ai échoué, que ma vie a je ne sais quoi de tragique. Mais ma vie n'a rien de tragique, car j'aime tout ce qui la constitue et j'attends avec impatience ce que l'avenir me réserve.

J'attends aussi vos e-mails avec impatience.

Bises,

Cam

Lundi matin

Stella

— Ah, Stella, vous êtes là. Vous devez débloquer mon ordinateur. J'ai besoin d'aller sur Internet, annonce Jason en entrant dans le studio.

Il n'est que 9 heures du matin et il est frénétique. À moins d'avoir une séance photo, jamais il n'arrive aussi tôt.

Je savais qu'il craquerait, mais je ne céderai pas. Il m'a envoyé un e-mail après son départ vendredi en me faisant promettre de ne pas débloquer son ordinateur jusqu'à ce que son livre soit fini, même s'il me suppliait. Il m'a également communiqué tous ses mots de passe pour sa boîte mail et ses comptes de réseaux sociaux. « C'est vous qui commandez, a-t-il dit. C'est vous la patronne. »

— Hors de question. « Sous aucun prétexte », vous vous souvenez ?

J'ai mal à la tête. Phil a dormi sur le canapé et j'ai pleuré jusqu'à 3 heures du matin.

— La situation a changé. Il faut que je retrouve quelqu'un.

— Jason, vous êtes en train de faire exactement ce que vous aviez prédit. Alors, désolée, mais c'est non. Ça ne sert à rien que nous prenions des dispositions et que nous passions des accords si vous ne les respectez pas. Vous êtes privé d'Internet tant que vous n'aurez pas fini d'écrire le livre. Qu'est-ce qu'il peut bien y avoir de si urgent, de toute façon ?

— J'ai rencontré une femme vendredi soir. Elle est géniale. J'ai pris son numéro mais juste après lui avoir dit au revoir, un type à vélo m'est rentré dedans et j'ai laissé tomber mon portable dans une bouche d'égout.

— C'est embêtant. Est-ce qu'elle a votre numéro ?

— Oui.

— Parfait. Dans ce cas, il n'y a aucun problème. Je vais vous commander un nouveau téléphone et je suis certaine qu'elle va vous écrire. En plus, si vous avez enregistré son numéro dans vos contacts, il a sûrement été sauvegardé sur iCloud donc vous pourrez le récupérer. Alors remettez-vous au travail et soyez patient. Pas d'Internet.

J'ai pris mon ton le plus autoritaire. Ce n'est pas toujours simple d'être l'assistante de Jason, car il n'est pas facile à contrôler. Heureusement, c'est l'aspect de mon travail que j'aime le plus. Sans doute parce que je n'ai pas le moindre contrôle sur *ma* vie.

En tout cas, il a l'air rassuré d'apprendre que le numéro de cette femme n'est pas définitivement perdu.

— Et puis… ce n'est peut-être pas une mauvaise idée de la jouer cool ?

Bon. J'outrepasse légèrement mes fonctions en disant ça, mais j'ai été témoin des multiples tentatives de relations de Jason. Des tentatives qui tournent toujours à la catastrophe parce qu'il va beaucoup trop vite et que ses conquêtes prennent peur. Ses gestes romantiques vieux jeu ont tendance à aller droit dans le mur avec le genre de femmes qui l'attirent. Il aime envoyer des fleurs, et même si c'est une attention charmante, il les fait souvent livrer sur leur lieu de travail. Ce qui n'a pas eu l'effet escompté avec certaines.

L'une d'elles, avec qui il avait apparemment passé un excellent moment, avait un poste haut placé chez Morgan Stanley. Il lui a fait parvenir des fleurs au bureau après leur premier rendez-vous. Elle l'a appelé, furax, pour l'informer qu'elle ne voulait plus jamais le revoir parce qu'il l'avait couverte de honte. Jason ne comprenait pas où était le problème. J'ai dû lui expliquer que les femmes qui travaillent dans des environnements masculins n'aiment pas attirer l'attention sur le fait qu'elles sont des femmes, justement. Leur adresser des fleurs revient à leur coller une grande enseigne clignotante qui dirait « JE SUIS UNE FEMME AVEC DES SENTIMENTS, TRAITEZ-MOI DIFFÉREMMENT ».

Il m'a répondu qu'il comprenait, mais il a quand même recommencé avec la suivante, ce qui lui a valu une réaction similaire. Il ne changera pas, et même temps, c'est touchant de voir à quel point il chérit les femmes.

Jason se rend dans son bureau et balance son sac à dos à terre. Je l'entends pousser un grognement frustré. Il est plutôt mignon quand il est stressé, surtout quand c'est à cause d'une femme. Je suis d'une humeur merdique aujourd'hui et je suis furieuse contre Phil, mais je ne peux pas m'empêcher de sourire. Il se languit tellement de trouver l'amour que c'est attendrissant. Je paierais cher pour qu'on me regarde comme lui regarde les femmes dont il tombe amoureux. Parfois, je me dis que je pourrais faire la roue à poil sous le nez de Phil et qu'il se contenterait de me sortir une banalité sur la météo. Il a perdu l'étincelle qu'il avait quand on s'est connus. Il était si charmant, si sûr de lui, si heureux… Le pire dans tout ça, c'est que je sais que c'est à cause de *moi* qu'il a changé, et je ne fais rien pour arranger les choses. Je suis cordiale, je suis polie, j'essaie de rester sexy, mais je ne crée pas de lien. Pas vraiment.

Jason s'assoit dans son fauteuil et se passe les doigts dans les cheveux. Son visage est tendu, ce qui accentue ses rides. Je me lève et m'approche de l'entrée de son bureau.

— Au fait… merci beaucoup pour le champagne vendredi, c'était vraiment gentil de votre part.

Son visage retrouve un aspect normal, comme si, l'espace d'un instant, il avait oublié l'existence de la femme mystère.

— De rien, avec plaisir. Vous vous êtes bien amusée ?

— Oui, c'était sympa. La nourriture était délicieuse. Enfin, mon amie est enceinte, alors la soirée a tourné autour de ça, au final.

— C'est vrai ? Elle a annoncé ça le soir de votre anniversaire ? Quelle garce. Les feux des projecteurs auraient dû être braqués sur vous.

Il me fait un clin d'œil de son œil droit. Il est plus ridé que le gauche, à force de le plisser quand il regarde dans l'objectif. Très sexy.

— Café ?

— Je veux bien, répond-il.

Pendant que l'eau chauffe, j'envoie un message à Phil.

> C'était bizarre hier soir. J'espère que tu viendras quand même tout à l'heure ?

Il répond aussitôt qu'il sera là.

Jason apparaît derrière moi et me fait sursauter.

— Stella, s'il vous plaît, débloquez mon ordinateur. Je veux trouver Tara.

Décidément, il ne lâche pas le morceau.

— Non. Désolée, Jason, mais je ne vais rien débloquer du tout. Prenez quelques jours sans appareils électroniques pour vous mettre vraiment au travail. Quand deviez-vous rendre votre premier jet, déjà ? Il y a des semaines, pas vrai ? Si elle est si formidable que ça, elle vous attendra. Je vais vous commander un nouveau téléphone, son numéro sera dedans et vous pourrez lui écrire à ce moment-là. D'accord ?

— Combien de temps ça va prendre ? demande-t-il, impatient.

— Je m'en occupe tout de suite. Demain, peut-être après-demain. Ça vous va ?

— OK.

Il s'éloigne, morose. Intriguée par la personne qui a bien pu le mettre dans cet état, je lance :

— Et donc, qui c'est, cette Tara ?

— Je l'ai rencontrée vendredi soir. On a passé une soirée exceptionnelle. Généralement, je passe un bon moment quand j'ai un rendez-vous, mais il y a aussi toujours ce sentiment que tout repose sur mes épaules, que tout dépend des efforts que je vais fournir, vous comprenez ? Mais avec Tara, c'était différent. C'était complètement réciproque et naturel. J'ai pris son numéro et ensuite, cet abruti m'a percuté et adieu téléphone. Pile au moment où j'étais en train de répondre à son message. Qu'est-ce que c'est frustrant !

Il s'approche de moi pour me prendre sa tasse des mains.

— Je ne connais même pas son nom de famille. Le courant est tellement bien passé qu'on n'a même pas eu besoin de parler boulot ni d'échanger de banalités. Essayez de la trouver, vous voulez bien ? supplie-t-il.

— La trouver ? Où ça ?

— Sur Internet.

— Vous voulez que je retrouve une fille qui s'appelle Tara sur Internet ?

Il plaisante. C'est évident.

— Non, pas juste *une* fille qui s'appelle Tara. *La* fille qui s'appelle Tara.

— Est-ce que vous savez où elle travaille ?

— À la télévision.

— Quoi d'autre ? Est-ce qu'il y a un détail qui permettrait de la localiser plus facilement ? Parce qu'il y a pas mal de monde sur Internet, alors si vous aviez quelques informations supplémentaires pour orienter mes recherches, ça m'aiderait beaucoup.

Je commence à m'inquiéter. Est-ce qu'il croit vraiment que je peux la retrouver comme ça ?

— Je sais qu'elle a quarante-deux ans. Elle doit mesurer un mètre soixante-quinze, avec de longs cheveux bruns ondulés, des taches de rousseur, et elle fait un 38, je pense ? Elle travaille à la télé, elle a une fille de six ans et elle vit à Walthamstow. Voilà. Si vous me laissiez aller sur Internet, je pourrais la chercher moi-même !

— Non. Hors de question, désolée. Vous me payez pour vous contrôler, alors c'est ce que je fais.

Il baisse la tête et pousse un énorme soupir. En voyant son air de chien battu, je cède presque. Mais non.

— Écoutez, je vous commande un téléphone et comme ça, vous pourrez l'appeler, d'accord ? En attendant, au boulot !

Je ne dois pas plier. Je veux qu'il termine d'écrire ce satané livre. C'est barbant ici sans séance photo à organiser, je passe beaucoup trop de temps à traîner sur Facebook et à m'énerver parce que je trouve tout le monde agaçant.

Néanmoins, je me connecte. Trop de statuts, trop de partages. Les gens qui ont un nouveau travail, ceux qui ont perdu du poids, ceux qui ont des bébés. Les gens qui sont en colère contre le gouvernement, ceux qui font des blagues. Même si je brisais mon silence Facebook, je ne saurais pas quoi écrire. Qu'est-ce que je pourrais bien raconter ? « Désespérément envie d'avoir un enfant mais mon mec refuse de coucher avec moi » ? Ou « Ma jumelle est morte et je n'ai pas la moindre idée de comment vivre ma vie » ? Ou encore « Quand je mourrai, il y a de grandes chances que personne ne se souvienne de mon existence parce que je n'ai jamais rien fait qui serait susceptible d'avoir un impact durable sur le monde » ?

Je décide qu'il vaut sans doute mieux ne rien dire et je vais sur *HowItIs.com* pour voir ce que Camilla Stacey peut bien avoir à raconter aujourd'hui.

Être seul ne veut pas dire se sentir seul

Mais bien sûr.

Un rappel d'événement s'affiche dans un coin de mon écran.

« MAMMOGRAPHIE 17 H. »

Comme si je pouvais l'oublier.

Tara

— Désolée, je suis en retard, dis-je en entrant dans le bureau d'Andrew lundi matin. Annie a été malade toute la nuit alors j'ai dû la déposer chez ma mère.

— Ça arrive. Tu as passé un bon week-end ?

Je me sens affreusement mal. Le week-end a été merdique au possible. Annie a été malade comme un chien. Le poulet que je lui ai fait manger était complètement avarié, je m'en suis rendu compte quand je l'ai reniflé ce matin. En revenant de chez Sophie, elle pleurait et suppliait pour que ça s'arrête. Elle a vomi partout dans la voiture, dans l'escalier et sur son lit. Je l'ai surveillée sans la quitter du regard jusqu'à ce qu'elle s'endorme dans mon lit à 5 heures du matin. Je sais que j'aurais dû rester avec elle plutôt que de la confier à ma mère, mais je ne supportais pas l'idée de passer une nouvelle journée dans le rôle de la mère la plus nulle du monde. J'ai l'air d'un zombie, mais au moins, je peux me concentrer sur mon travail pour essayer d'oublier ce week-end pourri. Certes, j'ai rencontré Jason et c'était génial… Je n'en reviens toujours pas de m'être fourvoyée à ce point. Pourtant… Quand j'y repense, c'est moi qui ai envie de vomir. Et puis, ce type dans le métro, quelle horreur ! Je n'ai pas très envie d'être au bureau non plus, en réalité. Cela dit, Andrew semble avoir décidé de ne pas me reprocher mon retard pour une fois.

Il se laisse aller dans son fauteuil et croise les bras sur sa poitrine. Il a un drôle de sourire aux lèvres. S'il croit qu'il peut flirter avec moi, il se fout le doigt dans l'œil jusqu'au coude.

Je trouve ça étrange de papoter de tout et de rien avec lui – on est plutôt abonnés aux joutes verbales. Néanmoins, je me force à répondre poliment :

— Oui, merci. Et toi ?

— Rien de spécial. Pas d'excursions aventureuses ni quoi que ce soit de ce genre.

— Parfois, ça fait du bien de rester au calme.

J'évite de poser d'autres questions, dans l'espoir de mettre un terme à la conversation.

Je branche mon ordinateur portable sur mon bureau et je retire mon gilet. Andrew se penche en avant et m'observe fixement.

— Quoi ?

Il commence vraiment à me taper sur les nerfs. Je ne suis pas d'humeur pour ses petits jeux.

— Rien, répond-il en faisant mine de lire quelque chose sur son écran.

Instinctivement, je vérifie qu'il n'y a pas de coussin péteur sur mon siège.

— Tiens, tu es là ? lance Adam en entrant dans la pièce.

Lui aussi a une expression singulière. Ça me donne presque envie de regarder sous mon bureau en quête de caméras cachées.

— Oui, désolée, Annie était…

Il m'interrompt :

— Je pensais que tu passerais toute ta journée dans le métro, vu à quel point tu adores ça.

Qu'est-ce qu'il raconte, ce con ? Je les ignore. Samuel apparaît à son tour et ils me dévisagent tous les trois pendant que j'allume mon ordinateur.

— Quoi ? Qu'est-ce que vous avez tous à me regarder ?

Ils commencent à sérieusement m'énerver. Je déteste la façon qu'ils ont d'essayer de m'intimider, c'est insupportable.

— Elle n'est pas au courant, c'est ça ? interroge Samuel. Elle n'a pas vu. Mon Dieu, ça va être grandiose.

— Vu quoi ? Qu'est-ce qui va être grandiose ?

J'essaie de cacher la pointe de curiosité et d'excitation que je ressens à présent. De toute évidence, il se passe quelque chose d'important.

Andrew s'approche de mon bureau et se penche au-dessus de moi pour atteindre mon clavier. Il tape « MailOnline » dans la barre de recherche. Qu'est-ce qu'il veut me montrer ? Je ne l'avouerais jamais à voix haute mais je prie pour qu'une de mes émissions ait reçu une récompense.

La page d'accueil du *MailOnline* apparaît. En grosses lettres, je lis « EMBARQUEZ À BORD DU TRAIN DE L'AMOUR ! *Scandale dans le métro : une femme surprise en train de se MASTURBER sur la Victoria Line.* » Juste en dessous se trouve le lien d'une vidéo avec une image de moi, le pantalon sur les chevilles et la main dans la culotte. Ils ont pixellisé ma main, mais mon visage apparaît très nettement.

— Mon Dieu. Oh mon Dieu.

Mon cœur se met à battre tellement fort dans ma poitrine que j'ai peur qu'il remonte dans ma gorge.

Je fixe l'écran sans bouger. Andrew appuie sur « lecture » pour lancer la vidéo mais je plaque brusquement ma main sur la souris pour l'arrêter.

— C'est toi, qui te payes une bonne branlette dans le métro, clarifie Adam. Même moi, je ne ferais jamais un truc pareil.

— Mon Dieu.

Ma voix n'est qu'un murmure pathétique.

— Annie… ma mère… mon PÈRE.

Je me prends la tête dans les mains.

— Oui, il vaut sans doute mieux que ton père ne voie pas ça, commente Andrew en me tapotant l'épaule comme il le ferait avec un chien.

Ma température corporelle monte en flèche, à croire que mon sang bout littéralement dans mes veines. Le poids de leurs regards me fait l'effet d'une serviette brûlante qu'on aurait enroulée autour de ma tête et que je n'arrive pas à retirer. Ma respiration s'emballe, je ne parviens pas à inspirer suffisamment d'oxygène. Qu'est-ce qui se passe ? La main de Bev se matérialise devant mon visage, qui pose un verre d'eau sur mon bureau. Je tente de l'attraper mais mes doigts refusent de fléchir, le verre m'échappe et l'eau se renverse. Je sens le liquide froid imprégner ma jupe et vois Bev accroupie près de moi qui essuie les dégâts avec un mouchoir. Je n'entends plus rien. Est-ce que je suis sous l'eau ?

— Tara Thomas, la super branleuse du métro, annonce Andrew. Ça sonne bien.

— Non, attends, intervient Adam en riant. Thomas la locomotive à branlette !

Leurs rires sont comme une nuée d'abeilles qui volent autour de moi. Je n'ai pas de mots, aucun moyen de me défendre. Alors je fuis. Je me lève, j'attrape mon sac et je sors de la pièce en courant. Je continue à courir pour traverser les bureaux, puis je cours dans l'escalier, jusqu'à être dans la rue. Quand le froid du dehors percute mon visage, j'ai l'impression d'aspirer ma première bouffée d'air depuis des années. Pliée en deux sur le trottoir, je ferme les yeux, mais aussitôt, elle est de retour : l'image de moi dans le métro, en train de me masturber. Comment la faire disparaître ? C'est impossible. Ça ne disparaîtra jamais. Je connais assez bien ce monde pour le savoir. Je lève les yeux et la lumière de l'extérieur agresse mes rétines. Mon cerveau veut de l'obscurité, il veut désespérément s'éteindre. Ma peau commence à me brûler, comme si une bombe atomique venait d'exploser dans le quartier et que j'étais en train de me faire irradier. Je ne suis pas en sécurité dehors. Je dois rentrer chez moi. Je lève le bras et hèle un taxi. Quand l'un d'eux stoppe à mon niveau, je m'engouffre à l'intérieur et m'allonge sur la banquette arrière. Est-ce que le chauffeur a vu la vidéo ? Est-ce que tout le monde l'a vue ?

Mon portable sonne. Je ne trouve pas la force de regarder qui m'appelle.

Le chauffeur ne cesse de me jeter des coups d'œil dans le rétroviseur. J'aboie :

— Quoi ?

— Désolé, ma jolie, c'est juste qu'on dirait que vous allez être malade. Vous voulez que je m'arrête ?

Je me redresse et regarde par la fenêtre.

— Non, merci, ça va.

Nous patientons à un feu rouge. Le regard d'un passant sur le point de traverser la rue croise le mien. Je me rallonge aussitôt. *Est-ce qu'il sait ?*

— Vous êtes en cavale, ma jolie ?

Le chauffeur a posé la question sur le ton de l'humour, mais je décerne aussi une pointe d'inquiétude dans sa voix.

— Non, mais conduisez-moi chez moi aussi vite que possible, s'il vous plaît. Je dois absolument rentrer à la maison.

Dix minutes plus tard, j'y suis. Je verrouille la porte à double tour. La maison me paraît froide. Elle ne m'attendait pas : je ne suis pas censée être ici, je devrais être au bureau. Je me sens à l'étroit, claustrophobe. Une odeur lointaine de vomi flotte encore dans l'atmosphère. Je m'assois sur les marches.

Non. Ce n'est pas réel. Je ne mérite pas ça, pourquoi est-ce qu'une chose pareille m'arriverait ?

Peut-être parce que je me suis masturbée dans une putain de rame de métro. *QU'EST-CE QUI M'A PRIS, BON SANG ?*

Je vais dans la cuisine et allume le chauffage en passant. Je tremble de froid. Je mets la bouilloire en route. *Ce n'est pas réel.* Je prends de longues respirations tout en essayant d'ignorer mon ordinateur qui semble m'appeler dans mon sac. Il faut que je me retienne encore un peu de regarder. Ces quelques minutes sont cruciales : je dois les chérir avant d'affronter la gravité de cette chose qui n'est pas encore réelle. Une fois que l'eau est chaude, je me fais un thé et je m'installe à la table de la cuisine. Je sors mon ordinateur et l'ouvre. Je reste calme en attendant que l'écran d'accueil s'affiche. Quoi qu'il arrive, je survivrai.

J'entre mon mot de passe.

La tête de ma fille apparaît en fond d'écran, parsemée d'une foule de petits dossiers nommés « Photos », « Santé Annie », « Recherches », « Contributeurs TV », « Comptes ». Ces petits dossiers secrets qui maintiennent ma vie en ordre. Mais là, je sais que ça va bien plus loin que mon bureau. L'icône Internet me nargue tel un bouton qui nécessite d'être percé.

Je clique.

Je vais sur *MailOnline* et me voilà. En page d'accueil, bien reconnaissable, en train de me « payer une bonne branlette », comme Adam l'a si poétiquement dit. Je clique sur le lien de la vidéo, qui me redirige vers YouTube. J'appuie sur « lecture ».

Je me vois, perdue dans les affres de l'extase. La tête rejetée en arrière, ma langue qui humecte mes lèvres. Ma main et mon entrejambe sont floutées mais ce que je suis en train de faire est indéniable. Le journal est à terre, près de moi. Si seulement je l'avais tenu avec mon autre main !

La vidéo ne dure que treize secondes, mais elle montre le moment où mes yeux se posent sur l'objectif avant que je me jette sur l'intrus quand je me rends compte qu'il est en train de me filmer. L'image est claire, mon visage parfaitement net. Je plonge dans mon propre regard : mon désespoir est aussi bouleversant que ma tentative d'attraper le portable est futile. Je m'écroule dans l'allée de la rame, comme un animal fou qui vient de recevoir un coup de fusil hypodermique. Le type qui filme est sorti du wagon à reculons : la dernière image me montre au sol, sur le ventre, le pantalon sur les chevilles. La séquence se termine et le mot « **Revoir ?** » apparaît sur ma photo.

Je regarde en bas à droit de l'écran. 946 873 vues.

Il n'est que 11 h 30 du matin.

Je vais sur Twitter. #BranleuseDeWalthamstow fait partie des tendances. Un enregistrement de vidéosurveillance a été mis en ligne, dans lequel on me voit sortir de la rame en trébuchant. Je ferme aussitôt mon compte. Je ne peux pas supporter de regarder ça une minute de plus.

Ma vie est foutue. Foutue.

Je reste assise dans la cuisine, la tête dans les mains. Le silence est aussi assourdissant que si des cymbales tintaient furieusement dans mes oreilles. Qu'est-ce que je suis censée faire maintenant ? Appeler quelqu'un ? Qui ? Je n'en ai pas la moindre idée. Tout ce qui se trouve de l'autre côté de ma porte d'entrée est trop terrifiant pour y penser.

LA BRANLEUSE DE WALTHAMSTOW ?

Tu parles d'une distinction !

Près d'un million de personnes m'ont vue me masturber. Dieu sait à combien ce chiffre s'élèvera à la fin de la journée. C'est presque improbable de se laisser aller à une pulsion pareille au cours de sa vie, et la seule fois où ça m'arrive, il faut que je me fasse filmer. C'est tellement injuste. Ça n'a pas de sens.

Je pense à Jason et à ce point de suspension qui m'ont rendue folle tout le week-end. Il devait déjà penser que j'aimais bien les trucs tordus quand je lui ai demandé s'il avait des « exigences particulières ». À l'heure qu'il est, il a probablement vu la vidéo et à tous les coups, il me prend pour une tarée qui refuse de coucher le premier soir, mais aime se branler dans des lieux publics. Quelle horreur. Si j'étais un homme, ce serait illégal. Merde. C'*est* illégal, si ça se trouve ? Je tape rapidement « est-ce illégal de me masturber en public si je suis une femme ? ». Un article du *Guardian* figure parmi les résultats ; la première chose que je lis, c'est que la sanction pour se masturber en public en Indonésie est la décapitation. J'ai la nausée, mais je continue ma lecture.

> Est-ce un délit pour quiconque d'exposer sa « personne » de manière « délibérée et indécente » dans une rue ou un espace public, entraînant une gêne, une nuisance ou un danger pour les résidents ou passagers (N.B. toute référence à une « personne » signifie « pénis ») ?

Bon… Je n'ai pas de pénis et je n'ai mis personne en danger. Et puis je croyais que j'étais seule ! Hormis des liens vers des films porno, rien sur ce qu'encourt une femme qui se fait surprendre en train de se caresser publiquement.

À mesure que je navigue sur Google, les seuls articles que je trouve sur le sujet me concernent, moi. Et il y en a des *centaines*. Presque tous les sites d'information en parlent : de Sky News à BuzzFeed, on rit ou on remet en question ma santé mentale. Un article demande même : « Est-ce différent parce que c'est une femme ? » Je clique sur le lien ; de nombreux commentaires d'internautes s'accordent : « Ça ne fait aucune différence, toute personne s'exhibant de la sorte est un danger pour la société. »

Je pense à Annie. À son école. Ses institutrices ont toujours réussi avec brio à faire semblant de ne pas me juger, mais là, c'est la goutte d'eau qui va faire déborder le vase. Et si elles me signalent aux services sociaux ? Et si les services sociaux voient ça ? Je regarde la porte d'entrée : une planche de bois de trois centimètres d'épaisseur me protège d'une avalanche de jugements. Je ne mettrai plus jamais le nez hors de chez moi. Impossible.

Mon portable bipe. C'est Sophie.

C'est vrai, ce truc ? Ou c'est
un coup de pub bizarre pour
ta chaîne ?

C'est vrai. Aide-moi.

Retrouve-moi à 18 heures,
même bar que d'habitude.

Je ne réponds pas. Jamais plus je ne sortirai de cette maison.

Mon Dieu. C'est comme si quelqu'un était décédé. Comme si j'étais morte et que je devais organiser mon propre enterrement. Le chagrin et la logique se livrent bataille dans ma tête. La petite fille en moi veut rester assise à pleurer. Les autres personnes (la mère, la réalisatrice) savent que je dois me mettre un coup de pied aux fesses et gérer la situation. Prévenir des gens. Fermer des comptes.

Je me lève. *Allez, Tara, tu peux le faire.*

D'accord. Annie, pour commencer. Comment gérer ma fille ? J'envoie un texto à ma mère.

Maman, je suis rentrée.
Malade comme un chien.
Est-ce que tu peux garder
Annie jusqu'à demain, STP ?

Bien sûr, ma chérie. Tu
dois avoir attrapé la même
cochonnerie qu'Annie.
Soigne-toi bien.

Ma mère ne va pas sur Internet. Elle lit le *Daily Mail*, mais seulement dans sa version papier. Avec un peu de chance, ça n'ira pas jusque-là.

Bon. Étape suivante. Je retourne sur mon ordi et me connecte à mon compte Facebook. J'ai cent quarante-cinq notifications et quarante-trois messages privés. La vidéo a été postée sur mon mur à de nombreuses reprises avec des commentaires qui varient du « Est-ce que c'est un de tes documentaires ? » au plus jovial « Quelle branleuse tu fais ».

Je les efface tous, vérifie mes paramètres de confidentialité et rends mon journal privé afin que personne ne puisse poster dessus.

Ensuite, le boulot. Je consulte mes mails professionnels. Naturellement, il y en a déjà un d'Adam.

Tu prévois de revenir ? On a
du pain sur la planche. Je te
suggère de prendre un taxi.

Je ne sais pas quoi lui répondre. Le chagrin commence à prendre le pas sur la logique. Quelques minutes de clarté ont suffi à régler l'essentiel. Désormais, la réalité débarque et écrase tout sur son passage. Je suis en deuil de la vie que j'avais et qui ne sera plus jamais la mienne. Comment pourrais-je récupérer ma vie d'avant ? Ce n'est pas juste comme si je devais m'excuser auprès de mes amis après m'être comportée comme une conne lors d'une soirée trop arrosée. Ces gens sont des étrangers. Des collègues. Les médias.

J'aurais dû être chez moi avec ma fille, pas dehors en train de m'exhiber. Et dire que j'ai essayé de bien agir, ce soir-là. J'allais rentrer à la maison après ce rendez-vous merveilleux et attendre avec impatience de revoir Jason. J'allais bien faire les choses, la jouer mystérieuse, y aller doucement. Et maintenant, Jason et la moitié du monde m'ont vue m'adonner à ce que les médias présentent comme l'acte sexuel le plus répugnant qui soit. Je n'arrive toujours pas à croire que c'était moi. *Qu'est-ce qui m'a pris ?*

En réalité, je sais très bien ce qui m'a pris : je pensais à Jason, et à quel point je m'étais sentie bien avec lui. Je pensais que j'avais peut-être rencontré un homme dont je pouvais tomber amoureuse, quelqu'un qui m'acceptait telle que j'étais. Mais par-dessus tout, je pensais que j'étais seule.

Désormais, je suis seule et mortifiée. Si je commence à pleurer, j'ai peur de ne jamais réussir à m'arrêter. Je n'ai pas la moindre idée de ce que le monde ou, à ma grande honte, ma fille me réservent. Je dois tenir le coup. Je réponds à Sophie.

Sophie, est-ce que tu peux
venir ici, plutôt ? Je ne
peux pas sortir de la maison.

Désolée, chérie, je suis déjà
dans le centre et j'ai un
dîner après. Viens, ça va
aller. Il doit bien y avoir des
gens qui ne l'ont pas vue ?

Pourquoi est-elle incapable de faire un effort pour moi, rien qu'une fois ? Tant pis, j'ai besoin de parler. Et puis elle a sans doute raison, il y a bien des gens qui ne l'ont pas *encore* vue.

Je te retrouve au bar à
18 heures.

ET MERDE !

Cam

Simplement vêtue d'une culotte en coton noir et d'un soutien-gorge sans armatures, Cam lève le nez et voit que Mark se tient dans l'encadrement de la porte de la salle de bains. Nu. Avec une serviette accrochée à son sexe en érection. Elle le regarde sans le voir, tout en suçotant le bout de son stylo.

— Qu'est-ce que tu penses des femmes qui se masturbent ? demande-t-elle sans vraiment attendre une réponse.

— J'adore quand tu te masturbes, ma belle. Tout comme toi tu adores quand je le fais.

Il balance la serviette sur le côté et commence à se toucher. Cam reporte son attention sur son ordinateur et tape « femmes qui se masturbent » sur Google. Aussitôt, s'affiche une flopée de sites de porno.

— Pas moi, corrige-t-elle. Je parle des femmes qui se masturbent en général. Est-ce que c'est un problème ?

Naturellement, Cam sait que ce n'en est pas un dans son référentiel à elle : c'est à la société qu'elle pose la question. Sauf que la société n'est pas là, dans sa chambre. Alors à la place, elle interroge son jeune amant ingénu, mais celui-ci semble un peu confus face à la question.

— Tu veux que je te regarde ?

— Non, Mark. Je veux juste savoir si c'est un problème qu'une femme se masturbe en public. Est-ce que c'est différent des hommes ?

— Eh bien, je...

— C'est bon, Mark, tu n'es pas obligé de répondre. C'est rhétorique.

Mark ne sait pas ce que « rhétorique » signifie, alors il s'approche du lit. Il espère mettre un terme à la conversation en effleurant Cam avec son pénis.

— Il faut que je travaille. Je t'écris demain, d'accord ?

Mark s'habille et part sans faire de bruit. Une fois la porte refermée derrière lui, Cam regarde une nouvelle fois la vidéo de celle que certains médias appellent « Super Branleuse ».

Elle essaie de se mettre à la place de cette femme. Est-ce qu'elle ferait ça en public ? Devant un partenaire sexuel, c'est sexy de se masturber, mais se faire surprendre en train de le faire, c'est... glauque ? Est-ce que son ressenti serait différent si ç'avait été un homme dans la rame ? Pourquoi les femmes ne discutent-elles jamais de ça ? Toute cette histoire la met mal à l'aise. Elle ne peut pas s'empêcher d'avoir de la peine pour cette... Super Branleuse. Tout le monde sur Internet semble la juger ou se moquer d'elle. Cam, elle, a une autre réaction.

Elle réfléchit, les doigts posés sur son clavier. Puis elle commence à écrire.

> Je viens d'agresser quelqu'un sexuellement. Et il y a de grandes chances pour que vous aussi.
>
> Vous avez vu la vidéo de Super Branleuse, je parie ? Vous savez, ce clip de treize secondes d'une femme dans le métro, en train de se caresser jusqu'à ce qu'elle se rende compte qu'on est en train de la filmer ? La vidéo qui, au moment où j'écris ces lignes, a été visionnée par 1 345 876 personnes. La vidéo qui, à n'en pas douter, a changé à jamais le cours de la vie de cette femme.
>
> Comme tout le monde, j'ai cliqué sur « lecture » parce que j'étais intriguée. Bon courage pour me tenir à l'écart d'un titre aussi accrocheur que « LA BRANLEUSE DE WALTHAMSTOW ». Et j'ai regardé et j'ai commencé à rire. Puis j'ai regardé à nouveau, et je n'ai pas trouvé ça amusant du tout. Et quand j'ai regardé une troisième fois, je me suis sentie en colère contre moi-même de l'avoir regardée tout court.
>
> Il n'y a pas une chaîne d'info dans tout le pays qui ne soit pas en train de se moquer de cette femme, de la traiter de folle ou de la faire passer pour une perverse. Mais ce n'est pas du tout ce que je vois. Je vois une personne faire quelque chose de très intime alors qu'elle se croyait seule, être filmée contre sa volonté puis être publiquement

humiliée. Et vous savez quoi ? Ça ne me plaît pas. Ça ne me plaît pas du tout. Elle était peut-être dans le métro, mais son but n'était pas d'être vue. L'expression sur son visage quand elle se rend compte qu'elle est filmée n'est pas drôle, elle est déchirante. Celui qui l'a filmée n'est pas seulement un pervers, c'est aussi un enfoiré. Il a fait cette vidéo indécemment, contre la volonté de cette femme, et nous sommes tous coupables d'agression pour l'avoir visionnée. Les êtres humains s'adonnent sans cesse à toutes sortes de débauches et d'actes sexuels intolérables, mais ils ne sont pas inquiétés car la plupart d'entre eux n'ont pas la malchance de se faire surprendre. Cette femme ne faisait rien de mal, dans le fond. Elle n'était pas en train d'exhiber son vagin sous le nez des gens, de se frotter à des inconnus dans la rue, de montrer ses seins aux passants ; elle voulait simplement voler un bref moment de frisson au mauvais endroit. Et maintenant, elle est une blague nationale.

J'ai de la peine pour elle. Vous devriez aussi.

Avant que vous ne regardiez à nouveau cette vidéo, avant de la forwarder à vos amis, je vous demande d'imaginer cette femme à cet instant. Certainement cachée chez elle, trop effrayée pour sortir. En pleurs, seule et terrifiée. Si mortifiée qu'elle ne peut même pas faire face à ses proches et aux gens qu'elle aime. Bien sûr, il existe une possibilité pour que ce ne soit pas le cas, pour qu'elle trouve tout ça hilarant parce qu'elle a fait exprès de se faire prendre, mais nous savons tous que ce n'est pas le cas. Il n'y a qu'à voir son expression à la fin de la vidéo pour savoir que les conséquences de cet enregistrement seront graves.

Je vous encourage vivement à changer d'attitude dans cette affaire. Il ne s'agit pas seulement d'une femme qui s'est fait surprendre : il s'agit d'une femme qui se fait exploiter.

Pensez-y.

Bises,

Cam

Tara

Je me précipite vers Sophie et me pends à son cou.

— Mon Dieu, Sophie. Qu'est-ce que j'ai fait ?

J'ai besoin que mon amie, un ami, *n'importe qui* m'aide à trouver du sens à tout ça.

— Tara, je n'en reviens pas. Enfin... c'est hyper choquant, cette vidéo.

J'ai connu plus constructif.

— J'ai cru qu'il prenait juste une photo. Je me suis dit qu'au pire, il montrerait ça à ses potes, qu'il le mettrait sur Facebook mais qu'il le supprimerait ensuite parce que sa maman lui en donnerait l'ordre. C'était un gamin, il devait avoir dix-huit ans tout au plus. Comment a-t-il réussi à faire ça ? Normalement, ce sont les photos de chats qui font le buzz, bon sang, pas des mères de famille de quarante-deux ans.

Je bois un peu du champagne qu'elle a commandé avant mon arrivée.

— Il faut avouer que ta chatte t'a un peu volé la vedette, s'amuse-t-elle en riant toute seule.

— Sophie ! Arrête, s'il te plaît.

— Désolée. N'empêche, le moment où tu te rends compte que tu es filmée... c'est trop drôle.

— Sérieusement, Sophie, tu pourrais dire des trucs pour que je me sente mieux ? Essaie, au moins.

— Excuse-moi.

— C'était horrible au bureau. Je n'y retournerai jamais. Ces enfoirés ne m'ont même pas soutenue.

— Comment l'auraient-il pu, en même temps ?

— Je ne sais pas, en me soutenant ? En me donnant des conseils ? Au lieu de ça, ils ont ri, ils m'ont trouvé des surnoms, j'avais l'impression d'être à l'école. MERDE, Sophie, j'ai une petite fille, j'ai une carrière. Il faut que ce truc disparaisse.

Sophie boit une gorgée de champagne. Elle a l'air d'avoir quelque chose à me dire.

— Quoi ? Quoi, Sophie, accouche !

— Rien, c'est juste que... Je ne sais pas trop si je vais pouvoir te voir jusqu'à ce que toute cette affaire se calme.

— Pourquoi ?

— Parce que Carl a vu la vidéo à l'heure du déjeuner et ça l'a vraiment mis en colère. Il a dit qu'il avait toujours eu l'impression que tu étais un peu comme ça et maintenant, il imagine tout et n'importe quoi sur ce qu'on fabriquait quand on sortait ensemble en étant jeunes. Du genre « si elle se masturbe dans le métro à quarante-deux ans, qu'est-ce que vous faisiez quand vous en aviez vingt ? ».

Peut-être que Carl *est* un sale type, en fin de compte. Et elle n'a pas pris ma défense ? Je n'en reviens pas.

La rage commence à m'envahir. Je ne sais pas pourquoi je supporte Sophie et sa conception merdique de l'amitié.

— Ah oui ? Alors pourquoi est-ce que tu ne lui dis pas la vérité, dans ce cas ? Que tu as baisé tout ce qui avait deux yeux et deux bras avant de te marier, et que je me retrouvais généralement toute seule à attendre que tu aies fini ?

— C'est bon, Tara, ne sois pas comme ça.

— Tu pourrais aussi lui parler des trois fois où je t'ai conduite aux urgences en catastrophe pour qu'on te fasse un lavage d'estomac ?

— Ça va, tu n'es pas obligée de...

— Sinon, tu peux lui raconter comment je t'ai soutenue au cours de tes deux avortements ou lui expliquer que tu ciblais exclusivement des hommes mariés pour ne pas avoir à t'engager autrement qu'auprès de leurs portefeuilles ?

— C'est de la méchanceté, là, Tara.

Nous gardons le silence quelques instants. Elle jette un œil à sa montre, comme si elle était pressée.

— Je suis désolée, chérie, mais c'est extrêmement compliqué pour moi. J'ai changé de vie désormais et je ne veux pas que tes erreurs viennent tout gâcher. Je suis navrée.

— Tu es une amie déplorable.

Je le pense sincèrement. Elle l'a toujours été. Je ne sais pas pourquoi j'ai toléré ça. Je suis presque trop choquée pour me sentir trahie. N'empêche que si c'est *ça*, la réaction de Sophie, Sophie qui a fait bien pire que moi dans tous les transports publics imaginables, ça signifie que c'est vraiment la crise.

— Tu es en colère. Avec un peu de chance, tu seras calmée quand on reviendra.

— Comment ça, quand vous reviendrez ?

— Je nous ai réservé deux semaines à Bora Bora. On a besoin de vacances, alors ça tombe à pic. Entre ta tête et ta chatte qui font la une, il faut que j'emmène Carl aussi loin que possible, histoire de le distraire, tu comprends ? Ça sera sûrement retombé à notre retour… enfin, j'espère.

Deux semaines… autant dire une éternité. Qui sait ce qui va m'arriver pendant les deux semaines à venir ?

— Je t'appellerai en rentrant pour prendre de tes nouvelles.

Elle descend le reste de sa flûte d'un trait et s'en va. Je n'ai même pas l'énergie de l'insulter.

Assise au bar, les coudes sur le comptoir, je me prends la tête dans les mains et gémis tout bas.

— Excusez-moi, dit une voix de femme derrière moi.

Je pivote sur mon tabouret ; elle me regarde comme si elle essayait de se rappeler où elle m'avait rencontrée.

— Je ne veux pas être impolie et pardonnez-moi si je me trompe, mais… avec mon ami, on se demandait… est-ce que c'est vous ?

Elle brandit son portable. C'est une image de moi avec la tête rejetée en arrière et la main dans ma culotte. Quelle est la bonne réponse dans ce genre de situation ? Je n'en sais rien. La seule qui me vient, c'est de courir dehors avec une main plaquée sur la bouche et de vomir dans une bouche d'égout à la seconde où j'arrive dans la rue.

***

De retour à la maison, j'inspecte le contenu du réfrigérateur. Il est presque vide à l'exception d'une bouteille de lait, d'un morceau de fromage et des restes de poulet rôti qui sont bons pour la poubelle. Le congélateur renferme deux pizzas, un sachet de petits pois et un masque pour les yeux. Dans le placard, je trouve deux conserves de soupe, quelques boîtes de haricots, des pâtes, du riz, des biscuits salés et des Pringles. Je calcule que ça me donne environ trois jours avant de devoir quitter la maison pour acheter à manger. Peut-être que ça se sera calmé d'ici là. Peut-être pas.

Annie. Mon bébé. *Mon Dieu.*

Peut-être que ma mère peut l'amener ici après l'école demain et me faire quelques courses ? Je n'ai qu'à faire semblant d'être malade. Non, c'est ridicule.

Merde. Qu'est-ce que je vais faire, bordel ?

Stella

Je suis plantée devant le miroir de la salle d'examen, avec mes énormes seins dont les tétons pointent subtilement. Ils cachent ma taille fine mais ils mettent mes hanches en valeur. Avec Alice, on avait l'habitude de se tenir côte à côte pour comparer le moindre détail et la moindre différence, comme s'ils étaient des secrets connus de nous seules. C'était le jeu des sept différences le plus compliqué du monde, personne n'aurait réussi à part nous. On adorait nos corps, et j'adore toujours le mien. C'est pour ça que je suis terrifiée à l'idée d'en perdre des parties. J'ai besoin de conserver mon corps pour me rappeler celui d'Alice.

Je place mes mains sous ma poitrine et la soulève un peu. Mes seins ne tombent pas beaucoup par rapport à quand j'étais ado, mais je ne pourrais plus me permettre de ne pas porter de soutien-gorge. Je tourne lentement sur le côté et souris en me rappelant les petits hauts décolletés que je portais avant. Un souvenir d'Alice et moi me revient, en train de danser sur un podium à Ibiza. On était debout depuis vingt-quatre heures et on s'était dégoté deux frères pétés de fric qui nous approvisionnaient en ecstasy et en shots de tequila. On essayait d'avoir l'air sexy pendant qu'on se déhanchait sur ce podium, mais Alice a perdu l'équilibre et on a toutes les deux fini par terre. Alice a écopé d'un œil au beurre noir, moi d'un bras cassé. On a passé les huit heures suivantes dans un hôpital espagnol, entourées de gens saouls qui s'étaient également blessés. Et comme on était encore complètement défoncées, on a ri sans discontinuer pendant tout ce temps. Voilà le genre de trucs qu'on faisait à deux.

Je scrute la cicatrice sur mon avant-bras. Un rappel éternel de ces vacances géniales. Mais la sensation de joie que j'éprouve ne tarde pas à me mettre mal à l'aise. Alors je plaque mes coudes contre ma poitrine, pour la dissimuler sous mes bras. J'examine mon corps à nouveau. Sans seins. Sans tétons. Asexué. Voilà à quoi il ressemblera après l'intervention. Mon vagin sera une voie sans issue.

La radiologue revient dans la pièce et se dirige vers la mammographie.

— Vous êtes prête ?

J'écarte les coudes et mes seins retombent. Ils se balancent et cognent l'un contre l'autre avant de retrouver leur place d'origine. La colère brûle en moi comme une indigestion. Pourquoi ma mère ? Pourquoi Alice ? Pourquoi moi ?

— Soulevez votre sein et placez-le sur la plaque, indique la radiologue.

Je fais ce qu'elle me dit, tout en songeant à quel point la consigne « placez votre sein sur la plaque » est ridicule. D'autant plus que je sais exactement ce que j'ai à faire, étant donné que c'est ma deuxième mammographie. Depuis que j'ai entendu le mot « positif », ma vie est une succession de rendez-vous, de frottis, d'examens sanguins, de seins écrasés. Avoir le gène BRCA signifie que le cancer peut se manifester rapidement, alors jusqu'à l'opération, je dois être suivie de près. Plus rien n'est privé, plus rien ne m'appartient. C'est mon corps, mais c'est quelqu'un d'autre, ou plutôt quelque chose d'autre, qui le contrôle.

— Je vais baisser l'autre plaque à présent, ça va peut-être vous serrer un peu.

— C'est bon, je sais comment ça marche.

— J'essaie juste de vous mettre à l'aise.

— À l'aise ? Pendant que vous écrasez mes nichons jusqu'à ce qu'ils soient plats comme des crêpes pour savoir si j'ai un cancer ou pas ? On est loin de la cure thermale.

— Procédons à l'examen, vous voulez bien ?

Quand je sens que je perds les pédales, j'ai un affreux défaut : je m'applique à compliquer encore plus les choses pour les autres. Je sais que c'est mesquin et cruel. Mais je ne peux pas m'en empêcher.

L'appareil prend plusieurs clichés.

— Vos seins sont superbes, complimente la radiologue.

— Merci. Je les aime bien.

— Tant mieux. Dans ce métier, on voit beaucoup de femmes qui n'aiment pas leur poitrine. C'est triste.

— Mais pas aussi triste que quand celles qui aiment la leur doivent se faire charcuter, j'imagine ?

Silence gêné. Pour ça aussi, je suis très douée. La radiologue se rend compte qu'elle a été maladroite et se met en devoir de réaliser l'examen aussi vite que possible pour se débarrasser de moi. Je suppose que ça ne fait pas partie de sa fiche de poste de gérer l'aspect psychologique.

— Voilà, c'est fini. Si vous voulez bien vous rhabiller et retourner dans la salle d'attente, la docteure Cordon va venir vous chercher pour la consultation.

Je trouve Phil dans la salle d'attente, en train de lire une brochure.

— Tu es venu ?

Je suis étonnée qu'il soit là. Même si, pour sa défense, il n'a jamais manqué un seul de mes rendez-vous.

— Bien sûr. Désolé, j'avais un peu de retard et tu étais déjà partie en salle d'examen quand je suis arrivé, explique-t-il d'une voix douce, sans toutefois me regarder vraiment.

— Ça ne fait rien. Tu n'aurais pas pu m'accompagner de toute façon. Inutile que tu me voies me faire tripoter par un robot.

Je ris. Pas lui.

— La docteure Cordon va bientôt nous recevoir.

— Super.

— Super. Qu'est-ce que tu lis ?

Il me tend le dépliant.

La chirurgie préventive m'a sauvé la vie

À l'intérieur, la photo d'une femme avec son mari et un enfant.

> *« Quand j'ai découvert que j'avais le gène BRCA, j'ai eu peur pour ma famille. J'avais l'impression d'être une bombe à retardement. Pour moi, il n'y avait qu'une solution possible. J'ai aussitôt pris rendez-vous pour me faire opérer. Mon mari m'a beaucoup soutenue : je savais qu'il continuerait à m'aimer même si mon corps changeait. Désormais, je peux vivre ma vie sans craindre que mon petit garçon grandisse sans sa maman. Ma famille et moi avons vraiment eu de la chance de pouvoir recourir à la chirurgie. »*

— Je me demande à quoi mon témoignage ressemblerait, dis-je à Phil pour essayer de faire de l'humour. « J'ai fait l'opération parce que ma mère est morte d'un cancer du sein et ma sœur jumelle d'un cancer des ovaires. Je n'avais pas trop le choix si je ne voulais pas mourir aussi. Cela dit, je n'ai pas d'enfants, alors ma mort n'aurait pas vraiment eu d'importance. En fait, j'aurais sans doute mieux fait de garder mes seins histoire de mourir avec un corps intact au lieu de crever toute seule et amputée d'une partie de moi-même… »

Oups. C'était censé être drôle. Raté.

— Bon sang, Stella, tu as le don de me mettre super mal à l'aise quand tu parles comme ça, grogne Phil en me reprenant la brochure des mains.

— Désolée. C'est sorti tout seul. J'aurais dû ajouter que je t'ai à mes côtés et que tu me rends follement heureuse. Et que tu m'as soutenue depuis le début ?

On sait tous les deux que je mens. Mais j'approche mon visage du sien et il incline la tête pour que je l'embrasse sur la joue.

— Stella ? appelle la voix de la docteure Cordon.

L'interruption est un soulagement pour Phil comme pour moi.

Nous entrons dans le cabinet du médecin et prenons place dans les deux fauteuils qui font face à son bureau.

— Comment allez-vous, tous les deux ? s'enquiert-elle.

— Ça va, marmonne Phil.

— Nous allons bien, oui.

— Formidable. Nous n'aurons pas les résultats de la mammographie avant une semaine, et je tiens à ce que ce soit la dernière. À votre âge, un trop grand nombre de mammographies peut aussi s'avérer néfaste, et votre tissu mammaire est trop dense pour obtenir des clichés parfaitement nets. Si vous décidez de ne pas vous faire opérer, alors nous ferons une IRM par an à la place, d'accord ? Ce sera beaucoup plus précis.

La Dr Cordon m'a prescrit une mammographie car j'ai fait une crise d'angoisse terrible la dernière fois qu'on a essayé l'IRM. Le bruit, le souvenir d'Alice qui entre dans une de ces machines, c'était trop pour moi. Je refuse de passer cet examen.

D'un ton plein d'assurance, je déclare :

— Je veux l'opération. Même si ça me terrifie.

Phil se tortille dans son fauteuil. Vers la fin de sa chimiothérapie, ma mère était malade comme un chien. Avec Alice, on restait assises sur le lit pendant qu'elle vomissait sans discontinuer pendant un quart d'heure. Elle nous a fait promettre de faire tout ce qui était en notre pouvoir pour éviter d'avoir à supporter ça, si cela nous arrivait un jour. Malheureusement, Alice n'a pas eu le luxe de ce choix. Son cancer est apparu et elle a disparu. En moins d'un an, c'était fini.

— Je me doute bien, dit la docteure avec empathie. Qu'est-ce qui vous effraie le plus ?

— D'être mutilée et stérile, je dirais ? C'est un peu intimidant, vous voyez.

Phil renifle. Nous nous tournons toutes les deux vers lui pour nous assurer qu'il n'est pas en train de pleurer.

— Bien sûr, répond le médecin. Mais entre le cancer des ovaires très agressif d'Alice, le cancer du sein de votre mère, le fait qu'elles aient toutes les deux développé la maladie à un si jeune âge et qu'Alice était votre vraie jumelle…

Le mot « était » flotte dans l'air comme un nuage noir qui refuse de se dissiper.

— … je suis particulièrement préoccupée par votre situation. Avez-vous réfléchi pour ce qui est d'avoir un bébé ? Nous avions abordé le sujet lors de votre dernier rendez-vous, je crois ?

Phil cherche ses mots, moi aussi, mais rien ne sort. Ce n'est sûrement pas moi qui vais confier au médecin que ça fait un mois qu'il refuse de coucher avec moi.

Elle doit sentir la tension qui s'est installée entre nous, car elle change de sujet.

— Je vous l'ai déjà dit, cela ne me dérange pas d'attendre un an pour vous donner une chance d'avoir un enfant en utilisant des méthodes naturelles, à condition d'un suivi très régulier de mon côté. Si les résultats sont négatifs, vous avez le temps.

— Mais est-ce que je l'ai vraiment ? Alice est morte à vingt-six ans. Comment pouvez-vous savoir que j'ai du temps devant moi ?

— Je n'en sais rien. Être porteuse du gène signifie que vous avez quatre-vingt-cinq pour cent de chances d'avoir un cancer du sein ou des ovaires au cours de votre vie. L'âge qu'avaient votre mère et votre sœur lorsqu'elles sont décédées indique que le risque que vous développiez la maladie jeune est également très élevé. Mais si vous voulez vraiment faire un bébé, alors je pense que vous devriez essayer. Peut-être que vous n'aurez jamais de cancer. Nous ne sommes pas obligés de vous opérer et…

Je l'interromps et répète avec détermination :

— Non. Je veux l'opération.

Mais je veux aussi un bébé. Tellement.

— D'accord. Dans ce cas, ce que je vous conseille, c'est de rentrer chez vous, de tenter de tomber enceinte et de vous concentrer sur le fait qu'actuellement, vous êtes une jeune femme en pleine santé. Nous pouvons vous opérer juste après la naissance du bébé. Qu'en pensez-vous ?

— D'accord.

Je regarde Phil, qui ne dit rien et se contente d'acquiescer sans enthousiasme.

— Et si ça ne fonctionne pas, on peut congeler vos ovocytes, vous pouvez vous faire opérer et avoir un bébé plus tard. Mais peut-être que vous réussirez naturellement, comme vous le souhaitez. D'accord ?

Je me sens requinquée par son petit discours d'encouragement.

— Oui. On va essayer.

Une fois de retour à la maison, je demande à Phil :

— Est-ce que tu veux que je fasse le gratin de pâtes au thon ce soir ?

Il n'a pas desserré les dents pendant tout le trajet en Uber.

— Oui, si tu veux.

— Il y a du champagne au frigo. La bouteille que tes parents m'ont envoyée pour mon anniversaire. On peut l'ouvrir et se détendre un peu avec une coupe ?

— D'accord.

— Super. Je m'occupe du gratin. Va te reposer un peu en attendant.

Qu'est-ce qu'il est grognon. À croire que c'est à lui qu'on vient de rappeler qu'il avait quatre-vingt-cinq pour cent de chances d'avoir un cancer.

Je me lave les mains et m'attelle aux préparatifs. Mais il continue à rôder dans la cuisine, hésitant, et ça me met mal à l'aise.

— Je ne peux plus, Stella, murmure-t-il alors que j'attrape trois boîtes de thon dans le placard.

Comme s'il s'apprêtait tout simplement à m'annoncer qu'il ne peut plus ouvrir les bouteilles de champagne, je questionne :

— De quoi ?

— C'est trop de pression. Le gène, l'opération, le bébé, continue-t-il d'une voix plus forte.

Je me tourne vers lui. Il pleure. C'est vraiment en train d'arriver. Je me demande quoi dire, puis je me rappelle ce que ma mère répétait toujours. Si quelqu'un est sur le point de vous faire du mal, il faut le laisser vider son sac. Comme ça, quand la personne a fini et que c'est votre tour de répondre, vous pouvez lui ordonner de la fermer si jamais elle vous interrompt.

— Je voulais te soutenir, je t'assure, mais on atteint un autre niveau, là. Tu ne communiques pas avec moi, tu ne vois pas à quel point c'est dur pour moi. La dernière fois que tu étais dans son cabinet, tu as déclaré au médecin que tu voulais un enfant, qu'on allait essayer d'en avoir un. Mais tu n'as même pas pris la peine de me demander si c'était ce que *moi*, je voulais. Et à présent, j'ai l'impression que si je ne te donne pas un bébé, tu seras malheureuse jusqu'à la fin des temps, mais est-ce que tu as réfléchi à ce que ça implique pour moi ? Je ne suis pas prêt à être père, et même quand je le serai, ce n'est pas comme ça que j'ai envie de le devenir. Je suis désolé, mais je ne vois pas ce que ça peut nous apporter de bon que je reste pendant que tu traverses cette épreuve, pour toi comme pour moi.

Je claque les boîtes de thon sur le plan de travail.

— D'accord, Phil. N'ayons pas de bébé, alors. Je n'aurai pas d'enfant et c'est tout, pas de problème.

— Mais ce n'est même pas ça, le souci, Stella, insiste-t-il avec de plus en plus d'assurance. Le vrai problème, c'est que tu ne peux pas m'aimer. Tu portes tellement de chagrin et de colère en toi qu'il n'y a de place pour rien d'autre.

Je pose doucement les mains à plat sur le plan de travail et fixe l'étagère à épices sur le mur. C'est une définition absolument affreuse de ma personnalité.

— Je pense qu'on devrait se séparer, enchaîne-t-il, visiblement décidé à aller jusqu'au bout de son speech sans laisser l'émotion se mettre en travers de sa route. Je suis conscient que ça fait de moi quelqu'un d'horrible, qu'on dirait que je t'abandonne, que je suis cruel et égoïste, mais si les examens n'avaient pas révélé que tu étais porteuse du gène, nous n'envisagerions pas d'avoir un enfant, tu le sais aussi bien que moi. On ne serait sans doute déjà plus ensemble, à vrai dire. Alors j'arrête, parce que faire semblant d'être amoureux juste parce que ce serait plus simple si on l'était n'est pas la solution, pour aucun de nous deux. Ce qui t'arrive est terrible, mais je ne peux pas continuer comme ça. Je suis désolé.

J'ai envie de le gifler. Cette relation était supposée arranger les choses, pas aggraver encore plus mon cas. Il est entré dans ma vie plein de compassion, plein de « Je t'aiderai, je te soutiendrai, je m'occuperai de toi ». Comment aurais-je dû réagir ? J'avais perdu les gens que j'aimais le plus au monde et ce type était là, qui me disait : « Tu n'as pas à être toute seule. » Je me suis jetée dans ses bras, j'ai fait tous les trucs qu'on est censé faire dans une relation pour rendre l'autre heureux. J'ai cuisiné, je l'ai traité comme un prince au lit, je l'ai fait rire. Qu'est-ce que j'ai raté ?

J'aurais pu l'aimer, tout simplement.

— Je passerai récupérer mes affaires pendant que tu seras au travail.

Il se dirige vers la porte et regarde par-dessus son épaule.

— Tu devrais te faire opérer, Stell. Apprendre à être seule. Je sais que ça a été l'enfer pour toi, mais tu dois découvrir qui est Stella sans Alice. Tu n'es plus une sœur jumelle.

Je me mets à hurler :

— DÉGAGE ! Tu te prends pour qui pour me dire une chose pareille ?

J'attrape un vase sur la table et le lance à travers la pièce. Il passe à côté de la tête de Phil et se fracasse contre la porte, derrière lui.

— DÉGAGE !

Je le regarde filer en quatrième vitesse, comme s'il redoutait ce que je risquais de faire ensuite. Moi-même, je n'en suis pas très sûre.

La bombe en moi a explosé.

4

Cam

— De mon temps, les blagues étaient plus drôles que ça, commente le père de Cam alors qu'ils tournent au coin de Carlisle Street et arrivent devant le pub The Toucan. De nos jours, c'est à qui sera le plus vulgaire, qui dira le truc le plus raciste, agressif ou politiquement incorrect. Les rires viennent parce que le public ne sait pas quoi faire d'autre, pas parce que la blague est bien construite, intelligente et bien écrite. L'humour est en train de perdre son âme. Enfin bref, comme d'habitude ?

— Oui, s'il te plaît, répond Cam en s'asseyant sur un tabouret.

Son père commande une pinte de blonde et une pinte de brune. La blonde est pour Cam. Ils sortent tout juste du Comedy Club. C'est leur tradition du mardi depuis environ dix ans. La mère de Cam a toujours détesté ça, c'est d'ailleurs une des raisons qui ont poussé son père à arrêter d'y travailler. Cam ne supportait pas l'idée qu'il soit totalement coupé de ce monde-là, alors chaque mardi, elle l'emmène voir des comiques avant d'aller boire une pinte ou deux. Elle adore ça : elle n'est jamais autant elle-même que lorsqu'elle est avec son père. Ce soir, ils sont allés voir une star montante du stand-up au Soho Theatre. Les critiques pensent qu'il est le futur grand comique de sa génération. Il n'a pas parlé de grand-chose, à part de ses conquêtes, de ses couilles qui le démangent et de ses fantasmes d'orgies interraciales. Son père a raison : c'était vulgaire, nul et de mauvais goût.

— Mais la génération Y adore ça, Papa. Ils grandissent dans un monde non censuré. Ils peuvent voir tout ce qu'ils veulent quand ils veulent et les gens dans l'industrie du divertissement pensent qu'il faut s'aligner, alors ils poussent le bouchon de plus en plus loin. Je le vois dans le journalisme. Beaucoup de gens écrivent dans le but de se faire remarquer, plutôt que pour exprimer ce qu'ils ressentent réellement. La plupart de ce qui se raconte n'est rien d'autre que le fruit du travail peureux d'un écrivain qui redoute de ne pas décrocher d'autres contrats. Moi aussi, je le fais, parfois.

— C'est vrai ?

— En quelque sorte. Enfin, je n'invente rien, et contrairement à tout un tas de gens, je ne fais pas semblant d'être quelqu'un que je ne suis pas, mais je sais que je dois jouer un jeu. Je dois séduire et provoquer. La normalité, la douceur, la légèreté, ça n'intéresse personne. Les gens veulent du sale, du drame. Mais ils veulent aussi que ça ait l'air spontané, comme si c'était ma vraie vie.

— Pour ce qui est du drame, tu sais comment les déclencher, fait remarquer le père de Cam avant de prendre une gorgée de bière, les sourcils haussés.

— Elle l'a lu, alors ?

— Pour le lire, elle l'a lu, oui.

Cam savait que son article sur le non-désir d'enfants ferait l'effet d'une gifle à sa mère. Elle n'a jamais voulu l'écouter, qu'importe le nombre de fois où Cam a essayé de lui expliquer ce qu'elle ressentait à ce sujet.

— Elle pense qu'il y a un truc qui ne va pas chez toi.

— C'est un code pour « elle pense que je suis lesbienne » ?

— Malheureusement, dans sa tête, être lesbienne *est* le signe que quelque chose ne va pas.

Cam observe son père, cet homme drôle, plein d'énergie, ouvert d'esprit, doux, gentil, et se demande comment il a pu finir avec quelqu'un de si dissemblable. Elle aime profondément sa mère, elle admire sa force, sa détermination et son dévouement à sa famille, mais elle ne peut pas nier l'évidence : sa mère est une conne.

— Comment tu fais, Papa ? Comment est-ce que tu tiens depuis quarante-trois ans ?

— Elle n'est pas si terrible en tête à tête, répond-il en souriant. C'est juste une carapace, elle est tendre à l'intérieur. Tu le sais bien.

Cam hoche la tête. C'est vrai qu'elle a déjà aperçu le côté tendre de sa mère au fil des ans. Il est caché là, quelque part.

— Ta mère est une femme bien, Camilla. Elle t'aime beaucoup. Simplement, elle avait un rêve pour ses filles et toi, tu ne veux pas faire de ce rêve une réalité. Elle a encore besoin de temps pour s'y habituer.

— J'aimerais qu'elle soit fière de moi pour tout le reste.

— Ça viendra, tu verras, assure son père.

Il se tait, mais à sa tête, elle sait qu'il y a autre chose.

— Quoi ? Qu'est-ce qu'il y a ? demande Cam, même si elle se doute déjà de ce qui l'attend.

— Ne te fâche pas, d'accord ? C'est juste que... pourquoi tu ne veux pas ? Avoir une famille, je veux dire ?

— Papa ! Pour l'amour du ciel, tu ne vas pas t'y mettre, toi aussi !

— Je t'en prie, tu sais bien que je me fiche que tu aies des enfants ou pas. Je suis curieux, c'est tout. Est-ce que c'est à cause de nous ?

Cam n'a aucune envie de se justifier, mais elle ne peut pas le laisser croire que c'est sa faute.

— Ça n'a rien à voir avec vous, Papa. Si on creusait vraiment, ça aurait peut-être *quelque chose* à voir avec nous en tant que famille. Avec la vie que tu aurais pu avoir sur les routes, avec mes trois sœurs totalement écrasantes qui m'ont menée à la baguette pendant toute mon enfance, avec le sentiment de ne pouvoir contrôler ma vie que quand je suis seule. Ou peut-être que c'est parce que j'aurais peur de ne pas être suffisamment aimante, comme Maman. Ou que je me suis trop souvent cachée dans un placard quand j'étais petite, ou bla-bla-bla. Ou alors ça n'a rien à voir avec tout ça. Peut-être que je suis comme ça, tout simplement. Pourquoi faut-il que tout ait une raison, ou une explication ? Certaines choses ne sont-elles pas comme elles sont parce que c'est comme ça, un point c'est tout ?

Ils gardent le silence pendant quelques instants et sirotent leur pinte en réfléchissant à tout ça. Puis un grand sourire apparaît sur les lèvres de son père.

— Elle était si belle quand elle était enceinte de Tanya, je ne voulais pas rater une minute de sa grossesse. Ça paraît pathétique, dit comme ça, mais c'est vrai. J'adorais avoir une femme et une famille. Mon père n'en avait rien eu à faire de moi pendant la plus grande partie de ma vie, puis ta mère a débarqué, qui ne me quittait pas des yeux. Elle était même jalouse, tu imagines ? Mais je crois que c'est ce que j'avais toujours voulu, dans le fond. Puis il y a eu Angela, et Mel, et puis tu es arrivée, et ma vie n'a plus tourné qu'autour de ma famille. C'était du boulot mais j'étais tellement fier de vous toutes que ça ne me dérangeait pas de travailler à l'école. Ça valait toujours mieux que cet enfoi…

Il s'interrompt avant de s'énerver davantage.

Cam passe un bras autour des épaules de son père. Elle déteste entendre parler de son grand-père. C'était une vraie brute. Mais son père a raison, sa mère est douce sous ses airs durs. Ça rend Cam heureuse que son père parle d'elle si affectueusement. Maintenant qu'elle est adulte, elle n'a plus à interagir avec elle tous les jours, mais son père oui. Alors elle aime qu'on lui rappelle que leur mariage est un mariage heureux. Cela signifie qu'elle aimera toujours sa mère, envers et contre tout.

— Je suis désolée que ton père ait été horrible avec toi, dit-elle en pressant son front contre celui de son père.

— Que veux-tu, c'est comme ça. Et puis c'est sûrement grâce à lui que je suis devenu un bon père. Je sais à quel point des parents peuvent foutre un gamin en l'air et jamais je n'aurais fait ça aux miens.

Cam finit sa pinte d'un trait.

— C'est marrant que tu dises ça, parce que mon psy pense que c'est ta faute si je suis aussi tordue.

Elle lui enfonce les doigts dans les côtes et il rit.

— N'empêche, qu'est-ce qu'on a pu se chamailler, toutes les quatre !

— Les disputes ! Je ne sais pas combien de fois j'ai dû m'interposer, se souvient son père en secouant la tête. Les garçons sont durs mais les filles… les filles sont vicieuses.

— Je sais ! Angela m'a fait saigner une fois. Elle m'a agrippé le bras tellement fort que j'ai encore une petite cicatrice. Mais je leur suis reconnaissante. Ça m'a endurcie de devoir me défendre contre trois sœurs plus âgées et ça m'aide aujourd'hui. Même si mes sœurs ne sont rien comparées à certaines journalistes que j'ai croisées au cours de ma carrière.

— Tu te rappelles cette horrible mégère du *Mail* qui avait écrit cet article sur toi ? Elle disait que tu étais une disgrâce pour le féminisme parce que tu…

Il s'éclaircit la gorge.

— Parce que tu écrivais sur les hommes comme tu le faisais. Je ne comprends pas quel est le problème chez les femmes, pourquoi elles ont cette manie de se monter les unes contre les autres. Tes sœurs et toi, vous vous battiez mais vous formiez un véritable gang. Tu te souviens de la fois où Tanya a cogné une fille qui t'avait traitée de lesbienne à l'école ?

— Bien sûr. Mais si elle l'a cognée, c'est en partie parce qu'elle était frustrée de ne pas savoir si c'était vrai ou non. Je t'aime, Papa, dit-elle en le serrant dans ses bras. Tu es mon icône féministe.

— Peu importe les disputes, vous êtes une équipe. Vous pourrez toujours compter les unes sur les autres. Ça devrait être ça, une famille : des gens qui sont là pour nous, en toutes circonstances.

— Tu as raison. Une dernière pour la route ?

— Je veux bien.

Alors que le barman leur sert une nouvelle pinte, le père de Cam pose sa main sur la sienne.

— Tu ne vas pas vraiment chez un psy, si ?

— Non, Papa. Tout va très bien dans ma tête. Ce sont les autres qui sont cinglés, pas moi.

— Je ne vais pas te contredire là-dessus, ma chérie !

Stella

Je me sens comme le soir où Alice est morte. Cette nuit-là aussi, j'étais seule, et je savais que personne n'allait rentrer à la maison. Je suis restée assise en plein milieu de l'appartement, à fixer la porte d'entrée. J'avais envie de me jeter dessus de toutes mes forces pour me mettre K.O. Je n'avais pas envie de mourir, mais j'avais besoin d'éprouver une douleur tangible, quelque chose de physique qui pouvait être soigné, au lieu de cette agonie émotionnelle que j'étais totalement incapable de gérer. J'ai fini par attraper un couteau et m'entailler le bras, le long de la cicatrice que je m'étais faite en Espagne. Je crois que je voulais taillader mes souvenirs pour les transformer en quelque chose de nouveau, mais ça n'a pas eu l'effet escompté. Tout ce que j'ai réussi à faire, c'est finir aux urgences avec des points de suture. Je ne me suis jamais mutilée depuis. Mais ça ne veut pas dire que j'ai trouvé un autre mécanisme de défense.

Je ne suis pas née pour être seule. Je suis venue au monde trois minutes après Alice et, bébés, nous n'étions jamais à plus d'un mètre l'une de l'autre. Jusqu'à mes vingt-six ans, j'étais avec ma sœur à chaque instant. Même quand on a eu chacune notre chambre, on a décidé de continuer à dormir ensemble. Les seules fois où nous dormions séparément, c'était quand l'une ou l'autre passait la nuit avec son petit ami. Puis elle est morte et je me suis retrouvée ici, chez nous, à sonder l'abysse de ma vie, sans savoir si je pourrais à nouveau me sentir proche de quelqu'un un jour.

Puis, un an plus tard, au mariage de Jessica, j'ai rencontré Phil. C'était ma première grosse sortie depuis l'enterrement d'Alice. Beaucoup de personnes présentes aux funérailles étaient également invitées au mariage, et elles se sont toutes mises en devoir de parler d'Alice dès qu'elles ont eu un coup dans le nez. Alors, quand j'ai compris que je plaisais à Phil, je me suis focalisée sur lui et je ne l'ai pas quitté de la soirée. Il avait l'air de bien m'aimer, malgré mon côté obscur. On s'est revus le lendemain, il m'a fait toutes ces promesses et je me suis accrochée à lui comme une moule à son rocher. Ce n'était pas le genre d'homme avec qui je m'étais imaginée (et il ne pourrait jamais remplacer Alice) mais c'était un aller simple pour quitter le pays de la solitude, alors je l'ai pris sans me poser de question. Et regardez-moi, maintenant. Assise seule à la table de la cuisine, avec une bouteille de vin rouge à moitié entamée et Facebook pour me rappeler que je devrais avoir davantage de gens dans ma vie.

Je me sers un autre verre de vin, que je bois rapidement. Je n'ai pas de dépendance, mais j'aime la liberté émotionnelle que m'offre l'alcool. Je me connecte au compte d'Alice.

Quand je suis triste et que j'ai vraiment besoin de pleurer, c'est mon premier réflexe (après le vin). Ses messages, ses blagues idiotes avec nos amis paraissent encore si vivants. Organiser des sorties, en rire dans des commentaires le lendemain... Cependant, il y a un message qui est très difficile à lire. Celui qu'elle a envoyé à tout le monde pour expliquer qu'elle était en train de mourir. Je ne l'ai vu qu'après sa mort, car elle ne m'avait pas incluse dans la liste des destinataires.

Bonjour à tous mes merveilleux amis. J'ai quelque chose à vous annoncer.
Comme vous le savez, je suis malade depuis un moment. Certains d'entre vous savent de quoi, d'autres non. Le moment est venu de vous dire que j'ai un cancer, et que c'est incurable.
Je sais que vous allez trouver ça triste et ça l'est. C'est très, très triste. Je n'ai pas encore eu le temps de l'accepter parce que c'est arrivé trop vite. Je suis sous le choc, j'ai l'impression d'avoir été arnaquée, je suis en colère et triste et tout un tas de choses. Mais je suis aussi reconnaissante. Reconnaissante de ne pas être morte soudainement dans un accident qui m'aurait privée de l'opportunité de dire aux gens qui m'entourent ce que je ressens pour eux, qui m'aurait empêchée de dire au revoir.
Je suis désolée pour le message de groupe, mais je n'ai pas envie de passer le peu de temps qu'il me reste à taper ce message plusieurs fois. Je veux que vous sachiez quelques petites choses :
Je meurs très heureuse. Ç'a été court, mais j'ai eu une belle vie. Celle que je voulais.
Même si je suis encore dévastée d'avoir perdu ma mère, mes amis et ma sœur m'ont comblée de bonheur. Si vous recevez ce message, sachez que vous m'avez apporté de la joie, alors merci.
J'ai travaillé dans un refuge pour animaux pendant cinq ans et, aussi simple que ça puisse paraître, c'est ce que j'avais toujours voulu faire. S'il vous plaît, prenez soin de vos animaux et faites des dons aux associations de protection des animaux à ma mémoire.
Je n'ai pas peur. Tout va très vite et je souffre, mais je n'ai pas peur. À part pour une seule personne : ma sœur. Stella ne gère pas très bien la situation. Ce que je comprends, parce que si c'était elle qui était en train de mourir, je le vivrais très mal, moi aussi. Mais je vais mourir et on ne peut pas l'éviter. Alors j'aimerais vous demander à tous de faire quelque chose pour moi, parce que j'ai besoin de savoir qu'elle ne sera pas seule. Elle va se renfermer quand je ne

serai plus là, elle va couper les ponts avec vous tous et souffrir toute seule. S'il vous plaît, ne la laissez pas faire. Allez la voir, parlez-lui, sortez-la. Elle s'en sortira si elle a des gens autour d'elle pour l'aider. Je vous demande de l'aider, mes amis. Pour moi. Merci.

Voilà pour mon message d'adieu. Sur Facebook, qu'est-ce que c'est moderne ! Je suis sûre que je vous verrai tous avant de partir. Je ne sais pas comment on se sentira à ce moment-là, mais ce que j'espère, c'est qu'on rira du passé au lieu de pleurer sur mon avenir.

Ah, et aussi, ne soyez pas étonnés : j'ai la tête de quelqu'un qui est en train de crever.

Bisous

Alice

J'essuie les larmes qui roulent sur mes joues et me ressers du vin. Elle m'aimait tellement... Elle me protégeait. Jusqu'à la fin, la vie d'Alice a enveloppé la mienne de douceur. Mais dès qu'elle est morte, ça s'est arrêté. Il n'a pas fallu plus d'un an pour que toutes ces personnes me laissent tomber. Certes, je refusais toutes les invitations et je répondais rarement au téléphone, mais n'étaient-ils pas censés insister ? Comprendre que mon deuil prendrait du temps, m'aider à sortir de mon trou ? Ils pensent vraiment que tout ce qu'elle voulait, c'était qu'ils postent des messages sur mon mur le jour de mon anniversaire ? C'est pathétique. Ils se prétendent les amis d'Alice, mais ils n'ont jamais respecté sa dernière volonté. Je les déteste. Bande de connards hypocrites sans âme qui utilisent sa mort pour attirer l'attention sur ce site débile.

Je bois ce qui reste de vin et je clique sur le profil de Melissa Tucker. Elle a reçu je ne sais pas combien de messages de sympathie après celui qu'elle m'a envoyé pour mon anniversaire et dans lequel elle disait qu'Alice lui manquait.

« Toutes mes condoléances. »

« Tu es tellement courageuse de reconstruire ta vie après ce drame. »

Je regarde ses photos. Il y en a plein d'Alice et elle, postées récemment et accompagnées de légendes du genre « Elle me manque toujours » ou « J'ai passé les meilleures soirées de ma vie avec Alice ».

Qu'est-ce qu'elle m'énerve, bon sang. Alors que je m'apprête à quitter la page, je clique sans faire exprès sur « Envoyer une demande d'ami ».

Je suis sur le compte d'Alice. *Et merde.* J'ouvre un nouvel onglet et je tape « comment annuler une demande d'ami Facebook ». Ma connexion est lente… Vite ! Ah, voilà, ça y est… *Allez sur « invitations envoyées », cliquez sur l'invitation que vous souhaitez annuler, puis sur « annuler l'invitation ».*

D'accord. Je retourne sur Facebook. Au moment où je m'apprête à annuler l'invitation, *ding !* Une notification me signale : « Melissa Tucker a accepté votre demande d'ami. »

Mon Dieu.

Aussitôt, un message apparaît.

C'est quoi, cette blague tordue ? Qui est là ?

Je panique. Si elle consulte le profil d'Alice, elle verra que je lui ai laissé un message il y a quelques jours pour lui souhaiter un bon anniversaire. Elle me prendra pour une tarée, ou alors elle devinera que c'est moi qui suis derrière le compte de ma sœur. Qu'est-ce que je fais ?

Je supprime le compte.

C'est fini.

Plus de petit point vert.

Mercredi

Tara

J'étais réveillée depuis quatre minutes ce matin avant de réussir à ouvrir l'œil droit. J'ai carrément dû écarter mes paupières avec mes doigts. Avec mes restes de mascara vieux de quatre jours, c'était tellement collé que je m'étais presque résolue à ne plus jamais être en mesure de me servir de cet œil-là. Et le pire, c'est que ça ne me dérangeait pas plus que ça.

Depuis hier, j'ai partagé mon temps entre ma chambre et le salon, à regarder la télé et à me googler. J'ai mangé les deux pizzas surgelées, les Pringles et presque tout le fromage. Ma langue est d'une drôle de teinte jaunâtre et j'ai l'impression d'avoir bu un verre rempli de sel. Je n'arrête pas d'aller à la cuisine pour prendre de l'eau mais une fois dans la pièce, j'oublie pourquoi je suis venue là, alors je retourne m'asseoir dans le canapé, agacée d'avoir aussi soif. Il fait une chaleur étouffante et j'ai l'impression de tremper dans un bol de soupe fade.

J'ai menti à ma mère en lui racontant que j'étais malade et je me raccroche à l'espoir que personne à l'école ne lui souffle un mot de toute cette affaire, s'ils ont vu la vidéo. Avec un peu de chance, leur propre honte d'avoir à dire tout haut ce que j'ai fait me met à l'abri. Mais ma fille me manque. Et il me faut des légumes. Je vais bientôt être obligée de sortir.

J'ai le sentiment d'obséder absolument tout le monde sur Internet. Le sujet continue à faire partie des tendances sur Twitter, presque tous les programmes télé et sites Internet un tant soit peu portés sur la cause féminine ont parlé de moi ou écrit quelque chose sur moi. Les gens pensent que je suis une malade mentale, que j'ai fait ça parce que je suis folle. Des femmes qui ignorent tout de moi évoquent les sévices dont j'ai probablement été victime et répètent qu'elles ne « devraient pas juger » (même si c'est ce qu'elles font) étant donné « qu'on ne sait pas ce qu'une femme a traversé pour en arriver là ». Elles pensent que je suis désaxée. Que j'ai fait ça pour appeler à l'aide, ou parce que je suis une déviante ou une perverse. J'ai lu des explications visant à justifier mon acte que je n'aurais pas imaginé dans mes rêves les plus fous. Ces gens écrivent tout, sauf la vérité, à savoir : je pensais que j'étais seule, j'étais excitée alors je me suis masturbée. Pourquoi personne ne peut juste voir les choses telles qu'elles sont ?

Au milieu de tout ça, j'ai trouvé un article qui prenait ma défense, écrit par Camilla Stacey. J'ai cru défaillir en tombant dessus. Je suis complètement fan d'elle, alors c'était vraiment étrange de lire un article qui parlait de moi sur un blog que je lis depuis des années. Mais maintenant, elle se fait pourrir sur Twitter pour m'avoir défendue. Les gens me détestent.

La vidéo a été visionnée plus de trois millions de fois. Une photo de moi, la tête rejetée en arrière, la main dans la culotte, et l'inscription « Quand votre portable n'a plus de batterie », a été partagée plus de cinq cent mille fois. J'ai lu un article qui expliquait que la race humaine était devenue si accro aux smartphones que les gens paniquent quand ils n'ont plus de batterie et se masturbent à cause de ça. Quand vous êtes au centre d'un scandale bien juteux, vous vous rendez compte à quel point la société est dingue. N'importe quel abruti peut publier un article dans lequel il donne son opinion à chaud sur un sujet comme celui-ci. Ce n'est qu'une question de temps avant qu'on découvre mon nom, mon métier. Enfin, mon ancien métier, devrais-je dire, car jamais je ne remettrai les pieds dans ce bureau.

Ce qu'il y a de plus étrange, c'est que je me sens totalement cernée alors que je n'ai pas eu le moindre contact avec un autre être humain ces dernières vingt-quatre heures. J'ai l'impression qu'il n'existe pas un recoin sur cette planète où on ne parle pas de moi. J'essaie d'être logique. Je repense à la femme à la poussette. Une vidéo avait fait le buzz, montrant une femme qui poussait un landau jusqu'au milieu de l'autoroute avant de se sauver. Une collision s'était ensuivie, impliquant trois voitures, parce que les conducteurs avaient évidemment cru qu'il y avait un bébé à l'intérieur. Mais non. Cette femme avait simplement voulu faire une blague. Par la suite, elle avait été incapable d'expliquer son geste. La seule chose qu'elle avait réussi à déclarer lorsqu'un journaliste l'avait interviewée devant chez elle, c'était : « Je voulais juste voir ce qui se passerait. »

Par chance, personne n'avait été blessé ou pire, alors je crois qu'elle a échappé aux poursuites judiciaires. Mais Dieu sait ce qu'elle fait désormais. Qui accepterait de l'employer ? Quel homme accepterait de sortir avec elle ? Qui la laisserait seule avec un enfant ? Pendant une semaine, les réseaux sociaux n'ont parlé que d'elle, puis ça s'est arrêté. On n'entend plus parler de la femme à la poussette, mais ça ne veut pas dire qu'elle va bien.

Je ne cesse de me répéter que ça va se tasser, que les gens vont passer à autre chose, parce que rien ne reste intéressant très longtemps de nos jours. Je n'ai pas essayé de tuer quelqu'un, ni fait semblant de tuer quelqu'un. Le problème, c'est que le sexe l'emporte sur tout. J'aurais au moins appris une chose : peu importe ce qu'ils font, les hommes sont toujours traités comme des individus. Mais quand ce sont les femmes, c'est comme si elles avaient trahi leur genre tout entier, comme si elles avaient personnellement fait reculer le féminisme. *Pourquoi a-t-elle fait ça, qu'est-ce qui l'y a poussée ? Qu'est-ce que cela dit sur les femmes ?* Au lieu de simplement accepter que c'était un moment de joie et d'extase qui a été transformé en coup de folie déviant. Ma vidéo est la meilleure étude sur la sexualité féminine de ces douze derniers mois.

Peut-être que j'*ai* un problème ? Je me demande ce que j'en penserais si je voyais une vidéo de quelqu'un faisant la même chose. Qu'est-ce que je ferais comme suppositions ? J'en rirais sûrement, je l'enverrais à des amis, je serais horrifiée, je jugerais. Et qu'est-ce que je ferais ensuite ? Je continuerais sûrement ma journée sans trop y penser, néanmoins ravie que quelqu'un en reparle à l'occasion afin de pouvoir en rire et juger un petit peu plus.

Mais est-ce que j'y accorderais de l'importance ? Je ne crois pas. Alors pourquoi quiconque devrait m'en accorder ?

Malheureusement, tout le monde ne parle que de ça. Toutes les personnes qui ne me connaissent pas pensent que je suis cinglée. Dieu sait ce que doivent se dire les gens de mon quartier. Mais il faut que je sorte. Il faut que je voie ma fille. Je ne peux rester enfermée et ne pas affronter la situation.

J'envoie un texto à ma mère.

> Maman, je me sens mieux, peut-être que je peux passer prendre Annie plus tard ?

J'essaie d'avoir l'air aussi normale que possible. Je ne veux pas qu'elle sente qu'il y a un problème. J'ai méticuleusement analysé ses réponses à l'affût du moindre signe indiquant qu'elle est au courant, mais je suis presque certaine qu'elle ne sait rien. Hélas, je suis également certaine que ce n'est qu'une question de temps.

> Elle adorerait ça, ma chérie. Tu lui manques beaucoup. Bisous.

Je crois sincèrement que si je n'avais pas la responsabilité d'un enfant, je ne sortirais plus jamais de chez moi. Je devrais gagner de l'argent, mais jamais je ne retravaillerais dans un bureau. Je capitaliserais sûrement sur ma célébrité toute neuve et me masturberais en webcam pour des chauffeurs de camions aux États-Unis. Au moins, j'utiliserais toutes mes compétences.

Adam m'a envoyé je ne sais pas combien d'e-mails, je dois avoir quarante appels en absence et autant de messages vocaux. Je suis incapable de les lire ou les écouter.

Nouveau message de ma mère.

> Au fait, pendant que j'y suis, je suis en train de finaliser les détails pour l'anniversaire de ton père vendredi. Dis-moi si tu as des suggestions de dernière minute !

Merde. J'avais complètement oublié ! *Mon père. Mon Dieu, mon père.*

Je suis totalement perdue. Comment est-ce que je peux faire disparaître cette histoire quand le monde entier semble s'être ligué contre moi ? Comment renverser la tendance ? Je retourne sur *HowItIs.com* et relis l'article de Cam Stacey.

« Il n'y a pas une chaîne d'info dans tout le pays qui ne soit pas en train de se moquer de cette femme, de la traiter de folle ou de la faire passer pour une perverse. Mais ce n'est pas du tout ce que je vois. » Est-elle mon seul espoir ? Je vois son adresse e-mail sur la page « Contactez-moi », accompagnée des mots « Écrivez-moi, j'adorerais avoir de vos nouvelles ».

Et parce que je n'ai absolument rien d'autre à faire que googler mon nom et pleurer au-dessus d'une boîte à pizza vide, c'est ce que je fais.

Cam

L'article de Cam sur le non-désir d'enfant a fait sensation. Sky News, BBC Breakfast et *This Morning* l'ont tous contactée pour participer à leur émission, mais elle a uniquement accepté l'invitation de *Female First* de BBC Radio London, parce qu'elle n'a pas le courage d'affronter les réactions déchaînées sur Twitter qui accompagneraient une apparition télévisée. Beaucoup de monde lit son blog, mais à l'exception de quelques photos soigneusement triées sur le volet qu'elle poste elle-même, son visage n'est pas très connu. Ce n'est pas un hasard. Chaque fois qu'elle passe à la télévision, peu importe le sujet abordé, tout le monde sur Twitter analyse son apparence. C'est d'un ennui. Les gens décortiquent sa coiffure, son visage, ses grandes mains. Même quand ils la complimentent, elle a tout de même envie de répondre : « ARRÊTEZ DE PARLER DE MON PHYSIQUE ET CONTENTEZ-VOUS D'ÉCOUTER CE QUE J'AI À DIRE ». Elle veut être connue pour ses opinions, alors écrire et passer à la radio lui suffit amplement. En plus, si personne ne peut la voir, personne ne sait qu'elle est nerveuse.

Lorsqu'elle arrive à la BBC, une femme avec un bloc-notes vient à sa rencontre à l'accueil. Elle porte une jupe bleu marine qui lui arrive aux genoux, un chemisier blanc et un gilet bleu. Ses cheveux châtain clair lui tombent sur les épaules, elle n'est pas maquillée et elle a une paire de lunettes de vue sur la tête. Elle doit avoir dans les trente-cinq ans et a l'air d'adorer les bibliothèques. En comparaison, Cam a l'impression de ressembler à une géante qui adore les fosses de salles de concert. Elle porte un jean slim, un tee-shirt taupe et une veste en cuir noir avec des boots. Il fait chaud et elle aimerait retirer sa veste, mais elle a des auréoles de transpiration alors elle la garde, heureuse que l'endroit soit climatisé. Elle ne s'est pas lavé les cheveux ce matin parce qu'elle avait la flemme de les sécher. Un autre avantage de la radio.

— Bonjour, Camilla, je m'appelle Philippa. Merci d'être venue, nous sommes vraiment ravis de vous recevoir. Est-ce qu'on vous a donné votre badge ?

— Oui, répond Cam en brandissant fièrement le badge en question.

— Parfait. Suivez-moi.

Dans l'ascenseur, Philippa fait semblant de lire ce qui est écrit sur son bloc-notes. Cam est surprise par cette absence de conversation. Elle la lancerait bien elle-même, mais elle a l'estomac noué à l'idée de passer à la radio en direct. Elle a aussi cette peur permanente de décevoir les gens lorsqu'ils la rencontrent dans la vraie vie. Elle est si fougueuse, cool et drôle sur son blog… Elle reçoit sans cesse des e-mails de fans lui disant qu'elle est leur héroïne, qu'elles aimeraient lui ressembler. Mais sa personnalité ne parvient réellement à s'exprimer qu'à travers un clavier.

Quand elles sortent de l'ascenseur, elles arrivent devant une porte magnétique. Philippa fait mine de ne pas trouver son badge, mais c'est évident qu'elle essaie de gagner du temps. Enfin, elle semble céder à ses hésitations.

— Bon, je ne devrais vraiment pas vous dire ça… commence-t-elle.

D'un coup, Cam n'est plus face à une bibliothécaire docile, mais face à une femme qui a une étincelle dans les yeux. Cela la prend un peu au dépourvu.

— Votre article sur le fait de ne pas vouloir d'enfants était génial. Je n'ai jamais eu envie d'en avoir et c'est parfois dur de le dire à voix haute, à cause du jugement des autres. Alors merci.

— Oh. De rien. Merci à vous.

Cam se demande ce qui va venir ensuite. Parce que ce que Philippa vient de lui confier ne méritait pas un « je ne devrais vraiment pas vous dire ça » en guise de préambule.

— Il faut que vous sachiez une chose. Janis ne comprend pas les femmes comme nous. Elle vous a invitée parce qu'elle sait que ça va faire beaucoup d'audimat et déclencher une forte réaction auprès des auditrices, mais elle ne vous soutiendra pas si elles appellent pour s'en prendre à vous. Je voulais juste vous prévenir. Il faut que vous preniez la défense des femmes comme nous. Je sais que c'est déjà ce que vous faites, mais comme je vous ai en face de moi, je tenais à vous dire que j'apprécie que vous disiez tout haut ce que tant d'autres ont peur d'avouer. Je ne peux pas être honnête sur celle que je suis vraiment, ici. Je perdrais ma place si elle savait que je préférerais être célibataire jusqu'à la fin de mes jours plutôt que me marier, mais vous, vous n'avez pas à mentir sur quoi que ce soit parce que vous n'êtes pas sous les ordres d'une patronne comme Janis.

L'image de la mère de Cam apparaît devant ses yeux. Si Philippa savait... Celle-ci jette un coup d'œil inquiet autour d'elles.

— J'ai toujours peur que le bâtiment soit sur écoute.

— D'accord. Merci de m'avoir prévenue.

Cam ne s'attendait pas à ça. Brusquement, ses paumes sont terriblement moites.

— Si vous voulez bien m'attendre ici, je viendrai vous chercher quand ce sera votre tour de passer à l'antenne, annonce Philippa en escortant Cam dans une pièce blanche sans fenêtres qui comporte trois chaises et un saladier de fruits secs.

Cam prend un siège et va sur Twitter. Son article de soutien sur « Super Branleuse » déchaîne les passions.

@CamStacey Arrêtez, pitié... Vous êtes vraiment en train de nous dire de ne pas regarder la vidéo d'une nana qui se tape une bonne branlette dans le métro ? Elle a adoré ça. Elle veut qu'on la regarde.

@CamStacey Je vous adore d'habitude mais là, vous venez de perdre une lectrice, désolée. Je suis censée sympathiser avec une perverse ? #déçue

@CamStacey Alors je devrais sûrement aller en prison parce que je la regarde en boucle ! C'est trop CHAUD. Vive les CHATTES.

Elle consulte les statistiques de son blog. L'article n'a reçu que la moitié des visites que les autres génèrent d'habitude, et il n'a presque pas été retweeté. Cam se sent abattue. Elle déteste quand ses articles ne fonctionnent pas, mais là, ça va plus loin que ça : les gens sont-ils insensibles au point de ne pas voir ce qui est arrivé à cette pauvre femme ?

Elle consulte ses e-mails. Il y en a un d'une certaine « Tara Thomas » avec, en guise d'objet « Merci, de la part de Super Branleuse ». Cam l'ouvre immédiatement.

Chère Camilla, j'ai un peu de mal à trouver les mots à cet instant précis, mais je tenais à vous remercier pour l'article que vous avez écrit. Vous n'imaginez pas à quel point ça me soulage de lire ne serait-ce qu'un article qui ne me décrit pas comme une folle ou une perverse. Je ne sais pas si vous lirez ce mail, j'espère que oui. Merci encore. Tara (alias la Branleuse de Walthamstow)

Tara a lu son article et elle s'est sentie mieux. Cam ne pouvait pas rêver d'un meilleur encouragement. Ce qu'elle dit compte, elle n'a aucune raison d'être nerveuse.

— C'est l'heure ! annonce Philippa en entrant dans la pièce. Vous voulez bien m'accompagner et éteindre votre portable ?

Cam s'exécute et le nœud dans son estomac refait surface. Tandis qu'elles empruntent un long couloir qui mène à une porte surplombée d'une lumière rouge, Cam repense à ce que Philippa lui a dit quant au fait de se sentir jugée parce qu'elle ne veut pas d'enfants.

— Qu'est-ce que vous pensez de « Super Branleuse » ? demande-t-elle pour la tester.

— Mon Dieu, je n'arrive pas à arrêter de la regarder. Son expression est à mourir de rire.

Philippa ouvre la porte et entre dans le studio. Cam secoue la tête. Quelle hypocrisie. Pourquoi est-elle la seule à s'en rendre compte ?

Le studio est petit et sombre. Le tissu épais qui recouvre les murs lui donne l'impression d'être dans un bunker. *En cas d'attaque nucléaire, tu serais en sécurité ici*, songe Cam.

Janis est installée à une table ronde. Elle doit avoir la cinquantaine, les cheveux mi-longs fins et clairsemés. Il y a un micro devant elle, et deux autres autour de la table. Janis lui montre le siège en face du sien et l'invite à s'asseoir en souriant. Cam s'installe. Le micro lui donne l'impression que mille paires d'yeux sont braquées sur elle et le nœud dans son estomac se resserre. Elle retire sa veste en cuir mais prend soin de garder les bras bien collés le long du corps.

— Je suis à vous dans une minute, dis Janis à voix basse en plaquant sa main sur son micro.

Elle se penche sur le côté et décrit un cercle avec son index, comme pour abréger l'intervention de l'auditrice qui est ligne et donne une réponse interminable à la question que Janis lui a posée, à savoir que pense-t-elle de la scène de sexe controversée dans l'épisode d'*Emmerdale* de la veille. Après dix secondes supplémentaires, Janis a sa dose et interrompt l'auditrice.

— Nous devons enchaîner, autrement, ce sera l'heure de l'épisode d'*Emmerdale* de ce soir et je n'aurai pas encore eu le temps de discuter avec ma prochaine invitée. Merci, Sandra.

Janis lève joyeusement les yeux au ciel et sourit à nouveau à Cam.

Elle a l'air sympathique, marrante même. Qu'est-ce que Philippa raconte ? Janis continue.

— En face de moi, j'ai une jeune femme qui ne veut pas d'enfants. Elle affirme n'être ni triste ni égoïste. Elle assure n'avoir aucun souci d'intimité ni problème avec les hommes. Cette femme, très séduisante au passage, dit que c'est une décision qu'elle a prise de son plein gré, que c'est son droit de ne pas avoir d'enfants et que ça ne devrait pas poser de problème à la société. Merci d'accueillir la bloggueuse et fondatrice de *HowItIs.com*, Camilla Stacey.

Cam s'éclaircit la gorge et inspire profondément. Elle a la bouche sèche, alors elle boit une gorgée d'eau, en supposant que le verre posé sur la table est pour elle.

— Bonjour, Camilla, comment allez-vous aujourd'hui, ma chère ? demande Janis.

Son ton est gentil. Un poil condescendant, peut-être, mais certainement pas méchant.

— Très bien, merci, répond Cam qui a encore de l'eau dans la bouche.

Un peu d'eau coule le long de son menton et tombe sur la table recouverte de feutre, laissant quelques petites taches foncées. Elle ne se risque pas à boire à nouveau. Elle avale doucement et regarde Philippa à travers la fenêtre de la salle de contrôle. Les yeux de la jeune femme sont rivés sur elle, telle une mère qui serait venue assister au match de foot de son enfant. Ils disent « Je suis fière de toi » mais aussi « Marque ! Il faut que tu gagnes ! ».

— Racontez-moi un peu ce qui s'est passé pour que vous ne vouliez pas d'enfants. Est-ce que vous pouvez mettre le doigt sur un moment dans votre enfance qui aurait déclenché cette décision chez vous ?

— Pas vraiment, non.

Cam sait qu'elle devrait élaborer, mais elle a besoin d'être guidée par les questions pour surmonter sa nervosité.

— Pourtant, une fille aussi jolie que vous peut sûrement avoir tous les hommes qu'elle désire ? sonde Janis.

— Je ne suis pas sûre que mon apparence ait quoi que ce soit à voir avec ça. J'ai été élevée dans un environnement où c'était normal d'avoir des enfants. D'ailleurs, mes trois sœurs sont mères de famille, explique Cam.

Elle est contente de sa réponse méthodique et se sent un peu plus confiante.

— Oui, mais à quel moment avez-vous décidé de ne pas être mère ? insiste Janis.

— Il n'y a pas vraiment eu de *moment*. Je l'ai toujours su, c'est tout. C'est sans doute un peu comme être gay, je suppose. On ne décide pas de l'être. On l'est, un point c'est tout.

— Êtes-vous gay, ma chère ?

Waouh, OK, je vois le genre, pense Camilla. Janis appartient à la même catégorie que sa mère. Mais ce n'est pas sa mère. C'est une personne qu'elle se moque de contrarier. Sa nervosité passe au second plan et la Cam que ses lecteurs aiment tant refait surface. Elle se redresse sur son siège et adresse un hochement de tête subtil à l'attention de Philippa.

— Non, *ma chère,* je ne suis pas gay, réplique-t-elle avec audace.

— Bien. Comme on s'y attendait, le standard est débordé d'appels d'auditrices qui ont envie d'en savoir plus, alors nous allons leur laisser la parole, annonce Janis. Mary de Balham, est-ce que vous êtes là ?

— Oui, bonjour, Janis. Camilla, vous n'avez pas peur de regretter d'avoir privilégié votre carrière lorsque vous serez à la retraite ?

Janis pose ses coudes sur la table et adresse un sourire creux à Cam en attendant sa réponse.

— Ma décision de ne pas avoir d'enfants n'a rien à voir avec ma carrière. Les femmes les plus accomplies que je connais sont mères de famille. Certaines des femmes les plus accomplies au monde ont des enfants. Les femmes peuvent tout avoir… mais moi, je ne veux pas tout.

Janis incline légèrement la tête sur le côté et hausse les sourcils.

— Merci, Mary. Nous sommes maintenant en ligne avec Laura, dans le Hertfordshire. Bonjour, Laura.

— Bonjour, Janis, j'adore votre émission. Camilla, je sais qu'à l'exception de cet amant sur lequel vous avez écrit, vous êtes célibataire. Quand vous dites que vous ne voulez pas d'enfants, est-ce que ce n'est pas un moyen de vous défendre contre ceux qui disent que vous n'avez pas d'enfants parce que vous n'avez pas trouvé le bon ?

Cam laisse échapper un soupir inaudible.

— Non, je ne fais pas semblant de ne pas vouloir d'enfants pour me défendre. Si je désirais avoir des enfants et que je ne trouvais personne avec qui les faire, je me tournerais vers la fécondation *in vitro* ou vers l'adoption. Je demanderais à un ami gay de me faire un don de sperme. Il y a plus d'une façon de résoudre un problème. Je ne veux pas d'enfants, c'est tout.

Elle est fière d'elle. Elle parle comme elle écrit. Ses lecteurs seront contents.

— Je pense que comparer le fait d'avoir des enfants à un problème en dit long sur ce que vous ressentez vis-à-vis de la maternité. Peut-être que vous changerez d'avis quand votre horloge biologique se manifestera. Je ne suis pas sûre qu'il y ait grand-chose à ajouter après ça, assène Janis.

Elle regarde la pendule puis Philippa, qui se tourne vers Cam et la supplie en silence.

Non, pense Cam, *ça ne peut pas finir comme ça.* Elle ne s'est pas levée aux aurores et elle n'a pas pris un Uber en heure de pointe pendant trois quarts d'heure pour passer trois minutes à l'antenne et s'entendre dire qu'elle ne sait pas ce qu'elle veut. *De la merde.*

— Vous savez, Janis, je ne comprends pas. Une femme vient dans l'émission et vous dit qu'elle ne ressent pas le « besoin » d'avoir un enfant, et vous et vos auditrices êtes incapables de l'accepter. Pourquoi ? Si admettre une chose pareille est si intolérable que ça, pourquoi ai-je été invitée dans presque tous les programmes pour en discuter ? Est-ce que c'est vraiment un tel scoop ?

Janis a l'air nerveuse. D'habitude, ses invités ne lui répondent pas de la sorte.

— Eh bien... je suppose que c'est inhabituel, c'est tout. Ce n'est pas courant qu'une femme choisisse de ne pas vouloir d'enfants. Souvent, on lui impose cette idée. Vous ne pouvez pas dire que c'est normal, ma chère ?

Cam fait la grimace en entendant le mot « normal ».

— Oui, c'est dommage que nous soyons conditionnés au point de considérer que les alternatives à la maternité ne sont pas « normales ». Mais vous êtes bien tous conscients que certaines des femmes les plus brillantes au monde n'ont pas d'enfants, non ? Oprah, Gloria Steinem, Helen Mirren, Dolly Parton ? Est-ce que vous pensez que leurs vies sont tragiques parce qu'elles n'ont pas eu d'enfants ? Pas moi. Je suis certaine que chacune a ses raisons, peut-être que certaines ne pouvaient pas, que d'autres ne voulaient pas, mais les existences de ces femmes ne sont pas vides pour autant. Je crois que c'est important de suivre l'exemple de nos héroïnes. La société devrait arrêter de valoriser les femmes en fonction de leur statut de mère. L'ironie de votre opinion et de celle de vos auditrices, c'est que c'est *vous* qui enfermez les femmes dans ces rôles, pas les hommes. C'est totalement antiféministe de votre part.

C'est très long, quelques secondes de temps mort à la radio.

Par la fenêtre, elle aperçoit Philippa qui retient un sourire.

— Très bien. Merci à vous, Camilla Stacey, fondatrice de *HowItIs.com* et non-mère... virulente, assène enfin Janis pour conclure l'entretien.

Elle ne jette même pas un regard à Cam tandis que Philippa l'entraîne hors du studio, tremblante.

— Vous avez été géniale ! explose Philippa dès que la porte se referme derrière elles. Allons au rez-de-chaussée, les murs ont des oreilles ici.

Pendant le trajet, Philippa ne cesse d'émettre des petits couinements tout en essayant de contenir sa joie. Cam a envie de grogner de frustration. Alors qu'elles arrivent à l'entrée du bâtiment, Cam se tourne vers Philippa et lui dit :

— Vous savez, vous pourriez très bien dire vous-même à Janis que c'est une conne.

— Pardon ? Non, je ne peux pas. Je perdrais mon travail.

— Et alors ? Il faut savoir ce qu'on veut et savoir qui on est, dans la vie. Arrêtez de vous cacher derrière tout ça, encourage Cam en tirant sur le gilet de Philippa. Arrêtez de vous cacher derrière ce drôle de déguisement et soyez honnête avec vous-même. Ne rentrez pas dans le moule à cause de gens comme elle. À quoi bon ?

— Mon look est parfait pour cet endroit. J'adore mon travail.

— Vraiment ? Vous adorez travailler dans un endroit où vous devez mentir chaque jour et cacher votre vraie personnalité ? Un endroit où votre patronne vous donne l'impression d'être hors de propos parce que vous êtes suffisamment courageuse pour ne pas faire ce que la société attend de vous, tout en la laissant quand même vous réduire au silence ? Arrêtez de vous écraser ! À quoi ça sert d'avoir des opinions si vous n'êtes pas fidèle à vos principes ?

— Mais je...

— Il n'y a pas de « mais ». Les femmes ne peuvent pas continuer à se plaindre de la façon dont la société les traite si elles acceptent qu'on leur dise sans arrêt qu'elles ont tort, sans jamais réagir. C'est très bien de me dire que Janis est une conne, mais ce n'est pas *moi* qui la vois tous les jours et qui la laisse s'en tirer à si bon compte. Faites quelque chose, exprimez-vous. Autrement, rien ne changera jamais.

Philippa regarde le bout de ses chaussures comme une écolière qui vient de se faire gronder, avant de relever la tête.

— Pour vous, c'est différent. Tout le monde écoute ce que vous avez à dire. J'ai un tas d'opinions, mais je n'ai pas gagné le droit de les afficher.

— J'écris pour encourager les femmes comme vous à prendre la parole, pas pour parler à votre place.

Alors que Camilla s'apprête à sortir, elle ajoute :

— Et arrêtez de regarder la vidéo de Super Branleuse. Vous n'avez aucun droit de visionner ce truc et vous qualifier de féministe ensuite.

Philippa hoche la tête.

Dans le taxi, Cam sort son téléphone de son sac. Il y a un e-mail qu'elle tient désespérément à envoyer.

> Tara, je suis vraiment heureuse que vous me contactiez et que vous ayez lu l'article que j'ai écrit sur vous. Vous tenez le coup ? Bises, Cam

Elle reçoit une réponse avant même d'arriver chez elle.

> Salut Cam,
> Est-ce que je tiens le coup ? Voyons voir... Je peux prendre tous les cachets que je veux, je n'arrive pas à dormir. Quand je finis par somnoler, je me réveille en pleine crise de terreurs nocturnes parce que je rêve que quelqu'un est en train de me filmer dans mon lit. Et sinon, je me rappelle à peine l'odeur de l'air du dehors. Globalement, je dirais que c'est la merde.
> Et vous, à part ça, comment ça va ?
> Bises,
> T

Tara

La sonnette me réveille en sursaut. Je me suis endormie sur le canapé avec la télé allumée, la télécommande dans la main et un morceau de fromage posé sur ma cuisse. Ça sent mauvais. Peut-être que c'est le fromage, mais peut-être que c'est moi. J'ai de nouveau du mal à ouvrir l'œil gauche. Je suis crade. J'ai vraiment besoin de passer à la salle de bains, mais rien que l'idée de me déshabiller pour prendre une douche me stresse. La sonnette retentit une seconde fois.

Je regarde mon portable. Pas de texto de ma mère, et elle m'aurait prévenue avant d'arriver. Qui d'autre débarquerait à l'improviste ? Avant de reposer mon téléphone, je relis les messages de Jason. La bulle avec les trois petits points est toujours là, telle une blague cruelle. Pourquoi est-ce que je me mets dans un état pareil ? C'était juste une soirée. Je sais qu'il faut que je passe à autre chose. Mais j'ai le sentiment que jamais je n'arriverai à dépasser le stade où je me trouve actuellement. On sonne à nouveau, et cette fois, on frappe aussi à la porte. J'envisage de ne pas répondre, parce que, qui que ça puisse être, je n'ai vraiment envie de voir personne. Mais une quatrième sonnerie et des coups plus agressifs m'empêchent d'ignorer l'intrus.

Je me traîne dans le couloir et vois la lumière se faufiler par les petits espaces sur les côtés de la porte. Je prends mes lunettes de soleil dans le tiroir de la petite console dans l'entrée. Je peux d'ores et déjà affirmer que mon œil gauche ne supportera pas une exposition directe à la lumière. Alors que je m'approche de la porte, j'entends une voix d'homme.

— Tara Thomas. On sait que vous êtes là. Est-ce que vous pouvez nous ouvrir, s'il vous plaît ?

Je discerne ensuite le grésillement caractéristique d'un talkie-walkie. J'ouvre et découvre deux agents de police sur mon perron. Un homme bien en chair et une femme petite et maigre.

— Tara Thomas ? s'enquiert l'homme.

Je hoche la tête. Je plisse les yeux en dépit de mes lunettes de soleil. Je suis désormais en mesure de certifier que l'odeur vient de moi, pas du fromage.

— Nous sommes ici pour vous emmener au poste, explique-t-il. Nous avons quelques questions à vous poser concernant votre petit incident dans le métro, vendredi soir dernier.

— Vous m'arrêtez ?

Je prends soudain conscience que je dois avoir l'air ridicule avec mes lunettes de soleil, mais je suis ravie de les porter.

— Nous aimerions simplement vous interroger, madame Thomas, clarifie sa collègue.

— Est-ce que je peux prendre quelques affaires ?

Je ne sais pas quel est le protocole dans ce genre de situation. Vont-ils me passer les menottes ? Mettre une main sur le haut de ma tête tandis qu'ils me poussent dans la voiture comme dans les films ?

Ils m'attendent sur le pas de la porte pendant que je vais chercher mes clés, mon portable et un manteau. Je ne mets même pas mes affaires dans un sac. J'ai oublié le protocole au moment de sortir de chez soi.

Je fixe leur nuque depuis l'arrière de la voiture de police (ils ne m'ont pas mis la main sur la tête pour me faire entrer à l'intérieur). Ils pensent certainement que je ne les vois pas faire, mais ils ne cessent d'échanger des regards et de ricaner tout bas. Je suis presque sûre que la femme n'arrête pas de taper sur la cuisse de son collègue, et je jurerais que c'est parce qu'il n'arrête pas de se moquer de moi.

C'est un peu comme si j'étais dans un taxi : la banquette arrière est séparée des sièges avant par une paroi en plastique. Les grésillements de la radio emplissent l'habitacle. Je regarde par la fenêtre. Les gens dans la rue scrutent l'intérieur de la voiture. Une conductrice penche la tête pour tenter d'apercevoir le sale criminel à l'arrière de la bagnole de flic. Qu'est-ce qu'ils penseront en me voyant, ont-ils vu la vidéo ? Je suis consciente de la gravité de la situation dans laquelle je me trouve. Derrière mes lunettes, de grosses larmes roulent sur mes joues. La peur et le regret me rendent malades. Ils se sont présentés à mon domicile. Comment savaient-ils que c'était moi ? Je ne pourrai plus me cacher après ça. Est-ce que je vais avoir un casier ? Est-ce que je vais aller en prison ? Même ce pervers de Shane Bower se fichera de moi. Et dire que je pensais avoir l'ascendant sur lui. Mes yeux se posent sur mes mains : elles tremblent. Je n'ai jamais eu si peur de toute ma vie. C'était terrifiant d'annoncer à mon père que j'étais enceinte, mais ça n'avait rien à voir avec ce que je ressens en ce moment. Je voulais garder Annie et ça m'a donné la force de lui expliquer que je prenais la bonne décision. Mais là, je ne veux rien de tout ça. Rien de bon ne peut en ressortir. Je suis couverte de honte publiquement, mondialement, et en proie à la panique la plus totale.

Je suis seule dans la salle d'interrogatoire, assise, à attendre je ne sais quoi.

La porte s'ouvre. Les deux agents entrent dans la pièce. Elle s'assoit, il reste debout derrière elle. Elle prend la parole en premier.

— Madame Thomas, je suis l'agent Flower, et je vous présente mon collègue, l'agent Potts. Vous avez le droit de garder le silence. Si vous renoncez à ce droit, tout ce que vous direz pourra être et sera utilisé contre vous devant une cour de justice. Vous avez le droit à un avocat et d'avoir un avocat présent lors de l'interrogatoire. Si vous n'en avez pas les moyens, un avocat vous sera attribué gratuitement. Comprenez-vous les droits que je viens de vous énoncer ?

— Je comprends, dis-je, telle une petite fille dans le bureau de la directrice.

— Maintenant que vous connaissez vos droits, souhaitez-vous répondre à mes questions ?

J'ai l'impression d'être dans un film. *Comment est-ce possible ?* Je veux partir d'ici, je veux régler ça le plus vite possible. S'ils ont décidé de m'arrêter, un avocat n'y changera rien. Ce que j'ai fait a été capturé en vidéo, impossible de nier la vérité.

— Oui.

Cette fois, j'ai essayé de prendre une voix de grande personne.

— Très bien. Pouvez-vous nous parler de ce qui s'est passé vendredi ?

Elle a les coudes sur la table, les doigts entrelacés.

— On m'a filmée dans le métro alors que je croyais être seule.

C'est la stricte vérité.

— Et pour le compte rendu d'interrogatoire, pouvez-vous nous dire ce que vous étiez en train de faire dans le métro ? demande l'agent Flower.

Son collègue pousse un drôle de grognement et met sa main devant sa bouche. Je ne sais pas si c'est pour retenir un rire ou un éternuement.

— J'étais en train de me masturber.

Voilà. J'ai atteint l'apothéose de l'humiliation. Ma honte se répand dans la pièce et balaie ma dignité avec la violence d'un tsunami.

L'autre agent laisse échapper le même bruit, mais moins subtilement cette fois. C'est clairement un ricanement.

— Et pourquoi avez-vous fait ça ?

Pourquoi est-ce que j'ai fait ça ? C'est justement la question que je ne cesse de me poser depuis le début de ce calvaire.

— Je ne sais pas trop. J'étais juste...

Je regarde l'agent Potts. Je pourrais donner dans l'euphémisme, mais au point où j'en suis, ça ne servirait pas à grand-chose. Alors j'y vais franco.

— J'étais excitée, c'est tout.

C'est plus qu'il ne peut supporter et il s'esclaffe carrément. L'agent Flower fait reculer sa chaise dans un crissement, se tourne vers lui et s'exclame d'un ton cinglant :

— Agent Potts !

On dirait une mère rabrouant son petit garçon qui vient de rire en voyant les seins de sa sœur.

— Martin, est-ce que vous avez besoin d'aller prendre l'air ?

Après un mélange de reniflements et de fausses quintes de toux, il finit par se reprendre.

— Non, absolument pas, assure-t-il en se dandinant d'un pied sur l'autre. Tout va bien.

L'agent Flower reporte son attention sur moi.

— Madame Thomas, vous étiez dans une rame de métro. Vous comprenez que votre acte pourrait tomber sous le coup d'outrage public aux mœurs, n'est-ce pas ?

— J'en suis consciente à présent. Mais je croyais que j'étais seule. Quand j'ai vu que ce gamin était en train de me filmer, je me suis sentie molestée. Je n'essayais pas d'être vue. Je n'en reviens pas que ce soit *moi* qu'on interroge et pas lui.

— Mais bien sûr, rejetez la faute sur ce type, lance l'agent Potts tout en levant les yeux au ciel.

L'agent Flower et moi le fusillons du regard, dans un accès de solidarité féminine tacite.

— Ce que j'essaie de dire, c'est que si c'était un homme, ça ne ferait pas un pli. Outrage public aux mœurs, attentat à la pudeur, obscénité, vous n'y couperiez pas, explique ce gros connard.

Il a raison, je suppose. Les règles devraient être les mêmes pour les hommes et pour les femmes. Mais pour une fois, j'espère vraiment qu'elles ne le sont pas.

— Madame Thomas, reprend l'agent Flower, est-ce que vous avez fait cela dans l'intention d'être vue ?

— Non, absolument pas.

— Saviez-vous que le jeune homme qui vous a filmée était dans la rame ?

— Non. Je l'ignorais. Je ne sais toujours pas d'où il sortait. Je pourrais jurer qu'il n'était pas là quand je suis montée dans le wagon.

— Aviez-vous déjà fait quelque chose comme ça auparavant ?

— Non, jamais.

Je mens. J'ai couché avec un type dans un train, une fois. Et j'ai aussi fait une fellation à ce même type au fond d'un bus. Mais ça n'a rien à voir, rien du tout. C'était il y a des années, et en parler à cet instant n'arrangerait pas mon cas. Je réitère ma réponse pour faire bonne mesure.

— Jamais.

— Très bien. Dans ce cas, je serais ravie d'attribuer cet incident à un écart de conduite passager. Cela arrive à tout le monde. Le fait est que seule une autre personne était présente. Il apparaît donc clairement que vous ne tentiez pas d'attirer l'attention et vos regrets sont palpables. Madame Thomas, pouvez-vous m'assurer que nous ne recevrons plus jamais d'enregistrement vous montrant en train de faire ça dans un moyen de transport public ?

— Je vous le promets. Ça ne se reproduira plus jamais. J'ai une fille. Je veux juste la protéger.

— Je n'en doute pas. Je pense que l'on va s'arrêter là.

L'agent Flower se lève.

— Quoi ? C'est tout ? bredouille l'agent Potts.

— Oui, c'est tout. Vous pouvez nous laisser, à présent, Martin. Par ici, madame Thomas.

Alors que nous traversons le couloir, elle murmure :

— Il est nouveau et on ne peut pas dire que le tact soit son point fort.

— Je suppose que ma présence ici signifie que la presse est en mesure de m'identifier ?

— Je le crains, oui.

— Pourquoi est-ce que ça m'arrive à moi ?

Ma voix est pathétique. Dans le même temps, je me sens étrangement en sécurité dans ce couloir froid et trop éclairé. L'agent Flower se plante devant moi et pose ses mains sur mes bras.

— Écoutez-moi, commence-t-elle en me regardant droit dans les yeux. Ça va se tasser. Vous avez commis un acte très discutable et les gens vont en parler jusqu'à ce que la boule de neige soit énorme. Mais ça va passer, tout passe toujours. Je vois des gens ici qui ont fait des choses bien pires, ils purgent leur peine puis ils continuent à vivre leur vie.

— Ils purgent leur peine ? Est-ce que je vais aller en prison ?

De la bile remonte dans ma gorge. Je la ravale de justesse.

— Non, mais c'est sans doute le sentiment que vous allez avoir pendant quelque temps. Tout le monde va épier vos moindres faits et gestes. Mais je vais vous donner un conseil : faites ce qui est le mieux pour vous, réagissez d'une façon qui vous aide à vous sentir bien. Vous pouvez prendre le contrôle et voir le bout du tunnel. Faites ce qu'il y a de mieux pour vous et votre fille. Et... est-ce que je peux vous dire quelque chose de femme à femme, madame Thomas ?

Je hoche la tête. J'aime bien l'agent Flower. Je veux ses conseils. La moindre miette de réconfort est la bienvenue en ce moment.

— Prenez une douche, d'accord ? Vous sentez le fromage.

— Oh. D'accord. Désolée.

— Ça ne fait rien, j'ai connu pire. Je peux demander à un agent de vous conduire là où vous le souhaitez. Pouvez-vous aller quelque part où vous ne serez pas seule ?

Je lui donne l'adresse de ma mère.

Sur la banquette d'une autre voiture de police, je demande au flic qui m'amène chez ma mère si je peux regarder mon portable. Il me répond par l'affirmative. Il paraît jeune et novice, encore au stade où il est poli parce qu'il est nerveux. Un trait de personnalité qui semble ridicule pour un agent de police.

Une bouffée de bonheur m'envahit en constatant que j'ai reçu un autre e-mail de Cam Stacey. J'ai beaucoup pensé à elle.

> Tara, vous ne pouvez pas contrôler ce que font les autres, mais vous pouvez contrôler la façon dont vous gérez la situation. Ça va s'arranger, je vous le promets. Bises, Cam

— Maman ! crie Annie qui court vers moi dès que je passe la porte.

Elle me saute dans les bras et ça me fait un bien fou. L'odeur de ses cheveux, son petit corps chaud, son étreinte débordante d'amour. Je la serre contre moi comme si nous étions en train de nous dire au revoir et pas bonjour. Nous n'avons jamais été séparées pendant aussi longtemps. Et à la seconde où je la retrouve, je comprends que jamais je ne pourrai laisser une telle chose se reproduire.

— Tu vas mieux, Maman ? demande-t-elle avec une lueur d'inquiétude dans ses grands yeux bruns. Tu sens pas très bon…

— Je vais beaucoup mieux, ma chérie.

Que dire d'autre ? Comment avouer une vérité comme celle-ci à un enfant ? Il faudra pourtant bien que je le fasse un jour. Je la pose et prends sa main dans la mienne.

— Viens, allons voir Mamie.

— Tu es là, constate ma mère qui sort de la cuisine à ce moment-là.

Elle tend les bras dans ma direction, mais son expression change lorsqu'elle constate dans quel état je suis. Je plonge mon regard dans le sien et des larmes de crocodile se remettent à couler sur mes joues. J'essaie de ne pas craquer pour qu'Annie ne remarque rien.

— Maman.

J'arrive à peine à articuler.

Aussitôt, elle passe à l'action, comme les mères le font si naturellement.

— Laisse-moi juste emmener Annie au premier.

Je vais m'asseoir dans la cuisine tandis qu'elle conduit Annie dans sa chambre. Après quelques minutes, sa voix me fait sursauter depuis le pas de la porte.

— Alors, qu'est-ce que c'est ? Le sein ? Les intestins ?

— Comment ?

Pourquoi me fait-elle une liste des parties du corps ?

— Qu'est-ce que tu as comme cancer ? C'est un cancer, c'est ça ? C'est ça, le problème ?

— Mon Dieu, Maman, non ! Je ne suis pas malade.

Je me rends compte qu'elle est en train de pleurer. J'ai dû lui faire une peur terrible. Pourquoi ai-je soudain le sentiment que ce que je m'apprête à lui dire est pire qu'avoir un cancer, alors que ça ne l'est absolument pas ?

— Dieu merci. On a beau nous répéter que les gens en guérissent, personne n'y survit, en réalité. Mais alors, qu'est-ce qui t'arrive, ma chérie ? Qu'est-ce que tu…

Elle s'interrompt, avec la tête de quelqu'un qui vient d'avoir une illumination. Elle passe de préoccupée à agacée.

— Tu as recommencé, c'est ça ?

— Quoi ?

— Bon sang. Tu es enceinte.

— Non, Maman. Je ne suis pas enceinte. Arrête de jouer aux devinettes, s'il te plaît. Maman, je me suis fait prendre en train de faire quelque chose de très mal.

— Mon Dieu, tu as volé à l'étalage ? Qu'est-ce que tu as piqué ? Des vêtements ? Des produits de beauté ? Une télévision ?

— Maman, arrête, je n'ai rien volé !

Elle s'assoit à côté de moi. Elle garde le silence, mais je sens qu'elle passe toutes les possibilités en revue dans sa tête, comme un générateur de résultats aléatoires.

— Maman, on m'a filmée en train de faire quelque chose et ça veut dire qu'on va parler de moi dans les journaux.

J'ai réussi à sortir la première partie. J'y suis presque. *Je peux y arriver.*

— Filmée en train de faire quoi ? Est-ce que tu as fait du mal à quelqu'un ?

— Non, Maman, je n'ai blessé personne. On m'a filmée en train de faire quelque chose de sexuel et c'est devenu viral.

— Viral ? Comment ça ? Tu as le SIDA ?

— Bon sang, Maman, je n'ai pas le SIDA. C'est devenu viral, ça signifie que ça s'est répandu sur Internet. Autrement dit, des millions de gens l'ont vu.

— Oh. Je vois.

Sauf qu'elle ne voit pas, parce que le concept d'Internet et de ce que cela représente lui échappe totalement.

— Maman, j'ai rencontré quelqu'un vendredi soir. Un homme brillant, vraiment génial, et on s'est super bien entendu. À la fin de la soirée, on a failli rentrer ensemble, mais j'ai dit non. Je voulais attendre, faire les choses correctement. Mais…

— Je te félicite, ma chérie. Je t'ai dit mille fois que tu n'étais pas obligée de coucher avec chacun d'eux.

— Oui, Maman, je sais. Mais il me plaisait. Beaucoup. Physiquement, tu comprends ? J'avais très envie de lui. Et quand je suis arrivée dans le métro, je… J'avais bu quelques verres et je pensais qu'il n'y avait personne d'autre que moi, alors je…

Elle se penche en avant, mais recule quand mon odeur parvient jusqu'à ses narines.

— Je t'écoute, ma chérie. Tu peux tout me dire, tu sais.

— Je me suis masturbée dans le wagon et un étranger m'a filmée…

S'il existait un dictionnaire illustré, alors l'expression de ma mère à cet instant précis servirait à illustrer le mot « HORREUR ». Elle devient pâle comme une morte, ses traits sont déformés, les veines de ses mains gonflées tandis qu'elle les porte à son visage, bouche bée. Je lui laisse un moment pour absorber l'information. Mais elle n'absorbe rien du tout : elle reste immobile. On dirait l'emoji du « visage qui hurle de peur ».

— Maman. Dis quelque chose.

Elle laisse échapper un long cri suraigu.

— Ton père… chuchote-t-elle enfin.

— Je sais. Il va être furieux. Mais Maman, il y a bien plus grave que Papa. La police…

— La police ?

— Oui, la police. Ils sont venus à la maison et m'ont emmenée au poste ce matin. Tout va bien, ils ne vont pas engager de poursuites. Mais les médias risquent de ne pas être aussi cléments. Je suis une des tendances Twitter depuis lundi et…

— Tendance ? En quoi c'est tendance de se masturber ?

— Non, Maman, être tendance sur Twitter signifie que… Bref, ça n'a pas d'importance. Mais tout le monde en parle. Il va sûrement y avoir des articles dans les journaux, et ils ont mon nom alors peut-être que ça va aussi passer à la télé. Tes amis risquent de voir ça, et les amis de Papa, et tous les gens qu'on connaît. Et il va falloir qu'on trouve un moyen de surmonter ça.

Elle baisse les mains.

— Où est cette vidéo ?

— Sur Internet.

— Est-ce que je peux la voir ?

— Maman, je ne pense pas que ce soit une bonne…

— Tara, si le monde entier va voir cette vidéo, alors je pense qu'il faut que je la voie aussi, tu ne crois pas ?

— Maman, tu as entendu ce que j'ai dit, n'est-ce pas ? Je me masturbe dans le métro. Ce n'est pas une simulation, je le fais vraiment. Tu es sûre de vouloir regarder ça ?

Elle insiste. Si l'idée qu'elle me voie faire ça est une torture, une partie de moi a envie de régler ça dès que possible. Si elle ne visionne pas la vidéo maintenant, je redouterai le moment où elle le fera. Et puis merde. Je vais chercher son ordinateur portable et je tape BRANLEUSE DE WALTHAMSWTOW. La vidéo apparaît tout de suite.

Les doigts en suspens au-dessus du clavier, je lui demande une dernière fois :

— Tu es sûre ?

— Tara, montre-moi cette foutue vidéo, tu veux ?

Alors j'obéis.

5

Cam

— ALLEZ, CAMIE, CE SERA MARRANT, insiste Tanya au téléphone. Ça fait une éternité qu'on n'a pas fait quelque chose rien que toutes les quatre.

— Je déteste les instituts de beauté, proteste Cam.

Elle est contre l'idée de renforcer les liens affectifs avec ses sœurs, et elle déteste le cliché des femmes qui se font faire les ongles ensemble.

— Pourquoi est-ce qu'on ne peut pas juste passer la journée chez Maman et Papa ? Je peux nous commander un repas à emporter ou un truc comme ça ?

— Non, Camie. L'objectif est justement de ne pas nous coltiner les enfants. Allez ! Sans un massage, les veines de Mel vont exploser et anéantir la race humaine. Elle est dans un état lamentable. Fais-le pour elle. Fais-le pour les veines de Mel.

— Arrête, ça me donne envie de vomir. OK, c'est bon, je vais passer une après-midi dans un institut BCBG avec mes sœurs. Je meurs d'impatience.

— On t'aime, tu sais… Notre petite Camie, solitaire et bougonne, qui adore quand ses sœurs téléphonent…

— Il est pourri, ton poème, coupe Cam en souriant. Si j'accepte de passer l'après-midi en institut avec vous, c'est uniquement parce que si je ne viens pas, vous allez baver sur moi toute la journée.

— C'est probable, oui. Bon, j'appelle pour prendre rendez-vous. Ah, au fait, tu pourras payer pour nous ? Rapport au fait que tu engranges un tas de pognon ?

— Bien sûr. Je paie pour tout le monde, à condition que vous soyez gentilles.

Cam adore qu'on lui demande de payer. Ses finances sont un triomphe indiscutable.

— Oh, Camie, tu es une véritable bénédiction pour nous autres, pauvres vieilles mères fatiguées. Je t'envoie un message une fois que j'ai réservé. Je t'aime.

— Je t'aime aussi. Bye.

Cam raccroche et va sur son compte Twitter. Elle a reçu une quantité incroyable de messages de soutien après son passage sur BBC Radio London.

> @CamStacey HÉROÏNE

> @CamStacey Quelqu'un a enfin remis cette vieille chouette de Janis à sa place et montré qu'elle n'est qu'une sale connasse.

> @CamStacey MON VAGIN EST UNE RUE À SENS UNIQUE et on n'y circule que dans une seule direction. #avectoimasoeur #lesbébésçacraint

> @CamStacey Je vous ai vue à la télé une fois. Super nichons. Ils resteront comme ça si vous n'avez pas d'enfants. Ceux de ma femme ne ressemblent plus à rien. Dave

Cam devrait être contente, mais non. Elle est agacée. Elle repense à Philippa, une femme avec des opinions bien arrêtées, mais trop lâche pour les exprimer tout haut et vivre en accord avec ses idées. Ça la rend dingue. Si les femmes qui la lisent n'ont pas suffisamment confiance pour prendre le contrôle de leur vie, alors elle n'est pas assez directe. Elle doit écrire un article qui touchera les femmes comme Philippa, qui ont envie d'arriver au bureau et de dire à leur patron et à la société d'aller se faire foutre. Elle se met au travail.

HowItIs.com **– Passons à l'action**

Je pense que les femmes doivent arrêter de répéter à quel point c'est difficile d'être une femme, et montrer l'exemple. Chaque fois que je vais sur Instagram ou sur Twitter, je tombe sur un énième post qui dit à quel point c'est dur d'être une mère qui travaille, dur d'être une femme qui travaille dans un environnement d'hommes, dur d'être une femme et de devoir être belle. Ça n'arrête pas. Qui plus est, la plupart de ces posts viennent de femmes accomplies ou célèbres qui sont au sommet. Elles sont devenues riches grâce à leur beauté, mais elles ne veulent pas qu'on parle de leur physique. Elles gagnent davantage d'argent que la plupart des hommes, mais elles continuent à se plaindre de l'industrie dans laquelle elles évoluent. Elles ont des crèches, des gardes d'enfants et des nounous, mais elles n'arrivent pas à concilier carrière et famille.

Vous avez peut-être peur, et je vous comprends. Dire ce qu'on pense n'est pas sans conséquences. Vous ne pouvez pas vous permettre de perdre votre travail, vous avez une famille à nourrir, un loyer à payer ou un prêt immobilier à rembourser. Mais... et si vous disiez ce que vous pensez et si, en vous exprimant, vous obteniez ce que vous vouliez ? Et si vous trouviez un compromis ? Si quelque chose changeait ? Prendre des risques permet d'avancer. Quand on est enlisé dans une routine, on a deux solutions : rester enlisé, ou se battre pour en sortir. Je ne vous dis pas de risquer votre sécurité, mais je vous encourage à explorer la possibilité (si elle existe) d'améliorer les choses. Quand

quelque chose ne va pas, dites-le, quand vous n'êtes pas bien, dites-le, prenez le contrôle de votre destinée.
Je pense que nous avons amené le féminisme à un stade où on parle trop et où on n'agit pas assez. Si j'étais un homme, je dirais : « Si vous voulez que j'arrête de vous traiter différemment parce que vous êtes une femme, alors arrêtez de répéter sans arrêt que vous en êtes une. »
Nous savons toutes quels sont les problèmes que nous rencontrons, quels défis nous devons relever, quelles sont les choses qui doivent changer, alors mettons en pratique notre bonne parole au lieu de la prêcher sur les réseaux sociaux, agissons pour faire bouger les choses. C'est en faisant évoluer les choses qui nous entourent qu'on fait évoluer le monde. Si vous ne vous battez pas pour votre propre cause, alors vous ne pouvez pas vous battre pour celle des autres. Soyez celle que vous voulez être, obtenez ce que vous voulez et la place des femmes dans le monde changera. On aide les autres en s'aidant soi-même. C'est aussi simple que ça. Si, en arrivant au bureau demain, vous disiez toutes à votre patron ce que vous voulez, les inégalités salariales commenceraient à diminuer. Et ce n'est qu'un exemple. Vous pouvez avoir un impact sur le monde, alors pourquoi attendre que quelqu'un d'autre tente de le faire à votre place ?
Ce qui me désole, c'est qu'un tas de femmes connaissent la différence entre le bien et le mal, mais qu'elles n'ont pas le courage de le dire aux gens qui, dans leur vie, sont la raison du problème. Qu'est-ce qui vous retient ? De quoi avez-vous peur ? Des hommes ? Pourquoi ? Des autres femmes ? C'est totalement idiot. Si les hommes sont supérieurs à nous dans la société, c'est parce qu'ils nous ont dominées par leurs actes et leur comportement. CQFD. Pour retrouver un équilibre, on doit en faire autant. Si quelqu'un veut vous contrôler et vous empêcher d'atteindre vos objectifs, ne vous laissez pas faire. Si quelqu'un vous traite comme un objet sexuel, ne vous laissez pas faire. Si quelqu'un se met en travers de votre route, contournez l'obstacle. Arrêtez de parler comme une victime. Quand vous évoquez votre

succès, ou votre absence de succès, arrêtez de commencer vos phrases par des formules comme « parce que je suis une femme » ou « c'est dur d'être une femme parce que ». Retirez le facteur « être une femme » de l'équation et contentez-vous de vous lancer et de conquérir. Vous avez le pouvoir de façonner votre destin. Vous avez le pouvoir de dicter la façon dont les autres vous traitent. Vous avez le pouvoir de ne pas vous laisser rabaisser, dominer ou intimider. Comme l'a dit Gandhi : « Vous devez être le changement que vous voulez voir dans ce monde. » Tout ce qui vous arrive dépend de vous, car c'est vous qui contrôlez vos réactions.
Ne vous excusez pas d'être comme vous êtes et ne vous écrasez pas. Ne soyez pas une victime. Le féminisme a besoin que vous passiez la seconde. Obtenez ce que vous voulez. Sortez de votre cachette et servez-vous.
Bises,
Cam

D'habitude, il ne faut que quelques minutes pour que les réponses se mettent à pleuvoir, et Cam reste là à attendre les notifications. Mais aujourd'hui, elle se sent trop impatiente. Pour se changer les idées, elle relit le dernier mail de Tara. Cette correspondance amicale l'excite un peu. Le ton de leurs échanges est très décontracté, c'est à la fois intime et honnête. Elle ne saurait pas vraiment dire en quoi c'est différent des conversations avec d'autres fans, mais ça l'est. Peut-être est-ce juste la satisfaction que son article a eu l'effet désiré, ou l'idée qu'elle discute en secret avec la personne dont on parle le plus sur Twitter. Ou tout simplement parce qu'elles sont sur la même longueur d'onde. Peu importe à quel point elle se répète qu'elle est heureuse dans sa solitude, il y a de la place dans sa vie pour une amie comme Tara Thomas.

Salut Cam,
Je suis sur la banquette arrière d'une voiture de police après avoir été escortée au poste pour discuter de mon « outrage public aux mœurs sur la ligne Victoria, direction est ». Ils

ont décidé de ne pas engager de poursuites, et à présent, un policier qui doit avoir dix ans de moins que moi est en train de me reconduire chez ma mère.

Ça booste sacrément ma confiance, tout ça.

Toute cette histoire est complètement surréaliste. Il y a une semaine, c'était moi qui réalisais des documentaires sur des gens, et maintenant j'ai l'impression que le monde entier est en train d'en filmer un sur moi. « The Tara Show ». Ça sonne bien. Achevez-moi, par pitié !

Bises,

Tara

Une réalisatrice de documentaires ? songe Cam. Elle ne sait pas pourquoi, mais elle se doutait que Tara avait un métier cool. Elle se rend compte que tout le pays la connaît uniquement sous le nom de « Super Branleuse », mais qu'elle fait désormais partie des rares personnes à savoir comment elle s'appelle. Elle tape « Tara Thomas, documentariste » sur Google et ne tarde pas à tomber sur une photo de Tara sur IMDB. Elle est un peu moins décoiffée que dans la vidéo, mais c'est bien elle. De longs cheveux bruns bouclés, des taches de rousseur, un petit nez et de grands yeux marron. Le genre de visage qui ne passe pas inaperçu. Son profil dit :

Tara Thomas, productrice, réalisatrice de reportages, productrice déléguée au développement de programmes

Filmographie :

Mon patron m'a pelotée – en production – productrice/réalisatrice

J'ai épousé une arnaque – productrice/réalisatrice

Les vies des femmes comptent – productrice/réalisatrice

Cam est impressionnée. Sa filmographie en jette. Elle passe une heure ou deux à visionner des extraits du travail de Tara : c'est intelligent, ça fait réfléchir et ça déborde d'assurance. À présent, elle comprend pourquoi il serait quasiment impossible pour Tara de continuer à exercer son métier avec « Super Branleuse » sur son CV. Cam a toujours adoré l'idée d'être productrice pour la télé mais ses difficultés à entretenir des relations sociales seraient un frein dans ce métier. Elle compatit encore plus pour Tara, maintenant.

Salut Tara,
Je viens de vous googler. Vous êtes une référence, vos programmes ont l'air géniaux. Croyez-moi, ça va passer. Je suis sûre que vous êtes persuadée du contraire, mais ça va passer, c'est certain. Il y a tout le temps des scandales, et les gens finissent par se lasser. Une nouvelle croustillante et le public change de cible. Peut-être que je peux me faire filmer en train de me frotter contre les statues des lions de Trafalgar Square pour détourner l'attention ? Est-ce que ça vous aiderait ? Plus sérieusement : tout va très vite dans notre société. Une minute, tout le monde parle d'une chose, et à la minute suivante, c'est déjà fini. Tenez bon.
Bises,
Cam

Salut Cam,
Vous avez raison, ça va passer. Mais quelque chose me dit que ce n'est que le début. La venue de la police chez moi signifie que les gens commencent à savoir qui je suis. Ce n'est qu'une question de temps avant que la presse révèle mon nom et que l'humiliation mondiale s'abatte sur mes épaules. Comment une personne est-elle censée gérer ça ?
À part ça, ma mère vient de visionner la vidéo. Je vous laisse imaginer.
Bises,
T
P.S. : Laissez donc ces lions tranquilles, espèce de tordue :)

Tara !
Mon Dieu ! Bienvenue dans mon monde ! Chaque article que j'écris semble mortifier ma mère un peu plus. Elle a lu tellement d'articles dans lesquels je parle de masturbation

que je la soupçonne de croire que je ne fais que ça. Ce qui n'est pas complètement faux, j'imagine. Je passe beaucoup de temps toute seule ;)
Peut-être qu'on pourrait lancer un club, « Le cercle des filles qui font honte à leurs mères » ?
Désolée pour cette histoire de poste de police. Heureuse que vous n'ayez pas fini derrière les barreaux.
Bises,
C

Oui, moi aussi. Ce sera déjà assez compliqué comme ça à expliquer à ma fille quand elle sera plus grande. Je ne sais pas trop comment j'y parviendrai sans qu'elle pense qu'une femme qui se touche est une infraction pénale. Bises

Vous avez une fille ? Quel âge a-t-elle ? Je présume que vous êtes célibataire ? J'espère ne pas vous vexer en disant ça.

Vous ne me vexez pas du tout. Oui, j'ai une fille de six ans qui s'appelle Annie. Et non, pas de compagnon. Une mère célibataire avec tout un tas d'explications à donner. Bises

Une fille ? Mère célibataire ? Waouh. La presse va se déchaîner. Cam se demande en quoi son blog devrait être différent si elle avait des enfants. Devrait-elle arrêter d'écrire sur le sexe, parce que ça paraîtrait déplacé ? Elle relit l'article qu'elle vient de publier. Peut-elle réellement parler de ce que ça fait d'être une mère qui travaille ? D'à quel point c'est dur de regarder quelqu'un d'autre élever votre enfant à votre place ? Pas vraiment. Elle n'a pas la moindre idée de ce qu'on ressent dans ces cas-là. Sa mère n'a jamais travaillé, ses sœurs n'ont pas des boulots de fonctionnaires. C'est bien joli de penser que les femmes devraient arrêter de geindre et se mettre un coup de pied aux fesses, mais qu'est-ce qu'elle connaît à tout ça ? Si Tara s'était fait surprendre en train de se masturber dans le métro et qu'elle n'avait pas d'enfant, le scandale retomberait plus facilement. Mais parce qu'elle est mère de famille, ça va lui coller à la peau. C'est ainsi que le monde fonctionne : les mères doivent bien se tenir. Une raison de plus qui encourage Cam dans sa décision de ne pas se reproduire.

> Tara, vous n'avez pas à vous justifier auprès de qui que ce soit, et vous trouverez un moyen d'aider votre fille à comprendre la situation. N'hésitez pas à m'écrire dès que vous vous sentez flancher. Je suis là, vous pouvez compter sur moi.
> Bises,
> Cam

Tara

J'ai dû laisser ma mère seule un instant. Elle est en état de choc et je me sens déjà assez mal sans la voir passer du blanc au cramoisi puis de nouveau au blanc tandis qu'elle tente de trouver quelque chose à dire. Il n'y a rien à dire. *Sa fille s'est branlée dans le métro,* fin de la discussion.

Quand je sors de la maison, je rentre la tête dans les épaules par réflexe, comme quelqu'un qui prépare un mauvais coup. J'ai grandi dans ce quartier. C'est une rue calme, alors on avait l'habitude de jouer sur la route. Jamais je n'imaginerais laisser Annie en faire autant de nos jours. Elle n'a même pas le droit d'aller plus loin que la porte d'entrée toute seule : c'est déprimant de constater que le monde a changé à ce point. Internet nous a tous pétrifiés. Et de mon côté, il ne m'a jamais autant terrifiée qu'en ce moment.

Alors que j'arrive au bout de l'allée, j'aperçois Mme Bradley et son fils David qui se dirigent vers moi. Ils vivent deux maisons plus loin, une torture pendant la majorité de mon adolescence car Mme Bradley était ma directrice. C'est terrible de vivre dans la même rue que sa directrice : impossible de se rebeller, peu importe avec qui on est amis. Mme Bradley et ma mère se sont toujours bien entendues. Elle passait à la maison boire le thé le samedi matin, un rituel que je détestais par-dessus tout. Ma mère me forçait toujours à descendre dire bonjour, puis je restais cachée au premier jusqu'à ce qu'elle s'en aille. De plus, elle venait toujours avec David, ce qui ne faisait qu'aggraver les choses.

David était dans ma classe. On l'appelait « le handicapé » à l'époque. Ou même « le gogol ». Qu'est-ce que je me sens mal quand j'y repense... On s'est rendu compte qu'il avait un problème quand il a continué à baisser son pantalon à l'école alors qu'on avait déjà dix ans. On le traitait de pervers, on se moquait de lui en disant que c'était un tordu et un taré. Mme Bradley était sous pression car tous les professeurs voulaient l'expulser, et elle était incapable de renvoyer son propre fils. Mais elle a fini par ne plus avoir le choix et il a été envoyé dans une école spécialisée. Au cours des années suivantes, on a réalisé qu'il était malade. On s'est tous sentis hyper mal de l'avoir traité comme ça, mais nous n'étions que des gamins. Qu'est-ce qu'on en savait ?

Naturellement, Sophie adorait utiliser sa sexualité pour le terroriser. Un samedi matin, alors qu'elle avait dormi à la maison la veille et que Mme Bradley était au rez-de-chaussée, elle m'a fait descendre pour demander à David s'il voulait venir écouter de la musique avec nous à l'étage. Je n'oublierai jamais l'expression touchée de Mme Bradley.

— Oh, c'est vraiment trop gentil, Tara. David serait ravi, pas vrai, David ?

David a fixé le bout de ses chaussures sans répondre. Mais quand j'ai quitté la pièce, il m'a suivie. J'ai regardé Mme Bradley par-dessus mon épaule et vu qu'elle avait les yeux pleins de larmes. Quand David et moi sommes arrivés au premier, Sophie était sur le palier, sans tee-shirt. Elle sautillait sur place et ses seins remuaient dans tous les sens. J'ai cru que David allait être malade. Il a commencé à faire un drôle de bruit. On aurait dit une otarie. Ses bras étaient tendus le long de son corps, très très raides, et il reculait de plus en plus, à tel point que j'ai cru qu'il allait tomber dans l'escalier. J'ai crié à Sophie de se rhabiller et Mme Bradley est montée en courant. Sophie s'est réfugiée dans ma chambre et je me suis retrouvée à devoir expliquer à ma directrice pourquoi son fils était en train de devenir fou.

— Il a des crises, a-t-elle dit en passant un bras autour des épaules de David pour l'aider à redescendre. Il a des crises.

Elle l'a raccompagné chez eux. Après ça, Mme Bradley ne l'a plus jamais amené avec elle le samedi. Je ne sais pas s'il lui a raconté ce qui s'était passé ou s'il l'a gardé pour lui. Mais depuis, il m'évite, et je dois avouer que je le comprends.

Quand ils arrivent à mon niveau, je lance :

— Bonjour, madame Bradley. Bonjour, David.

Si j'avais eu plus de temps, j'aurais traversé la rue à toute vitesse et je me serais cachée dans ma voiture. Apparemment, David n'a pas réussi à trouver du travail, par conséquent il vit toujours chez ses parents et passe la plupart de son temps à regarder des vidéos sur YouTube. Est-ce qu'il a vu la mienne ? Peut-être.

— Tara, comment vas-tu, ma belle ?

La plus simple des questions appelle soudain la plus compliquée des réponses. Alors je mens.

— Bien, merci. Et vous ?

David a les yeux rivés au sol. J'essaie de le jauger. Est-ce qu'il l'a vue ? Et s'il l'avait vue, qu'est-ce qu'il dirait ?

— Tout va bien ! Nous avons hâte de venir à la fête d'anniversaire de ton père vendredi.

— Oh, vous serez là ?

Je le savais déjà. Ma mère a invité du monde à la maison, elle compte faire son traditionnel hachis Parmentier et un buffet de salades. Il y aura la famille, des amis du club de mon père et quelques voisins. Rien d'extraordinaire, mais j'ai la nausée chaque fois que j'y pense.

— Génial. On se voit vendredi, alors. Je dois filer.

David me fait flipper. D'habitude, il me jette au moins un regard, mais là, il est carrément planqué derrière sa mère. Même Mme Bradley semble mal à l'aise, elle qui est pourtant habituée aux difficultés de son fils.

Je m'éloigne à pas rapides et monte en voiture. J'appelle ma mère et lui promets de repasser prendre Annie un peu plus tard. Je veux rentrer à la maison aussi vite que possible. Maintenant que la presse connaît mon nom et mon adresse, ce n'est qu'une question de temps avant que ces informations soient divulguées et je veux être au courant quand ça arrivera. Ou devrais-je me planquer sous ma voiture, à faire comme si Internet n'était pas réel ? Pourquoi est-ce que cette expérience atroce me donne envie de tout lire ? De tout voir ? Si le monde parle de moi, alors je veux entendre ce qu'il dit, je ressens le besoin irrépressible de savoir. Je me demande si c'est ce que ça fait à Kim Kardashian ? Cela dit, elle a parfaitement su renverser la tendance après que sa sextape a fait le buzz.

Dès que je suis chez moi, je google mon nom. Seuls ma filmographie, mon compte Twitter et mon profil LinkedIn apparaissent. Tara Thomas est juste une femme qui réalise des documentaires. Mais plus pour longtemps. Pendant trois heures, j'appuie sans discontinuer sur le bouton RÉACTUALISER du site du *MailOnline.* Et soudain, il est là. Mon nom, en grosses lettres. Ma tête de déterrée. Ma porte d'entrée rose en arrière-plan. Je n'ai même pas remarqué que quelqu'un prenait une photo, bon sang. Ma vie, mise à nu.

L'IDENTITÉ DE LA B**EUSE DE WALTHAMSTOW RÉVÉLÉE**
Par Alex Mixter pour MailOnline

ON CONNAÎT ENFIN L'IDENTITÉ DE LA BRANLEUSE DE WALTHAMSTOW. Après des jours de conjecture, l'identité de la femme mystérieuse, filmée en train de se masturber dans le métro avant de descendre à l'arrêt de Walthamstow vendredi dernier, a enfin été dévoilée. Cette femme, qui est montée dans le métro à Tottenham Court Road, répond au nom de Tara Thomas. Âgée de 42 ans, elle est mère célibataire d'une petite fille de six ans et n'a jamais dit au père de l'enfant qu'elle était enceinte. Une source proche de Mme Thomas a confié au MailOnline : « Tara n'a jamais hésité au moment de garder l'enfant : c'était ce qu'elle voulait alors elle ne s'est pas posé de questions. À ses yeux, le père n'avait pas besoin d'être au courant. C'était juste une histoire d'un soir. »

Mme Thomas est connue pour ses documentaires télévisés dans lesquels elle expose les vies d'individus qui ne veulent pas attirer l'attention du public. Mais, ironie du sort, les rôles se sont inversés et c'est désormais elle qui se retrouve sous le feu des projecteurs. Nombreux sont ceux à avoir spéculé sur son acte : était-ce un appel à l'aide d'une femme seule qui se débat avec son statut de mère célibataire ? Notre expert en psychologie, Raj Singh, pense que cette vidéo dépeint le comportement d'une femme voulant désespérément se faire remarquer et pourrait indiquer que Mme Thomas est au bord de la dépression nerveuse, une opinion que semble corroborer son attitude erratique à l'école de sa fille et sur son lieu de travail. MailOnline a contacté Great Big Productions : les anciens employeurs de Mme Thomas ont aussitôt tenu à se dissocier de leur ex-employée. « Nous sommes une société de production respectée qui crée des programmes de qualité sur la société dans laquelle nous vivons. Nous appliquons une politique de tolérance zéro concernant toute manifestation sexuelle explicite. Nous ne comprenons pas ce qui a pu pousser une de nos employées à se conduire de la sorte en public. Compte tenu de notre politique, qui consiste à tenir les gens pour responsables de leurs actes et leurs crimes dans nos programmes, il était de notre devoir de révéler son identité à la police. Nous ne travaillons plus avec Tara Thomas et avons retiré son nom de tous les génériques de nos productions en cours », a déclaré Adam Pattison, directeur général de Great Big Productions.

Tara Thomas est la fille unique de Peter et Stephanie Thomas. Elle est née et a grandi dans le quartier de

Walthamstow, où elle vit actuellement avec sa fille de six ans. En l'absence de précédentes condamnations pour outrage public aux mœurs, la police a décidé de ne pas engager de poursuites judiciaires. L'agent Flower du Metropolitan Police Service a indiqué : « Nous sommes convaincus que relâcher Mme Thomas sans intenter de poursuites est la bonne décision. Elle a agi d'une façon qui ne lui ressemble pas et regrette profondément son écart de conduite. Cette affaire ne concerne plus la police. »

Avez-vous des informations sur Tara Thomas ? Contactez le standard de MailOnline au...

Qui leur a raconté tous ces trucs sur la façon dont j'avais eu Annie ? Ces connasses de l'école ? Mes souvenirs de samedi sont flous. Je sais que je leur ai avoué que c'était un coup d'un soir, mais est-ce que je leur ai confié que je ne l'avais jamais dit à Nick ? Je ne m'en souviens pas, mais j'ai dû le faire. Les peaux de vache. Je parie que c'était Amanda. Et qu'est-ce que cette enflure d'Adam veut dire par « nous ne travaillons plus avec Tara Thomas et avons retiré son nom de tous les génériques de nos productions en cours » ? Il plaisante ? Il a intérêt à avoir laissé mon nom au documentaire sur le harcèlement sexuel. J'ai travaillé dessus pendant plus d'un an. Quel connard de m'avoir balancée à la police, tout ça pour se faire passer pour une boîte bien sous tous rapports. J'imagine la réunion de RH pendant laquelle ils ont établi que c'était une faute grave entre deux éclats de rire bien gras. Qu'ils aillent se faire foutre ! Je détestais ce boulot et ils seront dans la merde sans moi. Et puis, pour être honnête, je n'ai plus la force de me battre. Comment tout le monde a pu se retourner contre moi aussi vite ? J'ai toujours eu le sentiment d'être intouchable à cause de ma mère, mon père et Annie. Mon équipe. Mais d'un seul coup, j'ai l'impression que des millions de kilomètres nous séparent. Je suis toute seule et mon existence a été réduite à une vidéo de treize secondes qui tourne en boucle.

Le problème, c'est que maintenant, il ne s'agit même plus de ce que j'ai fait dans le métro : il s'agit d'Annie.

Ce n'est pas juste. Elle n'a que six ans et notre passé n'est rien d'autre que ça : le passé. Ce qui compte, c'est qu'elle soit heureuse. Et elle l'est : elle est très, très heureuse. Et si les autres enfants l'apprennent ? Ils vont se moquer d'elle et ce sera ma faute. Cette idée m'est insupportable. La situation était déjà catastrophique. Comment a-t-elle pu empirer à ce point ?

Le téléphone fixe se met à sonner et je frôle la crise cardiaque.

— Allô ?

— Tara, c'est Maman.

— Pourquoi est-ce que tu m'appelles sur le fixe ?

— J'ai peur que nos portables soient sur écoute.

Bon sang, dites-moi que je rêve.

— Maman, ne t'en fais pas pour ça. Personne ne nous a mis sur écoute.

— C'est juste que nos noms sont dans le journal, et tout le monde se fait pirater de nos jours, ma chérie. Tu n'as pas vu Hugh Grant sur BBC Breakfast ? Il était affreusement en colère. À croire que nous sommes tous sous surveillance.

Ma culpabilité monte d'un cran tandis que je prends conscience que ce n'est pas seulement ma vie qu'on décortique et qu'on brise, dans cette histoire.

— Maman, ne t'en fais pas, je t'en prie, ça n'ira pas jusque-là. Le battage médiatique a atteint son apogée, ça va se calmer maintenant.

Je mens. Je pense que ce n'est que le début, au contraire. J'entends un énorme fracas derrière elle, puis un homme qui crie, puis encore du boucan et le bruit de quelque chose qui se casse.

— Maman ? Qu'est-ce que c'était ? Tu vas bien ?

— Oui, c'est juste ton père. Il est en train de casser des trucs dans la cuisine. Il a lu l'article, Tara. Et il a vu la vidéo.

— Il a vu la vidéo ? Comment ?

— C'est moi qui la lui ai montrée.

— Tu as *quoi* ?

Mon Dieu. Mon père m'a vue me masturber ? Chaque fois que je pense que ça ne peut pas être plus atroce, on passe à un niveau supérieur.

— J'ai pensé qu'il le fallait. Désolée si tu n'étais pas d'accord, mais j'ai cru que s'il voyait par lui-même, alors on pourrait trouver un moyen d'avancer tous ensemble.

— Papa n'aurait jamais dû visionner cette vidéo.

— Oui, je m'en rends compte à présent.

Un autre bruit assourdissant retentit dans la cuisine.

— Tara, il faut que je te laisse. Il est en train de s'en prendre à mon beau service de porcelaine que j'ai depuis quarante ans... Peter, pas ces assiettes-là, s'il te plaît...

La communication est interrompue.

C'est sans conteste la pire journée de ma vie. Je ne sais pas quoi faire. En l'espace de cinq jours, mon monde a été mis totalement sens dessus dessous. Il y a une semaine, j'avais un boulot génial, tout allait comme sur des roulettes avec ma fille, ma vie était stable, heureuse. Aujourd'hui, près de trois millions de personnes, y compris mes parents, m'ont vue me masturber, j'ai perdu mon travail et on me traite comme une criminelle à cause de la façon dont j'ai eu ma fille. Même mon travail est sous le feu des critiques et qualifié de sensationnalisme de tabloïd. Le consensus général semble dire que je mérite ce qui m'arrive à cause de tous les choix que j'ai faits. Tout ça à cause d'un tout petit moment où j'ai cédé à la tentation. Comment est-ce possible ?

Jusqu'à maintenant, je n'avais jamais eu le sentiment d'être une mauvaise mère. Même lorsque je me comparais aux autres mamans, je n'avais jamais songé qu'il vaudrait mieux pour Annie qu'elle soit la fille d'une autre. Mais à présent, je suis cachée chez moi et elle vit à plusieurs rues d'ici avec mes parents, probablement occupée à se demander ce que je fabrique... et je n'ai pas la moindre idée de ce que je pourrais lui dire. À l'école, tandis qu'elle explique à ses amis que je suis malade, les institutrices doivent être dans la salle des profs à parler de mon comportement honteux. Et sans qu'Annie le sache, elles l'observent, en quête d'une réaction qui leur permettrait de m'accuser d'avoir mis le bazar dans la tête de ma fille.

Je ne peux pas autoriser ça. Qu'importe ce que les gens racontent et à quel point j'ai envie de me réfugier dans le placard sous l'évier pour boire tous les produits d'entretien, je dois me reprendre. Pour Annie.

Je vais aller faire des courses. Je vais remplir le réfrigérateur et les placards de toutes les choses qu'elle préfère et j'irai la chercher à l'école avec la tête haute et on continuera à vivre nos vies. Cam a raison, je n'ai pas à me justifier auprès de qui que ce soit. Je peux prendre le contrôle. Je peux écrire la vie que je veux vivre. Je trouverai un autre boulot, peut-être en ligne. Je pourrais être enquêtrice ou testeuse, un de ces métiers où on vous envoie un tas de produits pour les évaluer. Je vendrai des trucs sur eBay, des bijoux anciens. Peut-être même que je pourrai en créer, j'ai toujours voulu faire ça. Il y a forcément une solution. Quelle est l'alternative ? Il n'y en a pas. Je dois me bouger. Pour ma fille.

Je me précipite vers la porte et sors de la maison avant d'avoir le temps de changer d'avis. Je suis accueillie par des caméras. « Tara Thomas ? » s'enquiert une voix forte alors qu'un flash m'aveugle. Alors que mes rétines refont la mise au point, je vois une caméra braquée sur moi, tenue par un homme au visage plissé tandis qu'il regarde dans l'objectif.

— Pourquoi est-ce que vous avez fait ça, Tara ? demande-t-il.

Un autre homme arrive derrière lui en courant, lui aussi armé d'une caméra. D'autres flashs, d'autres clics d'obturateur. Mes oreilles se bouchent comme si j'étais dans un avion. Je vois flou à cause des lumières.

— Je... je...

J'arrête de parler. L'image de la femme à la poussette se matérialise dans ma tête, avec sa phrase idiote, « Je voulais juste voir ce qui se passerait », qui apparaît devant mes yeux, tel un bandeau déroulant de flash info à la télévision. Je ne dois surtout pas répondre.

Je continue à avancer, comme si je bravais des vagues qui s'écrasent sur ma tête. L'épaule gauche en avant, la tête baissée pour protéger mes yeux, je fonce sans m'arrêter. Le supermarché n'est qu'à quelques minutes d'ici. Ils ne pourront pas me suivre à l'intérieur, les lumières des flashs finiront par s'éteindre, je parcourrai les rayons et j'achèterai tout ce qu'Annie adore. Des KitKat, des Monster Munch, de l'edam. Je serai prête pour la sortie de l'école et nous vivrons notre vie et tout ça finira par s'arrêter.

Mais les journalistes me suivent de près. J'ai presque peur qu'ils me plaquent au sol pour me retenir. Je continue mon périple. Le magasin n'est pas loin. Je peux y arriver. Ils disparaîtront, parce que moi, je les ferai disparaître.

Quand j'entre dans le supermarché, le silence qui m'entoure me donne l'impression d'être dans un rêve. J'avance comme si j'étais sur un tapis roulant. J'ai le sentiment que de nombreux clients m'observent, mais j'ai trop peur de lever la tête au cas où mon regard croiserait le leur. Je ne suis pas encore apte à gérer ça.

Est-ce que tout le monde est au courant ?

J'attrape un panier et je le passe à mon bras.

Du raisin.

Je serre mes coudes contre mon corps.

Du beurre. Du lait. Du fromage.

Je tourne au coin d'un rayon, quelqu'un bouscule mon panier en passant à côté de moi. La personne s'excuse et continue sa route. Je ne me retourne pas pour voir si elle me suit des yeux, mais je présume que oui. Je suis toute courbée, alors je dois avoir l'air bizarre.

Des Cheerios, du Nutella, de la Marmite, du miel, de la confiture, des cacahuètes grillées à sec.

Le panier devient plus lourd.

Quelqu'un d'autre me rendre dedans, ou est-ce le contraire ? Cette fois, la personne s'énerve.

— Attention !

Là encore, je ne moufte pas, je continue. Est-ce que je marche ou est-ce que c'est le sol qui bouge ? Un autre rayon. Le bip des caisses devient plus fort. Davantage de gens, qui font la queue cette fois. Il y a quelque chose d'inquiétant dans leur immobilité. L'air frais devient brûlant et je sens la sueur qui commence à couler sur mon visage. Je suis persuadée d'entendre des rires.

— C'est elle, regarde, c'est elle !

D'autres rires. Est-ce que toutes les personnes présentes sont en train de se moquer de moi ? J'étouffe et ma poitrine se serre, les lumières deviennent aveuglantes. Je ferme les yeux jusqu'à ne plus voir que le panier à mon bras. Soudain, les battements de mon cœur résonnent tellement que je les entends par-dessus le bruit des caisses. Un éclair de douleur traverse mon corps. Je rejette la tête en arrière et me cogne tellement fort que les lumières s'éteignent. Les gens s'estompent et les bruits s'évanouissent jusqu'à ce que tout disparaisse.

Bip. Bip. Bip.

J'entends le bruit avant de voir la lumière.

Biiip. Biiip.

Je bats rapidement des paupières tandis que mes yeux s'ajustent à l'éclairage au-dessus de ma tête. Quand ma vision devient plus précise, je distingue la silhouette de ma mère.

— Maman, qu'est-ce que tu fais au supermarché ?

J'ai beau être dans les vapes, la coïncidence ne m'échappe pas.

— Tu n'es pas au supermarché, ma chérie, répond ma mère en me caressant les cheveux. Tu es à l'hôpital.

Je me redresse bien plus vite que mon corps ne peut le supporter : ma tête tourne furieusement. Je me rallonge aussitôt.

— Qu'est-ce qui s'est passé ?

— Tu as perdu connaissance, le médecin pense que tu as peut-être fait une crise d'angoisse. Tu t'es cogné la tête en tombant. Tu as dormi plusieurs heures. Il pense que tu es peut-être surmenée ?

Je me rappelle que j'ai à peine dormi depuis lundi. J'acquiesce doucement. Je lève la main pour toucher mon visage et constate que j'ai un tube dans le bras. Je ne sais pas si c'est mon imagination qui me joue des tours, mais j'ai l'impression que ma tête est toute petite.

— Tu es sous perfusion, m'explique ma mère. Le médecin dit aussi que tu es sévèrement déshydratée. Ta glycémie était très basse, comme si tu n'avais pas mangé depuis plusieurs jours.

Ça aussi, ce n'est pas faux.

— Où est Annie ?

— Elle est à la maison avec ton père. Elle va bien.

Je suis soulagée. Puis horrifiée.

— Mon Dieu, Papa ! Comment va-t-il ?

Ma mère glisse un autre oreiller dans mon dos pour que je puisse me redresser un peu. Elle met quelques secondes avant de répondre :

— Pas très bien, mais c'est parce qu'il t'aime. Il se fait du souci pour toi, évidemment.

Je pousse un grognement aussi mortifié qu'exaspéré.

— Il va se calmer, tente-t-elle de me rassurer. Il se calme toujours.

— Après avoir vu une vidéo de sa fille qui se masturbe ? À quand remonte la dernière fois qu'il a dû se calmer après ça ?

— C'est assez inédit, comme défi, je te l'accorde.

Elle verse de l'eau dans deux gobelets en plastique et boit dans l'un d'eux tout en observant une peinture. Je sais que ce n'est pas par amour de l'art : c'est pour rassembler son courage.

— L'école m'a appelée aujourd'hui, finit-elle par m'annoncer en se tournant vers moi.

Quelque chose me dit que l'appel n'était pas pour transmettre leurs salutations. Elle continue :

— Ils ont vu la vidéo, naturellement.

Même si je redoute la réponse, je demande :

— Qu'est-ce qu'ils voulaient ?

— Ils ont demandé si tu allais bien.

Pour le coup, je suis étonnée. Je ne m'attendais pas à ce qu'ils s'en soucient.

— Dans ta tête, clarifie ma mère.

— Ah. Et qu'est-ce que tu leur as dit ?

— Je leur ai dit que tu allais bien, mais que tu étais sous pression.

— Pourquoi est-ce que tu leur as raconté ça, Maman ? Je ne suis pas sous pression. Enfin, je ne l'étais pas, du moins.

— Il leur fallait une raison, Tara. Il a bien fallu que je prétende que quelque chose t'avait poussée à faire ça, autrement, ils croiraient que c'est dans ta nature. Alors j'ai expliqué que tu étais très stressée au travail, que tu avais un peu trop bu ce soir-là, ce qui ne t'arrive jamais étant donné que tu as Annie d'habitude, et que tu regrettes profondément ce que tu as fait.

Même si je rêve que tout ça disparaisse et que les gens passent à autre chose, je me surprends encore à être follement en colère de devoir feindre la folie ou m'excuser d'avoir tout simplement cédé à une envie alors que je me croyais seule. Je tourne la tête et ferme les yeux. J'ai une migraine terrible.

— Ils se font du souci pour Annie, reprend-elle. Je leur ai dit qu'elle vivrait chez nous pendant quelque temps, et ils pensent que c'est une bonne idée. C'est une gentille petite fille, ils ne veulent pas lui causer d'ennuis, et à toi non plus d'ailleurs.

Je n'ai pas le temps de rouvrir les yeux que les larmes roulent déjà sur mes joues.

— Je suis une bonne mère.

J'ai le visage trempé, les lèvres qui tremblent tandis que je tente de retenir mes larmes.

— Pourquoi est-ce que tu ne viendrais pas à la maison, toi aussi ? propose ma mère.

Son intonation est prudente. Elle sait que cela crée des tensions entre nous lorsqu'elle insiste un peu trop pour m'aider. Mais pas cette fois. Cette fois, j'ai besoin de jouer mon rôle de maman, et j'ai besoin que ma mère joue le sien.

Faiblement, je chuchote :

— Oui, s'il te plaît.

Je ne veux pas être seule.

6

Stella

Je suis au lit. Seule. Planquée sous les couvertures, à manger du gratin de pâtes au thon. Les températures ont chuté de nouveau. Il fait froid, mais ça me paraît idiot de remettre le chauffage au mois de mai alors que je suis seule dans la maison. Alors c'est dîner au lit pour une personne. Tragique.

Je suis sous la couette depuis trois heures, à regarder les murs. Je me lève de temps en temps pour me resservir du gratin. Parfois pour aller faire pipi. Parfois, je me redresse et je crie à l'attention de la porte.

C'était la chambre de ma mère. C'est ensuite devenu celle d'Alice, puis celle de Phil et moi, et maintenant c'est juste la mienne. Notre mère a acheté cet appartement quand Alice et moi étions à la fac. On en a fait tout un plat quand elle nous a annoncé qu'elle souhaitait vendre la maison pour acquérir quelque chose de plus petit. Mais ensuite, on est venues passer un week-end ici et on a adoré l'appartement. Notre mère était en rémission après son premier combat contre le cancer du sein. À cette époque joyeuse, nous étions loin d'imaginer que la maladie était sur le point de s'attaquer à son autre sein et de la tuer dans l'année.

L'appartement, en rez-de-jardin, fait partie d'une maison victorienne de Stoke Newington et dispose de sa propre entrée. Je l'adore : il y a des grandes fenêtres, une cheminée dans chaque pièce et c'est très lumineux. Je n'ai rien accompli dans ma vie qui me fasse mériter une maison comme celle-ci, mais c'est le principe d'un héritage, je suppose. Mon salaire suffit amplement à rembourser le petit prêt immobilier que ma mère a laissé derrière elle, et en partageant les mensualités avec Phil, la plupart de mes dépenses se résumaient aux factures et aux courses. À présent, je vais devoir tout payer seule, et ça m'inquiète un peu. Cela dit, ce n'est pas comme si j'avais une vie sociale démente à financer, ou quelqu'un avec qui partir en vacances, ou quoi que ce soit de fun ou d'intéressant dans la vie qui exige un budget important. Et puisque mes chances d'avoir un bébé ont été réduites à néant, je n'ai plus besoin d'économiser pour ça non plus.

Je n'aurai pas d'enfant. Je n'arrête pas de me le répéter, mais ça ne rend pas la situation plus facile à accepter. Enfin, je sais qu'il y a d'autres moyens, je pourrais congeler mes ovocytes ou adopter, mais je n'ai pas envie de devenir mère de cette façon. Je veux que ça arrive naturellement. Je refuse d'avoir l'impression d'acheter mon enfant. De toute façon, la menace du cancer et la vitesse à laquelle il a emporté ma mère et ma sœur, ajouté au fait que je suis très difficile à vivre, constituent trois raisons qui font que mon rêve ne deviendra sans doute jamais réalité. Peut-être que ça se résume à ça : je mourrai seule sans rien laisser derrière moi, pas même un enfant. Et que diront les gens qui me connaissaient sur leur page Facebook une fois que je serai partie ? Rien de semblable à ce qu'ils ont dit sur Alice. Ça, je le sais déjà.

J'imagine déjà le statut de Phil.

Repose en paix, Stella. Tu étais handicapée sur le plan émotionnel, lunatique, impossible à raisonner et autoritaire.

Tu étais tellement obsédée par ta sœur jumelle morte que ta vie s'était arrêtée. Tu as perdu tous tes amis, puis tu m'as perdu moi parce que tu es devenue une garce insupportable. Si tu avais renoncé à porter les vêtements de ta sœur comme je te l'avais dit, tu t'en serais sans doute sortie.

Et les filles du lycée ?

Stella Davies est morte dans l'ombre de sa sœur. On a toujours préféré Alice parce qu'elle était plus sociable et plus agréable, mais comme elles étaient toujours ensemble, on a bien été obligées d'accepter Stella. Quand Alice est morte, on n'a plus fait d'efforts pour supporter Stella, parce que sans Alice, elle était vraiment chiante. Repose en paix, Alice. Ah, et toi aussi, Stella.

La seule personne avec qui je m'entends réellement est Jessica et elle n'est même pas sur Facebook, alors inutile de compter sur elle pour une analyse brillante de ma personnalité. Je suppose que Jason dirait un truc sympa, mais il sait si peu de choses sur moi que ça resterait basique.

Reposez en paix, Stella, vous étiez une super assistante. Autoritaire et organisée. Merci pour toutes les tasses de café. Au fait, est-ce que vous aviez d'autres jupes ? Parce que vous portiez celle avec l'oiseau BEAUCOUP trop souvent. Jason

Dans l'ensemble, je pense pouvoir affirmer qu'Internet n'implosera pas le jour où je mourrai. Assise à la table de la cuisine, devant mon ordinateur, je fais un tour rapide sur Facebook avant de fermer l'onglet. Je déteste ne plus être accueillie par le petit point vert d'Alice et je me sens encore un peu à vif après avoir failli me faire griller par Melissa. Elle m'a envoyé un message le lendemain pour me rapporter ce qui s'était passé.

Salut Stella, je voulais juste te prévenir que quelqu'un a créé un compte Facebook en utilisant le nom d'Alice. La personne m'a ajoutée comme amie, mais le compte a disparu juste après. Quel genre de taré ferait ça ? Ils ne savent donc pas à quel point c'est douloureux pour moi ? Enfin bref, je me suis dit qu'il valait mieux que tu le saches au cas où on t'envoie une invitation, à toi aussi. J'espère que tout va bien pour toi. Bises, Melly

Melly ? Au secours.

Je n'ai pas répondu. Si je la croise un jour, je lui dirai simplement que je ne me connecte plus sur Facebook. Je fais un tour sur *HowItIs.com* pour voir ce que Camilla Stacey a à raconter ce soir. J'ai toujours lu son blog religieusement, mais ces temps-ci, son arrogance me tape un peu sur les nerfs. Je lis son dernier article, « Passons à l'action ».

« Obtenez ce que vous voulez. Sortez de votre cachette et servez-vous. »

Bien sûr, parce que c'est aussi simple que ça, c'est bien connu. Cam Stacey ne vit pas dans le monde réel. Elle écrit ces inepties idéalistes de nana qui s'idolâtre où elle explique qu'il faut s'aimer, être celle qu'on veut être, obtenir ce qu'on désire... mais qu'est-ce qu'elle en sait ? La vie a l'air d'être d'une facilité déconcertante pour elle, entre son argent, son succès, sa joie d'être seule. Qui a envie de lire les exploits d'une personne qui réussit sa vie ? Personnellement, ça m'intéresse de moins en moins.

J'ai découvert que, très souvent, la meilleure des thérapies consiste à voir d'autres personnes souffrir. C'est pour ça que la société est aussi obsédée par les potins sur les stars, et c'est pour ça que les feuilletons télé sont aussi déprimants. Les merdes des autres remontent le moral, ça nous aide à nous sentir moins seul. Et c'est bien ça le problème avec Cam Stacey : ses foutus articles sont beaucoup trop joyeux. Elle aime son corps, sa vie, son absence d'enfant, son travail. Elle essaie de faire passer sa suffisance pour de la positivité, sauf que ça n'en est pas. Comment ai-je fait pour ne pas m'en rendre compte plus tôt ?

Je quitte son site et je me rends sur *MailOnline* pour lire des articles sur les célébrités qui ont une vie de merde, je me sens toujours mieux après.

Attendez un peu… quoi ?

L'IDENTITÉ DE LA B**EUSE DE WALTHAMSTOW RÉVÉLÉE**

> Cette femme, qui est montée dans le métro à Tottenham Court Road, répond au nom de Tara Thomas. Âgée de 42 ans, elle est mère célibataire d'une petite fille de six ans et n'a jamais dit au père de l'enfant qu'elle était enceinte. Une source proche de Mme Thomas a confié au MailOnline : « Tara n'a jamais hésité au moment de garder l'enfant : c'était ce qu'elle voulait alors elle ne s'est pas posé de questions. À ses yeux, le père n'avait pas besoin d'être au courant. »

Une minute. Tara ? Vendredi dernier ? Travaille à la télé ? Une fille de six ans ? Mon Dieu, Jason a eu un rencard avec Super Branleuse ? J'ai lu l'histoire en début de semaine, Facebook ne parlait que de ça. J'ai visionné la vidéo quand Jason était dans son bureau et j'ai trouvé ça vraiment gênant à regarder. Cette femme a clairement été filmée à son insu. Pour le coup, j'étais d'accord avec Camilla Stacey : c'était glauque et abusif et j'ai arrêté de suivre l'histoire. Ce qui n'a pas été facile, étant donné qu'elle était partout. Mais c'était *la* Tara ? Celle que Jason veut retrouver si désespérément ? Elle en a tout l'air… Je suis certaine qu'il a dit qu'elle avait de longs cheveux bruns bouclés, des taches de rousseur, et elle vit à Walthamstow, c'est sûr. Sa description correspond exactement à Super Branleuse. Comment Jason a-t-il pu passer à côté de ça ? Au moins, ça me prouve qu'il se concentre sur son livre et qu'il ne va pas sur Internet, car ces derniers jours, c'était tout bonnement impossible d'éviter le buzz sur « la branleuse de Walthamstow ». Merde. J'ai l'impression d'avoir une grenade entre les mains.

Cam

Allongée nue sur son nouveau tapis spécial galipettes, Cam est plutôt fière d'elle. Son article « Passons à l'action » fait parler de lui. En explorant paresseusement Google à la recherche de nouveaux blogs féministes, elle constate qu'il en éclôt chaque jour. Ce qui est flatteur mais agaçant, c'est que la plupart la citent comme source d'inspiration. Il y a *Point de vue d'un soir*, où Julia Rylan, bloggueuse de vingt-trois ans, interviewe des femmes sur leur rapport au sexe sans lendemain. Une autre, Becky Martin, a un site qui s'appelle *Le gang de la FIV*, qui parle des femmes de plus de trente ans qui décident d'avoir un bébé toutes seules. Dans son blog *Boulot, boulot, boulot*, Jemma Osbourne évoque sa vie de mère qui travaille. Elles ont toutes plus de 50 000 followers sur Twitter et chacun de leurs articles génère des centaines de commentaires, ce qui prouve bien que leur lectorat est énorme. Lorsque Cam s'est lancée, il n'y avait pas de concurrence ; désormais, une foule de femmes disserte sur le même sujet qu'elle. Elle doit axer méticuleusement son écriture pour conserver sa position de « voix numéro 1 des femmes avant-gardistes ». Qu'est-ce qui fait que *HowItIs.com* n'est pas comme les autres ?

Son téléphone sonne.

— Bonjour, mère ! lance Camilla d'une voix assurée.

Elle imagine sa mère dans son couloir, devant son téléphone fixe, avec son pantalon Marks & Spencer, son long gilet beige Marks & Spencer et ses « chaussures d'intérieur » aux pieds. Qui, elles aussi, viennent de chez Marks & Spencer.

— Je t'ai entendue à la radio, entame sa mère avant de marquer une pause lourde de sens.

Cam attend. Elle connaît suffisamment sa mère pour savoir que celle-ci n'a pas fini d'exposer son point de vue.

— Tout le monde en parle à Brockley.

— Maman, tout le monde parle toujours de tout à Brockley.

— Mais tout le monde ne parle pas toujours de *toi.* Et pourquoi a-t-il fallu que tu écrives ce truc sur ce type de vingt-huit ans ? Si tu décides d'avoir une relation sexuelle de ce genre, ce n'est pas la peine de le crier sur les toits, si ?

— J'ai écrit ça pour que les gens ne pensent pas que je suis seule et déprimée.

— Mais tu *es* seule et déprimée, Camilla. Tu l'as toujours été.

— Maman, un jour, tu comprendras que je suis heureuse. Je trouve ma propre compagnie absolument fascinante.

Elle tient son téléphone coincé entre son oreille et son épaule, afin de pouvoir appliquer son vernis couleur pêche sur ses ongles de pied.

— Je sais. C'est pour ça que tu t'es cachée dans le placard sous l'escalier pendant deux jours entiers. J'ai cru que tu avais été enlevée.

— J'avais sept ans. J'en ai trente-six, je ne vais pas m'excuser jusqu'à la fin de mes jours.

— Il y a des gens qui ont écrit des choses absolument terribles sous l'article. Un homme t'a même traitée de putain.

Nouvelle pause, courte, mais *très* lourde de sens.

— Est-ce que tu *es* une putain, ma chérie ?

— Non, Maman. Je ne veux pas d'enfant, c'est tout. Tu as quarante mille petits-enfants, alors arrête de te comporter comme si j'étais ta seule chance d'être grand-mère.

Cam est fatiguée de répéter sans cesse la même chose. Néanmoins, elle s'efforce d'adopter une voix plus douce.

— Je veux que tu sois fière de moi pour d'autres choses, Maman. Je fais d'autres choses qui sont bien.

— Je suis fière de toi, mais tu ne peux pas devenir chroniqueuse pour un magazine de mode et parler chiffons, plutôt ? Tu adores tous ces trucs-là.

Voilà un exemple parfait du comportement de sa mère : elle la range dans une case peuplée de tous les stéréotypes possibles sur les femmes. Cam n'en a absolument rien à foutre de la mode.

— J'ai envie d'écrire sur des choses importantes, Maman. C'est important que les femmes qui font des choix peu conventionnels puissent s'exprimer, autrement le monde ne changera jamais.

— Tu es comme Gloria Steinem dans les années 1960.

Cam sourit. Si sa mère la compare à Gloria Steinem, ça signifie qu'elle a conscience de son pouvoir politique, et *ça,* c'est un progrès.

— Elle n'arrêtait pas de parler de féminisme et elle a fini toute seule aussi.

Ou peut-être pas.

Alors que Cam réfléchit à un moyen de mettre un terme à la conversation, Mark sort de la salle de bains. Elle lui fait signe de ne pas faire de bruit. Il ne dit pas un mot. Au lieu de ça, il met ses mains sur ses hanches et les fait osciller de droite à gauche pour que son pénis claque contre ses cuisses. Elle se demande s'il répète ses petites acrobaties quand il est seul chez lui, car elles sont exécutées à la perfection.

— Maman, il faut que j'y aille. Un oiseau est coincé dans ma chambre.

— D'accord, Camilla. Mais je t'en prie, ne reparle plus de ton ami de vingt-huit ans, d'accord ?

Mais Cam a déjà raccroché.

— Je me suis taillé les poils pour que tu puisses mieux voir ma bite, annonce Mark.

Il est plus fier de son corps et de son pénis que Cam ne l'a jamais été de tout ce qu'elle a pu dire, faire ou posséder. C'est un homme jeune, beau, taillé à la perfection, qui n'a pas la moindre idée de ce qu'est le manque d'assurance parce qu'il n'y a jamais été confronté. Sur le plan sexuel, c'est absolument phénoménal.

— Est-ce que tu veux que je te rase la chatte ce soir ? demande-t-il en s'allongeant près d'elle pour caresser ses poils pubiens.

Il est si jeune et sa libido si débordante qu'il veut tout essayer. Il mate du porno sans arrêt. Des trucs softs, le genre de films érotiques qu'on peut voir à la télé tard le soir, pas les pornos horribles et abusifs que tellement de gens regardent sur Internet. Il a une érection constante, mais elle est bien intentionnée. « Un pénis avec une conscience », comme aime à le penser Cam. Il n'est jamais insistant et elle imagine qu'il serait du genre à toujours attendre qu'on lui dise « oui » avant de coucher avec quelqu'un. C'est un mec bien. Simplement, il est trop jeune et trop beau pour que Cam le prenne au sérieux en dehors du sexe.

Sans parler du fait qu'elle n'a aucune envie de se comporter comme une star du X pour lui plaire.

— Non, je ne veux pas que tu me rases les poils. Par contre, tu peux me faire un cunni pendant vingt minutes avant que je me mette au travail, si tu veux ?

— Je peux faire ça, ou alors, si tu veux travailler, je peux nous préparer quelque chose à manger ? Ou aller nous chercher une pizza ? Tu peux bosser un peu, je regarde la télé pendant ce temps-là et après on peut manger et passer la soirée ensemble.

— Mais il faut que je travaille, dit Cam langoureusement pour tenter de le dissuader.

— Je sais, ma belle. J'ai saisi. C'est pour ça que tu peux travailler maintenant, et qu'on peut se détendre ensuite.

Cam se raidit. Elle n'a pas envie de ça. Elle ne veut pas qu'il empiète sur son temps. Ce n'est pas ce qu'un plan cul est censé faire.

— Mark, je suis désolée mais je n'aime pas avoir à me fixer un délai quand je travaille, tu comprends ? Peut-être que tu ferais mieux d'y aller maintenant, OK ? On peut se détendre ou baiser ou je ne sais quoi d'autre demain. Ça te va ?

Mark sait que ce serait peine perdue d'essayer de la faire changer d'avis. Elle a été claire à ce sujet dès le début : son travail passe en premier. Il s'habille.

— Tu vas sortir ? demande-t-elle alors qu'il est sur le point de partir.

— Non, ça ne me dit rien. Je pense que je vais me coucher tôt, répond-il d'un air abattu.

— Désolée, mais il faut vraiment que je bosse.

— Oui, je sais, tu l'as déjà dit. Mais si ça te ne dérange pas, évite de parler de moi, d'accord ? Ma mère lit ton blog et l'article que tu as écrit sur moi était plutôt gênant.

Cam se redresse et pose son ordinateur à côté d'elle.

— Tu l'as lu ?

— Bien sûr, que je l'ai lu.

— Je suis désolée, jamais je n'aurais imaginé que tu lisais mes articles.

Elle est sincèrement horrifiée.

— Ça ne fait rien, évite juste de mentionner mon nom, d'accord ? Je n'aime pas trop étaler ma vie. Ah, et peut-être que tu peux aussi faire en sorte de ne pas mentionner ma bite. Ma mère a le cœur fragile. On se voit demain, alors ?

— Oui. Et je suis navrée d'avoir écrit sur toi sans te consulter. C'était nul. Mark ?

Mais il est déjà parti.

Merde ! songe Cam. *Il a parlé de moi à sa mère ?*

Stella

J'ai désactivé mon compte Facebook et ça me manque. J'admets que certains aspects me rendaient folle, mais au cours des dernières années, j'ai passé des heures et des heures à cliquer d'un profil à l'autre et à espionner la vie des gens. C'est à ça que je consacrais presque tout mon temps depuis que Jason a commencé à écrire son livre et maintenant, je n'ai plus rien à faire. C'est pathétique…

Je crois que, quelque part, j'aimais ressentir cette haine jalouse qui bouillonnait en moi quand quelqu'un postait des photos de bébé ou évoquait les joies de sa vie de famille. Cette boule de feu enragée m'aidait à traverser la journée, ça m'occupait l'esprit. J'étais inquiète. Passionnée. Parce que je veux être passionnée. Pas sexuellement, je veux dire. Mais je veux être passionnée par quelque chose, *n'importe quoi*. Désormais, plus rien ne me motive à part la logistique de mon travail. Et encore, c'est tellement calme ces temps-ci qu'après avoir fait un thé pour moi et un café pour Jason, ma journée est plus ou moins terminée. J'ai tout réorganisé au bureau à un point qui frôle la folie, créé plus de trente tableaux Excel complètement inutiles, et j'ai même commencé à faire la liste des gens à qui Jason devrait envoyer une carte de vœux pour Noël. Maintenant que tout ça est réglé, je ne trouve rien d'autre à faire que m'apitoyer sur mon passé, et aussi sur mon présent. Je n'arrive pas à désamorcer la bombe à retardement qui habite mon corps autant que mon esprit.

Je prends une barre de céréales dans mon premier tiroir. La nourriture n'a plus de saveur ces temps-ci. Je grignote uniquement pour faire passer le temps.

Alice me manque. Je ne m'ennuyais jamais quand elle était en vie. Je l'appelais pour lui décrire mon déjeuner, elle m'appelait pour me dire qu'elle allait faire pipi. On parlait ou on s'écrivait à longueur de journée pour se raconter les détails les plus infimes de nos vies. Nous avions de longues conversations sans but quand on était en route pour aller travailler, pour ne pas être seules. Jamais. J'avais des crampes dans le bras à force de maintenir mon portable collé à mon oreille. On bavardait sur le chemin de la maison, et on raccrochait quand celle qui était déjà là ouvrait la porte d'entrée et qu'on voyait le visage de l'autre. Le soir, en allant se coucher, on s'envoyait des textos jusqu'à ce qu'on s'endorme si on était dans des chambres séparées. Je regarde mon téléphone. En tout et pour tout, j'ai envoyé trois messages au cours des trois derniers jours. Un à Phil, pour lui dire qu'il avait oublié des chaussettes et que je les mettais à la poubelle. Un autre à Jason, pour lui demander s'il voulait que je lui prenne un croissant sur la route du studio. Et le dernier à mon voisin pour lui dire d'arrêter de faire déborder les poubelles avec ses emballages Amazon Prime. Vous parlez d'une communication tragique. Et pourtant, c'est ce qu'est ma vie. Tragique.

Je consulte à nouveau l'article sur Tara. J'ai besoin de lire quelque chose sur la vie merdique d'une autre personne.

— Stella, est-ce que mon nouveau téléphone est arrivé ? interroge Jason en sortant de son bureau.

Je baisse rapidement l'écran de mon ordinateur portable.

— Non, pas encore. Je vais les relancer. Et l'écriture, comment ça se passe ?

— Ça avance.

Je sais que je devrais lui parler de Tara, mais je ne sais pas par où commencer. *« Au fait, Jason, la femme que vous aimez bien est une folle qui se masturbe en public »* ?

Non. Je ne peux pas. Pas seulement parce que je devrais trouver les mots, mais aussi parce que ça impliquerait de lui montrer la vidéo. J'aurais le sentiment de dépasser une limite en regardant avec mon patron ce qui, à mes yeux, équivaut à du porno soft. Sans parler des conséquences sur sa concentration. Il doit finir ce livre ; il ne le sait pas, mais c'est un mal pour un bien qu'il ait perdu son portable. Le maintenir dans le droit chemin me donne un objectif dont j'ai cruellement besoin en ce moment. Alors je ne cède pas. Je le regarde. Il a l'air profondément triste.

— Je crois que je finirai par crever tout seul, articule-t-il, les yeux rivés au sol.

Je me lève pour le rejoindre et pose une main sur son épaule, comme un père le ferait avec son fils dans un vieux film. Je ne suis pas certaine de l'avoir déjà touché auparavant, à l'exception de la poignée de main que nous avons échangée lors de notre première rencontre. Sans personne d'autre avec nous dans le studio, c'est assez intime comme sensation.

— Je suis persuadée que non, Jason. Les hommes comme vous ne finissent pas leur vie seuls.

— Vous avez tellement de chance d'être en couple, Stella. Vous me trouvez sûrement pathétique, mais je me sens si seul, parfois… Comme si j'avais ce trou béant en moi que je n'arrive pas à combler. Je devrais être marié et père de famille, à mon âge, et j'en suis encore à rencontrer des inconnues dans des bars et à attendre un message comme un adolescent idiot.

Il est si ému que c'est totalement désarmant. Je doute avoir jamais rencontré un homme qui exprime ses sentiments comme le fait Jason. Phil était tendre et attentionné, mais c'était différent. Jason me donne l'impression de pouvoir me confier à lui, comme je le ferais avec un ami. Mais non. Je suis son assistante. Je ne peux pas et je ne dois pas lui expliquer que moi aussi, j'ai de grandes chances de mourir seule.

— Je sais que je ne l'ai vue qu'une fois, mais Tara avait vraiment quelque chose de spécial. La connexion était réelle, je le sais, je n'ai pas rêvé. Elle était excitante, explique-t-il en me fixant de son regard triste et doux.

Excitante. C'est une façon de la décrire, je suppose.

— Ça va aller, Jason. Vous êtes isolé depuis quelques semaines. Vous vous ennuyez et vous vous sentez seul, c'est tout. C'est pour ça que vous n'avez pas le moral. Tenez bon, c'est presque fini. Une fois que vous aurez terminé ce livre, vous pourrez reprendre une vie normale.

Je retourne m'asseoir à mon bureau. Le sang-froid dont je fais preuve quand il s'agit d'organiser la vie de Jason me surprend toujours. Je suis certaine que j'ai l'air de quelqu'un de très ordonné. Pas étonnant qu'il n'imagine pas une seconde comment je suis réellement : je le cache à merveille en sa présence.

— C'est vrai. Vous avez raison.

Il reprend le chemin de son bureau, lui aussi.

— Peut-être que je devrais me mettre sur Tinder et élargir mes horizons.

Il me lance un sourire sarcastique, mais je le soupçonne de se poser sincèrement la question.

Une fois seule, je relis l'article sur Tara. « À ses yeux, le père n'avait pas besoin d'être au courant. » Pourquoi est-ce que cette phrase me trotte autant dans la tête ? Elle a couché avec un type un soir, elle est tombée enceinte et elle a gardé le bébé ? C'était aussi simple que ça ? Je me demande si elle l'avait prévu. Parce que ce serait *possible* de prévoir ce genre de chose. Si quelqu'un voulait à tout prix un bébé…

Je vais sur l'App Store et je télécharge Tinder. Je me crée un compte et je commence à faire défiler les profils.

Juste pour voir, bien sûr.

Cam

— « Le visage des femmes sans enfants », tu te fous de moi ? aboie Mel alors qu'elle s'engouffre dans Dream Spa, l'institut de beauté où Cam et ses sœurs Tanya et Angela l'attendent.

— Je te demande pardon ? s'enquiert Cam poliment.

Mel vient de lui balancer agressivement un exemplaire du *Times* sur les genoux. Qu'est-ce qui lui prend ?

— En haut à gauche, toi et ta croisade ! Regarde !

— Qu'est-ce que c'est que cette histoire ? Donne-moi ça, ordonne Tanya.

Elle s'empare du journal et commence à lire à voix haute.

> **Camilla Stacey, le visage des femmes sans enfants**
> **Par Susan Miller**
>
> Après une carrière constellée d'articles chocs et de tweets provocateurs, la journaliste, blogueuse, spécialiste des droits des femmes et fondatrice de *HowItIs.com* Camilla Stacey semble avoir accédé au trône de reine des femmes libres sans enfants.

— « Reine des femmes libres » ? À les entendre, on dirait qu'on est en prison, coupe Angela, la plus bagarreuse des quatre.

— C'est un peu le cas, objecte Mel. Mais attends, le meilleur reste à venir.

Tanya continue :

> Suite à une série d'articles aussi sincères qu'explicites sur son site féministe quant à sa décision de ne pas avoir

d'enfants, Camilla Stacey a une fois de plus honoré son engagement d'éduquer la société sur la place des sans-enfants en affrontant les auditrices conservatrices (et la présentatrice) de Female First sur BBC Radio London.
Citant certaines de ses héroïnes sans enfants, dont Dolly Parton, Oprah Winfrey, Gloria Steinem ou encore Helen Mirren, Camilla Stacey a déclaré : « Je crois que c'est important de suivre l'exemple de nos héroïnes. La société devrait arrêter de valoriser les femmes en fonction de leur statut de mère. »
L'interview a déclenché un tonnerre d'applaudissements virtuels tandis que Twitter l'a portée aux nues pour le soutien qu'elle apporte aux « non-mères », une followeuse allant jusqu'à la surnommer « le visage des femmes sans enfants ».
Il était temps que nous trouvions une icône pour représenter le segment démographique à la croissance la plus rapide dans la société actuelle : les femmes NON-parents.
Bien sûr, tout le monde n'est pas de cet avis. Comme les traditionalistes qui estiment que la place d'une femme est à la maison, et qu'il en va de son devoir de se reproduire pour assurer l'évolution et la survie de la race humaine. Mais comme Camilla Stacey l'a si bien dit : « Il y a tout un tas d'humains sur Terre et tout un tas de bébés qui voient le jour. Alors même si vous décidez de ne pas en faire un, tout se passera bien ! »
Ave, notre reine Camilla Stacey, le visage des femmes sans enfants. Voici votre couronne !

— Merde ! s'exclame Camilla en piquant le journal à sa sœur. C'est énorme.

— C'est la honte, oui, réplique Angela. Tu passes pour une vieille peau desséchée. Ce sera quoi ensuite ? Le visage des femmes qui vivent seules avec leurs douze chats ? Le visage de « Merde, d'un coup je percute que j'ai quatre-vingts piges et je n'ai pas mis le nez dehors depuis quarante ans » ?

Tanya, Mel et Angela éclatent de rire, puis elles encerclent Cam comme des sorcières qui surveillent un chaudron. Peu importe à quel point elle se sent forte dans sa vie en ligne, Cam a toujours le sentiment d'être une petite fille quand elle est avec ses sœurs. Tanya s'assoit à sa gauche, Angela à sa droite, puis Tanya pose une main sur son genou.

— Tu es sûre que c'est ce que tu veux, Camie ? Je sais qu'on se plaint d'être fatiguées et qu'on n'arrête pas de dire que c'est dur, mais on n'échangerait nos enfants pour rien au monde. Tu adorerais ça, si tu prenais la peine de l'envisager. Ce n'est pas *si* terrible.

Angela se penche sur elle.

— On se demande juste si tu n'utilises pas ce truc de ne pas vouloir d'enfants pour cacher autre chose. Tu sais, comme...

— Oh, accouche ! s'agace Mel, assise en face d'elles et qui retire un de ses bas de contention. Elle croit que tu es lesbienne. Tu l'es ?

— Je m'évertue à vous répéter que je ne suis pas lesbienne depuis qu'on est gamines, qu'est-ce que vous voulez de plus ? J'écris sur les relations sexuelles avec des hommes, j'*ai* des relations sexuelles avec des hommes, qu'est-ce qu'il vous faut d'autre comme preuve ?

— Alors, c'est vrai ? Tu couches vraiment avec un petit jeune de vingt-huit ans ? Tu ne l'as pas inventé juste pour ton blog ?

— Bien sûr que non, je ne l'ai pas inventé. Il est bien réel. De plus en plus réel, d'ailleurs, dit Cam en repensant à l'air blessé de Mark quand il est parti de chez elle.

— Qu'est-ce que ça veut dire ? C'est ton petit ami ? demande Angela.

— Non, ce n'est pas mon petit ami. Absolument pas. Non, mon Dieu, c'est encore un gamin. Je veux juste dire que plus on passe du temps avec une personne, plus on apprend à la connaître.

— Camie a un chéri, Camie a un chéri !

Les trois sœurs chantonnent et gloussent, comme si elles avaient fait un bond dans le passé de vingt-cinq ans et qu'on venait d'inviter Cam au bal de l'école. Cette scène est beaucoup trop familière. Cam n'a pas besoin que Sigmund Freud l'analyse pour savoir d'où viennent ses tendances asociales.

— Mesdames, vous êtes toutes là ? s'enquiert alors une jolie blonde en uniforme blanc. Par ici, je vous prie.

Elles attrapent toutes leurs sacs à main et la suivent dans un vestiaire.

— Vous avez rendez-vous pour un massage, suivi d'une pédicure toutes ensemble, c'est bien ça ?

— Oui, c'est ça, confirme Tanya.

— Excusez-moi, est-ce que je pourrais remplacer ma pédicure par un massage des pieds, plutôt ? demande Cam. Privatif ?

— Cam, je t'en prie, supplie Mel. Le but, c'est justement de passer du temps ensemble. Reste avec nous et fais-toi une pédicure.

— Non. Je déteste ça. Ça me rend malade de regarder vos pieds, ça me rappelle quand j'étais petite et que vous me réveilliez en me mettant vos orteils dans la bouche. Je paie pour tout le monde si vous me laissez me faire masser les pieds toute seule. On peut aller boire un verre ensuite et vous pourrez continuer à me ridiculiser à ce moment-là.

— Est-ce que tu paieras aussi pour les verres ? interroge Angela avec audace.

— Oui, je paierai aussi pour les verres. À condition que vous m'épargniez vos pieds.

— D'accord, mais dis à ta masseuse qu'elle ne sente pas obligée de rallonger la durée de ton massage à cause de la taille de tes pieds, plaisante Tanya.

— Comme tu es drôle ! réplique Cam en retirant une chaussette qu'elle lui lance à la figure.

Elles se déshabillent toutes. Sans y penser, Cam retire sa veste en cuir et ôte son tee-shirt noir sans plus de cérémonie.

— Bon sang, Camilla, tu aurais pu nous prévenir que tu étais sur le point de nous crever un œil, râle Mel qui ôte ses sous-vêtements en se cachant sous une serviette. Ça t'arrive de porter un soutien-gorge ?

— Je ne voulais pas en mettre après le massage. J'aime bien me sentir libre.

— Pas de soutif, pas d'enfant, pas de petit ami, est-ce que tu tiens à autre chose qu'à ton ordinateur ?

— Oui, figure-toi. Je tiens à l'appartement que j'ai acheté, et à l'activité professionnelle que j'exerce, et aux articles que j'écris. Ça change par rapport à vous, coincées avec vos maris et vos gamins. Je suis libre comme l'air de faire ce que je veux et je suis heureuse, alors est-ce qu'on pourrait passer une après-midi ensemble sans que vous fassiez semblant de ne pas être jalouses de ma vie, certains jours ?

Un silence gêné s'installe entre elles tandis qu'elles continuent de se dévêtir.

— Je ne peux pas être aussi libre que toi, c'est vrai, admet Mel en retirant sa culotte. Principalement à cause de ça.

Elle laisse tomber sa serviette-éponge et dévoile un corps usé par les grossesses. Des veines qu'on croirait tracées au stylo parcourent ses jambes, ses seins pendent comme deux vieux gants de toilette, son ventre est ravagé par les vergetures. Ses sœurs ne savent pas trop si elles doivent rire ou pas.

— Ah, et je fais pipi quand j'éternue, ajoute Mel.

Elles rient toutes, cette fois, et Mel attrape la serviette pour la caler entre ses jambes.

— Et merde. Quand je ris, aussi.

— Viens à mon cours de yoga, bon sang ! réprimande Tanya. Ton périnée est en miettes, je me tue à te le répéter !

Une autre esthéticienne entre dans le vestiaire, brune et vêtue du même uniforme que la première.

— Laquelle d'entre vous est Camilla ?

Elle fait de son mieux pour ne pas regarder la femme qui a tout l'air d'être en train d'uriner dans une serviette.

— C'est moi, répond Cam.

Elle noue son peignoir et glisse son portable dans la poche. Angela, qui n'est même pas sur Facebook, proteste :

— Non, Cam, tu ne peux pas prendre ton portable pour te faire masser. Tu n'es pas capable de passer une heure sans aller sur Internet ?

— Si, j'en suis capable. Et une fois que cette heure se sera écoulée, je posterai un truc sur mon massage du corps pendant que je me fais masser les pieds, parce que je fais ce que je veux, d'accord ?

Cam leur tire la langue puis emboîte le pas à l'esthéticienne.

— Je m'appelle Sandra et je suis la propriétaire de l'institut, l'informe cette dernière. Si vous mentionnez notre nom, je peux vous faire une réduction de cinquante pour cent. J'adore votre blog.

— Bien sûr ! Merci beaucoup.

Encore un avantage de son travail.

Après un massage du corps délicieux, le cerveau de Cam est prêt à se remettre au travail.

— Est-ce que je peux m'asseoir pour le massage des pieds ? Comme ça, je peux être sur mon portable.

— Bien sûr. Je ne vous dérangerai pas. Je sais que vous n'aimez pas papoter.

Le côté intime de la remarque fait tiquer Cam. Une parfaite étrangère connaît sa personnalité parce qu'elle a lu ses mots sur Internet. C'est la seconde fois cette semaine que ça génère un sentiment bizarre chez elle.

— C'est gentil, répond-elle néanmoins. Vous voulez bien relever la tête et sourire ? C'est pour Twitter.

Cam prend une photo, qu'elle poste aussitôt.

> Meilleur massage des pieds au monde chez @DreamSpa. Demandez Sandra, elle a des doigts de fée #dreamspa #doigtsdefée #demandezSandra

— Merci, dit Sandra. C'est un métier difficile. C'est très compétitif, vous voyez ? Je me suis installée après la naissance de ma fille. Son père nous a lâchées et je me suis retrouvée sans rien. J'ai commencé par faire des manucures, et maintenant j'ai un institut. Je m'en suis bien sortie, pour finir. Enfin bref, désolée, je vous laisse tranquille. Dites-moi si j'appuie trop fort.

— C'est parfait, merci.

Cam se laisse aller contre le dossier et consulte sa boîte mail. Tara lui a écrit.

> Salut Cam,
> Ça y est, mon nom a fuité. Je suppose que je ne peux plus me cacher, désormais. Ah, et aussi, je suis tombée dans les pommes au supermarché et j'ai fini à l'hôpital. Et sinon, je vis de nouveau officiellement chez mes parents à l'âge de quarante-deux ans. En résumé, je me sens vraiment au top. Et vous, comment allez-vous ? J'ai adoré votre article sur les femmes qui devaient passer à la vitesse supérieure. Néanmoins, je pense que ce n'est pas toujours facile. Par moments, je me dis que je peux tout arranger et remettre ma vie sur les rails, puis je réalise que l'univers est contre moi et que je n'ai pas le pouvoir d'arranger quoi que ce soit. Même au travail, c'est comme si je n'avais jamais existé, alors que c'est le seul domaine dans lequel j'ai toujours eu le sentiment d'assurer. Est-ce que c'est à ça que se résume ma vie, à présent ? Au secours.
> Bises,
> T

Cam décolle le nez de son écran et scrute Sandra.

— Ça a dû être difficile de trouver l'énergie de faire tourner cet endroit, en étant seule avec un enfant en bas âge.

Sandra relève la tête, sans cesser de masser la cheville de Cam.

— Oui, ça n'a pas été simple. Mais quand on a un enfant, il faut assurer. Je ne veux pas dire que la vie est plus difficile quand on en a, mais il ne s'agit plus uniquement de vous, tout simplement. En réalité, n'importe qui peut reprendre sa vie en main, il suffit de le décider. J'en suis convaincue.

Cam ferme les yeux un instant tandis que les pensées se bousculent dans sa tête. Puis, sous le coup d'une inspiration soudaine, elle les rouvre brusquement. Elle ouvre *HowItIs.com* sur son portable et se met au travail tandis que Sandra continue à appliquer une pression parfaite.

Vous pouvez toujours reprendre le contrôle de votre vie, quelles que soient les circonstances !
À un moment ou à un autre, tout le monde se retrouve coincé dans une routine. Et quand ça nous arrive, on peut avoir le sentiment que la vie qu'on connaissait, ou qu'on imaginait, a pris un chemin différent de celui qu'on espérait. Mais ça ne veut pas dire que les choses sont immuables ou que nous devons souffrir en silence. Tout le monde a le pouvoir de reprendre le contrôle de sa vie, il suffit de prendre les bonnes décisions.
Quand la tristesse domine votre quotidien, quand vous êtes si rongé par la négativité que vous n'arrivez plus à prendre du recul, dans ces moments-là, il vous faut un proche pour vous rappeler que tout ira bien. Mais si vous n'avez personne autour de vous pour vous le dire, alors c'est moi qui vais le faire. Tout ira bien, si vous en décidez ainsi.
Prenez la prison, par exemple. Le but de la prison est de réhabiliter les gens. Les criminels sont condamnés pour les délits qu'ils ont commis, enfermés en guise de punition et encouragés à réfléchir aux conséquences de leurs actes. Tout ça dans le but de leur faire retenir la leçon, puis de les renvoyer dans le monde à la fin de leur peine dans l'espoir qu'ils reprennent une vie relativement normale. Si les pires criminels sont capables de se reconstruire après leur incarcération, alors le reste du monde en est capable aussi.
Parfois, la vie met sur votre route des obstacles que vous pensez ne jamais être en mesure de surmonter. Peine de cœur, humiliation, perte d'un emploi, décès d'une personne qu'on aime, maladie, toutes ces choses arrivent à tout un tas de gens. Elles sont tristement normales, et pourtant,

elles ont le pouvoir de nous anéantir et de nous donner l'impression que la vie est impossible. Mais la vérité, c'est que vous pouvez changer le cours des choses avec la bonne mentalité. De la naissance à la mort, c'est votre façon de réagir aux choses qui définit l'expérience que vous en faites, et qu'en font les gens qui vous entourent. Avec la bonne attitude, vous vaincrez.

Alors allez, reprenez votre vie en main, j'ai confiance en vous !

Bises,

Cam

Elle poste l'article, puis répond au mail de Tara.

Tara,

Lisez mon dernier article. Il faut juste prendre les bonnes décisions. Alors qu'est-ce que vous allez faire, maintenant ?

7

Tara

— C'EST RIDICULE, s'agace mon père alors que ma mère l'aide à enfiler les manches de sa veste. Comment veux-tu que je m'amuse alors que tout le monde l'a vue ?

— Nous avions tout organisé avant que tout cela n'arrive, Peter. Cela ferait mauvais effet d'annuler, répond ma mère avec les lèvres pincées mais d'une voix bien claire, comme pour s'assurer que le message me parvienne à moi aussi.

— Mauvais effet ? Je ne vois pas comment ça pourrait être pire ! Et pourquoi faut-il qu'on aille au pub ? Je croyais que nous dînions à la maison.

Mon père inspecte son reflet dans le miroir du couloir et redresse son col. C'est un homme fier. Une telle humiliation, ce doit être mortel pour lui.

— C'était ce qui était prévu à la base, mon chéri, mais tu as cassé trois assiettes plates, deux assiettes creuses, un saladier et mon plat à gâteau. Comment veux-tu que je serve à dîner avec seulement la moitié de mon plus beau service en porcelaine ?

La vérité, c'est que *j'espérais* qu'ils annuleraient. Cette « petite réunion avec nos amis les plus proches dans notre pub de quartier », pour reprendre les termes de ma mère, me tente autant que me prendre une cartouche de carabine en plein visage. Mais je vais y aller, parce que ma mère a été formidable et que je veux lui faire plaisir.

Je descends l'escalier pour les rejoindre.

— Est-ce que Katya est là ?

— Oui, m'informe ma mère. Elle est en train de regarder *Coronation Street.*

J'entre dans le salon. Katya est assise sur le canapé et sirote sa tasse de thé devant la télévision. Cela fait six ans qu'elle fait le ménage chez ma mère et chez moi, et il lui arrive de garder Annie quand je sors. Je lui ai dit de ne pas passer chez moi cette semaine, parce que la maison est dans un état répugnant et que je veux déblayer et ranger avant sa venue. Âgée de quarante ans environ, elle est russe, grande, blonde et un peu vulgaire dans sa façon de s'habiller. C'est aussi une dure à cuire qui n'a pas eu d'enfants et ne parle jamais d'amour. Je lui fais une confiance absolue.

— Salut, Katya. Comment allez-vous ?

Elle me lance un regard en coin furieux avant de reporter son attention sur l'écran. Elle porte un haut imprimé léopard, un jean moulant et des bottines pointues à talons. Elle a toujours du rouge à lèvres rose pétard, ce que je trouve hilarant étant donné qu'elle s'apprête à passer la soirée en tête à tête avec la télévision.

— Annie dort, elle était épuisée. Elle n'a pas beaucoup mangé au dîner, alors vous pouvez lui faire des tartines si elle se réveille, mais ça m'étonnerait. Katya ?

— Je ne peux pas vous regarder, déclare-t-elle sévèrement avec son accent très prononcé.

— Pourquoi ?

Je sais déjà pourquoi, mais passons.

— Je nettoie votre gode depuis des années ! lance-t-elle en se levant d'un coup, agitée.

Je viens juste à côté d'elle.

— Mon gode ?

— Je me fais du souci pour vous, ça m'inquiète que vous n'ayez pas de relations. Alors chaque semaine, quand je viens, je nettoie votre gode, je m'assure qu'il est bien propre pour vous, et je le laisse dans votre tiroir, pour que vous preniez du plaisir en vous respectant. Tout ça pour que vous fassiez des choses devant tout le monde dans le métro ? Pourquoi vous faites ça ?

— Attendez un peu : vous nettoyez mon gode ?

— Toutes les semaines, avec le produit.

— Le produit ?

— Oui, le spray antipoussière.

— Mon Dieu.

Sophie m'a acheté ce gode pour mon anniversaire il y a trois ans. Je ne m'en suis jamais servi. Peu importe la rareté de mes rapports, je n'ai jamais réussi à être excitée par un morceau de plastique. Et heureusement, parce que je serais certainement morte empoisonnée avec plusieurs litres de dépoussiérant dans le vagin.

— Katya, vous n'avez pas à nettoyer mon gode, d'accord ? Et vous n'avez pas à vous faire de souci concernant ma vie sexuelle.

— Votre absence de vie sexuelle, vous voulez dire.

— D'accord, mon absence de vie sexuelle. Ne vous tracassez pas pour ça.

— Je ne nettoierai plus votre gode pour vous, insiste-t-elle avec mauvaise humeur avant de se rasseoir.

— D'accord. Vous voulez bien me regarder ?

Elle tourne lentement la tête vers moi et lève les yeux. Nos regards se croisent.

— Parfait. Merci. Nous ne rentrerons pas tard. Pour être honnête, j'espère bien être revenue d'ici une heure maximum. À tout à l'heure.

— Au revoir, dit-elle en fixant l'écran. Plus jamais je ne laverai votre gode.

Je quitte la pièce en marmonnant :

— Pas de problème.

— Tout le monde est prêt ? demande ma mère quand j'arrive dans l'entrée.

L'adulte que je suis m'ordonne de faire face et d'affronter l'extérieur, mais l'enfant en moi veut s'enfermer dans le placard sous l'escalier et ne jamais en sortir. La phobie sociale est un sentiment que je n'avais jamais éprouvé auparavant. Je préférerais littéralement prendre un bain dans une baignoire remplie de cafards qu'aller au pub avec mes parents et leurs amis.

J'enfile ma veste en jean et je m'accroche un air de bravoure à la face.

— Oui. Allons-y.

***

Je savais que c'était une très mauvaise idée. Assis autour d'une grande table ronde dans l'arrière-salle de notre pub de quartier se trouvent : ma mère, mon père, Gloria (la meilleure amie de ma mère, qui est aussi son amie « sexy »), son mari Simon, deux des amis de mon père (Ron et Malcolm) avec qui il est en train de boire une pinte au bar, et votre servante. Ah, j'oubliais Mme Bradley et David. Un buffet a été dressé sur une table contre le mur, mais personne n'a touché à la nourriture.

— Bon anniversaire, mon vieux ! lance Ron. Ça te fait quel âge, quatre-vingt-dix, c'est ça ?

— Ha ha, très drôle, répond mon père entre deux gorgées de bière.

Il n'a pas la moindre envie d'être ici, ça crève les yeux.

— J'ai une grande nouvelle, s'exclame Gloria. Tina est enceinte.

— Oh, c'est formidable ! s'enthousiasme ma mère.

Tout le monde lève son verre pour trinquer à la santé de Tina, la fille de Gloria. Puis le silence s'installe à nouveau. Ron n'arrête pas de me lancer des œillades et chaque fois que nos regards se croisent, il me fait un clin d'œil. Ron a soixante-seize ans. J'ai envie de vomir.

— Oui, ils essayaient depuis une éternité alors nous sommes tous très contents.

— Non pas que j'aime penser à tous ces « essais » qu'ils ont dû faire, grommelle Simon.

Tout le monde tourne la tête vers moi, puis détourne les yeux et rougit.

— Désolé, je...

Il n'achève pas sa phrase. À croire que je suis allemande et que quelqu'un vient de mentionner la Seconde Guerre mondiale. Nouveau silence.

— Bon, je pense que nous ferions aussi bien de mettre les pieds dans le plat, assène soudain ma mère.

Elle pose son verre sur la table d'un geste ferme et se lève.

— Comme vous le savez tous, Tara a été filmée en train de faire quelque chose de très personnel dans le métro la semaine dernière.

— Maman, non, qu'est-ce que tu fais ?

— S'il te plaît, Tara, laisse-moi parler. C'est l'anniversaire de ton père et nous ne pouvons pas rester assis là dans un silence de mort à faire comme si rien n'était.

Mon Dieu. Elle continue sur sa lancée.

— Nous avons eu une semaine très difficile. Les journaux ont écrit tout un tas de choses sur nous et nous sommes très embarrassés. Mais en tant que famille, il nous a semblé important de ne pas annuler cette soirée, car nous voulons aller de l'avant. Alors, puis-je suggérer que nous levions nos verres à la santé de mon merveilleux mari Peter pour son soixante-douzième anniversaire ?

Tout le monde s'exécute. Est-ce que quelqu'un le remarquerait si je m'esquivais pour aller vomir ?

— Merci, dit ma mère en se rasseyant.

Mon père a l'air d'être assis sur des punaises. Le silence revient.

— Je me suis touchée dans un lieu public, une fois.

— Gloria ! s'étrangle ma mère. Qu'est-ce que tu racontes ?

— Oh, personne ne m'a vue, mais j'ai trouvé ça merveilleux. Très excitant. Naturellement, personne ne m'a filmée. Il n'y avait pas de smartphones à l'époque.

Pitié, dites-moi que je rêve.

— C'est une sacrée, dit Simon en souriant à Gloria, visiblement très fière de son exploit.

Mon père quitte la table, rejoint le buffet et commence à se fourrer des petits sandwichs au jambon dans la bouche.

— Moi-même, il m'est arrivé de me tripoter dehors, enchaîne Ron.

Gloria éclate de rire et ma mère lui donne une tape sur la cuisse.

— Il n'y a rien de mal à ça, tant mieux pour toi, ma grande, continue-t-il en me faisant un clin d'œil comme si je venais d'avoir une bonne note à un contrôle de maths.

— C'est bon, nous ne sommes pas obligés d'en parler.

Mais Gloria n'a pas dû m'entendre, car elle en remet une louche.

— On l'a même carrément fait dans un lieu public, pas vrai, Simon ?

Putain de merde.

— Excusez-moi, mais je ne suis pas sûre que cette conversation soit très appropriée ? fait remarquer Mme Bradley avec sa voix de directrice d'école.

Elle accompagne son avertissement d'un geste en direction de David, qui a l'air au bord de la crise de nerfs. C'est la seconde fois que David est exposé à des contenus sexuels par ma faute. Il est bien parti pour faire une crise chaque fois qu'il va me croiser, désormais.

— Qu'est-ce qui ne va pas, David ? lui demande Ron. Tu n'as pas encore trempé ton biscuit ?

Lui et Malcolm éclatent de rire. Mon père pivote brusquement sur lui-même et les fait taire du regard. Il a passé des heures de sa vie dans ce pub à parler sport et boulot, mais il n'a jamais toléré ce genre d'attitude vulgaire et prétendument virile.

— S'il vous plaît, est-ce que nous pouvons éviter de parler de S-E-X-E ? implore Mme Bradley.

Elle couve David d'un regard inquiet, attendant de voir s'il va se calmer ou si son état va empirer. Je remarque que même si David a la tête baissée, ses yeux sont dirigés vers moi.

J'ai désespérément besoin de changer de sujet.

— Bien, maintenant qu'on a crevé l'abcès, on peut peut-être manger ?

Je me lève et je rejoins mon père près du buffet dans l'espoir de faire diversion, mais les autres restent assis sans dire un mot. Autant que j'abdique : cette soirée est vouée à l'échec.

C'est le moment que choisit ma mère pour reprendre la parole :

— Si vous voulez tout savoir, Peter et moi l'avons fait sur une plage au Portugal, une fois, annonce-t-elle comme si elle ne voulait pas être en reste. Alors je pense pouvoir affirmer que tout le monde a eu son petit épisode d'amusement dans un lieu public, pas vrai ?

— Pour l'amour du ciel, grogne mon père en laissant tomber une assiette pleine.

Il se baisse pour ramasser le contenu qui s'est répandu au sol.

— Peter, je t'en prie, fais un peu attention à la fichue vaisselle ! crie ma mère.

Je ne peux pas m'empêcher de rire, parce que tout cela est totalement ridicule. Je m'agenouille pour aider mon père à débarrasser la moquette dégoûtante du pub des morceaux de pain beurré et de jambon et je lui murmure :

— Bon anniversaire, Papa.

Son regard croise le mien, mais ça ne dure pas bien longtemps.

— Nous étions sur une plage privée et planqués sous une serviette, lâche-t-il abruptement.

— Papa, sérieusement, je pense qu'on s'est fait suffisamment de confidences ce soir.

— Tu as raison, ma chérie. Désolé.

Il se lève et se ressert. Pourvu que cet épisode marque la fin de la réunion du Club des Confessions des plus de soixante-dix ans…

Un peu plus tard, nous avons tous réussi à manger un peu, boire quelques verres et éviter de parler de sexe, mais la tension reste palpable. Cela fait vingt minutes que Ron fait des tentatives pour se rapprocher de moi. Plus il boit, plus ses yeux ont l'éclat de ceux d'un coyote qui guette un chat. Dieu sait quelles perles sexuellement incorrectes il a en magasin. Alors, quand il tire la chaise vide près de la mienne, je cours me réfugier aux toilettes. J'y passe un certain temps, la tête dans les mains, et tant pis pour ce que les autres imaginent que je suis en train de faire. Quand je ressors, David est devant la porte, qui me bloque le passage. Ses cheveux noirs bouclés lui tombent un peu dans les yeux. Je porte une main à mon cœur en poussant un cri de surprise. D'un coup, sa haute silhouette longiligne est étonnamment intimidante.

— Bon sang, David, tu m'as fait peur. Ce sont les toilettes des femmes ici. Les hommes, c'est par là.

Je lui indique le bout du couloir, mais il ne bouge pas.

— J'ai vu tes nénés.

— Quoi ? Non, David, c'était Sophie. Tu as vu la poitrine de Sophie.

Il a dû rêver et croire que c'est vraiment arrivé.

— Non. C'étaient tes nénés à toi. Sous la douche. Le 17 janvier 1998 à 8 h 16 du matin.

Là, c'est carrément glauque.

— Non, David, c'étaient ceux de Sophie, tu es venu à l'étage avec moi et elle t'a montré ses seins.

J'essaie de le contourner, mais rien à faire, il ne me laisse pas passer.

— Tes seins. La porte était ouverte. Tu étais sous la douche. Pleine de savon.

— David, est-ce que tu m'as espionnée sous la douche ?

Il ne dit rien et fixe le bout de ses chaussures. Puis, l'air déterminé, il relève les yeux vers moi, me prend dans ses bras pour m'offrir l'étreinte la plus coincée de ma vie et bredouille :

— Je t'aime.

Puis il tourne les talons et repart dans l'arrière-salle d'un pas décidé. Je reste immobile, près de la porte des toilettes. Au bout de quelques secondes, je recommence à respirer et je souris. En temps normal, je serais complètement flippée, mais là, honnêtement, j'avais bien besoin d'un câlin.

Samedi soir

Stella

Tinder est super addictif. Ça m'a totalement fait oublier Facebook pour la soirée. J'ai passé les trois dernières heures allongée sur mon lit à swiper à gauche d'un homme à l'autre et d'un potentiel à l'autre. Mais il faut que j'arrête de faire autant la difficile. Je dois me souvenir que ce n'est que pour une seule rencontre.

Avec cette consigne en tête, je swipe à droite sur le profil de James. Il a trente-quatre ans, sa bio dit qu'il est responsable d'une galerie d'art. Il aime l'art et les artistes et cherche quelqu'un avec qui « s'adonner à la culture » à Londres. Il n'a pas l'air mal. Bon patrimoine génétique. Il me fait un peu penser à Jason, à vrai dire. On matche, apparemment. Il m'envoie un message.

> Salut Stella. J'adore ta photo, mais où est ta description ? Je ne peux pas sortir avec une fille qui n'a pas de description, tu pourrais être n'importe qui ;)

Il a raison, il me faut une bio. Je commence à écrire.

> Je m'appelle Stella. Je suis une vraie jumelle mais ma sœur est morte et...

Non, je ne peux pas commencer comme ça, c'est trop déprimant.

Je m'appelle Stella. Je suis l'assistante d'un photographe et... ça s'arrête là. Enfin, je suis propriétaire de mon appartement, alors j'ai au moins ça. Et j'ai une superbe paire de seins, aussi, mais plus pour longtemps parce que j'ai le gène BRCA, ce qui veut dire que si on ne procède pas rapidement à l'ablation de l'intégralité de mon système reproducteur, je mourrai sûrement d'un cancer.

Allez, Stella. *Positive !*

Salut ! Moi, c'est Stella. J'ai un appart super sympa et un boulot super sympa. Ce n'est pas un métier qui a de l'importance, ça consiste surtout à aider un patron génial qui accomplit de grandes choses. J'organise son emploi du temps, je lui donne des ordres et je lui fais du café. C'est un travail agréable dans un endroit agréable, mais ça ne va pas franchement changer la face du monde. Enfin, mon patron la changera peut-être, lui, parce que c'est un homme brillant, mais ça n'a rien à voir avec moi. Je veux aussi désespérément avoir un bébé avant de devenir stérile, et sinon, ma sœur jumelle est morte.

Ma vie est vraiment merdique sur le papier, bordel. À l'exception de mon appartement, que j'adore mais dont je ne suis pas fière parce que je n'ai rien fait pour le mériter, je suis incapable de trouver le moindre truc positif sur moi. Toutes les bonnes choses sont menacées. Toutes les choses joyeuses baignent dans la tristesse. Il faudrait que j'écrive un tissu de mensonges pour qu'un homme ait envie de sortir avec moi.

Ou alors...

Je supprime mon compte et je m'en crée un nouveau. Cette fois, j'utilise le nom d'Alice et une photo qui ne montre pas complètement son visage. C'est un gros plan sur ses yeux, qui regardent sur le côté en direction de l'objectif. J'adore cette photo. Je peux la contempler pendant des heures quand je me sens triste. C'est vraiment utile quand j'ai besoin de pleurer… Bon, voyons si ça va mieux comme ça.

> Salut, je m'appelle Alice ! Je travaille dans un refuge pour animaux et je suis en train de suivre une formation pour devenir dresseuse de chien. J'ai d'abord fait une licence en psycho, mais je me suis rendu compte que je trouvais les chiens plus intéressants que les gens alors j'ai décidé d'étudier une autre espèce. J'adore mon travail et j'aimerais avoir ma propre école de dressage un jour. J'adore aussi les festivals de musique, les dimanches à rien faire, mes amis et ma sœur. Nous sommes jumelles… et c'est moi la plus fun des deux !

J'efface rapidement la dernière ligne. Inutile de donner une mauvaise image de moi, d'autant que ce n'est même pas moi. Je vais faire dans la simplicité. Je poste la description. C'était beaucoup plus facile que d'écrire la mienne. Si Alice était encore là, elle aurait sans doute sa propre école désormais. C'était son rêve.

Je me mets à swiper à droite sur tous les types qui auraient plu à Alice et j'attends que l'un d'eux matche avec moi. Au bout de quelques minutes, les matches commencent à pleuvoir. Les yeux d'Alice ont toujours le même pouvoir de séduction. Tout le monde la complimentait sur ses yeux, mais personne ne me complimentait jamais sur les miens. Je trouvais ça bizarre, étant donné qu'on avait exactement les mêmes. Mais je suppose que c'est ce qu'on lit dedans qui attire les gens.

> Salut, Alice. Moi aussi, je travaille avec des animaux. Tu bosses dans quel refuge ?

Mon Dieu. J'ai le cœur dans la gorge. Qu'est-ce que je réponds à ça ? Et s'il avait déjà rencontré Alice ? J'ignore son message. Impossible de me lancer là-dedans. Soudain, Londres me paraît minuscule. Peut-être que je devrais arrêter. Mais je ne peux pas. Je reçois un autre message.

Salut Alice. Je suis d'accord avec toi, les animaux sont mieux que les gens. Ça te dirait de boire un verre ?

J'avais presque oublié que l'objectif était de rencontrer quelqu'un. D'un coup, mon cœur s'emballe, j'ai chaud, mon sang bat dans mes tempes comme si je venais de courir. Je me lève. Je retire mon gilet. Je m'étire. Je me rassois et prends une profonde inspiration. Allez, Stella, sois brillante. *Sois Alice.* J'appuie sur « répondre ».

Je n'ai pas dit qu'ils étaient mieux, j'ai dit qu'ils étaient plus intéressants ;) Et un verre me dirait bien...

Je parcours rapidement son profil. Il ne travaille pas avec des animaux. Ça paraît plus sûr. Il s'appelle Scott, il a trente-quatre ans. Cheveux sombres, nez droit, beau sourire. Il est mignon et il travaille dans la finance. La beauté *et* l'intelligence. Mon bébé démarrerait bien dans la vie. Peut-être que ça peut marcher.

On dirait qu'on est tout près l'un de l'autre... Est-ce qu'on la joue spontanée ? Je suis libre maintenant, si tu veux.

Waouh. Mon cœur recommence à battre la chamade. Vraiment ? Un rencard improvisé ? Est-ce que j'en suis capable ? Je réponds avant de changer d'avis.

D'accord. Rendez-vous au Jaguar Shoes sur Kingland Road à 21 heures ?

Mon Dieu, qu'est-ce qui me prend ? Je respire lentement, profondément, et je me répète que ça n'engage à rien. Je n'ai pas la moindre obligation de faire quoi que ce soit. Je peux boire un verre avec lui et rentrer chez moi après. Et s'il me plaît et qu'il a l'air d'un mec sympa, alors peut-être que je peux tenter le coup.

Vendu !

Je relis l'article sur Tara. « Le père n'avait pas besoin d'être au courant. » « Juste une histoire d'un soir. »

Peut-être que ça *peut* être aussi simple que ça. Est-ce que c'est vraiment cruel, s'il n'apprend jamais l'existence de l'enfant de toute façon ?

Je file à la salle de bains. Je me lave le visage, j'applique du fond de teint, un peu de poudre et de blush. Le long de mes cils, je trace deux longs traits noirs légèrement recourbés au bout, exactement comme Alice sur la photo. Je retourne dans ma chambre et je sors sa jupe de ma garde-robe. Je complète ma tenue avec un haut noir en soie et une paire de chaussures rouges à petits talons qu'Alice portait tout le temps. J'avais dit à Phil que je les avais données, mais en réalité, ça fait un an qu'elles sont planquées dans une boîte. Je suis jolie. Je suis exactement comme Alice. Dommage que ce ne soit pas aussi facile de revêtir sa personnalité.

En partant de chez moi, je repense à l'article de Camilla Stacey. *Les femmes doivent prendre leur vie en main, trouver ce qu'elles veulent et se servir.* D'accord, Cam, c'est exactement ce que je vais faire ! Je vais me servir !

Je reconnais Scott dès que j'entre dans le pub. Il est exactement comme sur sa photo : grand, mignon, dans une tenue décontractée, même s'il donne l'impression qu'il serait plus à l'aise en costume. Si je devais critiquer, je dirais qu'il a l'air assez barbant, mais je ne vais pas critiquer, parce que ce n'est pas sa personnalité qui m'intéresse.

— Bonjour, c'est moi, St... Euh, c'est toi, Scott ? Alice.

Je fais la grimace. J'ai rattrapé le coup juste à temps, mais il doit me prendre pour une demeurée maintenant.

— Salut, Alice. Ravi de te rencontrer. Qu'est-ce que tu veux boire ?

Bon. Il ne semble pas plus perturbé que ça. Tant mieux. Sans réfléchir, je réponds :

— Une vodka, s'il te plaît.

Je fais de mon mieux pour ne pas montrer que me faire appeler Alice me donne envie de me cogner la tête contre les murs.

— Une vodka quoi ?

— Juste une vodka. Avec des glaçons.

Je me sens tellement idiote d'avoir commandé une vodka pure que je fais comme si ce n'était pas une erreur. Quand le serveur m'apporte mon verre, je dois faire de gros efforts pour ne pas grimacer chaque fois que je bois une gorgée.

Nous passons les vingt premières minutes à parler du temps qu'il fait, de notre quartier et de Tinder. Je lui raconte que j'ai eu un tas de rencards, sans succès. Je n'ai pas la moindre idée de ce qu'il convient de répondre à « Est-ce que tu fais beaucoup de rencontres *via* Tinder ? » Je suppose que la plupart des gens préféreraient qu'on ne leur pose pas la question.

— Où est-ce que tu as grandi ? me demande ensuite Scott.

— Je suis une Londonienne pur jus. Ma sœur et moi sommes allées à l'école et à la fac ici.

— Waouh, alors tu pourrais être dans *EastEnders*[3] ?

Il rit à sa propre blague. Du moins, je crois que c'en était une. Je n'ai pas l'accent de l'est de Londres. Jason dit même que je parle comme une snob. Scott doit voir que sa remarque ne m'amuse pas car il change de sujet.

— Ta sœur est plus jeune que toi ou plus âgée ?

Je finis ma vodka pour me donner du courage et j'en commande une autre, avec du soda cette fois.

— On a le même âge. Nous sommes de vraies jumelles.

Je ne comptais pas en parler, mais ça me paraît difficile d'esquiver si c'est lui qui pose des questions. Et puis, c'est le seul truc qui me rend un tant soit peu intéressante.

— Waouh. J'ai toujours trouvé ça fascinant. Est-ce que vous vous serviez de ça pour faire des farces horribles

3. Soap opéra britannique diffusé depuis 1985, qui décrit la vie des habitants d'un quartier fictif à l'est de Londres.

quand vous étiez plus jeunes ? Comme sortir avec le copain de l'autre ? Je suis sorti avec une fille qui avait des sautes d'humeur tellement extrêmes que je plaisantais toujours là-dessus : je disais qu'elle avait une sœur jumelle et que la version sympa était ma petite amie, et la version lunatique sa sœur jumelle diabolique qui s'infiltrait dans sa vie parce qu'elle détestait la sienne.

Il éclate de rire face à la folie de son scénario. Quant à moi, je ne sais plus où me mettre.

— Ce serait dingue, finis-je par dire avec un sourire rassurant. Non, on n'a jamais fait ce genre de truc.

— Comment s'appelle ta sœur ?

— Stella.

— Et elle travaille dans un refuge, elle aussi ?

— Non, elle bosse comme assistante pour un photographe. Elle ne sait pas vraiment ce qu'elle veut faire dans la vie.

— C'est marrant que deux personnes puissent être identiques et si différentes à la fois.

— C'est marrant, oui.

— Alors vous êtes vraiment identiques ?

Pourquoi faut-il que les gens posent toujours cette question ? Qu'est-ce qu'il y a de compliqué à comprendre dans l'expression « vraies jumelles » ? Il faut que je le fasse passer à autre chose.

— Je dois me lever tôt.

En disant ça, je plisse un peu les yeux d'une façon que j'espère suggestive, mais il a plutôt l'air de croire que je veux le laisser en plan.

— Oh. D'accord. Oui, pas de problème. Je comprends. J'imagine que quand on rencontre quelqu'un sur Internet, ça ne peut pas marcher à tous les coups.

— Non, je voulais dire qu'on ne devrait pas trop tarder avant d'aller chez toi.

Ma propre audace me surprend. Mais il remplit toutes les conditions pour être le père potentiel de mon enfant, alors autant se mettre au travail sans attendre.

— Oh. Waouh. Je croyais que tu essayais de me virer. Tu veux venir chez moi ?

— Oui. On y va ?

Je me lève de mon tabouret et me dirige vers la porte. En constatant qu'il ne bouge pas, je lance par-dessus mon épaule :

— Allez, viens.

Et comme un petit chien bien élevé, il me suit.

Une fois chez lui, il nous sert un verre de vin et m'invite à m'installer dans le canapé.

— Tu vis tout seul ?

Je préfère me renseigner avant de coucher avec lui au milieu du salon.

— Oui. Je n'ai pas été en coloc' depuis la fac.

J'inspecte son appartement. C'est moderne et bien rangé. La décoration n'est pas particulièrement intéressante, même si c'est évident qu'il gagne bien sa vie. Ça m'interpelle toujours, ces gens qui confondent « cher » et « stylé ». Néanmoins, j'essaie de ne pas juger ; ça n'a pas d'importance, je ne reviendrai jamais après cette nuit. Je pose mon verre sur la table basse et je m'approche de Scott. Je mets ma main sur sa cuisse et commence à l'embrasser.

— Tu n'y vas pas par quatre chemins, constate-t-il alors que je glisse ma langue dans sa bouche.

Pour qu'il reste concentré, je réponds :

— J'ai vraiment envie de toi.

Je sens qu'il a une érection, alors je viens à califourchon sur lui et me frotte contre son entrejambe. Ma tête me dit de me dépêcher, mais mon corps n'est pas de cet avis. Mes hanches ralentissent à mesure que le plaisir s'éveille. J'entrelace mes doigts derrière sa nuque et je monte et je descends sur son sexe. Il passe mon tee-shirt par-dessus ma tête, je dégrafe mon soutien-gorge et j'approche mes seins au niveau de son visage. Je sens qu'il retient son souffle en les regardant.

— Tes nichons sont magnifiques, putain, murmure-t-il avant de prendre mon téton droit dans sa bouche.

Il l'aspire sans ménagement et j'ai envie qu'il aspire encore plus fort. Phil n'arrivait plus à traiter mon corps de cette façon depuis les résultats des examens. Pourtant, c'était comme ça entre nous avant que la menace de la mort ne vienne flotter au-dessus de ma vie sexuelle.

Je me penche en arrière et place mes mains sur ses genoux pour lui offrir la plus belle vue possible sur ma poitrine. Je veux qu'il l'admire, qu'il la touche, qu'il la couvre de caresses avec sa bouche et ses mains.

— Lèche-les.

Il prend mes seins dans ses mains, les presse l'un contre l'autre et fait passer sa langue sur mes tétons encore et encore jusqu'à ce qu'ils soient durs. Je m'imagine sans ma poitrine et une larme roule sur ma joue. Je l'essuie d'un revers de main.

— J'ai envie de te baiser, souffle-t-il en attirant mon visage près du sien.

— Oui.

Je me lève, je baisse ma jupe et ma culotte et les laisse tomber à terre. Il fait glisser son pantalon sur ses chevilles, attrape son portefeuille dans sa poche arrière et sort un préservatif.

Merde.

— Pas la peine, dis-je en me plaçant au-dessus de lui pour le guider en moi. Je prends la pilule.

Mais il s'écarte et déchire l'emballage.

— Je ne couche jamais sans capote.

Naturellement, il fallait que je tombe sur un garçon bien sous tous rapports.

Il enfile le préservatif et je recule. À quoi bon ?

— Qu'est-ce qui se passe, Alice ?

Tout semble aller au ralenti. J'examine son visage. C'est juste un mec normal. Et moi, qu'est-ce que je suis ? Une menteuse, une arnaqueuse, une idiote détraquée. Je pourrais laisser tomber. Inventer une excuse et m'en aller. Mais les mots de Cam Stacey résonnent dans ma tête. *Sers-toi. Prends. Prends ce que tu veux.* Alors j'échafaude un plan B et je me laisse glisser sur lui. J'ondule sur Scott, je murmure à son oreille, je presse mes seins contre son visage et je travaille dur jusqu'à ce que le préservatif recueille mon avenir. Quand je sais que c'est fait, je me lève, le lui retire délicatement et murmure :

— Je m'en occupe.

Je ramasse mes vêtements et je file à la salle de bains. Je tire la chasse d'eau pour faire illusion et je fais un nœud au préservatif avant de le glisser dans la poche de ma jupe. Quand je ressors, je rappelle à Scott que je dois me lever tôt, je lui donne un faux numéro et je m'en vais.

Dans l'Uber qui me ramène chez moi, je supprime Tinder de mon portable. Une fois à la maison, je m'enferme à clé dans la salle de bains, même s'il n'y a personne d'autre que moi. Je sors le préservatif de ma poche comme si c'était un petit oiseau tombé du nid que j'avais trouvé dans mon jardin. Je lui donne une petite chiquenaude et le fluide bouge à l'intérieur. Avec des ciseaux à ongles, je coupe le plastique juste en dessous du nœud et je le tiens fermement pendant que je retire ma culotte de ma main gauche. Je m'allonge par terre puis j'amène mes genoux au niveau de mon visage. Le vagin orienté vers le plafond, je verse le sperme en moi. Une fois que le préservatif est vide, j'attends.

Ça prend combien de temps ?

Je n'en ai pas la moindre idée. J'aurais dû me renseigner davantage. Y a-t-il une bonne et une mauvaise manière de faire ça ? Après quelques minutes, je baisse les genoux et contracte les muscles de mon vagin pour tout retenir à l'intérieur. Mais lorsque je me lève, le sperme coule sur le sol de la salle de bains. Je pose le pied dedans, glisse et tombe par terre, en me cognant la tête sur le coin de la baignoire au passage. Je me redresse. Maintenant, j'ai du sperme dans les cheveux et sur la joue. Est-ce qu'il en reste encore dans mon vagin, au moins ? Je me remets debout. Si j'enfile une culotte, est-ce que ça le retiendra ?

D'un coup, je sursaute. Je pourrais jurer qu'Alice se tient derrière moi mais non, c'est mon propre reflet dans la glace. Je le fixe. Il est dans un bien triste état. Le sperme d'un inconnu coule le long de ma jambe et goutte sur la jupe de ma sœur, froissée sur le sol. Que dirait-elle si elle voyait ça ?

Je vais dans la douche, m'empare du pommeau et je fais se déverser le jet en moi, jusqu'à ce que l'eau soit parfaitement limpide. Jusqu'à ce que je sois certaine que tout le sperme a disparu. Puis je remets le pommeau en place et j'observe l'eau glisser sur ma poitrine. Je n'arrive pas à m'imaginer sans mes seins, à me représenter avec des cicatrices agressives qui terrifieront les hommes au lieu de les exciter. Peu importe ce qui va m'arriver au cours de l'année à venir, la réalité, c'est que je vais perdre ma poitrine et mes ovaires avant mes quarante ans. Je coupe l'eau et j'appuie mon front contre le mur, puis je serre le poing et l'enfonce dans mon ventre. J'appuie jusqu'à avoir mal, et je recommence. Je me donne un autre coup de poing, j'attrape ma peau et je la pince dans l'espoir que la douleur physique fasse disparaître la douleur psychologique, même l'espace d'une seconde. Mais ça ne marche pas.

Je sors de la douche, je marche dans la flaque de sperme au passage et je me laisse tomber sur le lit, toute mouillée. Qu'est-ce que ça peut faire, après tout ? Comme je suis toute seule, je n'ai qu'à dormir de l'autre côté.

Je m'endors en pleurant.

8

Camilla Stacey – *HowItIs.com* – Pourquoi le non-enfantement peut sauver le féminisme

LA SEULE CHOSE qui ait jamais réellement séparé les hommes des femmes, c'est que les femmes portent le poids de leur utérus, pas vrai ? Le fait que les bébés poussent dans leurs ventres, puis sortent de leurs vagins et se nourrissent à leurs seins a donné aux hommes le droit de reléguer les femmes au rang de premières responsables des enfants. Je suis certaine qu'à une époque, c'était tout à fait logique pour tout le monde que les femelles de l'espèce abandonnent toute autre ambition et se consacrent à une vie de maternité. Mais… et si une femme n'a pas d'enfants ? Dans ce cas, à part cette croyance avec laquelle on nous a endoctrinées (à savoir : la fonction d'une femme est d'avoir des enfants et si ce n'est pas le cas, alors elle est incomplète), qu'est-ce qui distinguerait un homme d'une femme en termes d'accomplissement ? En termes de salaire ? En termes de commandement ?

Rien.

La vérité, c'est qu'une femme sans enfants est tout aussi disponible et capable qu'un homme. Et peut-être même plus encore, étant donné que nombre de ces hommes ont des familles qui les attendent à la maison. Mais nous, les femmes sans enfants, nous sommes libres comme l'air pour nous attaquer à n'importe quelle tâche. Pas d'attaches à la maison, pas de pression d'être ailleurs. On pourrait littéralement prendre le contrôle du monde, avec tout le temps dont on dispose. Ce qui explique sans doute pourquoi beaucoup d'hommes aiment rabaisser les femmes sans enfants, nous traiter de sans-cœur et d'égoïstes, supposer que nous sommes lesbiennes. Ils tiennent à prouver que quelque chose ne tourne pas rond chez nous, peut-être parce que la réalité de la menace que nous représentons est un peu trop terrifiante ?

Je ne suis pas en train d'encourager davantage de femmes à choisir la non-maternité. Simplement, j'encourage celles qui ont fait ce choix à assumer leur décision avec fierté. Nous, les sans-enfants, pouvons réduire l'écart entre hommes et femmes et obtenir l'égalité, parce que nous sommes leurs égales en tout point. Nous pouvons affirmer haut et fort que les hommes ne sont pas mieux ni plus forts, qu'ils ne méritent pas plus d'argent, d'autorité ou de pouvoir. Les femmes avec des enfants sont des rock stars, les femmes sans enfants des super-héroïnes. Ensemble, nous pouvons dominer le monde.

En gros, je viens de résoudre le féminisme, songe Cam en relisant son article. Elle a le vent en poupe, elle fait figure d'héroïne parmi ses fans sans enfants.

Mais quand le succès est aussi spectaculaire, il y a toujours quelqu'un pour jouer les rabat-joie.

Elle reçoit un e-mail de Samantha Byron, la directrice du sponsoring chez L'Oréal. L'Oréal est le principal sponsor de Cam et elle redoute toujours les messages de Samantha : ils l'encouragent systématiquement à être barbante ou prudente, ou à écrire des choses qu'elle n'a pas envie d'écrire. Samantha n'a pas la moindre imagination et elle est chiante comme la pluie. Et même si Cam a le dernier mot sur le contenu de *HowItIs.com,* elle doit au moins faire semblant de tenir compte de leurs remarques.

Samantha a pris la place de Susan Jeffries il y a environ six mois et depuis, c'est compliqué. Susan était géniale : elle avait trente-cinq ans, un enfant de dix ans et aucune envie d'en faire un autre. Elle était célibataire, peu conventionnelle et très drôle. Forte d'un sacré tempérament, elle était incroyablement fière que L'Oréal sponsorise le blog de Cam. Elles se retrouvaient pour des déjeuners lors desquels elles buvaient comme des trous, et les retours de Susan disaient toujours « Continuez comme ça, restez vous-même, écrivez simplement ce que vous ressentez aujourd'hui... ». C'était inhabituel pour Cam de se sentir aussi à l'aise en présence de quelqu'un, surtout quand ce quelqu'un était sa patronne, en quelque sorte, mais elle adorait Susan. Malheureusement, celle-ci a démissionné lorsqu'on lui a proposé un poste dans les bureaux de New York, au grand dam de Cam. Elles étaient amies. Leur relation lui manque.

Samantha, en revanche, est une mère de famille insipide qui aime jouer la sécurité et a certainement eu trois rapports sexuels au cours de sa vie dans l'objectif de concevoir ses trois enfants. Elle n'a aucun sens de l'humour, elle déteste les femmes et elle ne supporte pas l'idée de se qualifier de féministe car elle trouve le féminisme « effrayant ». Leurs échanges sont crispés et se font principalement par e-mails. Accessoirement, Samantha dit toujours « nous » alors qu'elle sous-entend « je » et elle termine toutes ses phrases par des points d'interrogation.

Chère Camilla,

Nous avons tous lu et apprécié vos articles cette semaine, et il va sans dire que l'article du *Times* est un excellent coup de pub pour le blog. Néanmoins, il nous paraît nécessaire de partager avec vous notre inquiétude : nous avons peur que vous vous mettiez à dos les nombreuses femmes qui ne sentent pas représentées par votre nouveau combat ?

En tant que mère de trois enfants qui travaille, je ne suis pas sûre que j'aurais envie de consulter un blog qui vante un mode de vie auquel je ne m'identifie pas ? Est-ce que vous voyez ce que je veux dire ? Il vaudrait peut-être mieux maintenir un équilibre sur *HowItIs.com* pour continuer à plaire à une majorité de femmes, comme cela a toujours été le cas par le passé. Et nous pensons que vous êtes au meilleur de votre forme lorsque vous écrivez sur des thèmes légers et drôles, rien de trop sérieux ou de trop politique. Nous les femmes avons déjà bien assez de soucis comme ça, vous ne croyez pas ?

Je suis sûre que vous me comprenez ?

Merci,

Samantha.

— Oh, bla bla bla, s'agace Camilla à voix haute.

Cet article du *Times* a complètement changé la donne, et ce n'était pas le seul. *Grazia Daily*, l'*Independent*, *Emerald Street* et *Glamour* ont aussi parlé d'elle, en utilisant tous pour titre « Le visage des femmes sans enfants ». Les répercussions pour son blog vont être énormes. C'est exactement le coup de pub qu'il lui fallait pour garder une longueur d'avance. La concurrence est féroce et augmente chaque jour : à moins de se réinventer, elle risque de tomber de son piédestal au profit d'une bloggueuse quelconque de la génération Y qui écrit sur ses rencards Tinder et ses soirées sous MDMA. Cam pourrait incarner tout un segment démographique, et cette bonne vieille Samantha préférerait qu'elle parle de débilités superficielles ? Qu'est-ce que c'est frustrant ! Mais elle doit ménager ses publicitaires. Ça l'exaspère de le reconnaître, mais Samantha a raison : pendant qu'elle devient l'héroïne de certaines, elle risque de ne plus en intéresser d'autres. Il faut qu'elle écrive quelque chose qui rallie les mères. Peut-être même quelque chose qui rallie *sa* mère. Elle ne perd rien à essayer. Alors Cam se met à écrire.

Camilla Stacey – *HowItIs.com* – Mères et non-mères, arrêtons le « elles et nous »

Avant d'aller plus loin, j'aimerais que nous nous mettions bien d'accord sur une chose : oui, je suis une femme qui n'a pas et ne veut pas d'enfants, mais cela ne signifie pas que je déteste les mères ou la maternité. Les commentaires au vitriol pullulent sur Internet en ce moment, adressés à des mères qui osent poster des photos de famille heureuse et des photos de leurs enfants sur Facebook. Ça ne m'a jamais dérangée. J'ai toujours trouvé ça plutôt sympathique. Mais j'ai entendu des gens s'en plaindre, arguant que c'est une représentation peu réaliste de ce qu'est vraiment la parentalité. Que ça fait culpabiliser les autres mères en difficulté, que les non-mères se sentent hors de propos parce qu'elles n'arrivent pas à avoir d'enfants, ou que cela renforce l'idée que se fait notre société selon laquelle les femmes sont en compétition entre elles. Sincèrement, c'est ce que vous pensez ?

Si c'est le cas, alors je crois que c'est vous qui avez un problème, pas les mères heureuses qui postent des photos attendrissantes de leurs enfants.

Tout le monde sait bien que les photos partagées sur les réseaux sociaux ne sont pas représentatives de ce qu'est la parentalité. Les mères ne vont pas montrer le moment où la sage-femme a retiré leurs excréments de la baignoire d'accouchement avec une passoire, si ? Ni poster un statut sur la cicatrisation de leur épisiotomie ou sur l'évacuation manuelle de leur bébé d'un an constipé (allez sur Google si vous ne savez pas ce que c'est). Pourquoi nous parleraient-elles de leur anus qui s'est quasiment retourné pendant l'accouchement ? Ou de leur caca qui sort sans prévenir depuis ? Pourquoi nous diraient-elles qu'elles n'arrivent plus à monter ou descendre une pente sans se faire pipi dessus, ou que leurs varices les font souffrir quand il fait chaud ? Elles ne vont pas raconter leurs nuits sans sommeil, nous confier leur incapacité à aller aux toilettes sans que leur enfant les suive pour les regarder, ou nous avouer que leur enfant porte encore des couches à l'âge de sept ans.

Qui a envie de lire ça sur Facebook ? Nous savons tous que la maternité n'a rien de glamour, alors laissons donc les gens célébrer leur joie sur Internet et gérer leurs montagnes de merde en privé. En tant que non-mère, je me dis que le moins que je puisse faire est de cliquer sur « j'aime » en dessous d'une photo de famille heureuse.
Mais les photos heureuses énervent prodigieusement certaines personnes et je trouve ça vraiment étrange. J'ai même vu une femme déclarer sur Twitter que les femmes qui avaient le temps de poster des photos de leurs enfants sur Facebook n'étaient que des « idiotes sans emploi ». Vous avez bien lu. Une femme, journaliste de surcroît (quel choc !), a écrit cela sur d'autres femmes qui prennent vingt secondes pour mettre des photos parfaites sur Internet. Oui, de nombreuses mères ne travaillent pas et oui, peut-être même que ce sont elles qui l'ont décidé. Et même si c'est quelque chose que je ne comprends pas, ou que je n'envisagerais jamais personnellement, je ne soutiens pas le féminisme qui s'en prend aux mères. Je trouve ça affreux et terrifiant. J'ai trois sœurs plus âgées qui ont toutes des enfants, je vois le sang, la transpiration et les larmes qu'elles versent tandis qu'elles font de leur mieux pour ces petites personnes qui exigent tout, ont besoin de tout, crient pour tout. N'importe qui qualifiant une mère d'« idiote sans emploi » est un connard sans cœur. Fin de la discussion.
Ma mère était femme au foyer. Je ne la trouve pas pathétique. Je la trouve formidable, au contraire. Elle a élevé quatre enfants avec le salaire de gardien d'école de mon père, et ça relevait parfois de la mission impossible, mais les photos sur le manteau de la cheminée ne racontent pas ça. Elles relaient les bons moments. Personne n'a besoin de savoir que quelques heures après avoir pris la photo qui nous montre tous en train de nous amuser près d'un étang pendant l'été 1983, la plus âgée de mes sœurs a disparu dans l'étang et que mon père a dû la sortir de l'eau et la réanimer. On a tous cru qu'elle était morte et la culpabilité hante encore ma mère à ce jour. Bien sûr, ma

sœur a survécu, même si on pense tous qu'elle est un peu lente dans sa tête depuis (désolée, frangine), mais c'était ça, la réalité d'avoir quatre enfants. Il y avait des moments terribles où mon père et ma mère n'arrivaient pas à nous contrôler. Cette photo est sur le manteau de la cheminée parce qu'elle rappelle à ma mère la chance qu'elle a eue que ma sœur ne meure pas ce jour-là. C'est plutôt sombre, en dépit du bonheur qui se lit sur nos visages. Si Facebook avait existé à l'époque, c'est cette photo-là qu'elle aurait postée, pas celle qu'une autre de mes sœurs a prise du moment où celle qui avait frôlé la noyade vomissait un tas d'algues verdâtres.

Ce sont surtout des femmes blessées, qui veulent des enfants mais ne parviennent pas à en avoir, qui se mettent en colère face à ces photos. Je suppose que je peux comprendre, ça doit être comme remuer un couteau dans une plaie, mais quelle est la solution ? Doit-on bannir la joie de la maternité d'Internet afin de ne faire de peine à personne ? Et après ? Est-ce qu'on bannit la joie tout court ? Est-ce que les gens atteints d'un cancer vont commencer à dire que les images de personnes en bonne santé les dérangent ? Seront-ils en colère et agressifs vis-à-vis de ceux qui ne sont pas en train de mourir ? Non, nous ne pouvons pas en arriver là.

Je suis désolée pour toutes les personnes qui veulent des enfants et n'y arrivent pas, quelle qu'en soit la raison. Ça doit être une véritable torture et je comprends que vous soyez tristes. Mais vous ne pouvez pas accuser les femmes qui, elles, y parviennent. Ce n'est pas juste.

De nombreuses femmes ne choisissent pas de ne pas avoir d'enfants, et c'est à elles que je souhaite offrir une lueur d'espoir et de positivité aujourd'hui. Pour elles, il y aura de la douleur, bien sûr. Une grande tristesse à cause de cette chose qu'elles ont toujours voulue et qu'elles n'auront peut-être jamais. Mais je veux que ces femmes sachent que même si elles n'ont pas d'enfants, leur vie n'est pas vide pour autant. Il existe un million de façons d'être heureux, alors ne malmenez pas les mères

qui partagent leur joie. Trouvez un moyen d'être aussi heureuses qu'elles.
Passez un excellent week-end.
Bises,
Cam

Stella

— Coucou !

Le ton guilleret de Jessica m'agace d'entrée de jeu. Je suis dans le bus, en route pour le studio. C'est bondé, mais j'ai tout de même trouvé une place assise. Je suis mouillée à cause de la pluie, et l'imperméable de la femme très imposante installée à côté de moi frotte contre mon jean. L'appel de Jessica me donne une excuse pour me coller contre la fenêtre, faisant au passage un peu de place pour le cul énorme de ma voisine. Je réponds tout bas :

— Salut.

— Ça va, ma belle ?

— Oui, désolée. Je suis dans le bus, c'est pour ça.

J'ai l'impression que tout le monde me regarde, alors je mets mes lunettes de soleil pour cacher mes yeux gonflés. Le week-end a été un festival ininterrompu de larmes. J'ai passé tout mon dimanche à pleurer, pleurer et pleurer encore.

— Mon Dieu, je serais bien incapable de prendre le bus en ce moment, mes nausées matinales sont terribles. C'est l'horreur, Stella. Tu verras quand tu seras enceinte, c'est comme si tu souffrais constamment d'une intoxication alimentaire. Et je suis teeeellement fatiguée que je parie que je serais capable de dormir debout, comme une vache.

Elle rit et j'entends Mike en faire autant derrière elle.

— Enfin bref, je t'appelle parce que j'ai un service à te demander.

— Ah bon ? Qu'est-ce que c'est ?

Je me sens légèrement reboostée à l'idée que quelqu'un a besoin de moi.

— Il faut que j'aille chez John Lewis pour choisir tous les trucs pour le bébé. Un berceau, des bodies, des biberons... Mon Dieu, la liste est interminable. Je ne veux pas y aller le week-end parce que c'est l'enfer, et Mike travaille en semaine, alors je me demandais si tu accepterais de venir avec moi ? Comme tu m'as dit que c'était calme au studio en ce moment... On pourrait aller manger une part de gâteau après ? Je suis libre n'importe quand.

Je lui offre un « Oh » peu enthousiaste. Je m'imagine déjà en pleine dépression nerveuse au rayon bébé de John Lewis. Mais je sais aussi que je dois sortir de ma torpeur et ne pas rester toute seule. Alors j'accepte et lui dis de choisir le jour qui l'arrange.

— Génial ! s'exclame-t-elle avec ravissement. D'accord, merci ! Je t'envoie un message. Je t'aime, bye !

Avec une joie feinte, je réponds :

— D'accord, bye !

J'essaie de lui dire « je t'aime » en retour mais je n'y parviens pas. Je trouve ça trop bizarre.

Le bus s'arrête. Plusieurs passagers descendent, dont ma voisine. J'autorise mes fesses à s'étaler maintenant que j'ai la banquette pour moi toute seule. Une femme avec une poussette monte. Elle cale la poussette juste en face de moi et s'assoit. Elle est maigre et visiblement fatiguée, et son bébé crie.

— Elle est comme ça depuis ce matin, me lance-t-elle d'un air abattu.

Je hoche la tête et lui souris avant de me tourner vers la fenêtre.

Elle fouille dans son sac et en ressort une galette de riz soufflé.

— Tiens, dit-elle sèchement en la tendant à sa fille.

La petite se tait immédiatement, comme si le gâteau était une drogue. Elle commence à manger et inspecte la galette après chaque bouchée, comme estomaquée de la voir diminuer.

— Vous avez des gosses, vous ? me demande soudain la femme.

Je regarde le paysage défiler en repensant aux discussions que nous avions avec Alice sur la vie à Londres et les petites interactions que nous avions chaque semaine avec des centaines de personnes qu'on ne revoyait jamais. Dans les transports, dans un ascenseur, en faisant la queue au supermarché, en marchant dans la rue… Les vies de parfaits inconnus sont connectées le temps de brèves rencontres qui affecteront peut-être leur journée, ou peut-être pas. On plaisantait toujours en disant qu'on pouvait s'inventer des personnages, jouer un rôle différent avec chaque personne qu'on rencontrait. On trouvait ça drôle : personne ne connaîtrait jamais notre véritable identité. Dans une grande ville, vous pouvez être qui bon vous semble.

Alors je me tourne vers la femme, je la regarde droit dans les yeux et je lui dis :

— Oui, j'en ai deux. Un an et cinq ans.

— Waouh. Vous avez commencé de bonne heure.

— Et vous ? Vous en avez d'autres ?

— Non, juste celle-ci. Vous devez connaître ce merdier par cœur, alors. Cette sale gamine vient de s'allonger par terre en plein milieu de la route, en hurlant comme si elle venait de se faire renverser par une bagnole. Elle ne voulait pas se relever, tout ça parce que j'ai essayé de lui remettre sa chaussure. Une *chaussure.* À l'entendre, on aurait cru que je lui avais arraché le pied.

J'adopte un ton plein d'empathie.

— Oh, ma pauvre.

Je m'imagine aux prises avec un enfant qui hurle. Peut-être que le mien ne fera pas ça. Elle n'est sans doute pas assez stricte, du coup la petite en profite. Avec le mien, je serai ferme mais juste. Ça ne doit pas être si compliqué que ça de les raisonner.

Je continue en souriant :

— J'ai connu ça, mon aîné a refusé de porter des chaussures jusqu'à ses trois ans. Il ne voulait rien entendre, le sale gosse.

Elle a l'air de trouver ça réconfortant. Personnellement, je me déçois un peu moi-même de dénigrer un de mes enfants imaginaires. Alors pour me rattraper, j'ajoute :

— Mais il est très bon en maths.

Ahhh. Ça va mieux.

— À cinq ans ? Ça alors, il doit être surdoué ou un truc dans le genre. Comment ils s'appellent, les vôtres ?

— Oh, euh, Jason et Alice.

— C'est très joli.

Je percute que je devrais sans doute lui retourner la question.

— Et votre fille ?

— Shania. Comme Shania Twain. Je suis super fan.

Shania ? Pas étonnant que la gamine soit enragée.

— Et votre mec, il vous aide ? Parce que le mien, c'est un vrai bon à rien.

Elle se penche en avant et redonne à Shania la galette au riz soufflé que la petite vient de laisser tomber. Par terre, sur le lino du bus.

— Oh, il n'est plus impliqué depuis quelque temps. Nous nous sommes séparés quand Jason avait environ un an. Aux alentours de ses trois ans, on s'est remis ensemble, mais ça n'a pas marché car il n'avait pas envie d'être père. Je suis tombée enceinte d'Alice à ce moment-là mais il ne l'a jamais su, et il n'est toujours pas au courant. Je préfère ça.

— Waouh, souffle-t-elle d'un air impressionné. Tant mieux pour vous. Ce qui me complique le plus la vie, c'est mon mari. Avoir un enfant et tout ça, c'est dur, mais lui, punaise, c'est une autre histoire. Je vous envie de faire ça toute seule. Parfois, je me dis que ce serait plus simple comme ça.

Elle sourit à Shania, qui est en train de venir à bout de son gâteau.

— En vérité, elle pourrait crier jusqu'à me rendre sourde, je l'aimerais toujours autant. Vous voyez ce que je veux dire ?

J'acquiesce et elle se lève.

— On descend là. Dis au revoir à la gentille dame, Shania.

Shania obéit et agite la main dans ma direction. Je lui rends son salut.

— Vous avez un sacré courage, ajoute ma nouvelle amie que je ne reverrai jamais. Je vous admire, vraiment.

Je reste là, à l'observer descendre la poussette sur le trottoir, et je repense à ce qu'elle vient de me dire. *Je vous envie de faire ça toute seule. Parfois, je me dis que ce serait plus simple comme ça.*

C'est exactement ce que j'avais besoin d'entendre.

Tara

J'ai l'impression d'avoir de nouveau quinze ans. Je suis dans mon ancienne chambre, chez mes parents, planquée sous ma couette à attendre qu'un garçon m'appelle. La différence, c'est que comme il n'y avait pas de fichus portables à l'époque, rien de tout cela ne serait jamais arrivé. Je n'aurais jamais envoyé de texto cochon à Jason, je lui aurais donné mon numéro et il m'aurait téléphoné le lendemain. Je n'aurais jamais été filmée en train de me masturber, je n'aurais jamais été hantée par une bulle avec trois points de suspension, je n'aurais jamais reçu de menaces de viol sur Twitter. Mais les portables ont rendu la vie répugnante.

Je n'arrête pas de consulter mon compte Twitter. La semaine dernière, j'avais 79 followers. Désormais, j'en ai 614 000. Tous ces gens attendent que je dise quelque chose, de préférence après avoir bu jusqu'à friser le coma éthylique histoire de leur fournir davantage de raisons de se moquer de moi. Le pire dans tout ça, c'est que mon dernier tweet avant tout ça était…

> Ai passé la journée avec un pervers et c'était merveilleux #lasuitetrèsbientôt #teaser #tellementdouéedansmonmétier

Parmi toutes les choses que j'aurais pu écrire avant d'être filmée en train de me tripoter dans le métro, il a fallu que je poste ça. Tous mes followers n'étaient que des vieux copains d'école ou d'anciens collaborateurs, alors je n'ai pas réfléchi. J'utilisais Twitter uniquement pour suivre l'actualité et des collaborateurs. Mais maintenant, c'est moi l'actualité.

Les tweets que je reçois sont odieux. C'est assez violent quand vous êtes allongée sur votre lit, en train de lire une histoire à votre fille, et que *@GrosCalibre « Je pourrais te violer de chaque côté dans le métro que tu en voudrais encore. Les salopes dans ton genre demandent que ça. »* s'affiche sur l'écran de votre portable. Annie a commencé à lire la notification tout haut avant que je réalise de quoi il s'agissait. Je lui ai vite repris le téléphone des mains. Mais avant d'aller au lit, elle a demandé :

— C'est quoi, violer de chaque côté ?

J'en ai frémi de peur. Un type se passionne tellement pour moi qu'il est prêt à déclarer publiquement sur Twitter qu'il veut me violer… Ce type est furax à quel point ? Au point de m'attendre devant chez moi ? J'ai répondu à Annie que c'était une couleur, je l'ai bordée et j'ai désactivé les notifications.

Néanmoins, je n'arrive pas à me résoudre à désactiver mon compte. J'ai besoin de savoir ce que les gens racontent sur moi. Je sais que je m'épargnerais beaucoup de douleur en n'allant pas sur Internet, mais est-ce que ça ne reviendrait pas à adopter la politique de l'autruche ? Tragiquement, je pense qu'il vaut mieux que je sois au courant. Sauf que cela implique de lire des commentaires aussi violents qu'agressifs sur mon apparence physique (« mal fagotée », « pâle »), mon comportement (« malade mentale », « perverse ») et la façon dont j'ai choisi d'avoir ma fille (« garce », « CRIMINELLE »). Mais le pire, ce sont les messages qui viennent d'autres femmes, le vitriol passif-agressif qu'elles tentent de faire passer pour de la solidarité féminine. Ce sont ces mots-là qui blessent le plus.

@TaraThomas123 D'une mère à une autre, dites à votre fille qui est son père. Elle a le droit de savoir. Vous n'avez pas le droit de les séparer.

@TaraThomas123 Je suis sûre que vous aimez votre fille, alors pourquoi lui cacher la vérité ?

@TaraThomas123 Vous devriez avoir honte. Et vous vous prétendez mère ?

En réalité, je peux gérer ce que les gens me balancent sur ce que j'ai fait dans le métro. Je peux encaisser de me faire traiter de salope et je peux plus ou moins supporter les menaces. Mais dès que quelqu'un mentionne ma fille, la culpabilité me ronge et me rend malade.

Peut-être que ces femmes ont raison ; peut-être que je devrais lui dire qui est son père ? J'ai toujours su qu'elle aurait besoin d'une explication un jour. Mais le moment venu, je comptais lui raconter que je n'avais pas eu de moyen de le contacter. Plus pour son père que pour elle, en toute honnêteté. En effet, peut-être que c'est affreux de faire ça en tant que mère, car je me rappelle exactement où il vit. En fait, je crois que j'ai toujours supposé que je finirais par rencontrer quelqu'un et qu'Annie aurait une figure paternelle dans sa vie. Et que, par conséquent, la question ne se poserait pas. Désormais, je peux sûrement abandonner tout espoir, car qui voudrait être en couple avec Super Branleuse ? À l'exception de @GrosCalibre, bien sûr.

Je google le nom de Jason, comme je l'ai fait je ne sais combien de fois au cours de la dernière semaine. Je l'ai trouvé tout de suite quand je l'ai cherché sur Internet le week-end suivant notre rencontre. Il m'a suffi de rechercher l'article du *Times*. Jason Scott. Son travail est incroyable. Les détails qu'il capture, les histoires que ses photos racontent… La façon dont il décrypte les gens à travers son objectif est bluffante, comme un livre qui n'aurait pas besoin de mots pour narrer une histoire. Ses photos font voyager.

Je fixe notre fil de conversation comme s'il s'agissait d'une porte derrière laquelle il se cache, prêt à bondir. C'est comme être au régime et se retrouver dans une pièce remplie de donuts. La tentation de lui écrire est si forte qu'elle va finir par m'achever.

Je ne parviens pas à croire qu'il n'a pas ressenti la même chose que moi. Il semblait si ouvert d'esprit. Certes, même la personne la plus ouverte d'esprit au monde n'accepterait pas nécessairement de sortir avec une femme que le monde entier a vue en train de se masturber dans une rame de métro. Pourtant, je dirais qu'il est plutôt du genre à dire un truc coquin qu'à ne rien dire du tout. Peut-être que je lui ai fait un peu peur ? Ça pourrait se comprendre. « Des exigences particulières » peut s'interpréter de plein de façons différentes. Peut-être qu'il a cru que je donnais dans le sado-masochisme ? Peut-être que je devrais simplement m'expliquer, lui dire que je ne sous-entendais rien de pervers ? Que je veux bien faire des trucs coquins si lui aime ça, mais que je n'ai rien d'une fétichiste ou autre ? Mais comment communiquer tout cela dans un texto ? Et puis il y a la vidéo, qu'il a probablement vue. Il a dû passer le week-end à se dire que j'étais une obsédée détraquée, puis la vidéo est arrivée pour confirmer ses soupçons.

Je devrais tirer un trait, laisser tomber, mais je n'y arrive pas. Je pense à lui sans arrêt. Il faut que je lui écrive. Mais… et s'il ne répond pas ? Je ne suis pas persuadée que mon amour-propre puisse encaisser ça. En même temps, je me sens déjà si mal que je ne vois pas comment je pourrais tomber plus bas. Ça ne peut littéralement pas être pire. Alors j'attrape mon portable. J'ouvre notre fil de discussion. Et je lui envoie un message. Merde, après tout.

— Ma chérie ?

La voix de ma mère depuis le rez-de-chaussée me fait sursauter.

— Oui ?

— Je vais en ville. Est-ce que tu as besoin de quelque chose de chez Marks & Spencer ?

— Non, merci.

Néanmoins, j'entends quand même ses pas dans l'escalier.

— Tu es sûre, ma chérie ? Je peux te prendre du houmous, ou ces petites saucisses cocktail que tu aimes tant ?

Je secoue la tête. Je n'ai pas d'appétit, mais ma mère continue à insister sans relâche dans l'espoir de me faire avaler quelque chose.

— Il faut que tu manges, ma chérie.

— Je sais qu'il faut que je mange, Maman. J'existe depuis quarante-deux ans, alors je sais que le corps a besoin de nourriture pour fonctionner, merci. Je n'ai pas faim, d'accord ?

— D'accord, ma chérie, pas la peine d'être désagréable. C'est sans doute parce que tu as faim. Je vais t'acheter du houmous.

— Merde, Maman ! Je ne suis pas en colère parce que j'ai faim, je suis en colère parce que je suis la branleuse de…

— Non, Tara ! Ça suffit ! Je refuse d'entendre ça encore une fois, d'accord ? J'en suis à boire un whisky tous les soirs à cause de cette histoire. Je ne veux plus en entendre parler. Maintenant, est-ce que tu veux des foutues saucisses cocktail, oui ou non ?

Nous nous regardons dans les yeux, impuissantes. Contrairement à l'adolescente que j'étais, qui restait dans sa chambre pendant des heures à râler et faire la tête, je n'ai pas envie de lui faire de peine. Je prends une profonde inspiration pour me calmer avant de répondre très poliment :

— Oui, s'il te plaît, Maman. Merci.

— Très bien.

Elle redescend. Je l'entends ouvrir la porte d'entrée, puis la refermer plus brusquement que d'habitude.

Je regarde mon portable. Rien. Et merde. Pourquoi lui ai-je écrit ? Je me sens encore plus stupide, à présent. Ah, j'ai un e-mail de Cam Stacey.

Salut,
Je viens aux nouvelles. Toujours vivante ?

Salut Cam,
Ma mère commence à virer alcoolique et tente de me gaver à coups de saucisses cocktail. Vous voyez le tableau.
J'ai adoré votre article sur le fait de contrôler sa vie en prenant les bonnes décisions. J'essaie d'être proactive, même si peu d'opportunités se présentent en ce moment, mais je fais de mon mieux.
Je vais commencer par manger les saucisses et on verra après.
Merci de m'écrire, ça me touche beaucoup.
Bises,
T

Je reste assise sur mon lit pendant un moment, mon téléphone sur les genoux. Si je ne regarde pas l'écran pendant deux minutes complètes, peut-être que je recevrai un message ? Après quatre-vingt-cinq secondes, je craque. Rien.

Bon sang, Jason, tu vas m'écrire, oui ?

Stella

Je n'ai pas résisté. J'ai réactivé mon compte Facebook. Je voulais juste y aller une dernière fois, pour une ultime séance de torture avec la joie des autres.

Assise à mon bureau, je parcours mon fil d'actualité. Chaque statut que je lis me rend un peu plus haineuse. Des groupes d'amis, des familles heureuses, de grandes réussites. C'est comme frotter mon visage contre un nid de guêpes. Pourquoi est-ce que je m'impose ça ?

J'imagine leurs têtes si j'écrivais ce que j'ai réellement fait ce week-end. De quoi ça aurait l'air, entre une photo de bonheur conjugal et une autre de maman comblée ?

Est-ce que les gens peuvent encaisser la vérité ? J'écris pour voir à quoi ça ressemblerait.

> Ai rencontré un mec sur Tinder ce week-end. Ai récolté son sperme dans un préservatif puis tenté de m'inséminer avec. Ai changé d'avis en cours de route, alors ai pris une douche vaginale, mais si un des petits spermatozoïdes a atteint son but, je m'assurerai de poster des photos sans arrêt. Bonne semaine à tous !

Mon curseur plane au-dessus du bouton « poster ». Imaginez le scandale, le drame que ça déclencherait. Une petite voix dans ma tête me dit : « Vas-y, fais-le, rien que pour l'adrénaline. » Mais naturellement, je ne le fais pas. Ce que je veux, ce n'est pas attirer l'attention : c'est me défouler. Je désactive mon compte de nouveau, sans toutefois le supprimer. Il faudrait vraiment trouver une solution plus radicale pour les gens accros à Facebook. Je peux réactiver et désactiver mon compte à volonté ; c'est littéralement impossible pour moi de m'en débarrasser une bonne fois pour toutes. Alors je ne le supprimerai sûrement jamais.

Mais je vais essayer de ne pas retourner dessus. Promis, promis, promis.

Mon visage est bouffi, ma peau desséchée par les larmes me tiraille, mes yeux gonflés sont douloureux. Phil me répétait toujours que ça me ferait du bien de pleurer ; j'ai envie de l'appeler pour lui dire qu'il avait tort. Ça ne m'a aidée en rien de pleurer en me lamentant sur mon sort ; ça n'a fait que me rappeler à quel point ma vie est absolument merdique. Je ne me sens pas soulagée : je me sens infestée par le chagrin. Mon histoire n'a pas de fin heureuse et pleurer n'y change rien. Peut-être que je devrais fixer la date de l'opération ? L'accepter ? Et voilà. Rien que j'y penser, je recommence à pleurer.

— Stella, est-ce que mon portable est arrivé ?

Jason sort de son bureau trop vite pour me laisser le temps de me reprendre.

— Mon Dieu, qu'est-ce qui se passe ? demande-t-il en voyant mon état.

Je porte mes mains à mes yeux, comme pour repousser les larmes à l'intérieur.

— Rien du tout. Ça va. Je suis juste un peu fatiguée.

— Non, ça ne va pas. Qu'est-ce qui vous arrive ? insiste-t-il.

Je vois bien qu'il ne sait pas trop comment réagir, il ne m'a jamais vue comme ça auparavant. D'habitude, c'est toujours lui qui étale ses émotions et dramatise tout, et moi qui essaie de le soutenir.

Je ne peux pas faire comme si je pleurais pour rien. En plus, je déteste les gens qui affichent leurs sentiments en public avant de faire comme si rien n'était. Je me résous à livrer à Jason l'unique information que je suis prête à partager.

— J'ai rompu avec mon petit ami.

Parler de mes émotions m'apporte un soulagement inhabituel. Mais dans le même temps, ça m'agace qu'il croie que je suis au fond du trou à cause de ma rupture. Car si on devait classer mes problèmes par ordre d'importance, celui-ci serait loin d'être le plus grave.

— Oh, Stella.

Il s'approche de moi. Songerait-il à me prendre dans ses bras ? Je ne sais pas trop quelles sont les limites dans une situation comme celle-ci, en tête à tête avec mon patron. Il oscille d'avant en arrière, puis finit par poser une main sur mon épaule. Un compromis qui semble nous convenir parfaitement à tous les deux.

— Je suis vraiment désolé, dit-il parce que c'est ce qu'on est censé dire dans ces cas-là et que Jason est quelqu'un de gentil. J'ai toujours supposé que tout allait bien à la maison.

— Oui, vous n'arrêtez pas de le répéter, et pourtant ce n'est pas le cas.

Mon ton est sec. À l'entendre m'expliquer qu'il croyait que ma vie personnelle était la perfection incarnée, j'ai encore plus le sentiment d'avoir échoué. Il a l'air de s'en rendre compte.

— Je ne voulais pas vous faire de peine, c'est juste que je... je ferais mieux de me taire. Simplement, vous êtes toujours d'une telle constance que c'est dur d'imaginer que ça n'allait pas dans votre couple. C'est tout. Pardon si ça vous a blessée.

— Je ne me sens pas franchement constante...

— Pourtant, vous donnez l'impression de tout contrôler.

— Vous me payez pour ça. Si je ne vous contrôlais pas, vous ne termineriez jamais rien.

Je lui souris doucement et il acquiesce d'un hochement de tête.

— En tout cas, si vous avez besoin de conseils sur comment être célibataire et craignos, n'hésitez pas. Je sais de quoi je parle, je me fais larguer sans arrêt.

— D'accord. Merci.

Mes larmes se tarissent un peu. À l'exception des conversations avec les médecins, c'est sans doute la discussion la plus intime que j'aie eue avec quiconque au cours des six derniers mois. C'est agréable. Ça me fait du bien de me confier à lui. Nous passons huit heures par jour ensemble, cinq jours par semaine, et même si nous nous entendons bien, c'est une collaboration professionnelle, pas une amitié. Nous parlons surtout de lui, mais nous ne rentrons jamais dans les détails me concernant.

— Dites-moi si je peux faire quelque chose, insiste-t-il. Nous sommes des gens bien, et les gens bien ne meurent pas seuls. Nous trouverons l'amour, nous fonderons une famille et nous serons incroyablement heureux et comblés. C'est ce que je m'évertue à me répéter, en tout cas...

Son regard m'envoie une décharge de réconfort, et aussi un éclair d'autre chose que je n'arrive pas à identifier.

— Merci.

Une idée commence à germer dans mon esprit. Je la repousse aussitôt.

Il met à nouveau sa main sur mon épaule. Sur le moment, je trouve ça maladroit, inapproprié, gênant même. Mais ensuite, je lève le bras et pose mes doigts sur les siens. Mon corps se détend tandis que j'accepte son geste consolateur.

— Ce type est un crétin, Stella. Si j'avais une petite amie comme vous, jamais je ne la laisserais partir.

Il retourne dans son bureau. Je me rassois et reste immobile comme une statue.

Waouh.

Je secoue la tête, comme pour empêcher mon cerveau de suivre le fil de sa pensée, parce que je sais que c'est mal. Mais c'est trop tard, mon imagination est en marche.

Est-ce que je pourrais avoir un bébé avec Jason ?

Le bruit de la sonnette résonne et me fait revenir sur Terre. J'appuie sur l'interphone pour ouvrir la porte et je me précipite jusqu'à l'entrée du studio. Un livreur me tend une petite boîte qui porte l'inscription Vodafone. Je signe le bon de livraison et regagne lentement ma place.

— Est-ce que c'est mon portable ? questionne Jason depuis son bureau.

Sans trop réfléchir, je me surprends à répondre :

— Non, pas encore. Juste du courrier.

Je l'entends pousser un soupir de déception.

— Je vais fermer la porte de votre bureau, d'accord ? Comme ça, vous pouvez vous concentrer.

Je joins le geste à la parole.

— Oui, chef ! me lance Jason de l'autre côté de la porte.

Je retourne m'asseoir et déballe rapidement le téléphone. Je l'allume, le mets en mode silencieux et le configure. Puis je vais dans les réglages pour bloquer l'accès à Internet. Il aura besoin d'un mot de passe pour le débloquer, et j'ai bien l'intention de ne pas le lui donner. Alors que le portable prend vie et restaure toutes ses applications, plusieurs messages commencent à arriver. Sa mère qui lui souhaite bon courage, quelques amis qui l'invitent à aller boire un verre. Il n'a rien raté de bien important. Je vais sur son compte Facebook. Quelques-uns de ses amis ont posté la vidéo de Tara sur son fil en lui demandant s'il l'avait vue. Je supprime toutes les applications de réseaux sociaux. Un nouveau message. Tara.

Salut. Je suis désolée si je t'ai donné l'impression d'être une perverse dominatrice à moitié folle. J'ai passé une soirée vraiment géniale avec toi et je ne suis pas sûre d'être prête à faire une croix sur une telle connexion, simplement parce que je fais le buzz sur Internet après m'être exposée en public. Je suis plutôt normale, je t'assure. Et j'adorerais te revoir. Bises. Tara

Je dois littéralement me lever et m'éloigner de mon bureau. Je songe à Jason dans son bureau, je songe à sa date butoir, à ses yeux et sa main sur mon épaule. *Si j'avais une petite amie comme vous, je ne la laisserais jamais partir*. Ces mots. Ces mots viennent d'un homme que je connais, qui veut désespérément un enfant, comme moi. J'attrape le téléphone, je tape une réponse à l'attention de Tara et j'appuie sur « envoyer ». Mon estomac fait des loopings. La voilà, l'excitation, l'adrénaline que je recherchais. Agir dans mon intérêt, prendre ma vie en main… c'est génial, putain. Je bloque le numéro de Tara avant de l'effacer, puis je vais frapper à la porte de Jason et j'annonce joyeusement :

— Votre téléphone est là !

Il semble tellement heureux… Je lui donne et ressors comme si tout était normal.

Une minute plus tard, il émerge de son bureau au pas de charge.

— Je ne le trouve pas ! crie-t-il, bouleversé.

— Qu'est-ce que vous ne trouvez pas ?

— Le numéro de Tara. Il n'est pas dans mes contacts. Je croyais que vous aviez dit que ce serait dans le cloud ?

— Le numéro est forcément quelque part, Jason.

Je tends la main, l'air parfaitement innocent.

— Faites voir. Tara, c'est ça ?

— Oui.

— Hummm. Vous êtes sûr de l'avoir bien orthographié ?

— Je ne vois pas comment j'aurais pu l'épeler autrement, c'est T-A-R-A.

— C'est bizarre, je ne le trouve pas non plus. Peut-être que vous n'avez pas sauvegardé son numéro. Vous êtes certain de l'avoir enregistré ?

Jason reprend son portable.

— Je ne sais plus ! J'étais saoûl. Je lui ai envoyé un texto, est-ce que ça veut dire que j'ai enregistré le numéro ?

— Pas nécessairement.

— Je ne vois pas comment j'aurais pu ne pas l'enregistrer… mais peut-être que je ne l'ai pas fait. Et merde.

Il balance son portable sur le canapé de son bureau et va se planter devant la fenêtre, les bras croisés. Il semble dévasté.

— Laissez-moi aller sur Internet. Il faut que je la retrouve.

— Non, certainement pas. Vous ne parviendrez pas à finir votre livre si vous avez le cœur brisé.

— Je n'aurai pas le cœur brisé, je serai amoureux ! Donnez-moi votre ordinateur.

— Écoutez, Jason, je suis désolée d'enfoncer une porte ouverte, mais peut-être qu'elle ne ressent pas la même chose que vous. Elle aurait pu vous chercher sur Internet, elle aussi, pas vrai ? J'ai checké vos e-mails et vous n'avez rien reçu, alors que votre adresse mail est sur le site. Et elle ne vous a pas envoyé de messages, sinon vous l'auriez sur votre portable.

Le sourire de Jason disparaît.

— Mais on était en train de sextoter ! Ensuite, le type à vélo est arrivé et… on se plaisait tellement !

Je décide de pousser le bouchon.

— Dans ce cas, pourquoi est-ce que vous n'êtes pas rentrés ensemble ?

— Elle… elle n'a pas voulu.

Je hausse les sourcils comme pour dire « et voilà » et je me rassois. Jason retourne dans son bureau en traînant les pieds, comme un ours épuisé qui vient de perdre un combat. Je viens de lui rendre service. S'il trouve Tara et qu'il découvre la vidéo, il ne finira jamais son livre. Mon idée à moi est moins distrayante. Il ne se rendra même pas compte de ce qui lui arrive.

Tara

J'avais abandonné tout espoir de recevoir une réponse mais d'un coup, c'est là, sur mon écran. *Jason.*

J'ai trop peur de lire son message. Et s'il ne souhaite pas me revoir ? S'il voulait qu'on se revoie, pourquoi aurait-il attendu aussi longtemps avant de m'écrire ? Peut-être que c'est pour me dire de le laisser tranquille ? J'ai l'impression d'être sur le point d'ouvrir des résultats d'examens.

Je cours à la salle de bains et j'examine mon reflet dans la glace. Je me brosse les cheveux, je mets du mascara et un peu de baume à lèvres. Si jamais je suis sur le point de me faire jeter par texto par quelqu'un avec qui j'ai seulement passé quelques heures, autant avoir bonne mine. Ça m'aidera à me sentir mieux. Je me répète que tout ce qu'il peut dire n'a pas d'importance, qu'il ne fait pas partie de ma vie et qu'il n'a pas le pouvoir de me blesser. Je suis belle, je suis forte, je peux gérer ça.

Mais qui est-ce que je crois tromper ? Je n'ai pas cessé de penser à lui depuis cette soirée. Je sais qu'on ne s'est vus qu'une fois, mais c'était bien. Vraiment, vraiment bien. Je retourne dans ma chambre, j'attrape mon portable et j'ouvre le message. Autant arracher le pansement d'un coup sec.

> Tara, désolé de te dire ça mais je crois que tu as mal interprété la situation. C'était sympa de faire ta connaissance mais je ne suis pas sûr que ça nous mène quelque part. Navré si je t'ai donné de faux espoirs et bon courage pour la suite. J.

Mal interprété la situation ? Quoi ? Non. Je n'ai rien mal interprété du tout. On n'interprète pas mal une situation quand elle est pressée contre notre entrejambe et qu'elle nous dit qu'elle a envie de nous baiser. Comment peut-il écrire ça ? J'aurais dû me douter qu'il y avait un truc qui ne tournait pas rond chez lui. Les types en apparence bien sous tous rapports ne sont pas célibataires sans raison.

Vous savez quoi ? Qu'il aille se faire foutre. Je n'ai pas besoin d'un homme comme lui. Ce que je veux, c'est un homme qui ne juge pas la façon dont j'ai eu Annie, un homme assez fort pour accepter le fait que je suis une sensation sur Internet et une blague à échelle mondiale.

Mon Dieu.

Je vais être célibataire toute ma vie.

Les hommes sont beaucoup trop égoïstes pour gérer ce genre de situation. Je ferais tout aussi bien de me coudre le vagin et devenir bonne sœur. Je ne vois pas d'issue. Ça fait dix jours que la tempête se déchaîne, sans montrer le moindre signe d'accalmie. Chaque fois que je trouve le courage d'aller sur Twitter, je découvre des milliers de followers de plus et #SuperBranleuse figure toujours parmi les tendances. Un compte parodique (@lesbonsmotsdesuperbranleuse) a plus de 400 000 followers et la personne qui se cache derrière ça poste presque toutes les deux heures des tweets du genre :

> Avais 5 min à tuer avant une réu aujd'hui alors g sorti ma chatte et jme suis offert une bonne branlette pr passer le temps @lesbonsmotsdesuperbranleuse

HarperCollins a même répondu à un tweet en demandant à la personne de les contacter concernant la possibilité d'un livre. Ça ne va pas retomber de sitôt. Ce n'est qu'une question de temps avant que des produits dérivés fassent leur apparition. Je vais être le nouveau Grumpy Cat, disponible dans tous les magasins de souvenirs. Qui touchera les bénéfices ? Un blaireau doté d'un compte Twitter et qui se branle pendant qu'il joue à des jeux vidéo, sûrement. Pourquoi est-ce que tout le monde se comporte comme si j'étais la seule femme dans l'histoire à s'être jamais touché le clitoris ?

J'ai un autre e-mail de Cam. À l'exception d'Annie, c'est bien la seule chose qui parvienne à me décrocher l'ombre d'un sourire. Elle est tellement gentille… Non pas que j'en doutais, mais vous savez ce qu'on dit, « il ne faut jamais rencontrer ses héros ». Certes, je ne l'ai pas rencontrée en vrai, mais j'ai un peu l'impression que c'est le cas. Et j'ai le sentiment de pouvoir tout lui dire.

> Salut Tara,
> J'ai pensé à vous ces jours-ci. Beaucoup, à vrai dire. Je suis dans une de ces phases où j'ai l'impression que les relations seront toujours compliquées, peu importe à quel point on essaie de les simplifier. Vous voyez ce que je veux dire ?
> Enfin bref, je voulais juste savoir comment ça allait.
> Bises,
> Cam

Je lui réponds immédiatement.

> Salut Cam,
> Je ressens exactement la même chose. Je croyais avoir réussi à maintenir un semblant de simplicité, au moins à la maison. Mais désormais, mes relations les plus compliquées sont celles que j'entretiens avec mes proches et je n'y comprends rien. J'ai adoré votre article sur les mères contre les non-mères. Nous sommes toutes les mêmes, dans le fond.
> Pour ce qui est de comment je vais... eh bien, ça ne va pas fort. J'ai peur, je n'arrive pas à dormir, je suis trop effrayée pour sortir de chez moi, l'homme qui me plaît pense que je suis tarée, j'ai la certitude que je serai seule jusqu'à la fin de mes jours, ma meilleure amie est une connasse, ma mère a commencé à boire, mon père m'a vue en train de masturber. Ah, et je crois bien que je suis au chômage, aussi. Et vous ?
> Bises,
> T

Je me relis. C'est vraiment déprimant d'écrire un mail en essayant d'être drôle, pour se rendre compte que toutes les horreurs que vous racontez sont vraies, en fait. Je vis la vie de qui, en réalité ? J'ai l'impression que ce n'est plus la mienne. J'ai un mail d'Adam, aussi. Même si j'aimerais ignorer toute correspondance venant de lui ou de n'importe qui lié à mon ancienne vie, je l'ouvre quand même.

> Objet : Interview avec Sky News
> Tara, un pote de chez Sky News m'a contacté pour me demander comment il pouvait te joindre. Ils veulent un entretien exclusif. Sûrement bien payé. Je leur ai donné ton mail et ton numéro. Ah, et j'ai trouvé quelqu'un pour te remplacer. Elle a promis qu'elle ne se branlerait pas dans le métro et qu'elle ne nuirait pas à l'image de la boîte, alors je l'ai engagée. Elle va se charger du montage du programme sur le pervers, c'est donc son nom qui figurera au générique en tant que productrice exécutive. Évite de me chier un cake à cause de ça, je pense qu'il est inutile de t'expliquer pourquoi le tien ne peut pas apparaître.
> Adam

MAIS QUEL CONNARD !

Je le déteste. Une petite partie de moi pensait qu'il appréciait suffisamment mon travail pour me protéger un minimum. Je leur ai rapporté des nominations aux BAFTA, j'ai bossé comme une dingue pour eux. J'avais au moins espéré qu'il m'attribuerait le mérite qui me revenait, ou qu'il aurait la décence de ne pas filer mes coordonnées si on les lui demandait. Il ne voit donc pas que le monde entier est contre moi ? J'ai supporté ses conneries misogynes pendant des années parce que j'étais désolée pour lui qu'il n'ait pas les couilles d'assumer sa sexualité. J'ai encaissé encore et encore, en me répétant qu'au bout du compte, ça n'avait pas d'importance. Ses remarques désobligeantes ne m'empêchaient pas de faire mon travail, j'excellais dans mon métier, j'avais la liberté de faire les programmes que je voulais, alors je laissais couler. Je l'ai laissé me dénigrer au quotidien, et tout ça pour quoi ? Mais c'est fini, tout ça.

Adam,
C'est vraiment minable de ta part d'avoir fait ça. C'est mon adresse e-mail perso, alors je te prierais d'arrêter de la donner aux journalistes. Et sinon, ce programme va faire un carton et tu sais que c'est grâce à moi. Alors je te conseille de remettre mon nom au générique, sinon je dirai à tout le monde que tu es GAY.
Tara.

Voilà. Qu'il aille se faire foutre.

Je reste assise là, à attendre une réponse. Rien.

Cinq minutes passent. Toujours rien.

Une heure plus tard, je n'ai toujours rien reçu, et je me sens coupable maintenant.

Ah. Réponse de Cam.

Moi ? Euh... Je crois que je suis en train de comprendre que peu importe à quel point on contrôle ses propres émotions, on ne peut pas contrôler celles des autres. S'il y a bien une chose que j'ai apprise au cours de toutes ces années passées à partager mon travail avec le public, c'est que les journaux d'aujourd'hui sont le rebut de demain. Je sais bien que plus personne ne lit les journaux, que tout ce qui est sur Internet ne meurt jamais et qu'on ne peut pas s'en servir pour couvrir le fond de la litière du chat. MAIS les gens avancent, les choses changent, et vous aussi, vous verrez. Nous sommes encore jeunes (j'ai lu que vous aviez quarante-deux ans ? J'en ai trente-six, on a presque le même âge). Quand je regarde mes parents, j'ai l'impression que ma vie n'a même pas encore commencé. J'aurai accompli un tas de choses quand j'aurai leur âge et c'est pareil pour vous. Même si ce qui vous arrive en ce moment vous fait l'effet d'une véritable catastrophe, c'est aussi un nouveau chapitre. Vous parviendrez à retourner la situation à votre avantage, j'en suis certaine.
Quand les gens en auront assez de rire, ils passeront à autre chose. Mon père m'a dit un jour de chercher les opportunités partout et j'ai mené ma vie en gardant ce conseil à l'esprit. Ne vous cachez pas, gardez la tête haute et ouvrez l'œil

pour trouver un moyen de changer la donne. Vous en êtes capable !
Bises,
Cam

Un autre e-mail. Celui-ci provient d'un certain Damien Weymouth.

La porte d'entrée claque si fort que je sursaute. L'instant d'après, j'entends les pas d'Annie qui monte les marches en courant. L'école est déjà finie ? Bon sang, je suis encore en pyjama.

— Maman, Maman ! crie-t-elle en sautant sur mon lit.

J'affecte une expression joyeuse. J'ai l'impression d'être une patiente à l'hôpital.

Je lui retire son manteau et elle se blottit contre moi.

— Comment c'était, à l'école ?

— J'ai fait de la peinture. Regarde.

Elle me tend une feuille de papier. Quatre personnes sont dessinées, dont une plus petite, que je présume être Annie. Elle me le confirme.

— Et là, qui est-ce ?

— Lui, c'est Papy, explique-t-elle en montrant un bonhomme bâton tout simple. Là, c'est Mamie, continue-t-elle en pointant du doigt le bonhomme bâton orné d'un triangle coloré en guise de jupe. Et ça, c'est toi.

Moi, je suis un bonhomme bâton avec un grand triangle noir accroché à ses épaules. Je pose l'index sur le triangle en question et demande :

— Et ça, qu'est-ce que c'est ?

— C'est ta cape.

— Ah oui ? Et pourquoi est-ce que j'ai une cape ?

— Parce que tu es Super Branleuse, répond Annie d'une voix assurée.

Je ne pensais pas que les silences gênants étaient possibles avec une enfant de six ans. Pourtant si.

Ma fille vient juste de m'appeler Super Branleuse. On touche le fond, et on creuse encore.

Une fois Annie installée dans la cuisine pour dîner, je retourne dans ma chambre au pas de course pour répondre à Cam. Je ressemble à une ado de quinze ans qui craque sur un mec de terminale. L'espace de quelques minutes, j'en oublie Jason. J'ai autant besoin d'un amant que d'une amie dans ma vie. Sophie ne m'a pas envoyé un seul message depuis son départ pour Bora Bora et le plus étrange, c'est qu'elle ne me manque pas. Elle ne ferait que me stresser dans un moment pareil, elle ne trouverait pas les mots, elle serait incapable de me réconforter et rapporterait tout à elle. Ça me fait du bien de faire une pause. J'ai besoin d'une amie capable de se concentrer sur mes problèmes pendant cinq minutes sans m'interrompre pour me parler de la couleur de sa prochaine teinture.

Même si je me sens affreusement mal à cause de cette vidéo et que toute cette histoire avec Jason m'embrouille et m'attriste, il y a une petite chose qui brille. J'ai Annie, bien sûr, mais il y a aussi autre chose qui maintient mon humour en vie, qui me distrait un peu du triste état de ma vie. Ce sont mes échanges avec Cam. Elle me comprend, tout simplement. Je peux rire de tout ça comme je n'oserais jamais en rire avec quelqu'un d'autre, et ses réponses sont vraies et sincères. Elle s'intéresse réellement à ma situation, elle m'offre des conseils bienveillants et utiles. Comme le ferait une véritable amie. Je ne sais pas trop comment Cam Stacey de *HowItIs.com* est devenue ma nouvelle copine, mais je suis ravie qu'elle le soit. Alors que je m'apprête à cliquer sur son mail pour y répondre, celui de Damien Weymouth me déconcentre. J'ai envie de le supprimer en signe de protestation, mais l'objet est assez attrayant.

> Objet : Proposition d'interview exclusive avec Sky News – paiement 30K
>
> Chère Tara,
> J'ai suivi votre histoire de près et avec intérêt. J'aimerais vous offrir une opportunité de rétablir la vérité, car je suis

persuadé que votre acte a été totalement incompris par les citoyens du Royaume-Uni (voire du monde ?).
Sky News souhaiterait diffuser en prime time une interview spéciale de vous dans le journal du soir. Je vous propose un entretien exclusif avec notre chaîne, où vous pourrez raconter votre version de l'histoire. J'ai réalisé des interviews avec de nombreuses célébrités très médiatisées et déshonorées qui souhaitaient mettre les points sur les *i*. Très souvent, dans ce genre d'affaire, des excuses sont tout ce dont le public a besoin pour passer à autre chose. Afficher émotions et regrets peut générer la sympathie nécessaire pour que les gens acceptent que vous avez fait quelque chose qui ne vous ressemble pas et que vous êtes pleine de remords d'avoir agi de la sorte.
Je suis sûr que vous devez penser que votre vie ne sera plus jamais la même, mais avec un peu de chance, vous verrez cette proposition comme une opportunité de vous remettre sur les rails. J'ajouterais que nous vous offrons un dédommagement non négligeable de 30 000 livres en échange d'une matinée en votre compagnie. Pensez-y.
Dans l'attente d'une réponse,
Damien.

Je le relis, puis je relis le mail de Cam.

Ne vous cachez pas, gardez la tête haute et ouvrez l'œil pour trouver un moyen de changer la donne.

Moi, devant la caméra… je ne suis pas sûre d'en être capable. Mais peut-être que Camilla a raison. Je dois inverser la vapeur et la meilleure solution pour y parvenir est peut-être de raconter l'histoire avec mes mots ? Cette idée me fait frémir. Le monde de la télévision est vicieux, je le sais. Mais est-ce que j'ai vraiment le choix ? Et puis c'est difficile de refuser 30 000 livres quand vous venez de perdre votre emploi.

Je redescends pour rejoindre Annie. Je vais y réfléchir.

Stella

Je ne sais pas pourquoi je parcours les archives du blog de Cam Stacey, quand je constate à quel point elle m'insupporte ces temps-ci. Mais je me suis souvenue d'un article qu'elle avait écrit il y a une éternité sur les femmes qui prenaient le contrôle sur le plan sexuel et j'ai vraiment envie de le retrouver. Après une heure à me torturer en relisant je ne sais combien d'articles sur sa PUTAIN de vie parfaite, je mets enfin la main dessus.

Juin 2009 : Les femmes doivent prendre davantage le contrôle de leur sexualité

J'ai un aveu à vous faire… désolée, Maman !
La semaine dernière, j'étais à l'aéroport. Mon vol avait une heure de retard, j'avais la gueule de bois après ma soirée de la veille et, par-dessus le marché, j'avais une envie monumentale de m'envoyer en l'air. Une envie telle que j'avais l'impression d'être un animal sauvage. J'avais les reins brûlants, les hormones en ébullition, je ne pensais qu'à ça. J'ai commencé à arpenter l'aéroport en quête d'une proie, prête à me jeter sur le premier pénis que je trouvais. D'un coup, j'ai repéré une cible. Un type absolument magnifique, seul près d'une fenêtre, qui regardait les avions. Je me suis approchée, hyper sensible au bruit de ma propre respiration. Je comptais carrément lui demander de me prendre dans les toilettes. Alors que je n'étais plus qu'à un mètre de lui, en train de m'humecter les lèvres, le souffle court à l'idée de prendre mon pied, une femme aussi superbe que lui l'a rejoint avec un gobelet Starbucks dans chaque main, me forçant à reculer. Je n'ai pas pu accomplir ma mission, mais j'ai adoré cette sensation d'être complètement submergée par mon désir sexuel, et ce scénario est resté un fantasme depuis. En partie parce que c'est grisant de me souvenir d'un tel niveau d'excitation, et en partie à cause de la joie que cela me procure de penser que les femmes là-dehors écoutent leurs envies. C'est exactement ce qu'on devrait faire : être impulsives, céder à la tentation, ne pas trop réfléchir et être un peu égoïstes avec notre sexualité, parfois. Enfin, vous savez… comme les hommes.

Bon. D'accord, ça n'a rien à voir avec ma situation actuelle, dans le sens où je ne souhaite pas draguer Jason parce que j'ai envie de m'envoyer en l'air, mais le résultat est le même : moi, qui obtiens ce que je veux. Et pour que mon plan fonctionne, il va falloir que j'en apprenne un peu plus sur lui.

Je lui apporte un café et lui demande s'il a besoin d'autre chose. Il me répond que non, qu'il est sur le point d'attaquer un nouveau chapitre. J'ai l'impression qu'il va rester le nez dans son ordinateur pendant un moment, alors je retourne devant le mien, je me connecte à sa boîte mail et commence à fouiner dans sa vie privée.

D'après ce qu'il m'a raconté, il a un type de femme : grande, avec de longs cheveux bruns, accomplie et sincère. Je ne suis pas très loin de cette description : plutôt grande avec mon mètre soixante-treize, j'ai de longs cheveux bruns bouclés et je pourrais parfaitement faire semblant d'être sincère, s'il le fallait. Si j'en crois sa correspondance, Jason est assez constant dans sa façon d'être avec les femmes. Il est attentionné et il adore discuter. Je lis ses échanges avec une certaine Sally.

J'ai adoré notre soirée hier.
J'aurais pu discuter avec
toi toute la nuit.
Jason

Moi aussi. Désolée si je t'en
ai trop dit sur moi. Ça m'a
fait du bien de parler.
Bises,
Sal

Ne dis pas de bêtises. J'adore
parler sentiments. Mon
travail consiste à capturer
les émotions. J'aurais pu
t'écouter pendant des heures.
Bises,
J

Note pour moi-même : me confier.

La conversation suivante, avec une autre femme, est plutôt sexuelle, à en juger par les premières lignes. Pendant un moment, je redoute de ne pas être capable de faire ça. Mais si je souhaite coucher avec lui, il va falloir que je dépasse mes scrupules. J'envisage de mettre mon projet à exécution le jour où j'ovule. Je ne peux pas me permettre de rater mon coup, et savoir ce qu'il aime au lit augmentera mes chances de succès. Alors je lis.

> De : Michelle
> Je porte une jupe crayon noir, des talons de dix centimètres, un haut moulant et pas de sous-vêtements. Je suis entourée de mes collègues, mais je n'arrive à penser qu'à une chose : ce que tu as fait à mon clito ce matin. J'ai passé un très bon moment.
> Je t'embrasse,
> Michelle

> De : Jason
> Qu'est-ce que tu es sexy… Je suis assis à mon bureau. De ma place, je vois mon assistante dans la pièce d'à côté, alors je dois être discret pour qu'elle ne voie pas que je me branle. Je t'imagine à genoux, en train de me prendre dans ta bouche.

Je plaque ma main contre ma bouche. Enfin, JASON ! Beurk ! Pendant que j'étais là ! Bon, OK, il est beaucoup plus porté sur le sexe que je l'imaginais. Ça sera peut-être être plus facile que ce que je croyais. Si je me confie et que je force un peu sur mon sex-appeal, ça devrait le faire. C'est un sensible, mais il a le sang chaud.

Une alerte mail s'affiche dans le coin de mon écran pour m'informer que Camilla Stacey a posté un nouvel article. Je ne sais pas comment elle fait. Elle ne fout rien de ses journées à part écrire, ou quoi ?

Camilla Stacey, *HowItIs.com* : Ce n'est pas parce que je n'ai pas utilisé mon utérus que je l'ai gâché…

Et c'est reparti pour un nouveau chapelet de conneries sur le fait de ne pas vouloir d'enfants.

> J'adore vos e-mails, je les lis tous. Je considère que cela fait partie de mon travail et il me paraît important de savoir quel impact mes articles ont sur les gens. Et je peux affirmer sans l'ombre d'un doute que je n'ai jamais été aussi inondée de courrier que depuis que j'ai ouvert la boîte de Pandore en avouant que je ne voulais pas d'enfants. Par chance, mes propos ont l'air d'encourager nombre d'entre vous, mais bien sûr, vous êtes aussi nombreuses à ne pas être de cet avis. À celles parmi vous dont le vagin se contracte à l'idée que le mien reste inoccupé : je suis navrée que mes choix vous dérangent. Et en même temps, arrêtez de vouloir m'imposer vos convictions tradi du siècle dernier, mettez un pied dans le monde moderne et allez emmerder quelqu'un d'autre.
>
> Ensuite… Après mon article et à de multiples reprises, on m'a adressé des mails pour me suggérer que je « gâchais mon utérus ». Vous avez bien lu. Parce que j'ai un utérus, que je n'ai pas demandé, je « manque de respect au pouvoir investi en moi en tant que femme ». Parce que, apparemment, c'est impensable d'avoir ce sac vide et de ne pas s'en servir.
>
> Sauf que je n'ai pas commandé cet équipement sur Amazon. Je suis née avec, et contrairement à un four (l'appareil ménager que l'on compare le plus souvent à l'appareil reproducteur féminin, visiblement), je ne peux pas me contenter de l'utiliser, sortir le plat que j'ai fait cuire dedans, le manger et vivre ma vie. Je pense qu'on est tous au courant qu'élever un enfant prend beaucoup plus de temps que préparer un gratin.
>
> Alors non, je n'utiliserai pas l'ensemble de ses fonctions, mais cela ne signifie pas que je gâche mon appareil reproducteur pour autant. Mon utérus est ce qui fait de moi une femme. Comment cela pourrait-il être du gâchis ?

Je me lève de donne un coup de pied dans mon bureau.

— Oh, va te faire foutre, Cam Stacey.

Ma main atterrit sur mon ventre comme par réflexe. Dans un an, mon utérus ne sera plus là. Mes seins non plus. Tout ce qui fait de moi une femme sera balancé dans un incinérateur et brûlé, pendant que Camilla Stacey se prélassera dans son nouvel appartement de bourge avec tous ses organes. C'est complètement injuste.

— Est-ce que tout va bien ? crie Jason depuis la pièce voisine.

— Oui, j'ai juste fait tomber quelque chose !

Sérieusement, à quoi elle joue ? Une femme avec une vie aussi parfaite que la sienne ne peut pas écrire sur ces sujets-là. Elle croit qu'elle valorise la gent féminine, mais la plupart des femmes qui n'ont pas d'enfants ne l'ont pas *choisi.* Elle n'ouvre pas une nouvelle voie, elle nous agite sous le nez ce qu'on ne peut pas avoir. Et ça me fout vraiment en rogne.

Je regarde derrière moi pour m'assurer que Jason n'arrive pas. Il est en train de taper à l'ordinateur, en pleine lancée. Je clique sur l'onglet « Contactez-moi » du blog de Cam et un nouveau mail s'ouvre automatiquement.

De : Stella Davies
À : Camilla Stacey

Peut-être que votre utérus n'est pas du gâchis, mais vous savez ce qui en est ? L'air que vous respirez. Vous ne voudriez pas la fermer avec vos sermons de « Femme Toute-Puissante » et vous trouver un vrai boulot ? Vous n'avez aucun droit de nous regarder de haut depuis votre tour d'ivoire et d'écrire comme si vous saviez de quoi vous parlez. Aucun. Alors arrêtez.

Envoyer.

Je reste immobile pendant une minute et je m'imagine le son qui émane de son ordinateur pour l'avertir qu'elle a un nouveau mail. Peut-être qu'elle est assise devant son écran en ce moment et qu'elle va le voir tout de suite ? Une vague d'impatience me submerge.

Je la visualise en train de lire mes mots et de se sentir aussi minable que moi, et…

Waouh. Ça me fait un bien fou.

9

Cam

CAM N'EST VRAIMENT PAS EN FORME. Elle a des courbatures terribles et envie de vomir. Elle a opté pour deux Nurofen et un thé au gingembre en guise de remède. Par chance, elle n'a aucun impératif. C'est l'avantage de travailler de chez soi, d'être sa propre patronne et de vivre sa vie sur Internet. La superbe lueur orangée des lumières de Londres inonde son salon. Avec une couverture sur les épaules, elle lit les e-mails de ses lectrices. Même avec son affreux mal de ventre, elle ne changerait de vie pour rien au monde.

> Chère Camilla,
> Je tenais juste à vous remercier pour votre article qui parlait de vivre en accord avec ses convictions. Mon patron me rabaissait depuis une éternité. Tous les jours, je rentrais chez moi et je m'en plaignais à ma colocataire. On buvait du vin en lui cassant du sucre sur le dos et je disais honnêtement ce que je pensais de lui. Mais ensuite, je retournais au bureau le lendemain et je le laissais recommencer, tout ça parce que

j'avais peur de perdre mon travail. Mais vous m'avez aidée à comprendre que je détestais aussi mon travail, en fait. Alors, vendredi matin, je suis allée m'inscrire dans un cabinet de recrutement, et vendredi après-midi, j'ai débarqué dans le bureau de mon patron pour lui annoncer que je démissionnais. Quand il m'a demandé pourquoi, je lui ai répondu que c'était parce qu'il était irrespectueux. Au lieu d'utiliser un vocabulaire de victime, j'ai suivi vos conseils et j'ai aussi ajouté que j'étais plus qualifiée que lui et qu'il ne me tirait donc pas beaucoup vers le haut. Il était complètement scotché, c'était magique. L'agence m'a déjà décroché trois entretiens la semaine prochaine et je me sens déjà mieux. Merci !
Bises,
Martha

Et un autre…

Salut Cam,
Tous les matins, je passe devant des ouvriers qui travaillent sur un chantier au bout de ma rue, et tous les matins, ils me mettent mal à l'aise en criant des trucs comme « Super nichons » et « Souris, chérie ! ». Chaque matin, je continue ma route en rougissant et en regrettant de ne pas avoir fait un détour. Enfin bref, hier matin, il y avait un grand soleil et après avoir lu votre article, j'ai pensé « et puis, merde ». Sur le chemin, je me suis arrêtée à leur niveau, j'ai soulevé mon haut et j'ai crié « MERCI, LES GARS ! ». Vous auriez vu leurs têtes... Impayable. Ils étaient tellement gênés qu'ils en sont presque tombés de leur échafaudage. Ce matin, ils n'ont rien dit. MERCI. Bises

Cam rit toute seule. Elle a toujours voulu montrer ses seins à des ouvriers pour leur clouer le bec, mais pour être honnête, elle n'en a jamais eu le courage. Alors qu'elle continue à parcourir ses mails, elle constate qu'un nom revient régulièrement. Ce n'est pas inhabituel que ses fans lui écrivent plusieurs fois, mais cette « Stella Davies » en a envoyé un paquet. Elle clique sur le dernier en date.

Je sais très bien à quoi vous jouez. Vos articles sur le féminisme ne sont qu'un tissu de conneries qui servent vos propres intérêts. Vous n'avez aucune idée de ce que c'est d'avoir à se battre. Entre votre vie parfaite, votre argent, vos rapports sexuels réguliers, vous ne me représentez pas. Vous faites du mal aux gens, au lieu de les soulager comme vous croyez le faire. Alors fermez-la, ou qui sait ce qui finira par vous arriver.

Waouh ! « Qui sait ce qui finira par vous arriver » ? Qu'est-ce que c'est que ça, une menace ? Elle jette un œil aux autres mails. Cette Stella la traite de garce, de menteuse, de disgrâce faite aux femmes. Qui est-elle, et pourquoi est-elle autant en colère ? Les menaces et l'agressivité sont monnaie courante sur Internet, mais à partir de quel moment faut-il signaler quelqu'un ? Sans doute avant qu'un inconnu l'attende devant chez elle avec un flacon d'acide ? Cette Stella la déteste davantage que la plupart des gens que ses articles contrarient, c'est clair.

Elle a juste peur parce qu'elle est mal dans sa peau. Ce n'est rien d'inquiétant, seulement une pauvre tarée esseulée qui passera à autre chose en constatant que Cam ne lui répond pas. Elle ferme sa boîte mail publique et ouvre sa boîte pro. Un message de Samantha Byron l'y attend. Il ne manquait plus que ça.

Chère Camilla,

Nous sommes très heureux des derniers taux de fréquentation du blog, mais nous nous sommes fait la réflexion qu'il était peut-être temps d'inviter d'autres blogueuses à écrire sur votre site ? Nous aimerions vous suggérer une blogueuse maman, pour rétablir un équilibre entre votre absence d'enfants et les femmes normales ?

J'attends avec impatience de savoir ce que vous pensez de cette idée ? Pour commencer, j'aimerais vous recommander Maria de *BubbsyWubbsy.com* ? Personnellement, c'est une de mes bloggueuses préférées. Elle est hilarante et propose des recettes géniales pour les tout-petits. Elle donne également d'excellents conseils sur les meilleurs programmes télé pour favoriser le développement et les jouets qui encouragement l'épanouissement scolaire. Enfin bref, je vous laisse regarder vous-même. Nous pensons qu'elle serait parfaite ?

Bises,

Samantha

Si sa vie entière ne tournait pas autour de lui, elle balancerait son ordinateur portable par la fenêtre dans un accès de rage. Comment ose-t-elle vouloir la « normaliser », cette conne ? Cam se rend sur *BubbsyWubbsy.com* et c'est aussi grotesque que ce qu'elle imaginait. La page d'accueil est rose pâle avec une police bleu pastel. Sur la gauche, une photo de bébé moche, et sur la droite, un carré qui dit « Le Moment Maman Marrant du Jour ». Et dessous : « Au milieu de ma promenade au parc ce matin, je me suis rendu compte que j'étais encore en pantoufles. Le cerveau de maman est bien fatigué ! Heureusement, le chien n'a rien remarqué. »

Cam déteste ces idioties. Machine BubbsyWubbsy qui bloggue sur *HowItIs.com* est ce qui pourrait lui arriver de pire. Elle inspire et elle expire profondément pour se calmer. Avec ses nausées, elle en a bien besoin, de toute façon. Elle est sur le point de répondre à Samantha quand le malaise devient insupportable. Elle court jusqu'à la salle de bains pour vomir.

Stella

Je verse de l'eau bouillante dans mon pot de nouilles déshydratées et je m'affale dans le canapé. Phil s'asseyait toujours ici. Ma place à moi, c'était dans le fauteuil. Le coussin a fini par s'affaisser un peu au milieu à force d'heures passées à regarder le foot une fois que j'étais partie me coucher. Je n'ai même pas allumé la télé depuis son départ. Mes pensées occupent la majeure partie de mon temps, et Internet se charge du reste.

Je n'arrive pas à finir mes nouilles. Quand je les ai vues chez l'épicier du coin, j'ai cru me rappeler le goût qu'elles avaient. Alice et moi en mangions sans arrêt dans le dos de notre mère. On adorait ça. Mais la saveur n'est pas comme dans mes souvenirs. Je les balance à la poubelle et m'installe à la table de la cuisine avec mon ordinateur. Je vais sur *HowItIs.com* et je parcours les archives de Camilla. Je tombe sur un ancien article qui date de 2006, intitulé « Pourquoi j'adore avoir des petits seins ». Lorsque je l'avais lu à l'époque, j'avais trouvé ça chouette qu'elle positive sur sa petite poitrine. Aujourd'hui, ça me donne envie de donner un coup de pied dans mon réfrigérateur.

> Les hommes pensent qu'ils adorent les gros seins alors qu'en réalité, ce qu'ils aiment encore plus, c'est l'assurance. Beaucoup m'ont avoué sur le ton de la confidence que les femmes les plus sexy sont ces actrices qu'on voit dans les films français, avec des seins fièrement dressés comme des volants de badminton. Ils ne pendent pas, ils n'ont pas besoin de soutien-gorge, ils sont naturels. Cela ne revient pas à dire que si vous avez des gros seins, les hommes ne les apprécient pas. Bien sûr que ça leur plaît. Mais si vous avez des œufs au plat comme moi, cela ne vous empêche pas d'être sexy. Tout ce qui intéresse les hommes, c'est que vous ayez des seins qu'ils peuvent toucher. C'est vous qui avez un problème avec leur apparence.

« Tout ce qui intéresse les hommes, c'est que vous ayez des seins qu'ils peuvent toucher » ? Comment fait Camilla Stacey pour savoir où appuyer exactement pour me faire mal ?

Je lui écris à nouveau.

Vous n'êtes vraiment qu'une connasse complaisante. « Ma vie parfaite. » « Mon amant sexy. » « Tout se passe comme je veux. » Mais ce n'est pas réel, tout ça. Vous savez ce qui est réel ? La mort.

Je vais sur Facebook pour la première fois de la journée. En faisant défiler la joie des autres, je réalise que je ne me sens plus obligée de lire tous les statuts. Je n'ai plus besoin de me flageller émotionnellement, en tout cas pas ce soir. Pendant des années, j'ai écrit un statut agressif après l'autre, que je n'ai jamais eu le courage de poster. Mais maintenant, j'ai trouvé ma soupape de décompression : Camilla Stacey peut encaisser ma colère, elle ne lit sûrement pas mes e-mails, de toute façon.

Et puis j'ai un plan, aussi.

Je ferme Facebook, et dans la barre de recherche de Google, j'écris : « Comment tomber enceinte ? »

Pour tomber enceinte, vous devez avoir un rapport sexuel le jour de votre ovulation, ou les jours qui précèdent/succèdent.

Au fur et à mesure de ma lecture, je découvre que, sur un mois, on ne peut vraiment tomber enceinte que pendant cinq jours, et que les plus grandes probabilités se concentrent sur trois jours seulement. Pourquoi est-ce que personne ne nous a expliqué ça à l'école ? Ça m'aurait épargné un paquet de coups de stress. Je recherche : « Comment savoir quand on ovule ? »

La plupart des femmes ovulent le quatorzième jour de leur cycle. On le calcule à partir du premier jour des dernières règles. Néanmoins, chaque femme est différente. Des kits d'ovulation très précis sont disponibles en pharmacie et dans le commerce.

Des kits d'ovulation ? J'ai besoin d'un kit pour ça ? Je n'aurais jamais cru que tomber enceinte était une science aussi exacte. J'essaie de faire sortir de ma tête l'image de moi en train de verser du sperme dans mon vagin. Ça n'aurait jamais marché. Mais cela n'atténue pas ma honte pour autant.

J'irai acheter un kit d'ovulation avant d'aller au studio demain. *Je peux le faire. Je peux faire en sorte que ça arrive.* Je referme mon ordinateur d'un coup sec. La pièce plonge alors dans l'obscurité, à l'exception des petits voyants verts et rouges des appareils électroménagers. Je ne m'étais pas rendu compte que j'étais dans le noir.

Tara

Le pire, ce sont les dîners. Ma mère insiste pour qu'on se retrouve autour de la table chaque soir, après que j'ai mis Annie au lit. Les repas sont d'une extravagance qui va au-delà du ridicule, tout ça dans le but de nous distraire de notre réalité. Notre réalité étant que :

- je n'ai pas quitté la maison depuis sept jours ;
- j'ai une hygiène personnelle déplorable ;
- mon père a essayé à plusieurs reprises de me regarder dans les yeux, mais ça lui est tout bonnement impossible ;
- désormais, 5 600 000 personnes m'ont vue en train de me masturber.

Ce soir, une fois que nous avons épuisé toutes les variantes qui existent pour complimenter des lasagnes, un silence pesant s'installe, jusqu'à ce que j'ose le briser en abordant le sujet de ma triste vie.

— J'ai reçu un e-mail de Sky News aujourd'hui. Ils m'offrent 30 000 livres pour un entretien exclusif qu'ils diffuseraient pendant le journal du soir.

Mon père donne un coup de poing sur la table. Une cuillère décolle et atterrit sur ses genoux. Il pose un coude à côté de son assiette et appuie sa tête dans sa main, pendant qu'il souffle et qu'il soupire. Je me tourne vers ma mère et je continue.

— Je suis inquiète pour mes finances.

Mon père se redresse, mais il reste. Apparemment, l'argent est une raison valable pour ne pas piquer une crise avant de quitter la pièce, ce qu'il a fait à chaque fois que j'ai ouvert la bouche pour parler d'autre chose que de la nourriture au cours des deux dernières semaines. Il peut se fâcher tant qu'il veut, il sait bien qu'il ne pourra pas nous entretenir éternellement.

J'en ai ma claque. Je comprends que tout cela le contrarie affreusement, mais c'est ma vie qui est foutue, pas la sienne.

— Ils disent que si je présente des excuses, ça ira mieux.

— Est-ce que tu *es* désolée ? demande ma mère.

— Non.

Ma réponse réveille aussi sec la colère de mon père, qui se manifeste par un grognement sonore.

— Et je n'ai aucune envie de présenter des excuses, mais peut-être que je devrais.

Nouveau coup de poing. Cette fois-ci, des petits pois bondissent de l'assiette pour se retrouver sur la table.

— Il faut que je pense à Annie et il faudra bien que je retravaille un jour. Si je garde le silence, bien sûr que les gens finiront par parler d'autre chose, mais quelle sera ma vie ? Qui acceptera de m'engager ? Qui laissera son enfant jouer avec Annie ? Quel homme voudra bien sortir avec moi ? Si je ne veux pas que cette vidéo soit mon héritage, je dois trouver un moyen de me réapproprier ma vie. Peut-être que si les gens voyaient les choses de mon point de vue, ils comprendraient que je ne suis pas une détraquée sexuelle.

C'est la goutte d'eau qui fait déborder le vase : mon père se lève et quitte la pièce. Tant mieux. Je n'en peux plus de sa colère. Ce qu'il me faut, c'est du soutien.

— Je pense que je devrais accepter, dis-je à ma mère.

Jamais elle ne me tournerait le dos, elle, peu importe à quel point je l'embarrasse.

— Je connais les rouages du métier. Je ferai des phrases qui ne peuvent pas être découpées ou éditées. Je dirai des choses qui prouvent que je ne suis pas folle. Je sais que ça ne fera pas tout disparaître comme par enchantement, mais au moins, j'aurai donné ma version de l'histoire. Qu'est-ce que je suis censée faire, autrement ?

— Ça pourrait se retourner contre toi.

Ma mère a raison. L'interview pourrait effectivement se retourner contre moi. Mais je ne vois pas comment ça pourrait être pire.

— Je sais. Mais j'ai googlé des excuses célèbres et ça fonctionne. Hugh Grant a demandé pardon après la fellation d'une prostituée, Tiger Woods a demandé pardon après avoir couché avec pratiquement tout ce qui bouge, Bill Clinton a demandé pardon après avoir menti sur sa liaison avec Monica Lewinsky. Tous ces hommes ont connu le succès après les scandales dans lesquels ils ont été impliqués. Les gens *peuvent* passer à autre chose. La vie *peut* continuer après ça.

— Je suppose, oui. Mais ces hommes étaient des personnalités, ils avaient déjà de longues carrières derrière eux. Et puis tu oublies le plus important.

— C'est-à-dire ?

— Ce sont des *hommes*. Les gens n'aiment pas que les femmes affichent ouvertement leur sexualité. Les règles ne sont pas les mêmes pour les hommes et pour les femmes. C'est comme ça que le monde fonctionne, ma chérie. Et je pense que ça ne changera jamais.

L'attitude défaitiste de ma mère quant aux progrès du féminisme est le coup de pied aux fesses dont j'avais besoin. Je sors de table, je retourne à l'étage et je réponds à l'e-mail de Damien Weymouth.

> Cher Damien,
> C'est d'accord.
> Tara

Qu'est-ce que j'ai à perdre ?

Cam

Cam verse soigneusement de l'eau bouillante dans sa bouillotte et visse le bouchon. Elle s'étend sur sa méridienne et glisse la bouillotte sous son chemisier blanc pour la plaquer contre son ventre. La douleur est intense. C'est comme si son utérus lui parlait et lui disait « ne fais pas comme si je n'existais pas ! ». *Si les utérus pouvaient parler.* Elle rit toute seule en dépit de ses crampes. Il faut qu'elle bloggue, mais elle n'a pas envie d'écrire. Elle inspecte son dossier « Urgences ». Elle se félicite pour sa clairvoyance. C'est pour parer à ce genre de moment et couvrir ses arrières qu'elle a passé de longues journées d'hiver à écrire article après article.

Elle en trouve un qui date de l'an dernier, lorsqu'une célèbre marque de tampons l'avait contactée pour lui offrir une piètre somme d'argent en échange d'un espace publicitaire sur *HowItIs.com*. Dans le mail, ils avaient dit : « Nous pensons que votre blog colle parfaitement à notre marque et que vous pourriez vraiment devenir une porte-parole pour les règles. »

Une porte-parole pour les règles ? Et puis quoi, encore ? On l'aurait surnommée quoi, *Le visage des menstrues* ? Cam avait trouvé l'idée ridicule et n'avait jamais répondu. En plus de ça, Cam déteste les règles. Elle a opté pour un implant contraceptif il y a quelques années dans l'espoir de ne plus les avoir, mais ça n'a pas marché. Certains mois, ses règles vont et viennent, d'autres, ils la terrassent comme une mauvaise grippe. Ce soir, elle a le sentiment que son utérus va imploser. Avec ses règles qui menacent de déferler d'un moment à l'autre, c'est l'article parfait.

Camilla Stacey, *HowItIs.com* : Je ne veux pas voir ou entendre parler de vos règles. C'est ma règle

Avant de commencer, je tiens à préciser quelques petites choses :
- Je ne pense pas que les femmes devraient être gênées par leurs règles.
- Je pense que la honte qui entoure les règles est inacceptable.
- J'aimerais que toutes les jeunes filles qui ont leurs règles pour la première fois aient le sentiment qu'elles peuvent en parler et j'espère qu'on leur apprend qu'elles n'ont pas à en avoir honte.
- Je pense que les femmes ne devraient pas avoir à payer pour leurs protections périodiques.
- Je pense que les douleurs menstruelles sont une raison valable de prendre une journée de congé.
- Je pense que les hommes qui humilient ou rejettent les femmes à cause de leurs règles sont des connards.

Je pense sincèrement tout ça. Pour autant, cela ne signifie pas que je veuille :
- voir vos règles ;
- faire une annonce à chaque fois que je change mon tampon ;
- voir des publicités avec des femmes qui ont leurs règles, ce qui me fait redouter encore plus les miennes.

Laissez-moi vous expliquer pourquoi.

Voir vos règles

L'artiste Rupi Kaur a posté une photo d'elle sur Instagram, où on la voit allongée sur son lit avec des vêtements tachés de sang, vraisemblablement à cause de ses règles. Pas de problème, ça arrive à tout le monde. J'ai taché tout un tas de fringues dans tout un tas d'endroits et je sais que c'est parfaitement normal. Néanmoins, je ne suis pas sûre d'avoir envie de voir ça sur mon fil Instagram entre deux photos de toast à l'avocat. Vous savez bien que je ne suis pas prude et que j'aborde tous les sujets ici. Je suis fière de me considérer aussi ouverte d'esprit qu'impossible à choquer, mais je pense que j'atteins mes limites quand il s'agit de voir des trucs qui sortent du corps d'autres personnes. Peu importe que ce soit lié à un problème féministe ou pas, je trouve ça dégueu, point barre.

Je trouve qu'on devrait parler davantage des règles ; pour autant, je ne veux pas dire par là qu'on devrait les VOIR davantage.

Annoncer à la cantonade que vous avez vos règles

Je suis tombée sur une statistique bizarre qui rapportait qu'une femme sur trois a le sentiment de devoir cacher son tampon dans sa manche au bureau, et que c'était considéré comme un problème. Aidez-moi, parce que je ne suis pas sûre de comprendre : qu'est-ce qu'on est censé faire ? Crier « HÉ LES GARS, JE REVIENS, JE VAIS JUSTE ENFONCER ÇA DANS MA CHATTE PLEINE DE SANG » chaque fois que nous allons aux toilettes ? J'espère bien que non. Mais maintenant que j'ai lu ça, j'ai peur que les gens croient vraiment que c'est problématique de cacher son tampon. Si je choisis de ne pas annoncer aux gens autour de moi que j'ai mes règles, est-ce qu'on va me voir comme quelqu'un qui en a honte ? Parce que ce n'est pas le cas. Ou bien va-t-on me prendre pour une personne qui a adopté la vision misogyne de la société sur la question ? Parce que ce n'est pas le cas non plus. Simplement, j'aime garder pour moi ce que je fais aux toilettes. Désolée si ça ne va pas dans le sens de votre version du féminisme.

Les femmes réglées dans la publicité

La haine que tant de femmes affichent à l'encontre des publicités sur les protections périodiques me sidère. Si vous cherchez des articles là-dessus, vous tomberez sur des centaines d'auteurs féministes qui s'indignent que les femmes dans les pubs pour les tampons soient actives et heureuses tandis qu'elles expliquent à quel point le produit

qu'elles vantent est efficace. EN QUOI est-ce dérangeant ? Quelle serait l'alternative ?
Je pense que c'est formidable de voir que mon tampon ne va pas fuir si je décide d'escalader une montagne, mais on dirait que certaines féministes aimeraient une description plus honnête des règles dans la pub. Comme quoi ? Une fille ballonnée et pleine de boutons qui mange de la glace saupoudrée de Nurofen ou qui pleure devant *Dirty Dancing* ? Qui aurait envie de voir ça ?
Je dirais que cette représentation est beaucoup plus insultante que des femmes qui accomplissent des prouesses sportives. Mes règles sont une plaie, mais je préfère que les médias ne me dépeignent pas comme une folle ou une malade à chaque fois que je les ai. J'aime le côté « lève-toi et bouge, pas besoin d'en faire tout un plat, ça ne t'empêche pas de vivre » des pubs pour les protections périodiques. C'est à mon avis le meilleur moyen de montrer aux hommes que nous ne sommes pas des incapables la semaine de nos menstruations. Et quoi de plus égalitaire que de sauter d'un foutu avion sur une musique punchy avec un grand sourire accroché à la face cette semaine-là ? Si j'étais un homme, ça me donnerait envie d'avoir mes règles.
J'attends vos e-mails avec impatience (plus ou moins). Et je vous préviens, je n'ouvrirai rien qui s'accompagne d'une pièce jointe ;)
À demain.
Bises,
Cam

Stella

Ma mère aurait adoré avoir des petits-enfants. Elle répétait toujours que ça n'avait pas été facile d'avoir des jumelles, mais qu'elle aimait tellement les bébés qu'elle aurait voulu qu'on ne grandisse jamais, même quand on pleurait et criait à gorge déployée et qu'elle n'avait pas dormi depuis des jours. En même temps, elle rabâchait aussi qu'Alice avait toujours été un gentil bébé, mais qu'elle serait certainement devenue folle si ma sœur avait été comme moi. C'est étrange d'entendre des anecdotes sur notre enfance. Ça ne veut pas dire grand-chose, en réalité, et ça ne reflète pas les adultes que nous sommes, mais c'était quand même *nous*, et ça m'a toujours blessée que ma mère raconte que j'étais un bébé difficile. Je suppose que je n'ai jamais compris comment elle faisait pour ne pas m'en vouloir ; apparemment, je passais mon temps à hurler. Elle n'a jamais exprimé la moindre colère contre moi, mais dans le fond, j'ai toujours su qu'elle préférait Alice.

Ma mère a dû surmonter de nombreux obstacles au cours de sa vie. Ses parents étaient horribles, elle n'a jamais eu de chance en amour… Mais avant de mourir, elle nous a confié qu'elle se sentait complète grâce à nous. Je n'oublierai jamais ses mots : « Je n'ai jamais eu besoin de rien à part vous, les filles. » Ça m'est resté. Ça m'a donné l'espoir de me sentir complète un jour, moi aussi. Car la vérité, c'est que même avant sa mort, et bien avant que j'apprenne qu'Alice avait un cancer, j'avais déjà du mal à accepter celle que j'étais.

Peut-être que c'était simplement parce que je vivais dans l'ombre de ma sœur si parfaite. Nous étions identiques en tout point à l'extérieur, mais à l'intérieur, nous étions les opposées. C'était Alice qui irradiait. Si elle m'avait ressemblé davantage, les jumelles Davies n'auraient jamais été les filles avec qui tout le monde voulait être ami : elles auraient été les filles que tout le monde souhaitait éviter. J'ai vécu la majeure partie de ma vie en faisant semblant d'être Alice : je la copiais, j'imitais son excellence. Et lorsqu'elle est partie, je n'ai pas réussi à me souvenir de comment elle faisait.

Désormais, je me raccroche aux mots de ma mère, son « je n'ai jamais eu besoin de rien à part vous », consciente qu'un enfant est ma seule véritable chance d'être heureuse. Rien que d'y penser, mon humeur change.

Je crois que j'aimerais bien avoir un garçon. *Les filles sont tellement compliquées… Et si j'en avais une comme moi ?* Je ris toute seule à mon bureau. Est-ce que c'est possible de faire ça ? Choisir le sexe ? Je regarde sur Google.

> Pour avoir un petit garçon, essayez les techniques suivantes…
> Les spermatozoïdes mâles seraient plus forts et résistants que leurs homologues femelles. Voici quelques conseils pour leur donner un petit coup de pouce :
> - Buvez du sirop pour la toux : apparemment, l'ingrédient qui fluidifie le mucus nasal a le même effet sur votre glaire cervicale, ce qui signifie que les spermatozoïdes ont davantage de chances de la traverser.
> - L'acidité étant réputée pour tuer les spermatozoïdes masculins, il est conseillé à la future maman de suivre un régime à forte teneur alcaline.
> - Il semblerait que la perte de poids favorise la conception de petites filles, alors évitez de perdre du poids. Essayez même d'en prendre !
> - La levrette est la meilleure position pour concevoir un petit garçon : en effet, la pénétration profonde offre un meilleur accès aux spermatozoïdes mâles.
> - Boire beaucoup de café avant l'acte rendrait le chromosome Y plus actif chez ces messieurs.
> - Avoir un orgasme pendant l'acte sexuel donnerait aux spermatozoïdes mâles un avantage sur les autres.

Waouh. Rien que ça ? D'accord. Donc, au-delà de persuader Jason de coucher avec moi, tout ce que je dois faire pour tomber enceinte d'un petit garçon, c'est : boire un max de sirop pour la toux, manger des tonnes de légumes, prendre un peu de poids, me faire prendre en levrette et avoir un orgasme après lui avoir fait boire un café.

Facile, non ?

— Fait chier ! s'énerve Jason en jaillissant de son bureau.

Surprise, je sursaute si fort que je décolle littéralement de mon fauteuil. Je ferme rapidement mon ordinateur.

— J'essaie de me concentrer sur l'écriture, mais je n'arrête pas de penser à elle.

— Qui ?

— Tara, voyons !

Et merde.

— Je sais que ça doit sembler dingue, mais elle était incroyable. Confiante, sûre d'elle, accomplie, sexy à mourir. J'ai bien conscience d'être un cliché sur pattes, mais il y avait une connexion entre nous. Je veux la revoir ! Je vais fouiller Internet jusqu'à ce que je la retrouve, ça ne doit pas être si compliqué que ça. Tara, télévision, Walthamstow. Elle doit bien être quelque part.

— Non, Jason. Pas d'Internet. Vous avez promis.

Je joue la carte culpabilité par rapport au livre. Ç'a été relativement simple de lui cacher la vidéo de Tara jusqu'à maintenant, mais s'il tape ces trois mots sur Google, il la trouvera tout de suite et ça ruinerait complètement mon plan. Il faut à tout prix que je l'empêche d'aller sur Internet jusqu'à ce que tout cela retombe.

— Stella, poussez-vous, s'il vous plaît. J'ai besoin de votre ordinateur, déclare-t-il fermement.

Mais je suis déterminée à ne pas le laisser faire. Une petite bagarre démarre. Il s'accroche à mon ordinateur pendant que j'essaie de tirer dessus. Finalement, c'est lui qui gagne et je suis obligée de m'écarter pendant qu'il tape les mots fatals. TARA. TÉLÉ. WALTHAMSTOW.

Ça ne peut pas arriver. Il ne peut pas trouver Tara maintenant. Il doit me mettre enceinte d'abord.

J'attrape un verre au-dessus du meuble de rangement derrière mon bureau et le jette à terre. En entendant le bruit du verre cassé, Jason fait claquer sa langue contre son palais, sans toutefois se détourner de sa mission. Les résultats sont sur le point d'apparaître. Tout est sur le point de foirer. Qu'est-ce que je fais ? Est-ce que je le pousse de ma chaise ? Ou alors je peux balancer un verre contre mon ordi ? Retirer mon haut ? Non ! Ahhh, merde !

— Jason !

Je crie en me laissant tomber au sol, sans trop savoir si ce que j'ai en tête va vraiment franchir mes lèvres. Mais ensuite, je le dis. Je lâche la bombe.

— Cancer ! Jason, j'ai un cancer !

Immobilité totale.

Jason se tourne vers moi pile au moment où une photo de Tara apparaît sur l'écran derrière lui. Il ne regarde pas par-dessus son épaule, il est trop bien élevé pour ça. Il me rejoint et se met à genoux à côté de moi, en dépit des éclats de verre. Il me serre dans ses bras, sans réfléchir aux limites qui devraient s'imposer. Le réconfort de son étreinte m'aide à me vautrer un peu plus confortablement dans le bazar que je viens de semer. Le pouvoir de l'affection l'emporte sur la culpabilité. Je mérite bien quelques instants de compassion.

— Stella, non, dit-il doucement. Un cancer ?

— Oui.

Ma voix est un souffle teinté de douleur. Il essuie une larme sur ma joue. Il doit croire que je pleure à cause de la maladie mortelle qui me ronge. En vérité, c'est parce que j'ai un morceau de verre dans le genou.

Il m'aide à me relever et me guide jusqu'au canapé. Lorsqu'on passe devant mon bureau, je rabats l'écran de mon ordinateur avant qu'il ne puisse reconnaître le visage hagard de Tara.

Pfiou. On n'est pas passés loin.

Jason disparaît dans la cuisine et revient quelques instants plus tard en me tendant une tasse de thé.

— Tenez.

Je reprends vite ma tête de « j'ai un cancer ». Puis, comme si je refusais de monopoliser son attention :

— Vous ne devriez pas être en train de travailler ?

— Le livre peut attendre, répond-il généreusement. Ça vous va, du thé ? Vous avez peut-être envie d'un truc plus fort, comme du vin ou du whisky ? Merde, qu'est-ce que je raconte, vous ne pouvez sans doute pas boire d'alcool.

— NON, du vin, c'est parfait !

Ouh là. Mon ton était un peu trop désespéré. Je me dépêche de rattraper le coup.

— Après tout, ça ne peut pas être pire. Alors un peu de vin ne peut pas me faire de mal.

Et j'ai vraiment besoin d'un verre.

Il se dirige vers le minibar dans le coin du studio, là où nous gardons toujours de l'alcool pour les clients, et débouche une bouteille de rouge.

— Si j'apprenais que j'avais un cancer, je pense que je me camerais à toutes les drogues possibles et que je fumerai un paquet de clopes entier.

— C'est exactement ce que je me dis.

Je joins le geste à la parole et je bois une grosse gorgée de vin.

Il s'installe à côté de moi sur le canapé.

— Je veux que vous me racontiez tout depuis le début. Vous le savez depuis quand ?

Je dois lui confier des choses, lui parler de mes émotions. C'est un trait de caractère qu'il trouve séduisant chez les femmes. De la sincérité... Bon. Je me lance.

— Ma mère a eu un cancer du sein juste après ses quarante ans. Elle en est morte quand elle en avait cinquante-deux.

Jason verse davantage de vin dans mon verre.

— Avec ma sœur jumelle, on...

— Oh, j'ignorais que vous aviez une sœur jumelle, m'interrompt-il.

Peut-être est-il en train de réaliser que je travaille pour lui depuis près d'un an et qu'il n'a fait aucun effort pour apprendre à **me** connaître.

— Oui, Alice. Notre mère était sans arrêt sous traitement, alors on s'est occupées d'elle. Double mammectomie, chimio, rayons... C'était violent. Tout ça l'a usée pendant des années, jusqu'à ce qu'on nous annonce que plus rien ne fonctionnerait et que le cancer avait gagné.

— Merde. Je suis désolé, Stella.

— C'était vraiment étrange, comme sensation. Les cinq dernières années ont été si terribles qu'on a fini par se dire que si on avait su, on n'aurait pas pris la peine de la torturer avec toutes ces procédures. Alice et moi avons organisé l'enterrement. Notre mère voulait que ce soit sur le thème de sa vie avant la maladie, alors on a porté de vieilles robes à elle des années 1970 et demandé à tous les invités de mettre les vêtements les plus colorés de leur garde-robe.

Jason boit un peu de vin, sans doute soulagé de trouver une étincelle de joie au milieu de cette histoire triste à mourir.

— C'est adorable. C'est vrai que c'est déprimant, cette tradition de s'habiller tout en noir.

— Oui, je trouve aussi.

— Et où est votre sœur ?

Je ne réponds pas tout de suite. *Est-ce qu'il a besoin de tout savoir ?* Je bois une gorgée de vin. Et je décide qu'au point où j'en suis, autant vider mon sac.

— Elle est morte.

Jason pose son verre et se penche en avant. Il prend sa tête entre ses mains.

— Stella, je ne sais pas quoi dire.

Une larme roule sur sa joue. C'est compréhensible, j'imagine. Après tout, l'histoire que je suis en train de lui servir est horrible.

— Environ un an après la mort de notre mère, Alice a commencé à se sentir vraiment mal. Elle avait constamment mal au ventre et elle était tout le temps fatiguée. Alors on est allées chez le médecin et elle a fait tout un tas d'examens, sans que personne ne sache lui dire ce qu'elle avait. Puis les médecins ont découvert qu'elle souffrait d'un cancer des ovaires au stade quatre. Elle avait des métastases au foie, le cancer était incurable. Elle est morte en six mois.

Je finis mon verre d'un trait et le pose par terre.

— Et votre père ? Il est encore là ?

C'est marrant, je pense si rarement à mon père que la question de Jason me surprend. Ça n'a rien d'étonnant, pourtant, n'importe qui la poserait. Si mon bébé m'interroge sur son père, un jour, qu'est-ce que je répondrai ? Si mon plan fonctionne, quelles sont mes intentions ? Est-ce que j'avertirai Jason que je suis enceinte ? Je n'en sais rien. Je ne veux pas le blesser, mais je ne veux pas non plus me compliquer la vie. Je pourrais démissionner, prétendre que c'était trop dur pour moi de continuer à travailler pour lui après notre aventure. Je peux très bien ne jamais le revoir, et il n'a pas besoin d'être au courant. Je pourrais réhypothéquer l'appartement, vivre de ça pendant quelques années, puis dénicher un autre boulot d'assistante ailleurs. Je trouverai une solution.

— Je n'ai jamais connu mon père. Il est parti peu après notre naissance. C'est beaucoup de travail d'avoir des jumeaux et, apparemment, c'était trop pour lui. Ma mère ne s'est pas battue pour qu'il reste et elle ne s'en est jamais cachée. Elle disait qu'il valait mieux être seule qu'entourée de gens qui ne nous aiment pas. Enfin bref, elle nous a élevées toute seule. Je n'ai pas la moindre idée de l'endroit où il se trouve désormais.

— Vous aimeriez le retrouver ?

— Pas vraiment. Pour être tout à fait honnête, je n'y pense jamais.

En disant ça, je me rends compte pour la première fois de ma vie qu'une grande partie de ma personnalité a sans doute été façonnée par l'absence de mon père. C'est le risque, quand on parle de ses sentiments : on réalise que notre vie est encore plus bordélique que ce qu'on croyait.

— Je ne vous ai jamais posé de questions sur vous, constate-t-il.

Il semble déçu par son propre comportement. Je tente de le réconforter.

— C'est normal. Vous êtes mon patron, pas mon thérapeute. Et puis je n'avais pas envie d'en parler. Ce travail est très important pour moi. Quand j'ai rencontré Phil, il m'a aidée à sortir d'une très mauvaise passe. J'avais juste besoin d'une distraction, je ne savais pas ce que je voulais faire. C'est lui qui m'a convaincue de travailler. Il m'a suggéré de chercher un poste d'assistante, afin de me focaliser sur quelqu'un d'autre que moi-même, et ça a marché. Tant que je suis au studio, tout va bien. C'est quand je rentre à la maison que les choses se compliquent.

— Quand est-ce que vous avez rencontré votre petit ami ? Votre ex, pardon.

— Il y a deux ans. C'était la première personne à qui je réussissais à me confier sur ce qui était arrivé à Alice. Il a été d'un soutien incroyable.

— Et il vous a quittée comme ça ? Quel salaud.

— Je suppose qu'il devait se sentir sous pression.

— Est-ce qu'il savait que... Sait-il que vous avez un cancer ?

Je marque une pause. Je pourrais faire machine arrière et dire que je me suis mal exprimée. Que je suis désolée, que j'ai oublié de lui expliquer la partie sur le gène. Mais une fois que vous avez lâché les mots « j'ai un cancer », c'est impossible de les reprendre.

— Oui.

— Connard.

— Je ne lui en veux pas. Ce qui m'attend va être très éprouvant. J'imagine qu'il vaut mieux affronter ça toute seule qu'accompagnée de quelqu'un qui n'est pas réellement impliqué.

— Moi, je le suis, d'accord ? Je vais vous aider.

— Vous avez un livre à écrire, mon cher, fais-je remarquer en essayant de dissimuler mon envie désespérée qu'il me féconde.

— C'est vrai. Mais je suis là pour vous, et je suis sincère. Vous pouvez compter sur moi.

Il ouvre la bouche pour ajouter quelque chose puis la referme, comme s'il n'était pas sûr de pouvoir dire tout haut ce qu'il a en tête. Pour l'encourager, je demande :

— Quoi ?

— Vous pouvez venir chez moi ce soir, si vous ne voulez pas rester seule. J'ai une chambre d'amis et je vous promets que c'est propre. Croyez-le ou non, j'ai une femme de ménage.

Tentant, mais si je veux que mon plan fonctionne, je dois la jouer fine. Il ne faut pas que je brûle les étapes.

— C'est gentil, merci beaucoup, mais je préfère rentrer. J'ai mon premier traitement demain matin, alors j'aimerais passer la soirée au calme chez moi. D'ailleurs, est-ce que c'est gênant si j'arrive un peu en retard ? Ce n'est pas très agressif, apparemment, je devrais être en état de venir travailler.

Ça alors ! Mes propres talents d'improvisation m'impressionnent.

— Enfin, Stella, prenez votre journée, voyons !

Tentant, une fois de plus. Mais si je ne le surveille pas, il trouvera un moyen d'aller sur Internet.

— Non, je vous assure, le médecin m'a assuré que ça irait et je préfère venir au studio plutôt que passer la journée seule à la maison. Ce dont j'ai vraiment besoin, c'est que ma vie suive son cours le plus normalement possible, aussi longtemps que possible. Je devrais avoir une heure de retard, maximum. Mon rendez-vous est à 8 heures.

J'ai hâte de faire une grasse matinée. J'ai très mal dormi ce week-end.

— Est-ce que vous voulez que je vous accompagne ? demande-t-il parce que c'est un type bien et que c'est ce qu'un type bien ferait.

— C'est adorable, mais ça ira. Je vous promets de vous prévenir dès que j'aurai besoin de vous, d'accord ? Nous n'avons pas à reparler de ça, on devrait se concentrer sur votre livre, il faut que vous le terminiez. OK ?

— Vous êtes tellement altruiste… dit-il en passant un bras autour de mes épaules.

Visiblement, le cadre de notre relation a évolué et les contacts amicaux sont acceptables, désormais.

— Merci d'avoir partagé tout cela avec moi. Et j'insiste, si vous avez besoin de quoi que ce soit, vous m'appelez, d'accord ? Je laisserai mon portable allumé la nuit au cas où.

— Merci, Jason. Mais la vie continue… Hors de question de me traiter différemment.

De tous les mensonges dont je viens de l'abreuver, celui-là est sans doute le plus gros. Je veux qu'il me traite différemment. Au point de me pencher sur son bureau, de me prendre par-derrière et de me mettre enceinte.

Mais naturellement, je garde ce détail pour moi.

10

Tara

J'embrasse Annie pour lui dire au revoir, puis mes parents s'empressent de la conduire à l'école. Ils sentent bien que je suis nerveuse. Après leur départ, je regagne ma chambre et m'allonge sur mon lit. Les yeux clos, je tente de me vider la tête, mais c'est impossible. Je suis terrifiée, j'ai les mains qui tremblent et la sensation que tout mon sang est concentré au niveau de mon ventre, comme si le reste de mon corps n'était plus irrigué. J'envoie un mail à Camilla.

> Salut,
> Je crois que j'ai merdé. J'ai accepté une interview avec Sky News, ils sont sur le point d'arriver. J'ai vendu mon âme pour du cash. Qu'est-ce qui m'a pris ?

Elle me répond dans la foulée.

> Pas de panique, Tara. Tout va bien se passer. Vous avez le droit de vous exprimer et de vous défendre. En revanche,

ne vous excusez pas. Vous n'avez pas à vous excuser. Les femmes n'ont pas à s'excuser d'avoir des envies. Bon courage, ça va aller. La télé, c'est votre terrain, soyez naturelle et tout ira bien. Bises

Ne vous excusez pas ? C'est exactement pour cette raison que j'ai accepté de faire cette interview, bordel ! Si je ne m'excuse pas, qu'est-ce que je vais bien pouvoir leur raconter d'autre ? On sonne à la porte. *Et merde.* Ils sont là. J'ai mis un jean et un col roulé noir, dans le but d'avoir l'air aussi neutre et respectable que possible. Quand j'ouvre la porte, je découvre neuf personnes chargées de valises, de sacs et de spots. Même si j'ai travaillé à la télé pendant plus de dix ans, je suis tout de même intimidée tandis qu'ils se mettent en devoir de transformer le salon en mini studio.

Je prépare du thé pour tout le monde et m'efforce d'être accueillante. J'ai offert à mes parents une visite au musée, un resto et des places de théâtre en matinée. La perspective de voir mon père hyperventiler et ma mère servir l'intégralité du rayon pique-nique de chez Marks & Spencer au déjeuner était au-dessus de mes forces. L'équipe est très pro et tout le monde fait comme si c'était la routine. Le secret d'une interview réussie, c'est que personne ne parle de quoi que ce soit jusqu'à ce que ça tourne. Ainsi, on s'assure que l'intervenant, qui n'a peut-être pas l'habitude d'être filmé, ne sorte pas des trucs du genre « comme je l'ai déjà dit » ou omette certains détails une fois devant la caméra, par peur que les personnes présentes dans la pièce pensent qu'il se répète. Une autre astuce, c'est d'éviter toute interaction entre l'animateur et l'intervenant avant le début de l'enregistrement. Je ne suis donc pas étonnée de constater que Damien n'est pas encore là.

C'est vraiment bizarre d'être le sujet d'un programme. Je connais tous les mécanismes. Je sais que, dès que je sors de la pièce, tout le monde parle de moi. Je sais aussi que, dès qu'ils repartiront, ils raconteront autour d'eux comment je suis « vraiment ». Alors je fais bien attention de ne pas sembler nerveuse ou mal assurée. Mais cette proximité avec des étrangers m'est insoutenable.

Je suis assise sur une chaise dans la cuisine. Une fille jeune à l'haleine parfumée aux Tic-Tac me maquille le visage avec une variété de produits. Elle a clairement reçu l'ordre de ne pas bavarder avec moi, mais ça crève les yeux qu'elle n'en peut plus du silence, alors je brise la glace.

— J'adore le fond de teint MAC.

— Moi aussi, s'empresse-t-elle de répondre, heureuse de discuter maquillage. La qualité est vraiment super. Vous avez vu leurs nouvelles ombres à paupières néon ?

— Non. Je ne suis pas trop ombre à paupières. En fait, je ne suis pas très branchée maquillage, j'ai tendance à préférer le naturel.

— Oui, j'ai vu ça quand je vous ai googlée, alors je…

Elle se tait. Elle comprend qu'en avouant qu'elle m'avait googlée, elle vient d'admettre qu'elle avait vu la vidéo. Maintenant, elle a la main qui tremble et j'en suis réduite à espérer qu'elle ne me crève pas un œil en m'appliquant du mascara. On n'échange plus un mot jusqu'à ce qu'elle ait terminé.

À 11 heures précises, Damien fait son entrée.

— Tara, lance-t-il d'une voix chaleureuse.

Du genre trapu, il doit mesurer un mètre quatre-vingts et il a l'air de se faire couper les cheveux beaucoup trop souvent.

— Merci d'avoir accepté notre offre. Tout est presque prêt, on dirait. Comment vous sentez-vous ?

— Oh, vous savez, un peu comme si je m'étais masturbée dans le métro et que je m'apprêtais à en parler à la télé sur une chaîne nationale.

Pour la première fois depuis un certain temps, je parviens à me faire rire. Damien ne rit pas, lui, et ça attire mon attention. Personnellement, je ne ris jamais aux blagues des intervenants quand j'ai l'intention de les crucifier après. Je ne voudrais pas qu'ils me traitent d'hypocrite parce que j'ai été charmante avant l'interview, mais que je leur ai posé des questions gênantes ensuite. Soudain, je suis méfiante. Damien essaie d'accélérer un peu la cadence. Il va dans le salon et s'installe dans le fauteuil de mon père, qu'un technicien a placé en face de celui de ma mère.

— Je peux vous équiper ? me demande un ingé son, avec un micro à la main.

Je fais tomber le fil dans mon dos, sous mon pull, puis je rattrape l'extrémité en bas. L'ingénieur le connecte au boîtier qu'il attache à l'arrière de mon jean. Tout à coup, une peur et un regret si grands s'emparent de moi que j'ai envie de leur hurler à tous de sortir avant de retourner dans ma chambre, où je peux me cacher sans avoir à endurer la moindre interaction avec d'autres êtres humains.

Pense à l'argent. Il le faut. C'est pour Annie que je fais ça.

— Bon, on peut y aller, ordonne Damien.

D'un geste, il m'indique de le rejoindre et de m'asseoir. Il est dans le fauteuil de mon père, je suis dans celui de ma mère. Je trouve ça symbolique, même si l'équipe l'ignorait lorsqu'elle a effectué la mise en place. Pendant que le caméraman procède à quelques ajustements et que la maquilleuse fait une apparition éclair pour me repoudrer le nez, Damien parcourt ses notes. Il a une dizaine de fiches sur les genoux. J'ai l'impression que mon futur dépend de ce qu'elles contiennent.

Le silence règne dans la pièce. Le caméraman dit :

— Action.

Damien commence à parler en s'adressant à la caméra.

— Ici Damien Weymouth. Bonjour et bienvenue pour cette interview spéciale. À moins que vous n'ayez vécu dans une grotte, vous avez forcément entendu parler de mon invitée d'aujourd'hui. Il y a de cela douze jours, Tara Thomas vivait une vie normale et partageait son temps entre sa fille Annie et son travail pour une chaîne de télévision.

Je tressaille quand il prononce le nom de ma fille. Ça a quelque chose d'affreusement glauque de l'entendre nommée à la télé.

— Mais désormais, la vie de cette mère célibataire n'a plus rien d'ordinaire. Qualifiée de « catin » par le *Mirror*, de « traîtresse envers le féminisme » par le *Guardian* et de « mère honteuse » par le *Daily Mail*, Tara n'est pas seulement l'ennemie publique numéro un, elle est aussi la risée de tout le pays. Elle fait partie des tendances Twitter depuis dix jours, ce qu'on pourrait qualifier de record. En l'espace d'une semaine, elle a perdu son emploi, elle est revenue vivre chez ses parents et elle a même dû être hospitalisée suite à une crise d'angoisse sévère alors qu'elle était dans son supermarché de quartier. Aujourd'hui humiliée, calomniée et terrifiée que les choses ne reviennent jamais à la normale, elle est ici avec moi, Damien Weymouth, pour nous donner sa version de l'histoire. Tara, comment allez-vous ?

Son regard me transperce comme un rayon laser. Sa présentation était horrible. Il me fait passer pour une pauvre fille pathétique, et même si je me *sens* pathétique, je n'ai pas l'impression d'être pathétique *à ce point*. J'ouvre la bouche mais il n'en sort qu'un croassement bizarre que Damien interrompt aussitôt.

— J'imagine que ce n'est pas facile de trouver les mots. Laissez-moi plutôt vous poser quelques questions. Et je tenais aussi à vous dire…

Il lève la main pour bloquer le champ de l'objectif.

— Si vous vous sentez mal à l'aise à n'importe quel moment, dites-le-moi et on arrête tout. Si je vous demande quelque chose qui vous gêne, vous me le signalez et on passe à autre chose, d'accord ?

Je réponds par l'affirmative, mais je sais pertinemment qu'il ment. Parce que j'ai moi-même prononcé cette phrase des milliers de fois. C'est comme ça que le présentateur ou le producteur manipule les intervenants pour leur faire croire qu'il est de leur côté. Sauf que ce n'est pas vrai. Si je lui confie qu'une question me dérange, alors il saura que je suis fragile et il me poussera dans mes retranchements, dans l'espoir que je finisse en larmes. C'est une tactique classique. Je ne suis pas stupide et je ne vais pas tomber dans le panneau. Il baisse la main et reprend.

— Tara, revenons sur cette soirée. La soirée du métro. Où étiez-vous avant ça ?

— J'avais eu rendez-vous avec un homme et je rentrais chez moi.

Au moins, cette partie-là a l'air plutôt normale.

— Est-ce que le rendez-vous s'était mal passé ? Je ne veux pas tirer de conclusions hâtives, mais vous rentriez seule à la maison. Étiez-vous contrariée ?

— Pas le moins du monde. J'avais passé une excellente soirée.

— D'accord. Vous étiez donc dans le métro, après avoir passé une excellente soirée. Que s'est-il passé ensuite ?

— Nous savons tous ce qui s'est passé ensuite. C'est pour ça que je suis là, pas vrai ?

— Pouvez-vous répondre avec vos propres mots ? Pour les gens qui nous regardent et qui n'auraient pas vu la vidéo.

— Très bien. Je... Je me suis masturbée dans le métro.

Toute l'équipe inspire bruyamment. Est-ce que c'est parce qu'ils sont choqués ou parce qu'ils ont envie de rire ?

— C'est exact, continue Damien. Et pourquoi avez-vous fait ça ?

— Je ne sais pas trop. Je l'ai fait, tout simplement.

— Diriez-vous que c'est comme ça que vous menez votre vie ? Vous succombez à vos envies, vous faites ce que vous voulez, comme vous le voulez, quand vous le voulez ? Diriez-vous que c'est dans votre personnalité ?

— Non, je ne dirais pas ça. Je pense qu'en général, j'ai tendance à penser aux autres avant de penser à moi. Comme beaucoup de parents, vous ne croyez pas ?

Enfin une réponse dont je suis satisfaite. Ça sonnait juste et surtout, c'est la vérité.

— Hum... Nous avons l'enregistrement d'une brève interview réalisée hier soir avec votre ancien employeur chez Great Big Productions, Adam Pattison. Et il ne semble pas tout à fait de cet avis.

— Hein ? Pardon ?

Damien demande à un technicien de lancer la vidéo et m'invite à regarder un petit écran de télé à ma droite. Le visage d'Adam apparaît.

« Tara était douée dans son travail, ça ne fait aucun doute. Mais dans le cadre des programmes qu'elle produisait, une de ses "qualités" consistait à être capable de se détacher de la douleur des autres. Elle était très forte pour ça. Il lui arrivait aussi de s'attaquer aux gens sans raison, de dire des choses incroyablement cruelles et injustes, accusant les gens d'être des choses qu'ils n'étaient pas. Comme ça, sans raison, et souvent par e-mail, ce que je trouvais très lâche. Tara est comme un serpent, elle avance sans faire de bruit et d'un coup, CLAC, elle vous mord. Elle pouvait être très blessante. »

Je suis bouche bée.

— Quel enf...

Je me retiens juste à temps. Pas la peine de leur offrir ce genre de réaction. Damien continue :

— Est-ce que l'on pourrait dire que vous ne faites que ce qui est bon pour vous, sans vous soucier des autres ? Comme avoir un enfant et ne jamais en parler au père ?

J'éloigne mon visage de la caméra, comme si cela pouvait les empêcher de filmer.

— Nous ne sommes pas ici pour parler de ça. Je suis ici pour expliquer ce qui s'est passé dans le métro et de comment ça a mis ma vie sens dessus dessous.

— Tout à fait, et nous allons y venir. Mais d'abord, je pense que c'est important d'évoquer votre personnalité, d'établir ce qui vous a conduit à ce moment d'indécence. Et j'aimerais commencer par la façon dont vous avez eu votre fille, car les spectateurs ont envie de savoir si vous vous êtes dit que c'était acceptable.

— Je préférerais ne parler que de la partie sur la masturbation, s'il vous plaît. C'est ce que nous avions convenu.

— Et nous allons en parler, mais avant ça, avez-vous eu délibérément un rapport sexuel avec cet homme dans l'espoir de tomber enceinte ?

— Non. Pouvons-nous aborder ce que j'ai fait dans le métro, s'il vous plaît ?

— Lorsque vous avez découvert que vous étiez enceinte, avez-vous pris les sentiments du géniteur en considération ?

— S'il vous plaît, je ne suis pas ici pour parler de ma fille ou de comment je l'ai eue. Cela ne regarde personne à part moi.

— Sauf que ce n'est pas tout à fait vrai. Son père est là, dehors, et le pauvre homme n'a pas la moindre idée qu'il a une fille quelque part.

— Le « pauvre homme » ? Ce n'est pas un pauvre homme. Il avait une belle maison et il a tiré son coup. Est-ce qu'on peut revenir à ce que nous avions convenu ?

Il lève la main à nouveau, comme s'il parlait hors-caméra.

— Je vous pose les questions dont le public veut connaître les réponses, Tara. Si nous ne couvrons pas tous les aspects de votre histoire, tout cela ne s'arrêtera jamais.

Ça m'agace d'avoir à le reconnaître, mais il a raison.

— Mais changeons de sujet le temps que vous repreniez vos esprits.

Il se redresse et repasse en mode connard.

— Qu'est-ce que ça fait d'être jugée de la sorte par le public ? me demande-t-il.

— C'est affreux. J'ai pleuré davantage ces derniers jours qu'au cours de toute ma vie et je suis tombée malade parce que j'étais incapable d'avaler quoi que ce soit. Tout le monde me juge sans me connaître. Je suis quelqu'un de bien, et une bonne mère, c'est très blessant et très déroutant d'être détestée de la sorte.

Je suis contente de ma réponse. Pas trop désespérée. Claire, précise et sincère.

— Vous devez regretter profondément ce que vous avez fait ?

Je me fige. Les mots de Cam me reviennent à l'esprit. *Ne vous excusez pas. Les femmes n'ont pas à s'excuser d'avoir des envies.* Je me rends compte qu'elle a raison. Il y a beaucoup de choses que j'aimerais dire, mais le mot « désolée » n'en fait pas partie. Je peux renverser la situation.

Avec un petit sourire aux lèvres, je réponds :

— Je regrette de ne pas avoir attendu d'être chez moi.

Il ne me rend pas mon sourire.

— Vous devez être vraiment, vraiment désolée ?

— Pas vraiment, non. Je veux que les gens sachent que je ne suis pas folle, mais je ne suis pas désolée de m'être masturbée alors que je pensais être seule.

Damien semble agité. Il se tortille dans son fauteuil, sans doute en quête de nouvelles ruses pour me manipuler jusqu'à réussir à m'extorquer des excuses. Mais je ne céderai pas. Peu importe à quel point je me sens persécutée, mon avenir dépend des décisions que je prends à partir de maintenant. Je ne peux rien changer au fait que mon père a vu la vidéo, je ne peux pas débrancher Internet, mais je peux contrôler la façon dont je gère la situation. J'ai deux options : soit je laisse l'opinion publique gagner en suppliant qu'on me pardonne, ce qui me condamne à être tournée en ridicule jusqu'à la fin de mes jours ; soit j'assume et je ne m'excuse pas. Après tout, à qui devrais-je demander pardon ? Certainement pas à ce connard de présentateur grassouillet qui pense pouvoir me faire la leçon parce qu'il croit que l'acceptation de parfaits inconnus est plus importante que l'acceptation de soi. Sauf que ça ne l'est pas. Alors je ne m'excuse pas.

— Tara, insiste-t-il. Est-ce que vous avez quelque chose à déclarer ?

Immobile, je fixe mes genoux en ayant l'air d'être sur le point de m'écrouler, comme Damien l'espère. Puis je relève la tête et réplique :

— Oui. C'est vraiment dommage que cette mésaventure me cause autant de problèmes, parce que j'ai eu un orgasme absolument fantastique. Est-ce qu'on a fini ?

11

Cam

CAM SE RÉVEILLE TOUT DOUCEMENT. Elle se sent affreusement mal. L'atmosphère de sa chambre lui pèse, il y a comme une odeur de renfermé. Elle se lève, écarte les rideaux et ouvre la fenêtre. L'air frais du matin envahit la pièce et le soleil perce à travers les nuages, baignant la pièce de lumière. Mais l'excitation qu'elle ressent d'habitude lorsqu'elle admire la vue n'est pas au rendez-vous ce matin. Toute cette allégresse estivale ne fait qu'aggraver son état. Groggy, elle retourne se coucher et se met en position fœtale dans un gémissement.

— Tu es encore patraque, ma belle ? s'enquiert Mark, encore à moitié endormi à côté d'elle.

Il a débarqué hier soir armé de chips et de Coca Light, car Cam espérait que ça l'aiderait à se sentir moins nauséeuse. Mais non. Mark tend la main pour caresser sa poitrine, et le premier réflexe de Cam est de lui donner une tape brusque sur les doigts.

— Waouh, qu'est-ce qui t'arrive ?

La violence de sa réaction le surprend, cela ne lui ressemble pas.

— Excuse-moi, grommelle-t-elle.

Elle porte sa propre main à sa poitrine pour la palper. Elle se rend soudain compte à quel point ses seins sont gonflés et douloureux.

— Jc vais avoir mcs règles, confirme-t-elle.

Elle roule sur le dos et expire bruyamment par la bouche. Elle a de nouveau envie de vomir. Elle se lève et court à la salle de bains, qu'elle atteint de justesse.

— Ça va, ma belle ? lance Mark depuis la chambre.

— Ça va mieux, répond-elle alors qu'elle s'apprête à se brosser les dents.

Son ton est nonchalant, mais une pensée trotte dans un coin de sa tête. L'implant est supposé fonctionner pendant trois ans. Elle l'a depuis combien de temps ? Deux ans ? Trois ans ?... *Quatre ?*

Elle laisse tomber sa brosse à dents sur le sol et se cogne la tête lorsqu'elle se baisse pour la ramasser.

— ET MERDE ! crie Cam.

— Qu'est-ce qui se passe, ma belle ?

Mark vient d'apparaître comme par magie dans l'encadrement de la porte. Elle se tourne vers lui, sans trop savoir quoi faire.

— Je crois que je suis enceinte, assène-t-elle.

— Quoi ?

Cam le dévisage, en s'attendant à ce qu'il lui sorte que c'est impossible.

— Qu'est-ce qu'on fait ? répond-il à la place.

— Je ne sais pas. Ça ne m'est jamais arrivé avant. J'achète un test ? suggère Cam.

— D'accord. On y va maintenant ?

— D'accord.

Ils s'assoient sans dire un mot, en tirant des têtes de zombie. Soudain, ils ont l'impression d'être de parfaits étrangers, en dépit de mois d'intimité. Cam se prend la tête dans les mains.

— Ne t'inquiète pas, ma belle. Si tu es vraiment enceinte, on fera ce qu'il faut.

C'est vraiment un mec bien. Cam se lève et s'écarte de lui. Quelque chose lui dit que l'idée qu'elle se fait de « ce qu'il faut » est probablement très éloignée de celle de Mark.

D'un coup, elle a envie d'être seule et regrette de lui en avoir parlé.

— Tu n'es pas obligé de venir, tu sais. Ça va aller. Je vais acheter un test et je t'écris si c'est positif, d'accord ?

— Hors de question. Je viens avec toi. On est dans le même bateau.

— Non, Mark, s'il te plaît. J'aimerais être seule, d'accord ? Je t'envoie un message tout à l'heure.

— Ma belle, un enfant, ça se…

— Pitié, Mark, ne me dis pas qu'un enfant, ça se gère à deux. C'est ce que tu allais dire, pas vrai ?

— Oui.

Cam expire lentement. Elle va vomir à nouveau. Ou peut-être qu'elle a juste besoin de prendre l'air.

— Mark, je préfère rester toute seule. Je suis affreusement barbouillée et je suis certaine que c'est une fausse alerte. Je vais faire un test, prendre un cachet, avoir mes règles et tout ira bien, d'accord ? Va à la salle de sport, je te tiens au courant.

Mark envisage d'argumenter, mais il connaît assez Cam pour savoir que, lorsqu'elle déclare qu'elle a besoin d'être seule, c'est non négociable.

— Comme tu voudras, mais tu m'appelles. Pas de SMS. Promis ?

Il enfile sa veste en jean et se dirige vers la porte.

— Ça ne me fait pas peur, tu sais.

— Je sais, répond Cam.

Et c'est bien ce qui m'inquiète, songe-t-elle tandis qu'il s'en va.

À la parapharmacie, Cam prend un test de grossesse de chaque marque et les met dans son panier. Elle en a cinq en tout. Elle attrape aussi un paquet d'Always Ultra pour faire diversion. À la caisse, elle garde la tête baissée et oscille d'un pied sur l'autre, faisant tout son possible pour montrer à l'employée qu'elle est pressée. Lorsque c'est son tour, la caissière regarde autour d'elle pour s'assurer que sa responsable n'est pas dans les parages.

— Vous devez être très excitée, pour avoir envie de connaître la réponse cinq fois ? lance-t-elle avec un gentil sourire.

— Oui, très, très excitée. Et pressée, aussi, alors si vous pouviez…

— Je comprends, vous savez. J'étais comme vous : je mourais d'envie de savoir. Quand je pense à ce mouvement de femmes qui ne veulent pas avoir d'enfants… c'est d'un triste.

— Quel mouvement ?

— J'ai lu cet article horrible d'une femme qui explique qu'elle ne veut jamais avoir d'enfants, et le pire, c'est qu'elle essaie de convaincre d'autres femmes de suivre son exemple. Ce n'est pas bien. J'en ai deux, et je ne les échangerais pour rien au monde.

— Chaque personne est différente.

— Je crois les doigts pour votre test, en tout cas.

Alors qu'elle scanne les codes-barres, sa queue-de-cheval parfaite oscille de gauche à droite. Cam en attrape le mal de mer.

— En réalité, je ne veux pas être enceinte, lâche-t-elle. Si je le suis, je ne le garderai pas.

— Mais…

— Je suis navrée si ça vous contrarie, mais j'ai le droit de prendre cette décision et de le dire à voix haute.

— J'ai juste…

— Arrêtez de me juger !

— Je ne vous juge pas, je…

Cam arrache sa carte bancaire du terminal, attrape le sac qui contient ses achats et sort en trombe du magasin. Une fois dans la rue, elle est incapable de retenir les larmes qui coulent sur ses joues. Le comble, c'est qu'elle ne sait même pas pourquoi elle pleure.

— Putains d'hormones, marmonne-t-elle en s'essuyant les yeux.

De retour chez elle, dans son appartement vide, Cam prend un mug dans la cuisine et fait pipi dedans. Assise sur les toilettes, la tasse posée à terre entre ses pieds, elle déballe les tests et les trempe tous en même temps. Après trois minutes interminables passées à fixer le plafond, elle attrape un des tests. Puis un deuxième. Puis les trois autres en même temps.

— Et merrrrde ! crie-t-elle en se prenant la tête dans les mains.

Le visage des femmes sans enfants en a un dans le bide.

12

Stella

UN CERCLE VIDE QUI SIGNIFIE « OVULATION FAIBLE » apparaît sur le test. Je n'ovule pas aujourd'hui. Ça ne fait rien, je peux attendre. Ça finira bien par arriver, et ce sera parfait. J'enveloppe le test dans du papier toilette et le glisse dans mon sac. Je reviens dans le studio, m'assois à mon bureau et prends une longue gorgée de sirop contre la toux. J'imagine le médicament fluidifier ma glaire cervicale tandis qu'il descend jusqu'à mon estomac. J'ai aussi apporté un gratin de légumes pour le déjeuner. Je fais tout ce qu'il faut pour m'assurer de concevoir un petit garçon. C'est peut-être un peu obsessionnel, je sais, mais autant mettre toutes les chances de mon côté.

Jason est occupé avec son livre. Je l'imagine dans son bureau, en train de taper à l'ordinateur, avec son pénis qui repose nonchalamment entre ses cuisses, sans la moindre idée de mes projets de m'en servir. Est-ce que je suis cruelle ? Je ne pense pas. Les hommes gâchent leur sperme tout le temps, comme quand on jette le marc de café qui reste dans le fond de la tasse dans l'évier. Ils n'ont aucun sentiment à l'égard de ce sperme, alors pourquoi devraient-ils en avoir pour des spermatozoïdes utilisés pour remplir leur fonction première ?

J'aborde cette situation sans la moindre culpabilité. Oui, Jason veut un bébé, mais il ne veut pas en avoir un avec moi, et je n'ai pas besoin de lui à l'exception de la contribution évidente qu'il doit fournir. Ma mère brossait un portrait peu flatteur de la vie de mère célibataire, mais l'alternative qu'elle décrivait était encore pire. Je peux le faire toute seule ; je *veux* le faire toute seule. Forcer Jason à avoir un enfant avec une femme qu'il n'aime pas, voilà ce qui ne serait pas correct. Mais décider de garder un bébé après un coup d'un soir avec lui, c'est de bonne guerre.

Si j'ai appris une chose de ma relation avec Phil, c'est que deux adultes qui ne s'aiment pas ne devraient certainement pas faire un enfant ensemble. Ou en tout cas, ils ne devraient pas rester ensemble juste parce qu'ils ont un enfant.

Il me manquera. Je parle de Jason. J'aime bien le voir tous les jours. Son beau visage, son charme, tout ça rend sa compagnie très agréable. Peut-être qu'il existe un moyen d'avoir le beurre et l'argent du beurre ? Je pourrais tomber enceinte *et* garder mon travail… Et si je racontais que c'est l'enfant d'un d'autre ? Mais il me prendrait sûrement pour une garce en apprenant que j'ai couché avec un autre si peu de temps après avoir couché avec lui, et comment pourrais-je prouver que le bébé n'est pas le sien ? Imaginez qu'il exige un test de paternité ? Non, il faudra que je démissionne sans qu'il soit au courant de quoi que ce soit. Peut-être qu'on pourra continuer à se donner des nouvelles par e-mail. Je lui écrirai une fois par an et je lui annoncerai un jour que j'ai un enfant, mais en mentant sur son âge ? Ou peut-être que je devrai juste accepter de ne plus jamais le croiser ni lui parler. Les joies de la maternité prendront le pas sur la tristesse de perdre mon travail et de ne plus le voir. C'est un petit prix à payer pour que tout se mette en place dans ma vie.

J'aime ce sentiment d'être préoccupée. Je me suis levée d'un bond ce matin, alors que je peine à sortir du lit d'habitude. Désormais, j'ai une mission, un but. Je me sens intéressante. Le seul problème, c'est que je ne peux en parler à personne. Pour une fois, j'adorerais poster un statut sur Facebook. J'ai tellement de choses à dire... Mais non, les gens ne comprendraient pas. Ils me prendraient pour une folle, ils penseraient que je me fais des films, ils n'essaieraient même pas de se mettre à ma place. N'empêche que ça me démange de raconter mon histoire à quelqu'un.

Il y a bien un moyen... J'ouvre un nouveau mail.

> Bonjour Camilla,
> Vous me prenez sûrement sur une folle enragée à cause de tous les messages que je vous envoie. Mais je ne suis pas comme ça, dans le fond. Enfin, j'ai des merdes à gérer, mais globalement, je suis saine d'esprit. Et puis, qu'est-ce que la folie, de toute façon ? Est-ce que c'est de la folie de laisser sa vie défiler sans prendre ce qu'on veut ? Ou est-ce que c'est de la folie de faire tout ce qu'il faut pour obtenir ce qu'on désire ? Est-ce que la folie est vraiment de la folie si elle ne fait pas de mal à personne ? Par exemple, quand un arbre tombe, est-ce qu'il fait du bruit uniquement si quelqu'un est là pour l'entendre ? Une personne est folle uniquement si une autre personne pense qu'elle l'est, pas vrai ? Sachez que, de mon point de vue, ce que je m'apprête à te raconter est complètement sensé.
> Je vais coucher avec mon patron, Camilla. Pas parce que je l'aime ou que j'ai envie de lui, mais parce que je veux un bébé. Je vais faire ce que vous avez dit dans votre article, prendre ce que je veux. Je ne veux pas lui faire de peine, c'est un homme bien, alors il ne le saura jamais. Un tas de femmes tombent enceintes par accident. Mais dans le fond, ce n'est jamais vraiment un accident, vous ne croyez pas ? Les femmes prétendent que si, mais elles savent très bien ce qu'elles font. Alors ne me jugez pas comme vous jugez toutes les autres. Vous ne pouvez pas comprendre ce que je ressens, parce que vous ne voulez pas d'enfants. Vous

ne pouvez même pas imaginer ce que c'est pour quelqu'un comme moi, pour quelqu'un qui veut désespérément avoir un bébé mais qui n'aura jamais cette chance, parce que je ne trouve personne qui m'aime suffisamment pour partager cette expérience avec moi.
Alors je vais le faire toute seule. Je vais obtenir ce que je veux. Vivre la vie que je veux vivre, pour moi seule. Est-ce que ce n'est pas ce que vous avez toujours encouragé vos lectrices à faire ? Pour une fois, vous avez peut-être raison.

J'appuie sur « envoyer ».

Pendant des mois, je suis restée assise à ce bureau, avec rien d'autre que mon chagrin et l'agenda de Jason pour m'occuper l'esprit. Maintenant, j'ai mes propres pensées, un avenir. Tout est devenu clair et limpide et mon objectif prend forme. Mon legs est en marche. Je reçois un texto.

Salut ma belle. Qu'est-ce que tu dirais d'aller chez John Lewis demain à l'heure du déjeuner ? Si c'est toujours calme au studio, est-ce que tu penses que Jason te laisserait prendre une heure et demie pour me donner un coup de main ? Bisous. Jess

Pas de problème, je te retrouve là-bas à 13 heures. Bisous

Qu'est-ce que j'ai hâte d'explorer le rayon bébé !

L'image d'Alice et de ma mère apparaît devant mes yeux. Elles ont l'air déçues, elles me disent de ne pas m'emballer. *Mais c'est aussi pour vous que je fais ça,* ai-je envie de leur crier. *Je le fais pour notre héritage.*

Tara

Une fois que l'équipe a plié bagages et que le silence a repris ses droits à la maison, je me sens fière de ne pas m'être excusée pour ce que j'ai fait dans le métro. L'atmosphère était horrible quand les caméras ont arrêté d'enregistrer. Tout le monde évitait mon regard, comme si je venais de commettre le péché le plus impardonnable au monde. Quelle mouche les avait tous piqués, d'un coup ? S'ils étaient au pub entre amis, ils en riraient, mais dès qu'ils sont confrontés à la personne directement concernée, ils deviennent sérieux à mourir ? Personne dans leur équipe ne s'est jamais masturbé ? Pourquoi cet air de supériorité ? S'ils avaient essayé de dédramatiser et d'en rire, je les aurais peut-être imités.

J'ai interviewé un tas de pervers, et même quand je me rendais compte qu'ils étaient aussi malsains que ce que les gens racontaient, je continuais néanmoins à les traiter comme des êtres humains. Je les regardais dans les yeux. Je parvenais à rester moi-même en leur présence. Je n'ai jamais traité quelqu'un comme on m'a traitée, moi, depuis le début de cette histoire.

Mais il apparaît clairement que le problème n'est même plus ce que j'ai fait dans le métro. Le problème, à présent, c'est *moi* : la mère, la voleuse de sperme. Voilà ce qui intéresse les gens, désormais. La masturbation est un prétexte pour parler de la façon dont j'ai eu ma fille. C'est pour ça que les gens me détestent. Et je ne peux rien y changer.

J'ai tellement peur pour Annie… Et si ses camarades se moquent d'elle à l'école parce qu'elle n'a pas de papa ? Les autres viennent de familles si normales… À ma connaissance, il n'y a aucun enfant de divorcé dans sa classe. Elle va être jugée, ses amis vont se retourner contre elle. C'est crucial de s'intégrer à cet âge, et j'ai fait sortir Annie du lot pour un tas de mauvaises raisons. J'ai voulu lui simplifier la vie autant que possible, mais peut-être que tout le monde a raison. Peut-être que la solution serait qu'elle rencontre son père.

Ce matin, alors que je l'aidais à se préparer, Annie m'a raconté qu'une de ses petites copines lui avait balancé que sa maman ne l'aimait pas autant que les autres mamans aimaient leurs enfants, parce qu'elle ne venait jamais la chercher après l'école. Apparemment, la maman de cette fillette a dit que « *certaines mamans* sont trop occupées à s'aimer elles-mêmes pour aimer leurs enfants ». Apparemment, *certaines mamans* sont encore plus connes que ce que je croyais. Quand je repense à mon malaise en leur présence à cette fête de princesses débile… et elles n'étaient même pas encore au courant de l'affaire à ce moment-là. Je ne veux même pas imaginer ce qu'elles doivent penser de moi maintenant.

Mais Annie ne devrait pas avoir à en souffrir, alors j'ai promis que j'irais la chercher aujourd'hui. À présent, je suis dans ma voiture, en face de la grille. Toutes les autres mères sont là, qui attendent leurs enfants, et j'ai tellement peur que j'en ai la nausée. C'est ma première sortie en public depuis des jours. J'ai l'impression de m'être échappée de prison et que les gens dehors sont sur mes traces. Je sais que je dois descendre de voiture et me mêler aux autres, parce que le bonheur de ma fille en dépend. J'ai mis un jean et un sweat à capuche, pour qu'on ne puisse pas critiquer mon apparence. On dit toujours que la cour de récré peut être rude pour les enfants, mais ce n'est pas forcément mieux côté rue.

À mesure que j'approche, j'ai la sensation de nager dans un bassin rempli de requins. Quand les autres mères me remarquent, elles se scindent en deux groupes au ralenti, laissant un grand espace vide au milieu. Elles sont une dizaine, mais c'est comme si elles étaient des centaines.

Les portes s'ouvriront dans dix minutes. J'ai déjà encaissé le pire. Ces femmes ne peuvent rien me dire qui n'ait pas déjà été imprimé, twitté ou dit à la télé. J'ai tout entendu. *Allez, Tara, fais-le pour Annie.* Il ne faut pas que je retourne dans la voiture.

Je reste immobile et fixe la grille, mais je les vois s'agiter du coin de l'œil. Elles se lancent des regards entendus.

Leur jugement plane au-dessus de moi comme un énorme nuage noir. La tempête est sur le point d'exploser.

— Attention, la voilà, la Rihanna de Walthamstow.

Et voilà. Il commence à pleuvoir. C'est Amanda. Je reconnaîtrais son intonation prétentieuse entre mille.

— Incroyable ! s'exclame-t-elle.

Les autres approuvent. Leur force grandit. En groupe, elles sont imbattables. Je ne peux pas les vaincre.

— Ma fille a vu la vidéo, dit une autre d'une voix préoccupée.

Tracey ? Je ne suis pas sûre. Un concert d'exclamations choquées retentit.

— Le grand frère d'une de ses amies était en train de la visionner avec ses copains et ils la lui ont montrée.

Je sens les yeux de cette femme sur moi, et ma tête se tourne vers elle presque contre ma volonté.

— Ma fille a donc vu une maman qu'elle connaît se masturber dans le métro. Comment vous me suggérez de lui expliquer ça ?

Il est clair que c'est à moi que la question s'adresse. Il y a un long silence, pendant lequel leurs regards me transpercent. Est-ce que je suis vraiment censée lui répondre ? J'ai l'impression d'être de retour à l'école. Soudain, je comprends à quel point le harcèlement sur Internet est insignifiant comparé à ça. Je préfère encore les menaces de viol sur Twitter. Car là, ce que je suis en train de me prendre en pleine face est bien réel. J'ai hâte que les portes s'ouvrent, hâte qu'Annie arrive, qu'elle soit contente de me trouver là, et hâte de l'entraîner vers la voiture pour qu'on puisse dégager d'ici.

— Cette pauvre petite va devoir vivre avec cette honte jusqu'à la fin de ses jours, commente Amanda.

Pauvre petite ? Pardon ?

Un déclic s'effectue en moi. Comme si quelqu'un avait appuyé sur un interrupteur et que toutes les lumières s'allumaient d'un coup.

Je vais me planter juste devant Amanda, les yeux plissés.

— Et on peut savoir ce qui fait de vous la mère de l'année ?

— N'essayez pas de m'intimider. Les femmes comme vous...

— « Les femmes comme moi » ? Qu'est-ce que ça signifie ? Les femmes qui ont des enfants parce qu'elles veulent tellement être mères qu'elles sont prêtes à faire ça toutes seules ? Les femmes qui se crèvent au boulot pour que leur enfant puisse aller dans une bonne école, vivre dans une belle maison, et ne jamais manquer de rien ? C'est ça que vous voulez dire par « des femmes comme moi » ?

— « Ne jamais manquer de rien » ? Un enfant a besoin d'un père. Voilà ce qui lui manque, réplique une autre.

Elle semble stressée au possible et a la tête de quelqu'un en plein divorce. Non pas que je la juge, MOI.

— Peut-être. Peut-être que la seule chose qui manque à Annie est une figure paternelle, mais elle a une mère qui lui apprend qu'elle peut vivre sa vie comme elle l'entend. Qu'elle a le pouvoir. Peut-être que j'ai eu ma fille dans des circonstances que vous trouvez discutables, mais je l'élève comme un individu à part entière, pas comme un clone identique à toutes les autres petites filles de sa classe. Alors vous...

Amanda m'interrompt. Si elle me compare encore à Rihanna, je la cogne.

— Elle a le pouvoir ? Le pouvoir de quoi ? De se masturber en public, c'est ça le pouvoir, pour vous ? Et arrêtez de nous parler comme si nous n'étions rien d'autre qu'un tas de femmes au foyer. Vous êtes venue chez moi, vous avez inspecté ma jolie maison et vous en avez déduit que c'était mon mari qui subvenait à nos besoins. Comment osez-vous ?

— Quoi ? Non, c'est faux.

Je proteste, mais ma voix est moins assurée. Elle a raison : c'est exactement ce que j'ai pensé.

— Si. Ça ne vous a pas traversé l'esprit une seconde que c'était *moi* qui faisais bouillir la marmite, pas vrai ? Je récupère Trudy tous les jours parce que quand je suis tombée enceinte, j'ai monté ma boîte pour gérer mes heures comme je le voulais. Mon mari ne gagne pas un sou. C'est d'ailleurs pour cette raison que je l'ai mis dehors après la fête d'anniversaire, parce que j'en ai assez. Alors arrêtez de faire comme si travailler faisait de vous une héroïne, parce qu'on a toutes nos merdes à gérer.

Les autres pourraient tout aussi bien applaudir : Amanda vient de me botter le cul et je ne trouve rien à lui répondre. Je reste figée sur place à regarder le bout de mes pieds, comme si j'étais une petite fille et elle mon institutrice en colère. Au bout de quelques secondes, je commence à me diriger vers ma voiture. Je voulais être là pour Annie, mais je ne peux pas. C'est au-dessus de mes forces. Mais au moment où je m'apprête à ouvrir ma portière, le feu en moi se ranime et je rebrousse chemin à pas déterminés. Je crie dans leur dos :

— Hé, vous toutes !

Surprises par mon retour, elles sursautent, puis pivotent sur elles-mêmes comme une seule femme. Je les fixe sans ciller.

— Je ne suis pas sortie ce soir-là dans le but de me masturber dans le métro, et je n'ai certainement pas demandé qu'on me filme, ni que ma vie soit bouleversée. Mais c'est ce qui s'est passé, et depuis, j'ai vécu les pires semaines de ma vie. J'ai reçu des menaces de viol, la police m'a interrogée et maintenant j'ai une peur panique de sortir de chez moi. Je suis la risée de tout le pays, ma famille a toutes les peines du monde à tenir le coup, et je dois me faire à l'idée que je risque probablement de mourir sans être aimée de quiconque à part ma fille. J'ai tellement peur de l'avenir que je pleure tous les soirs dans mon lit. La seule chose qui me donne la force de me lever le matin est l'amour que je porte à Annie, et celui qu'elle me porte. Quand vous me jugez en tant que mère, vous piétinez la seule chose qui me reste. Toute ma vie tourne autour du bien-être de ma fille désormais, alors je vous en prie, ne me dites pas qu'elle va souffrir quand je m'évertue à m'assurer du contraire. Je suis une très bonne mère. Je pensais que j'étais seule. Je n'ai vraiment pas eu de chance que quelqu'un soit là pour me filmer. D'accord ? Je ne méritais pas que ma vie soit détruite de la sorte, et Annie ne le mérite pas non plus.

Elles me dévisagent toutes avec pitié. À choisir, je préfère encore ça à leurs airs moralisateurs. Aucune d'elles n'ouvre la bouche.

— Amanda, je suis désolée de vous avoir mal jugée.

Elle soutient mon regard. Certaines mamans hochent la tête. Le silence s'étire à l'infini.

— Vous pourriez en faire un programme télé, dit soudain une voix.

Je n'avais pas vu que Vicky Thomson était derrière moi. Je n'ai jamais été aussi reconnaissante de l'entendre. Je me tourne vers elle et elle me sourit comme si je venais de passer un examen avec succès.

Les portes de l'école s'ouvrent et les enfants déferlent. La tension se dissipe. Annie me rejoint en courant et passe ses bras autour de mes jambes, comme si elle voulait leur montrer à quel point elle m'aime.

— Maman, tu es venue !

Elle semble folle de bonheur que je sois là.

Elle sourit pendant tout le trajet jusqu'à la maison.

Plus tard dans la soirée, je suis allongée sur mon lit, dans le pyjama bleu Marks & Spencer que ma mère m'a acheté. Mes parents sont au rez-de-chaussée devant la télé. Le volume est si fort que je suis étonnée qu'Annie parvienne à dormir. Je rejoue dans ma tête la scène devant la grille de l'école. Amanda a raison : je les ai jugées, toutes autant qu'elles sont, sans rien savoir sur elles. Sans même m'en rendre compte. Je suis partie du principe que je valais mieux qu'elles, que j'étais plus maligne, peut-être parce que je travaillais dans les médias. J'ai cru que mes difficultés me différenciaient des autres, me plaçaient au-dessus d'elles parce que j'arrivais à me débrouiller seule. Comment ai-je pu être aussi idiote ? J'ai toujours adoré l'idée de la solidarité féminine, mais je n'en ai jamais vraiment fait l'expérience, à cause des endroits où j'ai travaillé et des amies que j'ai choisies. Un pauvre texto pourri, c'est tout ce que j'ai reçu de Sophie depuis qu'elle est partie sur son île.

> Salut ma belle, c'est génial ici, je suis hyper bronzée. J'espère que ça va... Est-ce que ton père a vu la vidéo ?

Je n'ai pas répondu. Je sais qu'elle est au courant de ce qui se passe, parce qu'elle dit toujours que le *MailOnline* est sa « Bible » et qu'elle connaît tout de la vie des célébrités avant même que celles-ci soient au courant de ce qui leur arrive. Néanmoins, elle ne prend aucune nouvelle. C'est ça, une amie ? Je pensais qu'elle serait là pour me soutenir dans les pires moments de ma vie. Au lieu de ça, elle est en train de parfaire son bronzage à Bora Bora.

Heureusement, il y a Camilla. Qui a pris ma défense publiquement, qui m'a envoyé je ne sais combien de messages de soutien. Qui m'a donné le sentiment d'être une véritable amie, même si je ne l'ai jamais vue. Nous sommes comme deux vieilles correspondantes, qui échangent des détails intimes sur leurs vies et leurs émotions. Je ne peux pas m'empêcher de me demander si cette amitié serait identique dans la vraie vie.

J'ai envie de la rencontrer, mais Cam a souvent écrit sur sa peur des interactions sociales. En même temps, Cam est une personnalité publique, alors son anxiété ne doit pas être si terrible que ça, si ? Et puis, moi aussi je fais des crises d'urticaire rien qu'à l'idée de voir des gens.

> Salut. Je sais que vous n'êtes pas fan des interactions sociales et croyez-moi, je vous comprends mieux que personne en ce moment. Mais j'adorerais vous rencontrer. Si ça vous dit, bien sûr. Je ne sais pas trop d'où ça vient, mais j'ai le sentiment d'avoir besoin de quelqu'un, et que vous êtes ce quelqu'un. Est-ce que ce serait trop bizarre pour vous ? On pourrait porter des masques à gaz et communiquer avec des pas de

danse, si vous trouvez ça plus facile. Dites-moi ce que vous en pensez. Bises. T

Camilla répond immédiatement.

Tara, pas bizarre du tout, et oui. S'il vous plaît. Je crois que moi aussi, j'ai besoin de vous. Mercredi soir ? J'apporte les masques à gaz. Bises. C

Alors que je suis en train de lui répondre et de suggérer différents endroits où nous pourrions nous retrouver, ma porte s'entrouvre.

— Maman, pourquoi est-ce que les vieilles personnes regardent la télé aussi fort ? demande-t-elle en frottant son petit éléphant en peluche contre sa joue.

— Viens là, ma puce.

J'écarte les couvertures et me glisse en dessous. Annie me rejoint et se serre contre moi.

— Tu veux dormir avec moi cette nuit ?

Mais elle ne répond pas. Elle a déjà les yeux fermés. Je reste éveillée longtemps après qu'elle s'est endormie. Le générique du *Journal de 22 heures* résonne dans l'escalier, me rappelant que mon interview avec Sky News sera bientôt diffusée. J'ai si peur de la façon dont ils vont éditer mes réponses que l'insomnie me guette. J'inspire le parfum des cheveux de ma fille et je me blottis tout contre elle. Je peux être triste de ne pas être amoureuse, et en colère que Sophie ne m'apporte pas le soutien dont j'ai besoin, mais dans le fond, tant que j'aurai Annie, je ne serai jamais seule, et je suis reconnaissante pour ça. Je l'étreins un peu trop fort et elle gigote pour s'écarter.

Mue par une volonté soudaine, j'attrape mon portable et j'efface les messages de Jason. Je me suis trompée. Il est temps de l'accepter. Je ne l'intéressais pas tant que ça, c'est tout. Je relis le mail de Cam.

Je crois que moi aussi, j'ai besoin de vous.

Peut-être que la solidarité féminine est à portée de main, tout compte fait.

Stella

— Excusez-moi, où sont les sucettes ? demande Jessica à un des employés de John Lewis.

Elle a à la main la plus longue liste d'articles pour bébé que j'aie jamais vue. En même temps, c'est la seule liste d'articles pour bébé que j'aie jamais vue. Est-ce qu'elle a vraiment besoin de tous ces trucs ? Une baignoire, un couffin, des tétines de biberons, un coussin d'allaitement... Est-ce que le coussin est pour elle ou pour le bébé ? Je n'en ai pas la moindre idée. C'est un monde entièrement nouveau pour moi. L'employé montre un rayon du doigt et nous suivons la direction qu'il nous indique. Ils n'ont plus le modèle que Jessica voulait et elle semble en panique. Je tente de la rassurer.

— Peut-être que tu peux la trouver sur Internet ?

— Peut-être. Je dois penser à tellement de choses... Quand tu tomberas enceinte, tu n'auras qu'à récupérer toutes mes affaires. Ça te fera une galère en moins.

Elle se dirige vers les sacs à langer et commence à explorer les poches intérieures d'un modèle en toile grise vraiment moche. C'est étrange de faire comme si de rien n'était alors que j'ai un tel projet de mon côté. Je meurs d'envie de lui en parler. Pour une fois que j'ai quelque chose à annoncer, moi aussi.

— Celui-ci m'a l'air bien, dit-elle en brandissant un sac à dos hideux couvert de petits nœuds. Il a un matelas à langer intégré lavable et une poche spéciale pour les couches sales.

— Peut-être, mais il est immonde.

Je n'en reviens pas qu'elle soit déjà prête à tirer un trait sur le bon goût au profit du confort.

— Ça va encore, les nœuds sont plutôt mignons, tu ne trouves pas ?

Je décide de ne pas répondre. Elle a cette lueur folle dans le regard, typique des femmes enceintes et des futures mariées. Dans ces cas-là, il vaut mieux les laisser faire sans les contrarier. Elle met le sac à dos affreux sur ses épaules et se dirige vers les biberons. Je l'imite à pas lents.

— Et toi, où est-ce que ça en est ? s'enquiert-elle tout en examinant un emballage de tétines pour biberons.

— Comment ça ?

— Avec Phil. J'ai remarqué que c'était tendu entre vous, l'autre soir. Est-ce que tout va bien ?

Je suppose que ça en dit beaucoup sur le temps de cerveau disponible que j'ai consacré à Phil : j'ai totalement zappé de dire à Jess que nous avions rompu.

— À vrai dire… c'est fini entre nous.

— Oh, Stella, ma chérie, je suis désolée.

Elle repose les tétines et me serre dans ses bras. J'essaie de lui rendre son étreinte, mais le sac à dos m'en empêche, ce qui m'arrange bien. Les câlins, ce n'est pas mon truc.

— Ça va, ne t'en fais pas. Ça faisait un moment que ça n'allait pas, de toute façon. Mais je vais bien, rassure-toi. Je suis même plus heureuse comme ça, pour tout te dire.

— Je n'en reviens pas. J'étais sûre que vous finiriez votre vie ensemble.

Ses yeux se remplissent de larmes. Je trouve sa réaction parfaitement ridicule, sans parler du fait que ça me met affreusement mal à l'aise.

— Excuse-moi, je suis assez émotive en ce moment, explique-t-elle en s'essuyant les yeux.

— Je t'assure que ça va, Jess. C'est mieux comme ça.

— Mais en quoi est-ce que c'est mieux ? Tu es toute seule. Et le bébé ? Je croyais que tu voulais avoir un bébé ?

Elle pose ses mains sur son ventre, peut-être pour me montrer ce que je rate, et me regarde comme si j'étais un cas si désespéré qu'elle n'arrive même pas à trouver les mots. Je sais ce qu'elle se dit. Elle pense que je vais mourir sans personne, que j'ai tout perdu. Elle songe qu'elle a un mari qui l'aime et un bébé en route et une vie parfaite, et qu'elle ne sait pas comment me parler car mon existence lui paraît horrible. Mais je ne veux pas de sa pitié. Je ne veux pas qu'on me voie comme une pauvre fille esseulée. Alors, pour qu'elle arrête de tirer cette tête et de se comporter comme si ma vie était foutue, je prends sa main, la pose sur mon ventre et lui dis :

— Ne sois pas triste. Moi aussi, je suis enceinte. Moi aussi, je vais avoir un bébé.

Oups. C'est sorti tout seul.

— Nooooon !

Elle me serre à nouveau contre elle. Une fois de plus, je ne l'imite pas, à cause du sac à dos et aussi parce que je n'en ai pas envie. Elle est à la fois étonnée et ravie et commence par réagir comme n'importe qui face à ce genre de nouvelle. Mais ça ne dure pas : bientôt, elle semble inquiète et confuse.

— Attends un peu, tu es tombée enceinte et tu as rompu avec Phil après ? Il ne veut pas d'enfants ? Je croyais pourtant qu'il souhaitait fonder une famille, lui aussi ?

— Oui, mais pas avec moi. Et moi non plus, je ne veux pas avoir d'enfants avec lui.

Non sans fierté, j'annonce :

— Le bébé n'est pas de lui.

— Quoi ? Tu avais une liaison ? Mais qui est le père, alors ?

Je la regarde dans les yeux et hausse les sourcils pour l'encourager à deviner. Elle en est capable, je le sais.

— Attends... Non, c'est impossible...

Je vois les rouages se mettre en branle dans sa tête. J'acquiesce lentement, un air malicieux sur le visage.

— Jason ?

— Oui ! Je suis enceinte de Jason. On se voyait depuis quelque temps et c'est arrivé.

— C'est dingue... Je devrais être furieuse contre toi d'avoir trompé Phil, mais ça crevait les yeux que vous n'étiez pas heureux, alors c'est forcément mieux comme ça. Tu vas avoir un bébé ! Mon Dieu ! Tiens, regarde, voilà la liste de tous les trucs dont tu as besoin. Est-ce qu'on ne ferait pas mieux de tout acheter pour toi aussi aujourd'hui ?

L'éclat est de retour, le regard fou un peu vitreux qu'ont les futures mariées et les futures mamans quand elles sont incapables de penser à autre chose que mariage ou bébé. C'est un peu terrifiant. Je ne serai jamais comme ça, moi.

— Oh non, c'est ta journée aujourd'hui. Et puis, je n'en suis qu'à quelques semaines, je n'aurais même pas dû t'en parler.

Comme ça, je couvre mes arrières. Si je ne tombe pas enceinte ce mois-ci, je pourrai toujours lui dire que j'ai fait une fausse couche.

— D'accord. Comme tu voudras. Comment a réagi Jason quand tu lui as annoncé la nouvelle ?

Là, je suis prise de court. Jess ne comprendrait pas le truc de « je veux faire ça toute seule ». Elle a besoin de romance pour s'intéresser à quoi que ce soit. Je sais qu'elle le prend bien parce qu'elle trouve que Jason est bourré de charme, et je ne veux pas briser ses illusions. J'aurai le temps d'inventer une excuse pour lui expliquer pourquoi il n'est pas impliqué, en fin de compte.

— Il était ravi. Choqué, bien sûr, tout comme moi, mais absolument ravi.

— Décidément, j'adore ce type. Je ne vais pas te mentir, je suis un peu jalouse, il est vraiment à croquer. En tout cas, tu es sacrément bien retombée sur tes pattes, sur ce coup-là.

— Merci. Je me dis la même chose.

— Pauvre Phil, quand même, il…

— Non, Jess. Pas de « pauvre Phil », d'accord ? Notre relation battait de l'aile depuis longtemps, il voulait arrêter, moi aussi, tout le monde est gagnant. OK ?

— OK.

Son hochement de tête dynamique m'indique qu'elle a bien compris. Elle ne me parlera plus de Phil.

— Il faut absolument qu'on t'achète un petit quelque chose aujourd'hui. Qu'est-ce que tu penses de ça ?

Elle attrape un bavoir recouvert de petits singes. Je lui souris.

— Bon, OK.

— Super. Et voilà ! s'extasie-t-elle en mettant le bavoir dans son panier. Je suis officiellement la première personne à faire un cadeau à ton bébé !

Elle consulte à nouveau sa liste.

— Alors, les coussinets d'allaitement…

Elle passe son bras sous le mien en riant.

— Ça a l'air drôlement sexy.

À cet instant, pour la première fois depuis la mort d'Alice, j'ai enfin un sentiment d'appartenance.

Cam

Comme à chaque fois que Cam est avec sa mère, elle se sent totalement impuissante. Tout ce qu'elle représente, tout ce pour quoi elle se bat dans le monde n'a pas d'importance, parce que sa mère n'en a rien à faire de toutes ces choses.

— Ce tapis n'est vraiment pas pratique, dit-elle en désignant le tapis spécial galipettes de Cam. Il sera fichu en un rien de temps.

— Personne ne marche dessus, Maman, il n'y a que moi ici. Je m'en sers seulement pour m'allonger.

— Un tapis sur lequel on ne fait que s'allonger ? Comme un tapis témoin, alors ? C'est un peu ridicule, si tu veux mon avis. Mais j'imagine que c'est agréable de s'allonger après avoir gravi toutes ces marches.

— Oui, Maman, c'est un tapis témoin et je l'aime beaucoup, réplique Cam en mettant la bouilloire en route.

Elle savait que ce ne serait pas de la tarte de recevoir sa mère chez elle pour la première fois. Il faut d'abord qu'elle critique tout avant de réussir à faire un compliment. Ça prend deux visites, en général, mais son nouvel appartement est tellement splendide que Cam soupçonne qu'il en faille trois, cette fois.

— Comment te sens-tu, ma chérie ? demande son père en la rejoignant dans la cuisine.

— Mal, à vrai dire. Patraque et courbaturée.

— Qu'est-ce qui t'arrive ? interroge sa mère qui prend la relève pour faire le thé.

Cam l'observe verser l'eau bouillante dans les tasses puis mettre un sachet de thé dans chacune. Sa mère a toujours préparé le thé ainsi et Cam pense que ça lui donne un goût dégueulasse. Mais elle n'oserait jamais l'avouer à sa mère.

En proie à une des pulsions les plus incontrôlées de toute sa vie, elle lâche :

— Je suis enceinte.

— Mon Dieu, murmure son père.

Il s'assoit et se frotte le visage. Sa mère ne bouge pas d'un pouce. Elle se contente de fixer les tasses de thé.

— Oh, finit-elle enfin par déclarer.

Cam est surprise par son manque d'enthousiasme. Elle pensait que cette partie de l'histoire (à défaut de la suite) rendrait sa mère heureuse. Mais puisque ce n'est pas le cas, elle ne voit plus trop l'intérêt de se retenir sur le reste.

— J'avorte mardi. Vous savez ce que je pense du fait d'avoir des enfants et je n'ai pas envie de vous mentir.

Ce n'est pas tout à fait vrai. Cam aurait été enchantée de mentir à sa mère, mais elle s'est dit qu'en lui parlant de l'avortement, sa mère comprendrait peut-être enfin qu'elle est sérieuse quand elle affirme ne pas vouloir d'enfants. Et puis elle a prévu d'écrire sur le sujet pour son blog, alors autant la prévenir.

— Qui est le père ? Ce garçon de vingt-huit ans ? demande sa mère, les yeux perdus dans le vague.

— Oui.

— Tu le lui as dit ?

— Oui.

— Et je suppose que tu avortes parce qu'il est trop jeune et irresponsable pour assumer ses erreurs ?

— Non, Maman, c'est ma décision.

Là-dessus, sa mère prend une des tasses et la jette dans l'évier, où elle se brise. Le père de Cam se lève aussitôt et se met en devoir de ramasser les morceaux. Sa mère se rapproche d'elle.

— Qu'est-ce qui a bien pu t'arriver pour que tu sois comme ça ?

— Rien, Maman. Il ne m'est rien arrivé du tout. Je suis comme je suis, tout simplement.

— Jérémy, viens. On s'en va, ordonne sa mère en attrapant son sac à main. Je vais dire à tes sœurs de te rendre visite, peut-être qu'elles parviendront à te mettre un peu de plomb dans la tête, elles.

— Non, Maman, elles n'y parviendront pas. Le rendez-vous est fixé. J'ai pris ma décision.

— Pourquoi ? Pourquoi est-ce que tu ne peux pas envisager de le garder ? On pourrait t'aider, tu pourrais venir vivre avec nous. Et même apporter ton tapis, si ça te fait plaisir.

— Pour l'amour du ciel, Patricia ! explose le père de Cam. Laisse-la tranquille, tu veux ? On peut faire autre chose qu'être mère dans la vie, elle ne fait pas partie de ces femmes-là.

— « Ces femmes-là » ? Les femmes comme moi, tu veux dire ?

— Oui ! s'exclament Cam et son père à l'unisson, un peu trop vivement.

— Je vois.

— Maman, non, ce n'est pas ce que je voulais dire. Je...

— Oh, je sais très bien ce que tu voulais dire. Tu penses que j'ai échoué dans la vie parce que je me suis consacrée à ma famille, c'est ça ? Tu crois que ce n'était pas un vrai travail ?

— Maman, je ne...

— Qu'est-ce que tu crois que ça me fait, Camilla ? De lire chaque jour tes articles qui vantent un mode de vie opposé au mien ? Tu parles des femmes comme moi sur un ton méprisant, comme si rien ne comptait davantage que faire carrière, comme si préférer sa famille à un salaire n'était qu'une alternative lugubre au véritable bonheur. Comme si les femmes comme moi avaient subi une espèce de lavage de cerveau. Comme si nous étions tristes. Les féministes pensent que nous sommes des poids morts affaiblies par nos choix, des boulets à l'origine de tous les problèmes de la gent féminine. Ton blog est une attaque quotidienne à l'encontre de tout ce que je suis. Tu crois vraiment que je ne m'en rends pas compte ?

— Non, Maman. Mon blog n'est pas une attaque, ce n'est pas contre toi ni contre ce que tu es. Ça parle de moi et de ce que *je* suis, tout simplement.

— Mais tu es *ma* fille, Camilla, tu es la chair de ma chair. Je sais que tu me détestes, mais ces agressions publiques vont trop loin. Même dans l'article où tu parlais de la photo, celui où tu disais que tu me trouvais formidable, c'était sous-entendu, ce « jamais je ne serai comme elle » que tu me jettes à la figure depuis que tu es petite fille. Qu'est-ce que je t'ai fait, enfin ?

Cam ouvre la bouche, mais les mots restent coincés dans sa gorge.

Sa mère pense qu'elle la déteste ? Elle ne s'est jamais sentie aussi mal.

— Félicitations pour ton succès, je suis très fière de toi. Voilà, c'est dit. Maintenant, tu peux arrêter ta croisade. Tu m'as blessée pendant des années, bravo, mission accomplie. Jérémy, on s'en va.

Elle part et claque la porte derrière elle. Camilla et son père restent plantés là, immobiles.

— C'était horrible, finit par déclarer Camilla après un long silence. Absolument horrible.

— En effet, confirme son père.

Cam gagne sa méridienne et s'assoit.

— Peut-être qu'elle a raison ? s'interroge-t-elle en se tournant vers son père. Peut-être que je suis comme je suis en réaction à tout ce qu'elle est. C'est ancré si profondément en moi que je ne m'en étais même pas rendu compte.

— Tu l'as toujours déstabilisée parce que tu es différente. C'était déjà comme ça quand tu étais petite fille. Elle pensait tout savoir sur l'éducation des enfants, et puis tu es arrivée et tu as tout fait voler en éclats. Tu refusais de porter les vieux vêtements de tes sœurs, tu ne restais pas dans ses jupes comme les autres le faisaient. Tu avais cet esprit indépendant et ta mère ne sait pas comment réagir face à ce genre de personnes.

— Et toi, Papa ? Tu es comme ça, toi aussi, non ?

— Peut-être que je l'étais, oui. Mais je suis devenu ce que je devais devenir pour que cette famille fonctionne. J'ai changé celui que j'étais pour être heureux. C'était un petit sacrifice pour la famille que je voulais. Tu trouves sûrement ça pathétique.

— Non, Papa. Rien de tout ça n'est pathétique. Il n'y a rien de pathétique à être parent. Vous croyez vraiment que c'est ce que je pense, Maman et toi ?

Il hausse les épaules et Cam se sent encore plus mal.

— Papa, tu veux bien nous accorder cinq minutes ?

Elle se lève, enfile des tongs et se dirige vers la porte. Son père acquiesce. Bien sûr, qu'il peut leur accorder cinq minutes. Il peut lui accorder tout ce qu'elle veut.

En approchant de la voiture de ses parents, Cam voit sa mère qui sanglote sur le siège passager. En dépit de la tension qui a toujours caractérisé leur relation, elles n'ont jamais connu un tel niveau de confrontation. Elle frappe doucement à la fenêtre.

— Maman. Maman, je peux te parler ?

Sa mère baisse lentement la vitre. Cam sait que ça ne va pas être facile, mais il faut qu'elles aient cette conversation. Le soleil brille, il fait bon, c'est le temps parfait pour un orage.

— Écoute, Maman, je pense que tu es une mère géniale.

Sa mère souffle et détourne la tête.

— Maman, allez, sors de la voiture. S'il te plaît.

Cam recule d'un pas et reste plantée là, pour bien montrer qu'elle n'ira nulle part jusqu'à ce que sa mère sorte. Finalement, sa mère la rejoint. Elles se font face et se demandent ce que ça va donner.

— Maman, il faut que tu me croies quand je te dis que mon travail n'est pas une attaque personnelle dirigée contre toi. En revanche, peut-être que j'ai utilisé mes articles de manière subliminale pour que tu me comprennes mieux. J'ai sûrement partagé des détails sur ce que je suis et ce que je ressens dans l'espoir que tu les lises et que tu m'acceptes mieux ensuite.

Cam est étonnée de constater que les mots sortent aussi facilement, et encore plus étonnée de constater que c'est la stricte vérité. Une vérité dont elle n'avait jamais eu conscience jusqu'à maintenant. Sa mère semble désemparée. Elle continue, inflexible.

— Maman, jamais tu ne m'as acceptée telle que je suis. Jamais. Tu as toujours essayé de me faire ressembler aux autres, de me modeler pour me faire correspondre à l'idéal que tu te fais d'une fille. Tu m'obligeais à porter les vêtements de mes sœurs, tu m'imposais de faire de la gym, tu me faisais faire tout ce qu'elles faisaient. Quand je te disais que j'avais envie de rester dans mon coin, tu me forçais à jouer avec elles. Et plus je grandissais, plus l'enjeu était important. Les choses qui m'intéressaient, la personne que je voulais devenir m'apparaissaient de plus en plus clairement, mais jamais tu ne m'as regardée en pensant : « C'est ma Cam, elle est différente, elle est unique. » Non, tu me trouvais asociale, difficile, alors tu as creusé cet abîme entre nous.

Elle se sent coupable de faire pleurer sa mère, mais elle est bien décidée à aller jusqu'au bout.

— Tu n'as jamais toléré ma personnalité… Et maintenant, nous sommes là, avec moi qui te répète que je ne veux pas d'enfants, qui t'explique que je ne vais pas garder ce bébé parce que ce n'est pas ce que je veux, et toi qui continues à croire que tu peux me changer. Mais tu ne peux pas, Maman. Tu ne peux pas, parce que je n'ai pas besoin de changer.

— Je veux juste que tu sois heureuse, dit sa mère dans un filet de voix pathétique.

— Vraiment ? Je ne te crois pas. Tu n'as jamais essayé de me rendre heureuse, tu as juste tenté de faire de moi ce que *toi* tu voulais que je sois. C'est ton bonheur que tu recherches, Maman, pas le mien.

— Ce n'est pas très gentil, Camilla.

— Peut-être, mais tu n'as pas été très gentille, Maman. Je vais bien. Je suis ambitieuse, je suis gentille, intelligente et très heureuse. Ça n'est pas grave si je ne rentre pas dans le moule, personne ne t'en tient pour responsable et personne ne te juge.

— C'était ma responsabilité de vous élever. Je voulais bien faire. Désolée si tu penses que j'ai mal fait mon travail.

— Maman, arrête. Arrête de me voir comme ton échec. Sérieusement, pourquoi est-ce que tu t'entêtes à penser ça ?

— Je me dis simplement que si tu ne désires pas avoir d'enfants, c'est parce que tu m'en veux de quelque chose. Tu souhaites être tout le contraire de ce que je suis parce que je ne t'ai pas inspirée.

— Maman, oui, tu as été conne, parfois, et oui, tu aurais dû m'accepter comme j'étais dès le début, mais ouvre les yeux : tu as quatre filles géniales. Nous sommes toutes très, très heureuses. Mel râle à cause de ses varices, mais elle va bien. Elle adore ses enfants et c'est une super maman. Tanya et Angela aussi. Moi, je suis solitaire mais je suis très, très heureuse aussi. Comment peux-tu croire que tu as été une mauvaise mère lorsque tu regardes les adultes que tu as créées ? Nous allons merveilleusement bien, Maman, et c'est grâce à Papa et toi. D'accord ?

Le silence s'installe pendant que sa mère absorbe tout ce que Cam vient de lui dire. Au bout d'un moment, elle sourit doucement.

— C'est vrai, n'est-ce pas ? Vous êtes toutes heureuses.

— Oui, Maman. Toutes les quatre.

— Merci, Camilla. Je crois que j'avais besoin d'entendre ça. On se donne tellement de mal en tant que parent et personne ne nous dit jamais si on s'en sort bien ou pas. J'ai toujours supposé que tu vivais ta vie en réaction à mes erreurs.

— Tu te trompes. C'est en réaction à la personne que je suis. Tu me crois ?

— Je te crois.

Elles se rapprochent, se prennent dans les bras et en un clin d'œil, des années de tension accumulée s'évaporent. *Si seulement j'avais trouvé le courage de lui sortir tout ça avant,* songe Cam. Mais si elle l'avait fait, peut-être que sa carrière aurait pris une tournure différente.

— Tu es sûre pour le bébé ? demande sa mère en s'écartant.

— Je n'ai jamais été aussi sûre de quoi que ce soit, Maman. J'ai besoin que tu comprennes ça.

— D'accord. C'est bon. Je comprends. Peut-être que je peux t'accompagner ? Tu n'as jamais aimé aller chez le médecin.

Un tel geste lui donne envie de pleurer, mais Cam parvient à se contrôler.

— Ce serait super, Maman. Merci.

— Je veux être là pour toi. C'est mon travail.

Elle sourit, fièrement cette fois.

— Alors, est-ce que mes deux femmes préférées se sont réconciliées ? demande le père de Cam en les rejoignant.

Cam pourrait parier que ça fait un moment qu'il écoute en cachette.

— Je pense que oui, répond-elle.

— On a réussi, oui, confirme sa mère.

— Formidable. Camilla, on te voit jeudi, alors. Ton rendez-vous est à quelle heure ?

— 14 heures.

— Dans ce cas, on passera te chercher à 13 heures. Essaie de te reposer, d'accord ? Ce sera vite passé, tu verras.

— Merci, Papa. Je vous aime fort.

Elle suit du regard la voiture qui s'éloigne. Elle n'en revient pas de la tournure que la journée a prise. Après tous les sermons prêchés auprès de ses lectrices, elle vient de se prouver à elle-même qu'elle avait raison. S'exprimer peut changer les choses.

Tara

Ces jours-ci, je passe tout mon temps à me googler. Avant, je fouillais Internet à la recherche de ragots sur mes sujets. Maintenant, c'est sur moi que je les trouve. Assise à la table de la cuisine, j'en suis à ma quatrième tasse de thé de la journée, et il n'est que 10 heures du matin. Je viens de tomber sur un site qui s'appelle *PèresQuiVeulentRécupérerLeurBébé.com* : un type a trouvé une photo d'Annie sur Facebook, il a gommé les traits similaires aux miens (ils sont peu nombreux, cela dit... elle ne me ressemble pas du tout), et avec ce qui restait, il a conçu plusieurs portraits-robots de son père biologique. Tout ça dans l'espoir que celui-ci se reconnaisse et qu'il veuille faire partie de sa vie. Apparemment, c'est un ancien flic ayant perdu la garde de son fils dans le jugement de son divorce qui a créé le site, et son ambition dans la vie est de réunir des pères et des enfants qui ont été séparés. Dans la plupart des cas, cela me paraît tout à fait justifié, mais dans le mien, qu'est-ce que c'est que ce BORDEL ?

C'est le genre de truc qu'on voit dans un film en pensant *impossible, un être humain normalement constitué ne peut pas être aussi stupide.* Et pourtant, je suis là, à passer en revue des photos qui ne ressemblent pas le moins du monde à Nick et à lire des conneries du style : « Si c'est vous, vous avez le droit de connaître votre fille. »

ALLEZ TOUS VOUS FAIRE METTRE.

Alors que je suis sur le point de rabattre rageusement mon écran d'ordinateur, Sophie m'appelle sur Skype. Je refuse son appel. Je n'ai aucune envie de lui parler. Peu importe ce qu'elle souhaite me dire, je ne suis pas d'humeur. Mais elle rappelle une deuxième fois. Puis une troisième. Pour être honnête, je me fais chier comme un rat crevé et ce ne serait peut-être pas si désagréable d'avoir une conversation avec quelqu'un d'autre que ma mère ou ma fille. Alors je décroche.

— Allô ? dis-je d'une voix morose alors que la vidéo se connecte.

J'aperçois de l'eau turquoise derrière elle. D'énormes lunettes de soleil recouvrent son visage, ses cheveux blonds sont mouillés et un peu emmêlés par l'eau de mer et le sable. Son bronzage est à mourir de jalousie et je me sens affreuse et pâle, assise dans la cuisine de mes parents, dans mon pyjama Marks & Spencer.

— Saluuuuut ! glapit-elle.

Je regrette déjà d'avoir répondu.

— Comment tu vas ?

— Ah, parce que ça t'intéresse ?

Je tente de dissimuler mon visage autant que possible derrière ma tasse de thé. Je peux me voir à l'écran et je suis vraiment affreuse.

— Bien sûr, que ça m'intéresse ! rétorque-t-elle d'un air offensé. La connexion Internet est très mauvaise ici, autrement, je t'aurais appelée plus tôt.

— Où est-ce que tu es ?

— Au Four Seasons de Bora Bora. Tu verrais ça, ma belle, c'est incroyable. L'eau est chaude et transparente, je me baigne tous les jours, je mange super bien. Je m'envoie en l'air sans arrêt, aussi, ce qui est toujours bon à prendre.

— Formidable. Avec Carl ?

Mon ton facétieux semble la surprendre.

— Bien sûr, avec Carl ! Ne me dis pas que tu es encore fâchée contre moi ?

J'envisage de l'engueuler, mais je n'en ai même pas le courage. Et ce serait totalement inutile : je peux bien lui dire ce que je veux, la réalité, c'est qu'une fois l'appel terminé, je serai toujours dans cette cuisine en pyjama, et Sophie sera toujours à Bora Bora. Elle gagne dans tous les cas. Alors j'opte pour une réponse différente.

— J'ai passé une sale semaine.

— Oh, Tara, je sais. J'ai vu tous les articles. On dirait que tu es la nouvelle Katie Price, ils n'en ont jamais assez, ma parole.

Je décide de ne pas lui demander comment elle est parvenue à se maintenir informée en dépit de sa très mauvaise connexion Internet. Je savais qu'elle mentait, de toute façon.

— Ç'a été horrible, et tous ces trucs sur comment j'ai eu Annie m'ont vraiment blessée. J'ai l'impression qu'ils fouillent mes poubelles, ils savent tout sur moi. Je ne comprends pas comment ils font.

— Ils fourrent leur nez partout. Je n'arrivais pas à le croire quand j'ai reçu un message du *Daily Mail* sur

Facebook. Quand je repense à la façon dont ils ont tourné ça, genre « Nous souhaitons écrire un article qui rétablisse la vérité sur Tara » et bla, bla, bla. Quelle bande d'enfoirés !

— Attends, quoi ? Quel message Facebook ? De quoi est-ce que tu parles ?

— Tu ne l'as pas vu ? Je pensais que tu l'avais reçu. Ils l'ont envoyé à tout le monde.

— Comment ça ? Qui l'a envoyé, et qui est « tout le monde » ?

— Tous tes amis Facebook. Juste après avoir découvert ton nom, une journaliste a contacté tous tes amis sur Facebook pour leur demander des anecdotes sur toi, elle proposait de l'argent et tout. Je n'ai pas accepté le moindre penny, je te le jure !

— Mon Dieu. Je ne suis pas allée sur Facebook depuis que c'est arrivé. C'est tellement glauque qu'on vous ait sollicités, quelle horreur. Je... Attends une seconde. Comment ça, tu n'as pas accepté le moindre penny ? Pourquoi offrait-elle de l'argent ?

— C'est à cause de la façon dont elle a formulé le truc, chérie. Au début, j'ai cru qu'elle essayait de t'aider. C'est seulement quand je l'ai eue au téléphone que j'ai compris qu'elle allait utiliser ça contre toi. Quand elle m'a sorti : « Et donc, elle n'a jamais averti le père ? », j'ai pensé : « Oh, oh... ».

— C'était *toi* ? C'est toi qui as dit au *Daily Mail* comment j'avais eu Annie ?

— Ils auraient fini par le découvrir, tu sais, et puis je croyais vraiment qu'ils compatissaient avec toi, parce que tu es une mère célibataire et tout ça.

J'ai envie d'enfoncer la main dans mon écran d'ordinateur, de l'attraper par le cou et de la ramener dans cette cuisine pour lui piétiner la tête. Comment a-t-elle pu ? Je reconnais Carl en arrière-plan, dans son short de bain hors de prix, son bronzage mis en valeur par l'eau qui ruisselle sur son corps parfait. Et je pense qu'il mérite de savoir la vérité sur la personne qu'il a épousée. Je crie comme une femme saoule qui essaierait d'attirer l'attention de son ex.

— Hé, Carl ! Carl ! Ça te dirait d'apprendre quelques petits trucs sur ta femme ?

Il est trop loin pour m'entendre, mais je le vois s'approcher de l'écran.

— Tara, qu'est-ce que tu fais ? demande Sophie, visiblement nerveuse.

Une fois qu'il est à côté de Sophie, je reprends la parole, et je parle encore plus fort.

— Dis donc, Carl, qu'est-ce que tu penses de ça : ta femme a attrapé la chaude-pisse quand elle avait vingt-trois ans après un coup d'un soir avec un barman.

— Tara, s'il te plaît, arrête.

Mais je continue. Je suis comme un chien qui vient de déterrer un os.

— Tu en veux une autre ? Une fois, je l'ai retrouvée endormie à côté d'une montagne de coke, entre deux types à poil, et elle ne savait plus avec lequel elle avait couché, ou si elle s'était tapé les deux ! Classe, tu ne trouves pas ?

— Elle a quoi ?

Sophie parvient à raccrocher à ce moment-là. J'espère bien qu'il a tout entendu et qu'elle va être obligée d'être honnête, d'assumer les conséquences de ses actes. Je l'ai soutenue sans jamais faillir et elle me remercie en racontant mon histoire au *Daily Mail* ? Je rêve ! Mais c'est terminé. J'ai tiré un trait sur cette amitié. J'ai hâte de rencontrer Camilla Stacey. J'ai officiellement un poste d'amie digne de ce nom à pourvoir.

Stella

Assise à mon bureau, je n'arrête pas de glousser toute seule. Quand je repense à la tête de Jessica lorsque je lui ai annoncé que j'étais enceinte, c'était comique. Les gens n'en reviendront pas quand ça se produira. Qui aurait pu croire qu'une chose si positive pouvait m'arriver ? Personne. J'ai hâte de l'annoncer, je posterai un truc sur Facebook, c'est sûr. Comment est-ce que je tournerai ça ?

> Je suis ravie d'annoncer que je suis enceinte. Avant que vous ne me posiez la question, j'ai décidé d'avoir un bébé toute seule et je n'ai jamais été aussi heureuse. Je sais que certains d'entre vous risquent d'être surpris, étant donné que j'étais toujours la jumelle discrète. Mais je sais que vous vous réjouirez pour moi et pour le petit bout qui s'apprête à arriver...

Bien sûr, je sais qu'on me jugera, mais les gens passeront à autre chose après la naissance du bébé. Je prétendrai que c'était une aventure d'un soir. Que j'ai contacté le père mais qu'il ne veut absolument pas être mêlé à ça, et que je me sens suffisamment forte pour gérer ça sans lui. Je ne suis pas amie avec Jason sur Facebook alors il ne le verra jamais, et si quelqu'un pose trop de questions, je répondrai simplement que je n'ai pas envie de rentrer dans les détails. Je ferai jurer à Jessica de garder le secret et je sais qu'elle le fera, parce qu'elle est loyale.

Je vais adorer être maman, je le sens. Je dirai à mon bébé la même chose que ce que ma mère me répétait toujours : que son père ne voulait pas faire partie de sa vie et qu'il vaut mieux être seul qu'entouré de gens qui ne nous aiment pas vraiment.

Je me demande si j'ovule... Ça me rend nerveuse de savoir qu'il ne faudra pas que je traîne lorsque ce sera le cas. Jason et moi nous entendons de mieux en mieux. J'ai commencé à m'habiller un peu plus sexy, à porter des hauts plus moulants et un peu plus de maquillage, et je suis certaine qu'il l'a remarqué. De son côté, il est plus tactile qu'avant. Ce matin, il m'a prise dans ses bras en arrivant. Il n'avait jamais fait ça auparavant. Je l'ai serré fort contre moi en retour et je l'ai embrassé doucement sur la joue. Il y a encore une semaine, ç'aurait été super bizarre, mais il faut croire qu'avoir un cancer fait tomber les barrières physiques et émotionnelles entre collègues de travail. Qui l'eût cru ?

Un regard par-dessus mon épaule m'indique qu'il est occupé dans son bureau. Je cache mon test d'ovulation dans ma manche et je vais aux toilettes. Je fais pipi sur la languette puis j'enveloppe le test dans un mouchoir et le cache à nouveau. Je ne veux pas passer une éternité au petit coin à attendre le résultat, Jason risquerait de trouver ça bizarre. Quand je sors, je saute presque au plafond et manque laisser tomber le test à terre. Jessica est là. Aussitôt, je panique.

— Jessica, qu'est-ce que tu fous ici ? Comment tu es entrée ?

— Eh bien, quel accueil.

— Désolée, je ne m'attendais pas à te voir ici. Comment as-tu fait pour entrer ? Je n'ai pas entendu l'interphone.

Du coin de l'œil, je vois Jason se lever. Il doit se demander qui est là.

— La porte était ouverte ; j'ai pensé que le loquet devait être cassé. Enfin bref, je voulais te donner ça. Je suis partie en embarquant le cadeau de Mini Stella, comme une idiote.

Jessica sort le bavoir de son sac et l'agite au-dessus de sa tête pile au moment où Jason arrive. Je l'attrape précipitamment et le planque sous mon haut.

— Oh, bonjour. Qu'est-ce que c'est ? demande-t-il, intrigué par ce que je viens de coincer entre mes seins.

— Oh, euh, c'est un cadeau, pas vrai, Jessica ? Une *surprise.*

Je fais un clin d'œil à Jessica pour qu'elle joue le jeu.

— Oh, oui, d'accord. Oui, c'est une surprise ! Trop chou ! bafouille-t-elle en gloussant.

— Jessica, c'est bien ça ? Comment allez-vous ? Ça fait une éternité que je ne vous ai pas vue.

Il lui dit ça avec un charme à la Hugh Grant dans *Love Actually* et je la vois fondre quand il lui fait la bise sur les deux joues. Je sais ce qu'elle se répète dans sa tête : *Je suis mariée et je suis enceinte, je suis mariée et je suis enceinte.*

Elle ne tarde pas à se reprendre et répond :

— Je vais très bien, merci.

Nous restons plantés là tous les trois pendant quelques instants, un peu gênés. J'espère qu'elle va dégager maintenant qu'elle m'a rapporté le bavoir.

— Alors, j'imagine que des félicitations s'imposent ? lance-t-elle soudain.

Nom de Dieu.

Jason la dévisage, confus.

— Des félicitations ?

— Oui, félicitations pour le b...

— LE BOUQUIN ! Jess veut vous féliciter pour le bouquin. Je lui en ai parlé pendant le déjeuner. Pas vrai, Jess ?

Je lui adresse un nouveau clin d'œil. Elle ne doit rien comprendre à ce qui se passe, mais je l'encourage à coopérer. Après un troisième clin d'œil, son expression m'indique qu'elle a saisi que, pour une raison quelconque, je ne veux pas qu'elle parle du bébé.

— Oui, le bouquin ! Félicitations pour le bouquin !

Je vais me mettre derrière Jason et j'articule en silence « il est de mauvais poil » à l'attention de Jessica. Elle hoche la tête comme pour dire « Ahhh, les hommes ». C'est bon, j'ai brouillé les pistes.

— Merci. Oui, ça n'a pas été facile, presque impossible, pour tout avouer, mais j'ai presque fini.

— J'espère qu'il se vendra comme des petits pains et que vous pourrez vivre des droits d'auteur en vous prélassant chez vous avec votre petite famille.

Elle est vraiment incapable de se retenir, c'est dingue.

— Ma petite famille ? Ce n'est pas pour demain.

Voilà une réponse qui risque de sembler très bizarre à Jessica. Elle me glisse un regard que j'interprète comme « en effet, il est vraiment de mauvais poil » et je lève les yeux au ciel.

— Bon, il faut que j'y aille. Je veux passer au supermarché pour profiter de leur formule dîner « entrée-plat-dessert » à 10 livres avant qu'il n'y ait plus rien dans les rayons. Ce soir, il y a l'interview avec cette femme qui… vous savez… dans le métro et je ne veux pas rater ça.

Mes oreilles se dressent et l'angoisse s'empare à nouveau de moi.

— Quelle interview ? demande Jason, intrigué.

— Vous n'êtes pas au courant ? Tout le monde ne parle que de ça. C'est la femme qui…

Jess marque une nouvelle pause, puis trouve le courage d'employer les mots qui tuent.

— … qui s'est masturbée dans le métro et a été filmée et…

Je l'interromps en criant :

— Stop ! Je ne peux pas parler de ça au travail. Non non non, beurk, épargne-nous les détails. Bon, Jess, il faut qu'on se mette au boulot, on a une grosse après-midi qui nous attend. Merci d'être passée me déposer le cadeau, je t'écris plus tard, d'accord ?

Je me retrouve à la pousser littéralement vers la porte. Mon cœur cogne comme un fou à l'idée qu'elle prononce le nom de Tara. J'avais complètement zappé que l'interview était diffusée ce soir. Si Jason la voit, tous mes projets vont tomber à l'eau.

J'accompagne Jessica au rez-de-chaussée en râlant sans discontinuer sur l'humeur de Jason, je lui promets qu'il ira mieux dès que le livre sera fini et qu'on ira dîner tous ensemble, puis je claque la porte derrière elle. La porte se rouvre à la volée. Jessica a raison, le loquet est cassé.

Quand je remonte, Jason est toujours au même endroit.

— Ça va, Stella ? Je vous trouve un peu bizarre.

— Oui oui, je vais bien. Enfin, aussi bien que possible compte tenu de ce que je traverse.

Pause pour susciter la compassion.

— J'avais juste envie qu'elle s'en aille. Pour être honnête, je lui en veux encore d'avoir étalé sa grossesse le soir de mon dîner d'anniversaire.

— Est-ce qu'elle est au courant ? Pour… votre cancer ?

— Non. Je ne l'ai dit à personne à part vous.

Bien, il va avoir l'impression d'être spécial en entendant ça. Jess ne sait même pas que j'ai le gène BRCA. Je serais incapable de gérer l'avalanche de compassion qu'elle ferait déferler sur moi.

— Je suis vraiment content que vous m'en ayez parlé. Si vous avez besoin de quoi que ce soit ce soir, prévenez-moi. Je laisserai mon portable allumé, d'accord ?

— Super, merci. Comment ça se passe de votre côté ? Le livre avance comme vous voulez ?

— Oui ! Je suis beaucoup moins stressé. Je pense que ça m'a aidé à prendre du recul de vous voir gérer ce qui vous arrive avec une telle force. J'ai la chance d'être en bonne santé. Il faut que je me concentre davantage sur le positif et que j'écrive le meilleur livre possible.

— Exactement. Ce livre est votre héritage.

— Je suppose, oui. Et vous, quel est le vôtre ?

Je lui souris.

— Vous aider avec votre livre ? Vous allez me citer dans les remerciements, j'espère. *Merci à Stella Davies, mon horrible assistante autoritaire qui m'a forcé à écrire ce livre.*

— Je comptais vous remercier, bien sûr, mais j'envisageais d'utiliser des mots un peu plus forts que ça. Vous avez été vraiment sévère avec Internet.

— Il le fallait.

Puis, pour jauger son niveau de désespoir, j'ajoute :

— Vous vous sentez mieux vis-à-vis de Tara ?

— Oui. J'ai réalisé que c'était assez facile de me trouver sur Internet. Vous aviez raison : si je lui avais plu, elle m'aurait déjà retrouvé à l'heure qu'il est. Elle aurait pu m'envoyer un texto et elle ne l'a pas fait, alors je ferais sans doute mieux de passer à autre chose.

Je pousse un profond soupir de soulagement.

— Je pense que je vais rentrer, me poser dans le canapé et écrire un peu. Peut-être que je regarderai cette interview avec la fille du métro, ça a l'air hilarant et ça ne me ferait pas de mal de rire un peu.

Mon soulagement se transforme instantanément en peur.

— Oh, euh, non, laissez tomber. J'ai lu quelques articles sur l'interview et je pense que ça va être nul.

— Justement, c'est pile ce qu'il me faut. Un truc inepte et stupide, qui ne va pas me faire réfléchir. L'histoire d'une femme qui se masturbe dans le métro, c'est parfait. Je vous vois demain, ça ne vous embête pas de fermer ?

Il se prépare à partir. Il faut que je trouve un truc, et vite. Mes yeux se posent sur un verre. Et si je le cassais ? Non, j'ai déjà essayé, non seulement ça n'a pas marché, mais en plus, j'ai fini avec des bouts de verre dans les genoux. Comment battre l'annonce de mon cancer ? Rien ne peut surpasser ça... Merde ! Il s'en va ! Il va voir Tara à la télé et tout sera foutu. C'est impossible, je suis supposée ovuler dans les prochains jours, je dois le tenir éloigné d'elle jusque-là. Il faut que je le retienne. Comment ? *Réfléchis, Stella, réfléchis, allez ! Cancer... Traitement... CHEVEUX !*

J'attrape une poignée de cheveux dans ma main, je serre le poing et je tire aussi fort que je peux. Je pousse un cri, parce que ça fait réellement un mal de chien.

Jason revient sur ses pas en courant, l'air inquiet.

— Bon sang, qu'est-ce qui s'est passé ?

— Mes cheveux...

Je n'ai pas à forcer au niveau de mon expression : je suis sincèrement choquée et horrifiée par la douleur et la torture que je viens de m'infliger.

— Je perds mes cheveux.

Assise sur le canapé du studio, j'agrippe la tasse de thé que Jason vient de m'apporter en tentant de ne pas penser à la brûlure douloureuse au niveau de mon cuir chevelu. S'arracher les cheveux demande de la force et de la détermination ; j'ignorais que j'étais capable de me faire aussi mal toute seule.

Pour masquer mon ravissement que la soirée ait tourné à mon avantage, je dis à Jason :

— Je croyais que vous vouliez rentrer chez vous et regarder la télé ?

— Je déteste la télé. J'aurais passé la soirée dans mon canapé, à essayer de me détendre devant un truc qui me tape sur les nerfs. Puis je n'aurais pas réussi à dormir. Et finalement, j'aurais culpabilisé de ne pas avoir passé la soirée à écrire.

Il allume les lumières du studio et pose un haut tabouret devant moi.

— Qu'est-ce que vous faites ?

— Je veux vous prendre en photo.

— Quoi ? Non, Jason, je ne veux pas être photographiée comme ça.

Je n'ai surtout pas envie que mon mensonge soit immortalisé.

— Au contraire, c'est exactement comme ça que vous devriez être photographiée. Et ensuite, je pense qu'on devrait vous raser la tête.

Je me lève d'un bond.

— Jason, non. Je ne veux pas faire ça. Je vais les perdre naturellement, je préfère.

Derrière son appareil, Jason appuie sur l'obturateur. Le flash nous fait cligner des yeux.

— Une amie à moi a subi une chimiothérapie, explique-t-il tout en se concentrant sur les réglages. Elle m'a dit qu'elle regrettait de ne pas s'être rasé la tête, parce qu'elle a fini par ressembler à un épouvantail. Vous pouvez prendre le contrôle, Stella. Ou alors vous pouvez laisser la situation vous contrôler. Venez, asseyez-vous sur le tabouret.

J'ai observé Jason mille fois pendant qu'il travaillait. Quand il travaille à une photo, il devient si déterminé qu'il n'a plus conscience des insécurités de son sujet. Ça peut sembler un peu impoli ou insensible, et souvent le modèle râle parce qu'il se retrouve à obéir aux ordres de Jason au lieu de faire ce que bon lui semble. Mais ensuite, la personne voit le cliché, crie au génie et veut recommencer. Jason est célèbre pour capturer l'incapturable. Même si j'ai vu la magie opérer quand il est derrière l'objectif, je n'ai aucune envie de m'asseoir sur ce tabouret et d'être un sujet d'étude.

— Jason, je ne peux pas. L'objectif me met mal à l'aise.

— Stella, de toutes les personnes que j'ai photographiées, pas une n'était à l'aise devant l'objectif, et c'est précisément ce que je recherche. Vous m'intriguez. Vous avez passé un an assise dans ce bureau à diriger ma vie, à être détendue, calme, à vous comporter comme si tout était sous contrôle. Vous avez toujours fait preuve d'une telle force et d'une telle assurance... Je passe cinq jours par semaine avec vous et pourtant... Jamais je n'aurais soupçonné ce par quoi vous êtes passée, et je n'aurais certainement pas imaginé que vous êtes malade. Vous êtes incroyable, Stella. Vraiment.

Il n'avait sincèrement pas la moindre idée de ce qu'était ma vie ? Pas du tout ? J'ai toujours cru que je transpirais la tristesse, que les gens sentaient instantanément mon mal-être et que c'était pour ça qu'on ne m'aimait pas, en général. J'ignore comment une personne peut ressentir ce que je ressens et le dissimuler à la perfection. Phil le voyait, il se rendait toujours compte de tout. J'étais convaincue que Jason se contentait d'ignorer mon anxiété parce que j'étais son employée, mais peut-être que j'avais tort. Peut-être qu'il m'apprécie. Peut-être qu'il pense *vraiment* que je suis formidable.

Il a certainement raison, c'est lui le photographe, après tout. Et puis, si la photo ne me plaît pas, on peut la supprimer. Je me trouve un peu plus rondelette que d'habitude, sans doute à cause de tout le sirop pour la toux bourré de sucre que j'ai ingurgité ces jours-ci. Je rentre le ventre et tente de me sentir belle.

— D'accord, asseyez-vous sur le tabouret, m'ordonne-t-il. Ébouriffez un peu vos cheveux. C'est la photo « avant », alors il faut autant de volume que possible.

Je m'exécute et lève les mains pour donner du volume à ma chevelure. Quand j'effleure l'endroit où j'ai arraché des cheveux un peu plus tôt, une douleur me transperce le crâne, comme si on m'avait donné un coup de poing en pleine tête.

— Maintenant, regardez droit dans l'objectif.

Je me redresse, je fais ressortir ma poitrine. En dépit de la douleur, je me frotte le crâne du bout des doigts pour ébouriffer mes cheveux le plus possible. J'essaie de détendre les muscles de mon visage et de fixer l'objectif. Jason prend une photo après l'autre. Je n'ai même pas besoin de les voir pour savoir que je ne veux pas qu'il les supprime.

Nous passons plus de vingt minutes ainsi, dans un brouillard indescriptible.

— Stella, vous êtes vraiment très belle, finit par déclarer Jason.

— Vous avez l'air surpris.

Je lui souris. C'est un vrai sourire, créé par la joie de m'entendre dire que je suis belle par une personne qui paraît le penser sincèrement.

— J'aurais dû vous prendre en photo il y a longtemps, dit-il en regardant le viseur de son appareil.

— Peut-être que ça ne servait à rien.

— Comment ça ?

— Peut-être qu'il n'y avait rien à photographier avant que j'aie un cancer.

Jason rajuste légèrement la lumière. L'atmosphère devient un peu plus douce, un peu plus intime. J'ai l'impression d'être une statue. Une œuvre d'art au milieu d'une pièce. Une fleur qui se dresse vers la lumière. Comme si le monde venait de remarquer mon existence pour la première fois.

— Voilà, ça y est, annonce-t-il une fois que sa carte mémoire est pleine.

Soudain, il baisse les yeux, comme s'il était gêné.

En espérant que ça ait un rapport avec moi, je demande :

— Qu'est-ce qui se passe ?

— Vos cheveux… c'est très sexy.

D'un air faussement horrifié, je m'écrie :

— Jason, je vous en prie ! Ne dites pas de bêtises !

— Mais vous serez très belle sans aussi. Ça ne changera pas cette expression dans votre regard.

— Je ne veux pas les raser. Je vais attendre. Je tiens beaucoup à mes cheveux.

Je les fais onduler un peu, parce que je sais qu'il adore les cheveux longs et que je veux qu'il ait envie de moi. Il s'approche.

— Quand je vous ai vue dans le viseur, ce sont vos yeux qui m'ont ensorcelé. Croyez-moi, Stella, ce ne sont pas vos cheveux qui vous rendent désirable.

Sans hésiter, je lui réponds :

— D'accord. On rase.

Tara

Je me souviens très bien de cette nuit-là. J'ai rencontré Nick dans la file d'attente des toilettes d'un pub où je fêtais l'anniversaire d'un ami. On attendait depuis des plombes : la personne qui était à l'intérieur était soit très malade, soit en train de s'envoyer en l'air, soit profondément endormie. On était aussi désespérés l'un que l'autre et ça a donné lieu à des présentations assez drôles.

— Je pense que je serais allé plus vite en rentrant chez moi, a-t-il dit. J'habite à quelques minutes à pied. Si tu ne tiens plus, tu peux venir avec moi, si tu veux ?

J'ai accepté. C'était ça ou faire pipi par terre dans un coin. Je m'y serais résolue, mais de vraies toilettes me tentaient tout de même davantage.

Chez lui, il m'a indiqué les toilettes d'en bas, puis il est parti utiliser celles à l'étage. Quand il est redescendu, je lui ai dit que je pensais rentrer chez moi et je lui ai demandé si ça ne le dérangeait pas d'attendre que je commande un taxi. L'instant d'après, on était en train de boire un whisky, et le suivant, ma culotte était sur le sol de sa cuisine et on était en pleine action sur son plan de travail. Vingt minutes plus tard, je suis montée dans le taxi tandis que lui retournait au pub. Nous n'avons même pas échangé nos numéros de portable. Ça paraît peut-être glauque, raconté comme ça, mais ça ne l'était pas, au contraire. Ce n'était ni sordide, ni inconfortable ni malsain. C'était juste du sexe. Un bon moment entre deux inconnus qui avaient très envie l'un de l'autre et ont simplement laissé libre cours à leur désir. À vrai dire, c'est un de mes meilleurs souvenirs sur le plan sexuel. J'ai trouvé ça vraiment, vraiment agréable. Pendant le trajet du retour, je me rappelle avoir songé que c'était génial que ce genre de relations entre deux adultes consentants existe. Sans pression, sans prise de tête, sans attaches. Ça me convenait ; ça lui convenait. Néanmoins, je m'en suis voulu de ne pas avoir utilisé de préservatif, alors une semaine plus tard, je suis allée faire un test pour m'assurer que je n'avais pas attrapé une maladie ou une infection. Les résultats étaient négatifs, alors j'ai rangé l'expérience dans un coin de ma tête, dans le tiroir « vraiment amusant et un peu dingue », et j'ai continué à vivre ma vie. Nous n'avions aucun ami commun, nous ne nous recroiserions jamais. Il y avait quelque chose de réellement libérateur là-dedans.

Trois semaines plus tard, quand je me suis rendu compte que je n'avais pas eu mes règles, j'ai fait un test qui s'est avéré positif, celui-ci. Machinalement, j'ai pris la décision qui semblait s'imposer : j'ai immédiatement fixé un rendez-vous pour avorter la semaine suivante. Mais lorsque le jour J est arrivé, j'étais incapable de bouger pour me mettre en route. J'avais trente-six ans, aucune perspective de relation sérieuse. Je voulais des enfants et j'étais suffisamment pragmatique pour être honnête avec moi-même et savoir que je ne tomberais pas enceinte sur un lit de pétales de roses baigné par la lumière de la lune. Alors j'ai annulé le rendez-vous, j'ai prévenu mes parents que je n'allais pas avorter et j'ai gardé le bébé. Mon père ne m'a pas adressé la parole pendant deux mois, jusqu'à ce que je passe à la maison avec une photo d'échographie et que je lui annonce que c'était une petite fille. Il a pleuré. Depuis ce jour-là, il n'a jamais cessé de me soutenir.

Une fois ma décision prise, je ne me suis jamais autorisée à la remettre en question. C'était mon choix, mon corps, mon bébé. Je n'avais pas envie de devenir mère en ayant le sentiment qu'Annie était une erreur. Certes, sa conception n'avait pas été volontaire, mais ma décision de la garder l'était. C'était une décision mûrement réfléchie et soupesée.

Je savais que c'était discutable de ne pas avertir Nick, mais je n'ai pas eu le sentiment de mal faire. Des personnes mariées ont des liaisons, des parents abandonnent des enfants, des gens volent, violent et blessent d'autres personnes sans arrêt. Pour moi, c'était épargner un énorme problème à un type innocent. Nous n'allions pas tomber amoureux juste à cause du bébé, parce que la vraie vie ne ressemble pas à un film de Jennifer Aniston. Si je lui avais dit que j'étais enceinte, il se serait senti obligé d'assumer, et s'il ne s'y était pas senti obligé, alors il aurait eu l'impression d'être un connard. Je ne lui en ai donc jamais parlé. À présent, pour la première fois en six ans, je me demande si ce n'était pas absolument dégueulasse de ma part. En tout cas, maintenant que je suis célèbre, on dirait bien que c'est ce qui contrarie le plus les gens. Et cela me pousse à remettre en question une décision qui, pendant des années, m'a semblée simple et juste. C'était mon bébé, mon corps. Mais est-ce que c'était mon droit ? Peut-être que je devrais lui dire ?

Le pub s'appelait *The Sun*, sur Clapham High Street. Pour arriver chez lui, nous avions tourné à droite, puis à gauche, et sa maison devait être… la quatrième sur le trottoir de droite ? Il faisait noir, mais je suis presque sûre que la porte était peinte en vert. Je vais trouver. Je suis certaine qu'il était propriétaire, c'était un peu trop chic pour une location. S'il vit encore au même endroit, je lui dirai la vérité. Peut-être qu'il a vu la vidéo. Peut-être qu'il m'a reconnue, qu'il m'a googlée, qu'il a lu les articles sur Annie et fait le calcul tout seul. Peut-être qu'il me cherche. Ou peut-être qu'il ne veut plus jamais me revoir. Je ne vais pas tarder à le savoir.

Avec un bonnet sur la tête et une écharpe, je prends le métro jusqu'à Clapham Common. J'examine les passagers de la rame. Est-ce que tous ces gens sont parfaitement irréprochables ? Bien sûr que non. Si des caméras les suivaient jusqu'à leur destination, je parie qu'au moins un ou deux commettraient un acte sexuel déplacé à cause duquel ils finiraient victimisés par la société, comme moi. Le vice est partout. La seule différence, c'est que certains ont la malchance de se faire prendre, et d'autres non.

Il fait si bon ce soir que je dois avoir l'air louche, avec mon bonnet descendu jusqu'aux yeux et mon écharpe qui me couvre le visage. Les gens me fixent comme si j'avais une bombe sous mon tee-shirt. Je préfère encore ça à être reconnue. Je ne suis toujours pas prête à me montrer en public. Je ne sais pas si je le serai un jour, surtout après la diffusion de l'interview qui est prévue pour ce soir. Mon Dieu... Chaque fois que j'y pense, j'ai des frissons.

Arrivée à Clapham Common, je sors de la station et je marche jusqu'au pub. Ensuite, je tourne à droite, puis à gauche. C'est la bonne rue. Quatrième maison sur le trottoir de droite. Je suis certaine que c'est celle-ci. Numéro 8. La façade n'a pas beaucoup changé à l'exception de quelques jardinières, qui étaient peut-être déjà là mais que je n'avais pas remarquées à l'époque. Je me revois partir en titubant légèrement, monter dans le taxi et le regarder s'éloigner, sans soupçonner qu'en moi, Annie était en train d'être créée.

Ça me fait bizarre d'être ici. J'ai toujours cru qu'il n'existait aucune connexion avec Nick ou avec ce lieu, mais maintenant que je suis là et que je sais que c'est à cet endroit que ma fille a été conçue, j'ai un drôle de sentiment de nostalgie, comme si cette maison avait de l'importance pour nous. L'âme d'Annie s'y trouve. Je ne peux pas faire comme si ce lieu ne représentait rien.

Je suis venue parce que je me dis que les gens sur Internet ont peut-être raison. Peut-être que c'était horrible de ma part de taire ma grossesse. Je me demande ce que ça m'aurait fait de revenir trois semaines plus tard pour annoncer à Nick que j'étais enceinte. Ç'aurait été horrible, étrange, gênant. Et ensuite ? Qu'est-ce que je lui aurais demandé ? Du temps ? De l'argent ? Aucun des deux. Je lui aurais juste expliqué qu'il allait avoir un bébé dont je ne tenais pas à ce qu'il s'occupe, parce que c'était *mon* choix de le garder. C'était la bonne décision pour moi. Ç'aurait été égoïste de le lui dire, j'en ai toujours été profondément convaincue. Du moins jusqu'à aujourd'hui. Jusqu'à ce que je lise des myriades d'articles et de tweets qui me traitent de tous les noms pour ne pas l'avoir prévenu qu'il allait être père. Alors me voici, six ans plus tard. Prête à lui annoncer qu'il a une fille.

Je frappe à la porte. J'entends des bruits de pas puis d'un coup, Nick se tient là, devant moi. Je ne pensais pas qu'il ouvrirait aussi vite. Je n'étais pas certaine de le reconnaître, mais il n'a pas changé.

Il doit être choqué de me trouver là. Au bout du couloir, j'aperçois la cuisine qui a accueilli nos ébats.

— Bonjour.

— Bonjour. Je peux vous aider ?

Il est beaucoup moins mal à l'aise que je l'imaginais. Je comprends soudain que c'est parce qu'il n'a pas la moindre idée de qui je suis. J'aurais peut-être dû réfléchir à un petit discours, parce que d'un coup, je ne sais pas quoi lui dire.

— Euh… Vous vous souvenez de moi ?

J'accompagne ma question d'un grand sourire dégoulinant, comme si j'étais une cousine perdue de vue qu'il adorait lorsqu'il était enfant.

— Non, je suis désolé. Je devrais ?

Est-ce qu'il devrait ? Bonne question.

— Tara, du pub.

Au moment où je lui donne mon prénom, je me rends compte que je ne suis même pas sûre de lui avoir dit comment je m'appelais, à l'époque.

— Tara du pub ? Oh, est-ce que j'ai oublié ma carte bleue ?

— Non, je ne travaille pas au pub. J'étais au pub il y a six ans. On s'est rencontrés au pub il y a six ans. Je suis venue chez vous, on… j'ai quelque chose à vous dire.

— Qu'est-ce que c'est que ce gag ?

Il regarde dans la rue, au cas où ce serait une caméra cachée. J'ai du mal à trouver les mots, parce qu'il est le portrait craché d'Annie et que ça me déroute totalement.

Les yeux d'Annie, son nez… Ma fille est sa version miniature. Elle est sa chair et son sang. C'est surréaliste.

— Je pense que vous vous êtes trompée de maison.

Il s'apprête à refermer la porte. Je tends la main pour l'en empêcher.

— Non, je ne me trompe pas. Vous vous appelez Nick. Je m'appelle Tara, même si je ne vous ai peut-être pas dit mon nom à l'époque. On a couché ensemble dans votre cuisine avant que je prenne un taxi pour rentrer chez moi, il y a six ans. Vous vous rappelez ?

— Vous vous payez ma tête. Et vous débarquez six ans plus tard parce que ?

— Parce que j'ai une fille de six ans et que j'ai pensé que vous deviez être au courant.

De toute ma vie, je pense que je n'ai jamais vu quelqu'un d'aussi terrifié. Son visage semble s'allonger de plusieurs millimètres, ses veines ressortent, de la sueur perle aussitôt à son front. Je me sens affreusement mal pour lui. C'est d'une cruauté sans nom.

C'est alors qu'une femme superbe et enceinte jusqu'aux dents apparaît dans l'escalier, derrière lui. D'une voix suraiguë, je bafouille précipitamment :

— Je plaisante. Je me suis trompée d'adresse.

— Qui est-ce, chéri ?

Un anneau brille à la main gauche de la future maman. C'est sa femme. Il est marié. Marié et bientôt papa. Je réponds à la place de Nick :

— Je ne suis personne. Je me suis trompée de maison. Faites comme si je n'étais pas là.

Nick continue à me dévisager, les yeux remplis d'horreur. L'horreur fait ensuite place à la peur, puis à la haine, puis à la colère, pour revenir à la peur. Il ne mérite pas ça. Je n'aurais jamais dû venir.

— Désolée de vous avoir dérangés !

J'adopte un ton enjoué et un air légèrement ahuri pour protéger Nick de ce qui pourrait totalement anéantir cette période magique de sa vie. Il me lance un dernier regard dégoûté, qui me confirme sans équivoque qu'il ne veut rien avoir à faire avec Annie. Je ne lui en veux pas, parce que je suis entièrement de son avis. Alors que je m'éloigne, je me sens étrangement forte. J'ai fait le bon choix à l'époque, et personne n'a le droit de m'affirmer le contraire. Je suis une excellente mère, et ma fille va grandir en apprenant que ses décisions sont les bonnes, peu importe ce que pensent les autres. C'est la meilleure leçon que je puisse lui enseigner.

13

Tara

Je me suis assise sur ce canapé des millions de fois pour regarder la télé avec mes parents. Nous nous sommes tous tortillés avec gêne pendant les scènes de sexe, nous avons tous haussé la voix pour couvrir des langages trop fleuris, mais jamais l'atmosphère n'a été aussi tendue qu'à cet instant. Il est 21 h 55 et mon interview sur Sky News est programmée pour 22 heures. J'ai trouvé le courage de jeter un œil sur Twitter pour voir si les gens en avaient quelque chose à faire. #SuperBranleusepasseàlatélé fait partie des tendances.

Je me demande comment on va me percevoir. Ça me rend nerveuse. Je sais déjà que les gens de Sky News ne seront pas tendres parce que je ne leur ai pas donné ce qu'ils voulaient. J'espère néanmoins que, puisque je ne me suis pas excusée, ils ont compris que je n'étais pas faible et que je méritais un montage correct. Peut-être que j'ai été une source d'inspiration pour ces gens.

Ou peut-être pas.

Mon père est dans son fauteuil, la tête appuyée dans la main droite. Il porte un pull en laine que ma mère a acheté dans un magasin d'occasion. Elle a coupé l'étiquette et m'a forcé à le lui offrir en prétendant que je l'avais tricoté pour lui. J'ai obéi et je me suis sentie parfaitement ridicule. Il ne m'a pas dit un mot, mais je sais qu'il est en train de se calmer, parce qu'il le porte en permanence depuis. Son regard passe sans cesse des rideaux à la télé. Ma mère lui a dit qu'il devait visionner l'interview. Il a répondu qu'il n'en avait pas envie, mais je sais qu'il est aussi intrigué que moi par le résultat. Ma mère a préparé du pop-corn et elle tourne en boucle là-dessus. C'est surréaliste, à croire qu'on est tous réunis pour regarder un film de James Bond.

— Est-ce que ce n'est pas trop salé ? demande ma mère. Je ne sais jamais comment le saler…

Nous l'ignorons tous les deux. Les infos commencent et mon visage apparaît à l'écran. Le présentateur prend la parole.

— Ce soir, nous diffusons l'interview exclusive d'une femme qui est devenue célèbre dans le monde entier pour avoir été filmée alors qu'elle se donnait du plaisir en public.

Mon père laisse échapper un énorme grognement et fixe les rideaux. J'ai la nausée. L'humiliation me submerge comme une série de vagues, tantôt chaudes et étouffantes, tantôt glacées et paralysantes.

— Je pense que c'est trop salé…

— Tu vas nous lâcher avec ton pop-corn ! aboyons-nous à l'unisson avec mon père.

C'est le premier moment de solidarité entre mon père et moi depuis que tout ce merdier a commencé.

— Damien Weymouth a rencontré pour nous Tara Thomas. Elle s'exprime pour la première fois depuis que la vidéo de ses folies a fait le buzz, afin d'évoquer sa vie après son humiliation publique.

— Tara, murmure ma mère en posant le pop-corn. Ça ne me dit rien qui vaille.

Puis Damien apparaît à l'image, assis sur le fauteuil de mon père, dans la pièce où nous nous trouvons en ce moment même.

— Ici Damien Weymouth. Bonjour et bienvenue pour cette interview spéciale. À moins que vous n'ayez vécu dans une grotte, vous avez forcément entendu parler de mon invitée d'aujourd'hui. Il y a de cela douze jours, Tara Thomas vivait une vie normale et partageait son temps entre sa fille Annie et son travail pour une chaîne de télévision.

— Je ne peux pas. Désolé, mais je ne peux pas, déclare mon père en se levant d'un coup. Je ne peux pas regarder ma fille parler de ça, avec ce type assis dans mon fauteuil, devant notre télé. Je ne peux pas.

Il quitte la pièce et monte l'escalier en trombe, trop vite pour que ma mère ou moi ayons le temps de le retenir. Si je lui en veux de ne pas avoir le courage d'affronter ça, je suis en même temps ravie qu'il soit parti.

— C'est très dur pour lui, tout ça, me glisse ma mère.

Je lui fais signe de se taire et reporte mon attention sur la télé.

— Revenons sur cette soirée. La soirée du métro. Où étiez-vous avant ça ?

— J'avais eu rendez-vous avec un homme et je rentrais chez moi.

— Qu'est-ce que tu passes bien à l'écran, ma chérie. Je t'ai toujours dit que tu devrais être devant la caméra et pas derrière…

— Merci, Maman, mais est-ce que tu peux te taire maintenant ?

— Avez-vous eu délibérément un rapport sexuel avec cet homme dans l'espoir de tomber enceinte ?

— Mon Dieu, souffle ma mère.

— Non. Je suis ici pour parler de ce qui s'est passé dans le métro.

Merde, ils ont laissé ça ? Les enfoirés, je pensais qu'ils auraient coupé ce passage. Je pensais que si je le répétais encore et encore, ils devraient le supprimer. Mais non.

— Je préférerais vraiment ne discuter que de la partie sur la masturbation.

— Qu'est-ce que ça fait d'être jugée de la sorte par le public ?

D'un air de plus en plus irrité, j'insiste :

— Pouvons-nous aborder ce que j'ai fait dans le métro, s'il vous plaît ?

— Maman, je n'ai pas passé mon temps à répéter ça, je t'assure. On a parlé de Nick et de pourquoi je ne lui avais pas dit pour Annie. Et j'ai fini par être cassante et avouer que je n'étais pas triste pour lui. Ils ne peuvent quand même pas avoir supprimé tout ce passage ?

Ma mère me tend le pop-corn. Je repousse le saladier.

— Vous devez regretter profondément ce que vous avez fait ? demande Damien.

Et là, c'est encore pire : ils ne passent même pas ma réponse, juste mon sourire bizarre juste après avoir dit « Je regrette de ne pas avoir attendu d'être chez moi ». Phrase que je me rappelle avoir prononcée parce que je trouvais ça plutôt drôle.

Là-dessus, ils diffusent la vidéo d'Adam, avec sa tronche de crétin grassouillet qui me donne envie de donner des coups de pied dans la télévision. Il me fait passer pour une femme vicieuse, méchante et cruelle. Tout ça parce que j'ai relevé qu'il avait sérieusement besoin d'admettre ses penchants sexuels.

— C'était Adam, ça ? Il n'est pas du tout comme je l'imaginais. Il est plutôt bel homme…

— Maman, tais-toi, s'il te plaît !

— Tara, reprend Damien. Est-ce que vous avez quelque chose à déclarer ?

Ah. C'est le moment de ma superbe réplique sur l'orgasme. Au moins, je finis sur une note positive.

— Je préférerais vraiment ne discuter que de la partie sur la masturbation.

Nonnnnn !!!

Je me lève et crie à l'attention de l'écran avant de balancer rageusement une poignée de pop-corn en direction de la télévision.

— Nom de Dieu de merde !

— Tara, surveille ton langage, je te prie.

— Qu'est-ce que ça peut bien faire, Maman ? On dit aux enfants de ne pas jurer pour que les gens ne pensent pas qu'ils sont vulgaires ; mais tout le monde croit que je suis vulgaire, alors qu'est-ce que ça peut bien foutre que je surveille mon putain de langage ?

Elle ne trouve rien à répondre à ça.

Je n'en reviens pas. Pourquoi est-ce que j'ai accepté de passer à la télé ? Je n'ai pas couché avec David Beckham ou avec le roi d'Angleterre, bordel, je me suis masturbée dans une rame de métro crasseuse ! Ça n'aurait jamais dû prendre des proportions pareilles. Pourquoi ai-je pensé que les gens auraient une meilleure opinion de moi si je vendais mon âme à une chaîne de télévision ? J'aurais dû me douter que ça se passerait comme ça ! Je n'ai rien dit de notable, je me suis fait descendre en flammes par mon ancien patron, j'avais l'air en colère, aigrie, un peu dingue, et mes propos n'ont fait que remettre de l'huile sur le feu et raviver la polémique. Ce n'est plus qu'une question de temps avant qu'on imprime des tee-shirts avec l'inscription « Peut-on parler de la partie où je me masturbe » et qu'on en fasse une sonnerie de portable. POURQUOI ai-je fait cette interview ? Je me laisse retomber dans le canapé et dévore agressivement une poignée pop-corn.

— Je suis finie. Ça y est. Je ferais mieux de déménager en Espagne et travailler dans un bar. Au moins, si les gens m'insultent en espagnol, je ne comprendrai pas ce qu'ils racontent. Ma vie me manque.

Ma mère claque un saladier sur la table basse avec colère.

— *Ta* vie te manque, vraiment ? La vie dont tu te plaignais constamment ? Le patron que tu détestais ? La misogynie dans ce bureau ? Cette affreuse Sophie avec qui tu t'entêtes à être amie depuis toujours alors qu'elle est horrible avec toi ? Ça te manque de ne presque pas voir ta fille ? Ça te manque que ta vie sociale se résume à ton père et moi ? Qu'est-ce qui te manque réellement dans tout ça, Tara ? Vas-y, je t'écoute !

— Pas la peine de me crier dessus, Maman, je…

Elle m'interrompt et continue sur sa lancée :

— Je ne suis peut-être pas la mère la plus ouverte au monde, mais je ne t'ai certainement pas élevée pour que tu te laisses marcher dessus. Tu t'es battue contre le jugement des autres depuis le jour où tu as eu Annie, je t'ai soutenue et nous n'avons jamais laissé personne critiquer notre façon de faire. Tout ça pour que tu laisses des inconnus émettre des hypothèses sur toi et prendre la fuite parce que tu n'as pas le courage de te battre ? C'est ça, la leçon que tu veux qu'Annie retienne de tout ça ? Reprends-toi, Tara, et cherche donc un moyen de te remettre en selle sans passer par des tabloïds glauques et des journalistes sordides affreusement mal coiffés !

Elle part en trombe dans la cuisine.

Je ne m'attendais pas à ça. Au bout de quelques instants, je lui emboîte le pas.

— Maman ?

Je passe mes bras autour d'elle.

— Ton pop-corn était parfait.

— Merci.

Je la serre contre moi. Mon père ne tarde pas à descendre pour nous rejoindre. Alors que nous sommes agrippés les uns aux autres dans la cuisine, je commence à chercher un espoir auquel me raccrocher. Ma mère a raison : ma vie n'était pas parfaite. Et si je suis honnête avec moi-même, elle ne me manque pas, en réalité.

Cam

Cam se sent toujours affreusement mal. Plus que deux jours avant l'avortement. Elle espère que le soulagement sera immédiat. C'est comme si son corps rejetait sa grossesse. Elle avait entendu parler des nausées matinales ; chez elle, ce sont des nausées permanentes. Ses seins sont énormes et durs comme de la pierre et elle doit aller faire pipi dès qu'elle boit la moindre gorgée d'eau. C'est l'horreur. Cela dit, elle se sent plus solidaire de son corps qu'elle ne l'a jamais été. Il la soutient et lui confirme ce qu'elle savait déjà : l'idée d'être mère la rebute autant physiquement que mentalement. Si l'ombre d'un doute subsistait, cette expérience l'a anéantie.

Tout ce qu'elle est capable d'avaler, ce sont des Monster Munch saveur bœuf. Il y a une heure, elle a réussi à se traîner jusqu'au supermarché pour en acheter sept paquets d'un coup. Maintenant, elle est sur son canapé, en train de vider son quatrième paquet. Elle vient juste de voir l'interview de Tara à la télévision et elle est sincèrement triste pour son amie. L'interview était horrible. Son portable bipe.

Cam, décroche ton téléphone, s'il te plaît.

Mark. C'est son vingt-septième texto depuis ce matin et il l'appelle sans arrêt. Elle est incapable d'affronter ça. Elle est quasiment certaine qu'il souhaite garder le bébé et qu'il la fera culpabiliser de vouloir avorter. Elle n'aurait jamais dû lui en parler. Il n'avait pas besoin d'être au courant. Elle se demande pourquoi c'est si important pour lui. Pourquoi les gens se mettent-ils dans tous leurs états quand un ovule et un spermatozoïde entrent en contact ? Dans ce genre de situation, est-ce qu'ils oublient soudainement qu'une minute avant de découvrir la grossesse, ils n'avaient ni l'envie ni l'intention d'avoir un enfant avec la personne qui se tient en face d'eux ? Elle comprend la partie sur le bébé, bien sûr, sauf qu'il n'y a *pas* de bébé. Pas encore. Pour le moment, c'est juste un tas de cellules. Mark est vraiment prêt à changer le cours de sa vie pour ça ? Ça n'a pas de sens. S'il veut des enfants, ne devrait-il pas attendre d'être avec quelqu'un qu'il aime ? Il est encore trop jeune. Il envoie un autre message.

C'est bon, j'en ai marre, j'arrive.

Cam se dépêche d'éteindre les lumières et la télévision. Elle se blottit sous une couverture en cachemire et attend que la sonnerie se déchaîne. Profitant des vingt minutes qu'il va mettre à arriver, elle envoie un mail à Tara.

> Coucou. J'ai vu l'interview. Vous devez être mal. Mais tout n'est pas perdu et je pense que je peux vous aider. On pourrait faire quelque chose sur mon blog. Ça va aller, je vous assure. On en discute demain. Avec un peu de chance, je ne vous vomirai pas dessus… (Je vous expliquerai.) Hâte de vous voir. Bises, C

Elle parcourt ses e-mails. Stella Davies lui a *encore* écrit.

> Le grand jour approche, Camilla. J'ai tout prévu. Est-ce que vous saviez qu'il est possible de faire certaines choses pour influencer le sexe du bébé ? Je veux un garçon. Pourquoi ? Pour qu'il n'ait jamais à gérer les merdes que moi j'ai dû gérer en tant que femme.
> Mon plan est simple. Cette semaine, je vais séduire mon patron, tomber enceinte de lui et obtenir ce que je veux. Exactement comme vous avez dit. Vous utilisez ce type de vingt-huit ans pour du sexe, j'utilise mon patron pour du sperme. Où est la différence ?
> En réalité, il y a une différence, et elle est énorme.
> Ce que vous faites est pire, alors ne me jugez pas. Je ne mène personne en bateau, je ne fais perdre son temps à personne. Mon plan est une simple transaction. Alors que vous, vous n'êtes qu'une salope égoïste et sans cœur. Si seulement le reste de vos lectrices voyaient ce que je vois…
> J'espère que mon enfant ne vous ressemblera en rien.

Cam essaie de ne pas y prêter attention, mais il y a quelque chose qui la perturbe dans le ton de cette fille. Elle n'arrive pas à déterminer si elle est menaçante ou pas. Elle semble intelligente, contrairement à d'autres trolls dont les fautes d'orthographe indiquent souvent qu'il s'agit de crétins bas de plafond qui n'ont rien de mieux à faire. Mais les mots de Stella sont vicieux, calculés. Et ce qu'elle fait à son boss est tout bonnement inacceptable.

Quoique… et si ça ne l'était pas ?

Peut-être que c'est Cam qui a été folle de parler du bébé à Mark ? Est-ce que cette Stella fait vraiment du mal à son patron en couchant avec lui avant de disparaître sans laisser de traces ? En quoi est-ce cruel s'il ne l'apprend jamais ? Si elle ne lui dit rien, alors elle ne le blesse pas, pas vrai ? C'est ce que Tara a fait, après tout. Certes, ce n'était pas calculé, mais le résultat est le même, non ?

Ce que tu fais est pire, alors ne me juge pas. Je ne mène personne en bateau, je ne fais perdre son temps à personne. Pourquoi est-ce que cette phrase tourne en boucle dans sa tête ?

Cam sait que Mark mettra du temps à accepter sa décision. Le fait qu'elle mette un terme à cette grossesse est un boulet qu'il traînera toute sa vie, parce qu'il veut des enfants et que les avortements sont difficiles pour les personnes comme lui. Si elle ne lui en avait jamais parlé et qu'elle s'était contentée de faire ce qu'il fallait, il serait sûrement à la salle de sport en ce moment, heureux comme à l'accoutumée dans sa vie simple et facile. Même si Stella paraît méchante dans ses mails, est-ce que sa décision est si dingue que ça, si elle a si profondément envie d'avoir un enfant ? Bien sûr, c'est inquiétant qu'une personne aussi mentalement instable devienne parent, mais peut-être qu'elle sera une bonne mère. Peut-être que c'est ce dont elle a besoin.

La sonnerie retentit. Un « drinnnnnnnnggggggg » ininterrompu. Cam met son portable en mode silencieux et s'allonge avec un coussin sur la tête. Elle sait qu'elle doit affronter Mark et se comporter décemment à un moment ou à un autre, mais pas ce soir. Elle a pris sa décision, et rien ne peut se mettre en travers de sa route.

Une heure et demie plus tard, il finit par abandonner.

Stella

Devant le miroir de ma salle de bains, je dévisage mon reflet et je ris. Un bon gros rire sonore et jovial qui jaillit comme du champagne lorsqu'on a secoué la bouteille avant de l'ouvrir. J'ai le crâne rasé. Merde.

Je ne voulais pas le faire au début, pour deux raisons évidentes : je ne suis pas réellement malade et je ne suis pas réellement sous chimiothérapie. Mais ensuite, j'ai réalisé que je devais faire tout ce qui était en mon pouvoir pour rendre mon mensonge crédible, et l'idée ne m'a plus semblé aussi délirante. Et puis il y a eu la séance photo, ce sentiment que j'ai éprouvé d'être une œuvre d'art, Jason qui me regardait comme si j'étais la plus belle chose au monde, et mon besoin de changement (un changement distrayant, radical). Ça semblait sensé de faire ça, finalement. Je passe mes mains sur mon crâne. Ma tête me paraît toute petite, glacée, étrangère. Je n'arrive pas à croire que c'est moi.

J'ai d'abord coupé de grandes mèches avec des ciseaux, puis Jason m'a rasée avec le rasoir qu'il garde au bureau. C'était hyper bizarre, mais il y avait aussi quelque chose d'étrangement érotique. À un moment, je me suis demandé si cela allait déboucher sur quelque chose. J'aurais pu prendre cette direction si je l'avais voulu. Mais ce n'était pas le bon moment. Il faut que j'attende d'ovuler, au cas où ça n'arrive qu'une fois.

Avec Alice, on avait l'habitude de se tenir devant le miroir ensemble et d'examiner nos visages, à la recherche de différences invisibles à l'œil nu. J'avais une tache de rousseur en plus sur la joue gauche, le menton d'Alice était un peu plus carré. Mais c'était tout. Tout ce qui nous différenciait, c'étaient nos caractères. Désormais, Alice et moi ne sommes plus les mêmes. Il faudrait du temps à un inconnu pour comprendre que nous sommes sœurs, sans parler de deviner qu'on est de vraies jumelles. Pour la première fois de ma vie, je me vois comme une personne à part entière. Et j'aime ça.

Je me déshabille précipitamment. Mon corps nu est aussi lisse que mon crâne, à l'exception d'un triangle sombre et fourni de poils pubiens. Si je compte vraiment passer à l'acte, je ferais bien de m'y préparer. J'attrape des ciseaux et un rasoir dans un tiroir sous le lavabo. Un pied par terre et l'autre sur la cuvette des toilettes, je commence à couper. Chaque touffe de poils qui tombe au sol me donne le sentiment de me débarrasser de mon ancien moi. Je fais de la place, je dégage le passage pour que Jason me pénètre. Mon avenir n'est pas loin. Une fois que j'ai terminé, j'observe mon sexe chauve. J'ai l'impression qu'hier encore, j'étais la gamine qui riait avec Alice en voyant nos premiers poils pubiens apparaître. On était si innocentes, à l'époque… totalement inconscientes du chaos émotionnel qui nous attendait.

Je veux voir cette innocence dans les yeux d'une autre personne. Mon enfant. Je veux préserver son insouciance et protéger son cœur.

Je vais être une mère géniale. Je le sais.

14

Tara

JE NE SAIS PAS QUOI METTRE pour rencontrer Camilla. Je sais bien que ce n'est pas un rencard, mais c'est un peu l'impression que ça me fait. Je suis carrément nerveuse. J'ouvre ma penderie et je m'empare de ma combinaison en soie bleu marine préférée, d'une paire de chaussures à semelles compensées et de ma veste en cuir noir. Je ne sais pas pourquoi je ressens le besoin de me sentir sexy pour rencontrer Cam, mais j'ai envie qu'elle me trouve attirante. Je veux l'impressionner, je veux qu'elle m'admire. Si je porte une jolie tenue, peut-être qu'elle remarquera moins à quel point je suis stressée. Je mets du rouge à lèvres rouge. Mes cheveux bouclés étaient très reconnaissables dans la vidéo, alors je les ramène en arrière autant que possible. Ça fait du bien d'avoir fait un petit effort.

Mon expérience des rencontres *via* Internet m'a appris que, derrière un écran, les gens peuvent présenter une version d'eux-mêmes qui diffère de la réalité. J'ai vu Cam à la télévision une fois ou deux et on ne va pas se mentir, ce n'était pas formidable. Elle était un peu raide et pas très à l'aise, mais ça ne fait rien car elle écrit. Elle n'a pas besoin de ressembler à une présentatrice télé à la diction parfaite. J'espère quand même qu'elle sera détendue avec moi ce soir, autrement, on risque le trop-plein d'anxiété. Elle a beaucoup écrit sur ses problèmes d'interaction sociale. Je m'attends à ce qu'elle soit charmante, mais je me prépare aussi à trouver plus difficile de lui parler que de lui écrire. Néanmoins, je n'arrête pas de me répéter que n'importe qui vaudra mieux que Sophie, qui n'était qu'une manipulatrice et une hypocrite. Je crois que je dois me faire désirer un peu plus. Je ferais sans doute davantage confiance aux gens qui font des efforts pour gagner mon amitié.

J'ai du mal à contrôler mon anxiété. Avant d'entrer dans le bar, je me rabâche que la planète a mieux à faire que penser à moi, que tout le monde n'a pas vu la vidéo et que la moindre porte ne dissimule pas des hordes de personnes armées de panneaux avec l'inscription « SUPER BRANLEUSE EST LÀ ».

Je passe la porte et la repère aussitôt, assise dans un box. Elle est plus grande que ce que j'imaginais. Très mince aussi, mais avec de larges épaules. Ça lui donne un côté un peu Amazone. Elle m'aperçoit à son tour. Elle se lève et me rejoint à pas rapides. Une fois à mon niveau, elle me prend dans ses bras (qui sont d'une longueur phénoménale, au passage) et elle me serre fort contre elle. Je ne m'attendais pas ça.

— Je suis tellement contente de vous voir.

Son geste très amical a dû lui venir sous le coup d'une impulsion, car l'hésitation qu'elle affiche désormais suggère qu'elle ne sait pas trop quoi faire ensuite. Je viens à son secours en m'écartant légèrement et en lui souriant.

— C'est bizarre de se dire que c'est la première fois qu'on se rencontre.

— Je sais. Désolée, c'était un peu intense de vous sauter dessus comme ça. Je suis nerveuse, comment ça se fait ?

— Je crois que c'est parce qu'on a vraiment envie de bien s'entendre. Et aussi parce qu'on souffre toutes les deux de problèmes d'anxiété. C'est moi, ou tout le monde nous regarde ?

J'inspecte la salle. Il doit y avoir sept personnes à tout casser dans le bar, et aucune d'elles ne fait attention à nous, mais ça ne m'aide en rien à me détendre.

— C'est vous, confirme-t-elle. Mais venez dans mon box, vous serez en sécurité là-bas.

Elle me prend par la main et m'entraîne à sa suite. Ses mains sont grandes, froides et noueuses. Les miennes me semblent grassouillettes et brûlantes, en comparaison. Un serveur s'approche de notre table pour prendre notre commande.

— Un soda au gingembre, pour moi, demande Cam. Et qu'est-ce que vous avez comme trucs salés à grignoter ?

— Des nachos ? Avec du fromage fondu, de la sauce et...

— Parfait, deux portions s'il vous plaît. Tara ?

— Un whisky-coca, merci.

J'attends que le serveur s'éloigne pour reprendre la parole.

— Ha ha, si ce n'était pas vous, je penserais que vous êtes enceinte. Je ne me nourrissais que de soda au gingembre et de cochonneries salées quand j'étais enceinte.

Cam écarquille ses grands yeux et penche la tête sur le côté. Elle me fixe avec insistance. Le message est plutôt clair.

— Quoi ? Non... Sérieusement ?

— Ouais. Le visage des femmes sans enfants est en cloque. Ça ne s'invente pas.

Je ne sais pas trop quoi répondre. Je ne veux pas partir du principe que c'est une mauvaise nouvelle.

— D'accord. Euh... Comment est-ce que vous vous sentez ?

— Horrible. Super mal. Je déteste ça et je n'ai qu'une hâte, que ça s'arrête. J'ai rendez-vous pour avorter demain et je suis impatiente que ça soit réglé.

— Ouf. Je ne sais pas ce qui m'est passé par la tête, mais je crois que j'aurais trouvé ça très étrange que vous le gardiez. Merde. Désolée, c'est horrible de dire ça. Évidemment, si vous aviez décidé de le garder, je...

— Non, non, ça va. Ç'aurait été très étrange, je suis d'accord. Je suis le visage des femmes sans enfants, alors avoir un bébé impliquerait que tout ce que je raconte dans mes articles n'est qu'un monceau de conneries, et ce ne serait vraiment pas génial.

Elle a raison. J'aurais été déçue.

— Est-ce que je peux vous poser la prochaine question évidente ?

— Qui est le père ?

— C'est ça.

— Ce mec de vingt-huit ans dont j'ai déjà parlé sur mon blog.

— D'accord. Vous allez lui dire ? Vous avez de la chance, je suis experte en la matière.

— C'est déjà fait. Je lui ai dit tout de suite et je le regrette. Il veut le garder.

— Merde.

— Comme vous dites. Il veut des enfants et il a l'air de se moquer de comment ou avec qui. Je ne m'attendais pas du tout à cette réaction de sa part.

— C'est ce qu'il a dit ? Qu'il ne veut pas que vous avortiez ?

— Pas exactement. C'est plutôt une impression que j'ai. Depuis qu'on a appris la nouvelle, je me suis comportée comme une véritable connasse en refusant de lui parler. Il appelle toutes les cinq minutes en mode « ma belle, il faut qu'on discute ». Mais je ne peux pas. Je suis incapable de décrocher le téléphone.

Je repense à Nick sur le seuil de sa maison, à sa femme enceinte derrière lui, à la terreur sur son visage quand je lui ai parlé de sa fille de six ans. J'avais raison depuis le début. Si seulement Cam m'avait demandé conseil plus tôt... En même temps, chaque cas est différent. Ce n'est pas un sujet sur lequel on peut donner son avis comme ça.

— Il s'en remettra. Ça lui fera le même effet qu'une rupture : il ne pensera qu'à ça pendant quelque temps, et puis du jour au lendemain, ça passera. Surtout si vous ne gardez pas le bébé.

— Exactement. Bon sang, c'est tellement dur de savoir ce qu'il convient de faire. Je pense que vous avez peut-être eu raison de gérer la situation comme vous l'avez fait. Pourquoi faut-il que le mec soit au courant ?

— Je suppose que ça a davantage à voir avec l'enfant qu'avec lui. Avec Annie, je sais que j'aurai des explications à donner un jour et que ce ne sera pas de la tarte. J'y pense très souvent. Et puis, les gens qui veulent des enfants ont des œillères : ils se disent que chaque embryon est leur dernière chance, ils ont peur qu'en se débarrassant de celui-ci, l'opportunité ne se présente plus jamais, surtout à partir d'un certain âge. C'est pour ça que j'ai gardé Annie. Je pense que ça terrifie les gens et que ça les rend un peu dingues, parfois.

— Oui, peut-être. Je me sens mal pour lui, mais je ne peux pas le garder, vous comprenez ?

Je hoche la tête. Notre premier silence gêné nous rappelle l'étrangeté de la situation. Le fait qu'on ne se connaît pas. Qu'on tient absolument à s'apprécier.

— En parlant de truc dingue, rebondit Cam. Il y a une nana qui m'envoie des mails complètement tordus. Elle est horrible, hyper agressive et vraiment méchante, et elle se confie à moi en même temps. C'est très bizarre. Il faut que je vous forwarde ça, c'est fascinant à lire. Elle projette de séduire son patron afin qu'il la mette enceinte, mais sans lui dire. Ensuite, elle démissionnera, tout simplement, et lui ne sera jamais au courant. Ni vu, ni connu. Ça me paraissait terriblement cruel jusqu'à ce que je voie la réaction de Mark. Maintenant, je me dis : est-ce qu'elle est dingue ? Ou est-ce qu'au contraire, elle a toute sa tête et raison de faire ça ?

— Je ne sais pas... Personnellement, je trouve ça calculé et psychopathique. Tomber enceinte par accident, c'est une chose, mais se faire mettre enceinte délibérément par son patron sans qu'il le sache ? C'est tordu.

— Vous avez sûrement raison. Bon sang, je crois que même mon radar à cinglés déconne. Je tergiverse là-dessus depuis des jours. Bref. Comment ça va de votre côté ? s'enquiert Cam au moment où le serveur nous apporte nos boissons.

Elle descend son soda d'un trait et en commande un autre.

— Je peux gerber à la demande, précise-t-elle en rotant dans son poing fermé. Et je suis littéralement obsédée par les donuts. Je pourrais entrer par effraction dans un magasin Krispy Kreme et dévorer tous les donuts sur mon passage. Mais je ne vais pas le faire. Je ne céderai pas. Bref, désolée. Comment est-ce que vous vous en sortez ?

— Ça va. Plus ou moins. En fait, non : ça ne va pas du tout. L'interview était un désastre. C'est vraiment frustrant parce que je m'en suis très bien sortie sur le moment. Je ne me suis pas excusée, je suis restée fidèle à mes convictions, mais ils ont coupé au montage pour me faire passer pour une demeurée totale. Jamais je n'aurais dû accepter.

— C'est le risque avec la télévision. Vous n'exercez pas le moindre contrôle et eux peuvent faire tout ce qui leur chante.

— J'aurais dû m'en douter. C'est mon monde et pourtant, je suis tombée dans la gueule du loup.

L'espace d'un instant, Cam fixe ses mains. Sa nervosité transparaît parfois. C'est moins flagrant que ce à quoi je m'attendais, mais c'est quand même là. Sur Internet, sa franchise et son ouverture d'esprit sont telles qu'elle peut tenir des propos corrosifs sans avoir l'air trop cassante. Dans la vraie vie, elle est plus abrupte, même si elle reste douce et gentille. De toute évidence, elle a davantage besoin de réfléchir à ce qu'elle dit qu'à ce qu'elle écrit.

— Je pense qu'on peut rattraper le coup, déclare-t-elle finalement. J'ai une idée.

Elle marque une pause, hésitante. De toute évidence, elle ne veut pas partir du principe que je vais sauter sur la première suggestion qu'on me fait.

— Continuez.

— Mes sponsors veulent que j'invite d'autres bloggueuses à écrire sur mon site. Des mères, plus exactement. Ils ont peur que mon non-désir d'enfants rebute les lectrices qui sont mamans ou veulent le devenir, sauf qu'ils ont suggéré le genre de mamans blogueuses qui me font faire des cauchemars. Je me demandais si ça pouvait vous intéresser ?

— Ça alors. Waouh. Je ne sais pas trop. Je ne sais pas écrire, pour commencer.

— Bien sûr que si, vous savez. Écrire, c'est simplement exprimer ce que l'on a dans la tête. Vous traversez une période très difficile en tant que femme, mais aussi en tant que mère. Je pense que la réaction de mes lectrices serait très positive.

— Vous croyez ? Je n'ai pourtant pas l'impression d'être un modèle en termes d'éducation.

— Ça dépend de quel point de vue on se place. *HowItIs.com* a toujours prôné l'alternative. Mes lectrices veulent se libérer des carcans de la société pour vivre leur vie comme elles l'entendent. Mon travail est de les y encourager. Pour certains, vous êtes un personnage controversé, mais pour d'autres, vous serez une source d'inspiration. Élever votre enfant seule parce que c'était ce que vous vouliez ? J'adore ça. Parfois, quand on est une femme, on a le sentiment d'être à l'usine. On est censées tomber amoureuse, se marier, avoir des enfants. Mais de plus en plus de femmes font les choses différemment. Elles choisissent de ne pas avoir de bébé, d'autres trouvent un moyen d'en faire toutes seules... Je pense que c'est important de promouvoir ces alternatives de manière positive. Les femmes peuvent faire ce qu'elles veulent, être qui elles veulent, et des femmes comme vous et moi peuvent les aider. Pour ne pas suivre le troupeau, vous comprenez ? Pour vivre leur vie à leur façon.

Je lui souris. En écoutant son discours, j'ai retrouvé sa voix dans ses articles. La voix de la Cam que je suis depuis des années.

— Je peux toujours essayer... Si vous êtes d'accord pour le relire et vous assurer que je n'ai rien dit de stupide ?

— Bien sûr. L'article sera parfait. Alors, qu'est-ce que vous en dites ?

— J'en dis que oui, OK, pourquoi pas ?

— Génial ! À celles qui ne suivent pas le troupeau ! lance Cam en levant son verre pour trinquer avec moi.

— À celles qui ne suivent pas le troupeau !

Je fais tinter mon verre contre le sien.

— Ça va aller demain ? Est-ce que vous avez quelqu'un pour vous accompagner ? Sinon, je peux venir.

Même si elle souhaite cet avortement, elle aura quand même besoin de quelqu'un pour s'occuper d'elle.

— Mes parents viennent avec moi, mais merci. C'est très gentil de leur part, et en même temps très bizarre.

Elle termine ses nachos en mettant beaucoup trop de fromage et de guacamole sur une seule chips.

— Vous pourriez venir à la maison le lendemain soir, si vous voulez ? On pourrait parler de votre article, commander une pizza. Je ne sais pas, discuter un peu.

— Avec plaisir. J'adorerais !

J'enfile ma veste en cuir en regrettant de ne pas pouvoir appuyer sur un bouton « avance rapide » pour la revoir le plus tôt possible.

Alors que nous attendons un taxi dehors, nous échangeons nos numéros et elle m'envoie un texto avec son adresse. On se serre dans les bras pour se dire au revoir, c'est beaucoup plus détendu cette fois. Alors que mon taxi s'éloigne, c'est comme si l'énorme vide en moi commençait à être comblé.

Cam

Dans le taxi qui la ramène chez elle, Camilla passe la tête par la fenêtre pour ne pas être malade. Une fois qu'elle est certaine que sa nausée est passée, elle remonte un peu la vitre et sort son portable de son sac. Elle cherche le dernier mail de Stella, celui dans lequel elle expose les grandes lignes de son projet, et le forwarde à Tara avec un message.

> Ai passé un super moment ce soir. Ça m'a fait me rendre compte que j'avais vraiment besoin de quelqu'un comme vous dans ma vie. Je pense que je me sens peut-être un peu seule, même si je ne l'admettrais jamais à voix haute. Désolée si c'est tarte, mais c'est sincère. Dormez bien, écrivez quelque chose pour moi demain, et on se lance. À celles qui ne suivent pas le troupeau... J'adore ! Bises, Cam
> P.S. : Ci-dessous le mail de la nana dont je vous ai parlé et qui me harcèle. Je pense que vous avez raison, elle est cinglée, un point c'est tout !

Quand le taxi arrive à destination, elle se dirige précipitamment vers son appartement. Elle a hâte de se mettre au lit. Plus qu'une nuit et tout cela sera terminé.

Alors qu'elle met sa clé dans la serrure, elle entend les pas de quelqu'un qui arrive en courant derrière elle. Elle tourne la clé. L'intrus est déjà si près qu'elle distingue le bruit de sa respiration.

— LAISSEZ-MOI TRANQUILLE ! crie-t-elle.

Elle pivote brusquement sur elle-même et utilise sa clé pour l'attaquer au visage.

C'est son père qui lui a appris cette technique, mais jamais elle n'aurait cru avoir à s'en servir un jour. L'homme se penche en avant et porte sa main à sa joue.

— Merde ! Pourquoi tu as fait ça ?

— Bon sang, Mark, c'est toi ! Pourquoi est-ce que tu t'es faufilé derrière moi comme ça ?

Elle tend la main pour l'aider, mais il la repousse.

— Parce que tu m'ignores depuis des jours. Tu n'ouvres pas la porte, tu ne réponds pas à mes messages. Je veux juste te parler.

Il remue la mâchoire de droite à gauche et presse sa paume contre sa joue. Il a l'air d'avoir affreusement mal.

— J'attends depuis des plombes, où est-ce que tu étais ? Tu ne sors jamais le soir.

— J'étais sortie boire un verre.

— *Boire un verre* ?

Le ton de sa voix indique qu'il fait des présomptions. Ça l'agace.

— Oui, boire un verre, réplique-t-elle avec mauvaise humeur, avant de se reprendre.

Ce n'est pas la jalousie de Mark qui l'inquiète le plus, à cet instant. Elle lui a vraiment fait mal.

— Je suis désolée, je croyais que j'étais en train de me faire agresser.

Mark examine sa main pour voir s'il saigne. Il y a un petit peu de sang, mais rien de dramatique. Ça aurait pu être bien pire. Ils se détendent un peu tous les deux.

— Tu es désolée de quoi, exactement ? Désolée de m'avoir brisé le cœur, ou désolée d'avoir failli me briser la mâchoire ?

— La mâchoire, Mark. Et puis, ne dis pas ça, voyons !

— Ne pas dire quoi ? Quoi que ce soit qui puisse ressembler de près ou de loin à des émotions ?

— Je ne t'ai pas brisé le cœur. Tu es injuste, lui reproche Cam, désormais sur la défensive. Je sais que tu veux des enfants, mais ce n'est pas la peine de dramatiser une situation déjà assez pénible.

— Dramatiser une situation ? Qu'est-ce qu'il y a entre nous, à ton avis, Cam ?

Il parle comme un adulte, un véritable adulte. On est bien loin du gamin qu'elle a toujours vu en lui.

— D'après toi, qu'est-ce qui se passe quand deux personnes ont une relation comme la nôtre, tu penses qu'il se passe quoi ensuite ?

— Je ne sais pas ce qui se passe ensuite. En même temps, il n'est pas question d'avenir, si ? On est juste deux personnes, qui prennent ce dont on a besoin chez l'autre.

Elle réalise que ça ne sonne pas très bien, alors elle tente de tempérer :

— Gentiment, bien sûr.

— Ce que tu peux être froide… Si tu ne veux pas de ce bébé, c'est ton choix, je ne vais pas te forcer à le garder. Pour qui tu me prends ?

— Oh. Waouh. Je suppose que je… Je ne pensais pas que ç'avait quelque chose à voir avec nous, je croyais que c'était juste à propos du bébé.

La culpabilité la prend à la gorge, plus violemment que ne l'aurait fait n'importe quel agresseur juste devant chez elle. *Il ne veut pas qu'elle garde le bébé ?*

— Bien sûr, que ç'a à voir avec nous. Pourquoi est-ce que tu crois que j'ai débarqué en courant à chaque fois que tu me l'as demandé ? Tu n'es jamais entrée dans ma vie, tu ne m'as même jamais posé la moindre question, et je l'ai accepté parce que je comprends qui tu es. Je comprends que tu as besoin de ton espace, de ton indépendance, et je respecte ça. Mais ensuite, tu tombes enceinte et tu n'en discutes même pas avec moi. Tu te contentes de me dire ce que tu veux, ce qui est bon pour toi, et tu ne me laisses même pas une chance de t'expliquer que je suis prêt à faire ce qui te rend heureuse. Le garder, ou ne pas le garder. Parce que je t'aime.

— Arrête, Mark. Tu ne m'aimes pas. On peut discuter sans tomber dans les extrêmes.

— Je ne tombe pas dans les extrêmes : je t'aime vraiment. Je n'ai jamais rencontré quelqu'un comme toi. Tu mènes la vie que tu veux mener, et même si j'aimerais en faire davantage partie, je n'ai jamais rien vu d'aussi sexy. Je ne veux pas que tu changes, ou que tu fasses quoi que ce soit qui ne te ressemble pas. Je veux être avec toi, peu importe ce que ça implique pour ce bébé. Je veux juste être avec toi, c'est tout.

Cam a le souffle coupé. Elle se sent coupable et mal à l'aise. Ce genre d'étalage de sentiments la bloque. Ce n'est pas ainsi qu'elle fonctionne et elle a du mal à gérer lorsque les gens la mettent au pied du mur de cette façon. Elle a besoin de temps pour réfléchir aux réponses à fournir à ce type de déclaration. *Il l'aime ?* D'où est-ce que ça sort ?

Au lieu de s'accorder une minute de réflexion, elle offre la réponse pour laquelle elle se pense programmée :

— Écoute, Mark, je suis désolée, mais je ne ressens pas la même chose. Je n'avais pas compris que tu éprouvais ça de ton côté, auquel cas, j'aurais fait plus attention. Mais non, je ne... Je ne veux pas me mettre en couple. Je suis navrée.

Mark semble dévasté. Il n'a même plus la force de protester.

— Je vais monter me coucher, parce que je suis fatiguée. Je subis une intervention demain et ça me rend nerveuse. Rentre chez toi, Mark. Essaie de dormir. Je t'écris demain pour te dire comment ça s'est passé.

— Promis ?

— Oui, Mark. Promis.

Elle se détourne lentement de lui. Il ne bouge pas. Cam met sa clé dans la serrure, ouvre la porte, entre, puis la referme derrière elle. Elle reste au bas de l'escalier, sans bouger, pendant environ trente secondes, jusqu'à ce que le bruit des pas de Mark s'éloigne dans la rue.

Il m'aime ? se répète-t-elle en montant lentement les marches. Il vient de lui dire qu'elle était froide et pourtant, une petite flamme semble naître en elle. *Qu'est-ce que c'est que ça ?*

Alors qu'elle continue son ascension vers la porte de son appartement, la petite flamme se transforme en une boule de chaleur qu'elle ne peut pas ignorer.

— Mark, attends ! crie-t-elle.

Son brusque changement d'avis lui fait faire volte-face trop vite dans l'escalier étroit. Elle perd l'équilibre et tend le bras pour se rattraper à la rampe, mais sa main glisse. Elle bascule et son corps se fracasse sur les marches. Sa nuque se brise lorsqu'elle atterrit lourdement en bas, telle une poupée de chiffon contre la porte d'entrée.

Elle meurt sur le coup.

15

Tara

Allongée sur mon lit, j'arrive à peine à respirer tandis que je relis le mail de Cam en boucle.

Ce n'est pas ce que Stella Davies *dit* qui me met dans cet état : c'est la signature à la fin de son e-mail.

Assistante de Jason Scott @Jason Scott Photography

Cette cinglée a utilisé son adresse mail professionnelle pour troller Cam. Qu'est-ce que je suis censée faire, à présent ? Je n'en reviens pas. C'est comme si les planètes s'étaient alignées, pour me faire finalement basculer dans un grand trou noir.

Quand je repense à ma soirée avec Jason, j'ai l'impression que c'est une autre personne qui est entrée dans ce bar, dans une autre vie. Quelle est donc cette force cosmique insolite qui me ramène dans son monde ?

J'ai envie de lui parler de ce mail, mais comment ? Il m'a clairement signifié qu'il ne voulait plus entendre parler de moi. Je me vois mal lui envoyer un texto du style :

« Coucou, c'est encore moi ! Ça va peut-être te sembler un peu bizarre, mais je crois que ton assistante veut essayer de voler ton sperme. » Je pourrais l'appeler, mais je suppose qu'il ne répondra pas. Néanmoins, je ne peux pas la laisser faire sans réagir. Je sais que Jason veut des enfants ; il serait dévasté s'il découvrait qu'il était père à son insu. Je ne peux pas ignorer ce que son assistante est en train de tramer dans son dos. Je pourrais lui envoyer un e-mail. Mais peut-être que son assistante lit ses mails ?

Il faut que je fasse quelque chose, mais quoi ? Peut-être que ce ne sont pas mes oignons et que je ferais mieux de garder mes distances, mais mon instinct me dit que je ne peux pas rester là, les bras croisés. Je l'aimais bien, je ne veux pas qu'il lui arrive un truc pareil. J'envoie un texto à Cam.

> Waouh, vous n'allez pas me croire, mais je connais le patron de Stella Davies !

Elle ne répond pas. Elle dort sûrement déjà. Je n'envoie pas d'autres messages, je ne veux pas la réveiller avec mes mélodrames alors qu'elle s'apprête à subir un avortement. Je pourrais déposer quelque chose chez elle pendant ce temps-là, un cadeau qu'elle trouverait à son retour et qui lui donnerait le sourire. Je suis presque sûre qu'elle m'a dit que le rendez-vous était à 14 heures. Je sais : je vais lui acheter une boîte de donuts Krispy Kreme. Peut-être que ça la fera rire un peu après une journée difficile. Oui, je vais faire ça. Quelque chose de gentil pour ma nouvelle amie.

Sur cette pensée, j'éteins ma lampe de chevet et je m'endors.

Pour ce qui est de Jason, je déciderai demain.

Stella

En lisant le journal, je m'étrangle presque avec ma salade de riz complet et de légumes. Je fais couler avec une gorgée de sirop pour la toux. *Camilla Stacey est morte ? Quoi ?*

J'attrape mon portable. Presque tous les sites d'information en parlent. Tous commencent leurs articles en s'apitoyant sur sa mort, mais ensuite, la grande majorité la descend en flammes parce qu'elle a menti quant à son désir d'avoir des enfants.

Le visage des femmes sans enfants était enceinte. Pour les sermons anti-enfants, on repassera...

Camilla Stacey se fait publiquement humilier, et elle est trop morte pour se défendre. Je tremble comme une feuille. J'ai l'impression que si je ne me retiens pas, je vais me mettre à pleurer et ne jamais m'arrêter. Mais pourquoi est-ce que je suis triste ? Je ne la connaissais pas.

Peut-être que je suis triste parce que j'avais le sentiment qu'*elle* me connaissait. A-t-elle lu mes e-mails ? Je ne le saurai jamais. Tout ça est complètement surréaliste. J'ai le sentiment qu'une amie vient de mourir, mais une amie que je n'aimais pas. Je n'ai pas envie de poster de longs messages tristes sur Facebook, comme les amis d'Alice l'ont fait quand elle est morte. Et pourtant, c'est comme si j'avais perdu quelqu'un. Je me suis confiée à Camilla Stacey, et peu importe qu'elle ait lu mes messages ou non. Est-ce que j'ai été trop méchante ? Est-ce qu'elle est morte à cause de moi ? Ça m'angoisse affreusement. Je ne dois pas stresser, c'est mauvais pour la fertilité. Mais c'est impossible de ne pas y penser.

Et elle était enceinte ? Sa vie était déjà tellement parfaite, on pouvait compter sur Cam pour compléter le tableau. Cela dit, je suppose que sa vie n'est plus si parfaite que ça, étant donné qu'elle est morte. Je pense à ce bébé, mort lui aussi. C'est injuste. Bizarrement, je me sens connectée à Cam parce que, aujourd'hui, le test d'ovulation m'a offert un smiley avec un sourire. Cela implique que demain, ce sera un grand sourire, pour « ovulation élevée ». Dans vingt-quatre heures, mes chances de tomber enceinte seront au plus haut. Plus qu'une journée à patienter pour mettre mon plan à exécution.

Tara

L'odeur des donuts remplit la rame de métro. Je la sens même à travers l'écharpe que j'ai subtilement nouée autour de mon visage. J'ai retrouvé un peu d'assurance, car j'ai décidé d'affronter le voyage avec les cheveux détachés, mais je ne suis pas encore capable de me promener à visage découvert. J'ai bien fait, car la boîte de donuts irradie sur mes genoux et les gens n'arrêtent pas de regarder dans ma direction, visiblement aussi alléchés que moi. J'aimerais bien en manger un, mais ça ne se fait pas de ne laisser que onze donuts juste devant chez Cam. Tout le monde sait qu'on les achète soit par six, soit par douze. J'aurais l'air d'une goinfre. Ou peut-être qu'elle trouverait ça drôle ?

NON, Tara, tu ne peux pas manger les donuts de bon rétablissement de Cam !

Je suis si contente de faire ça pour elle… Il est 15 heures, elle doit être à la clinique en ce moment. Je vais les déposer chez elle pour qu'elle les trouve en rentrant. Je me suis demandé si ce n'était pas de mauvais goût, étant donné qu'elle avait cette envie en étant enceinte et qu'elle ne le serait plus en revenant chez elle, mais je pense que Cam est au-dessus de tout ça. J'espère qu'elle se fera plaisir en s'accordant un donut après cette épreuve aussi intense que pénible.

Je suis le chemin que m'indique Google Maps pour trouver sa rue, en prenant bien soin de ne pas laisser tomber mon précieux chargement pour ne pas gâcher ma surprise. Je suis certaine que c'est la première d'une foule d'attentions que nous allons avoir l'une pour l'autre. Voilà ce que font les vraies amies. Elles ne se barrent pas à Bora Bora quand vous êtes au plus mal : elles déposent des donuts sur votre paillasson, sans vous en voler un au passage. Alors que j'arrive au niveau de son immeuble, un policier qui se tient de l'autre côté d'un ruban jaune me dit de reculer. Il y a du monde. Police, ambulance, chaînes de télévision… L'accès au numéro 11 est entièrement barré.

Je suis pourtant presque certaine qu'il s'agit de l'adresse de Cam, mais j'ai dû me tromper de rue. Je vérifie auprès d'un policier.

— Oui, c'est ça, me confirme-t-il. Reculez, s'il vous plaît.

Je tente de distinguer ce qui se passe, mais je ne vois rien avec tous ces gens agglutinés. Une femme d'environ soixante-dix ans, les mains plaquées sur la bouche, regarde à l'intérieur, visiblement sous le choc. Un homme aux alentours du même âge (son mari ?) tente de la prendre dans ses bras pour la réconforter, mais il n'y parvient pas. Il tombe à genoux et sanglote si fort que sa douleur envahit l'espace.

Qu'est-ce qu'il y a derrière cette porte ?

Un premier urgentiste sort. Il tient l'extrémité d'une civière qui transporte un corps, entièrement recouvert d'un drap blanc. L'urgentiste à l'autre bout du brancard apparaît à son tour. Ils se dirigent vers l'ambulance.

Qui est-ce ?

J'examine la porte d'entrée. Numéro 11. Où est...

— CAMILLA ! crie la femme, qui se met soudain à courir derrière eux.

L'homme bondit sur ses pieds pour la retenir et ils retombent tous les deux, ravagés par le chagrin et l'impuissance.

Je laisse tomber ma boîte de donuts à terre.

***

Assise sur le canapé entre ma mère et mon père, je n'arrive pas à décoller mes yeux pleins de larmes de la télévision, qui relaie la nouvelle de la mort de Camilla. Je fixe la présentatrice, avec son chemisier rose et ses cheveux parfaitement lissés, tandis que les images de l'endroit où je me trouvais cet après-midi défilent dans un petit carré à côté de sa tête.

« Camilla Stacey, le visage des femmes sans enfants, retrouvée morte à son domicile » : le message défile dans un bandeau en bas de l'écran.

Le petit carré laisse place à un journaliste présent sur les lieux qui parle à la caméra. Il fait noir à présent. Le ruban jaune ondule derrière lui. La porte d'entrée du numéro 11 est encore ouverte, mais l'ambulance n'est plus là.

— La célèbre bloggueuse et activiste féministe Camilla Stacey a été retrouvée morte à son domicile aujourd'hui, aux alentours de 13 heures. La cause du décès est encore inconnue, mais la police a déclaré qu'il ne s'agissait a priori pas d'un homicide. Mlle Stacey a été trouvée au bas de l'escalier qui menait à son appartement par sa mère et son père, venus la chercher pour l'emmener déjeuner, ont-ils déclaré à la police. L'équipe médicale dépêchée sur place estime qu'elle était décédée depuis plusieurs heures et qu'elle aurait succombé à une fracture fatale de la nuque, tard dans la soirée d'hier.

Je me ronge un ongle, le menton tremblant.

— Ce n'est pas réel.

— Je suis désolée, ma chérie, murmure ma mère.

— Elle allait bien, on était ensemble hier soir. Comment est-ce possible ?

Le journaliste continue à parler.

— Camilla Stacey avait une énorme fanbase, et bien que les hommages affluent sur son compte Twitter, on constate aussi une confusion grandissante. Mlle Stacey avait bâti une carrière lucrative sur son mode de vie de femme célibataire et sans enfants. Ç'a donc été un choc pour ses fans de découvrir qu'elle était enceinte de neuf semaines. Ses followers fidèles sont désormais aux prises avec ceux qui dénoncent « une arnaque lucrative de manipulation émotionnelle ». L'Oréal, sponsor principal de Mlle Stacey, a publié le communiqué suivant :

Un texte apparaît à l'écran.

> « Nous sommes évidemment dévastés par le décès de Camilla Stacey. Nous avons toujours été des supporters inconditionnels de son blog, *HowItIs.com*. Néanmoins, en tant que marque, il nous semble important de préciser que

nous n'encourageons ni ne soutenons ni n'approuvons le fait d'induire nos clients en erreur.
Nous avons été choqués d'apprendre que Camilla Stacey était enceinte, et aimerions assurer à tous nos clients que nous n'étions pas impliqués dans la moindre tromperie. Toute mention de notre marque va être supprimée du blog, et notre sponsoring s'arrête ici.
Samantha Byron, Directrice Sponsoring, L'Oréal. »

— Bien sûr que ça s'arrête ici, espèce de connasse, elle est morte !

Je suis tellement en colère que je grince des dents.

— Tara, surveille ton langage, s'il te plaît ! me dispute ma mère en se précipitant pour fermer la fenêtre du salon, au cas où les voisins nous entendent.

— Désolée. C'est juste que je n'arrive pas à y croire. C'est impossible. Elle était géniale, Maman. Et, oui, elle était enceinte, mais elle devait avorter aujourd'hui. J'allais chez elle pour lui apporter des donuts, justement.

Je cache mon visage dans mes mains, qui ne tardent pas à être trempées de larmes. Ça n'a pas de sens. C'était mon amie.

— Je n'avais jamais rencontré quelqu'un comme elle. Elle était tellement courageuse, tellement authentique. Elle était tout ce qu'elle affirmait être, et plus encore. Les gens comme Cam ne peuvent pas mourir.

— On dirait qu'elle te ressemblait un peu, fait remarquer mon père en passant son bras autour de mes épaules. Ça ne m'étonne pas que vous vous soyez bien entendu. Elle a de la chance d'avoir passé la dernière soirée de sa vie avec toi, ma chérie.

Il me serre fort contre lui. Il porte encore le pull que je lui ai soi-disant tricoté. Je lui souris et je recommence à pleurer. Il se rapproche encore un peu et je me rends compte à quel point une fille a besoin de son père, parfois.

Ma mère éteint la télévision et nous restons tous les trois assis sur le canapé. Ils me tapotent les cuisses et me frottent le dos pendant que je sanglote, bouleversée. Une fois que je n'ai plus de larmes et mal à la tête à force d'avoir pleuré, je leur dis que j'ai besoin de dormir.

Ils m'accompagnent jusqu'à ma chambre, me bordent et m'embrassent sur le front, exactement comme quand j'étais petite.

— On réveillera Annie demain matin et on la conduira à l'école, déclare ma mère. Comme ça, tu peux te reposer.

— Merci. Je vous aime.

— Nous aussi, on t'aime. Très, très fort.

Une fois qu'ils sont sortis et que ma mère a fermé la porte, je relis nos textos et nos e-mails. Cam m'a offert un soutien indéfectible. Je voulais en faire autant pour elle et on vient de me l'arracher. Il faut vraiment que l'Univers soit tordu pour faire entrer une personne comme ça dans votre vie, et vous l'enlever aussitôt. En parcourant nos échanges, je reviens sur le dernier, avec le nom de Jason qui semble briller à la fin du mail de Stella Davies. Et si… Et si l'Univers n'était pas extrêmement sensé, au contraire ? Moi qui m'interrogeais depuis hier sur la force cosmique qui avait ramené Jason dans ma vie, je suis en pleine crise de spiritualité, d'un coup. Ce genre de signe n'arrive pas par hasard, c'est impossible. Et si Cam avait été mise sur ma route pour une raison ?

Stella

Je fais pipi sur le bâtonnet. Un smiley avec un grand sourire apparaît. Ma fertilité est à son apogée. C'est le grand jour. J'ai bu une bouteille entière de sirop contre la toux, mangé une salade de fruits au petit déjeuner, et je n'ai pas fait de sport depuis deux semaines pour prendre un petit peu de poids.

Je porte une jupe plus courte que d'habitude, un débardeur rouge décolleté et un gilet rouge que j'ai laissé ouvert. Même si j'ai un peu grossi, j'ai surtout pris au niveau de la poitrine, alors j'en profite pour mettre encore plus mes seins en avant avec un push-up. Je me suis arrangée pour ne pas être dans les pattes de Jason pendant la journée, car il a presque fini son livre. Je dois choisir mon moment avec soin. C'est un homme sensible et si je m'y prends mal, je risque de lui faire peur. Tout est une question de patience et de timing. Je ne peux pas échouer. Je suis encore super perturbée dès que je songe à Camilla Stacey et au fait qu'elle était au courant de mon plan. Mais il faut que je me concentre, alors je me force à penser à autre chose.

Je prends quelques grandes respirations. Alors que je m'apprête à me passer les mains dans les cheveux, je sursaute, comme à chaque fois que je fais ce geste et que je me souviens que mes cheveux ne sont plus là. L'avantage, c'est que je gagne beaucoup de temps : je ne me rendais pas compte des heures que je passais à me coiffer. Je mets un peu de baume à lèvres, je remets mes seins en place dans mon soutien-gorge et je frappe doucement à la porte de Jason.

— Vous vous en sortez ?

Je mets une main sur ma hanche pour accentuer mes courbes, juste au cas où il le remarquerait.

— Encore une heure, Stella. Revenez dans une heure et je pense que j'aurai fini.

— Vous êtes génial !

Je referme sa porte et retourne à mon bureau. Qu'est-ce que je pourrais bien faire pour passer le temps ? Je google Cam Stacey à nouveau. Le *Mirror* la traite carrément de menteuse. Le *Mail* publie des témoignages de fans.

« C'est vraiment une trahison. Elle m'aidait à mieux accepter le fait que je n'avais pas d'enfants et désormais, j'ai l'impression que la seule personne que j'admirais ne supportait pas d'être comme moi. Je suis totalement déprimée depuis que j'ai appris qu'elle était enceinte. »

« Elle nous a menti pour gagner de l'argent. C'était une mauvaise personne et elle n'est même plus là pour assumer la responsabilité de ses actes. C'est injuste. »

« Je l'adorais, je lui envoyais des mails, elle m'a même répondu à quelques reprises. Je n'arrive pas à comprendre comment quelqu'un peut jouer la comédie à ce point. Je croyais vraiment qu'elle était telle qu'elle se décrivait dans ses articles. J'ai le sentiment d'avoir été prise pour la dernière des idiotes. »

Cam répondait à ses fans ? Ça veut donc dire qu'elle lisait tout ce qu'elle recevait. Si ça se trouve, elle est peut-être morte en se sentant détestée à cause de moi. Mais mes mails ne sont rien du tout comparé au vitriol que Twitter déverse sur elle. Est-ce qu'elle a vraiment menti et prétendu qu'elle ne voulait pas d'enfants juste pour gagner de l'argent ? Je suis perdue, je ne sais pas quoi penser. Ou plutôt, je ne pense qu'à une chose : ce que je m'apprête à faire.

***

Enfin, une heure est passée. Je sors une bouteille de champagne du réfrigérateur (celle que les parents de Phil m'ont offerte pour mon anniversaire), je prépare deux coupes, puis je retourne frapper à la porte de Jason.

— Alors, est-ce qu'on peut faire la fête ?

— Attendez, j'y suis presque... ça vient... Ça y est ! FINI ! Merde, j'ai fini !

Il éclate de rire, court jusqu'à moi et me prend dans ses bras pour me soulever dans les airs.

— J'ai enfin terminé, bordel !

Il s'emballe au point d'oublier qu'il manipule quelqu'un de très délicat.

— Mince. Pardon, Stella, je suis désolé. Est-ce que je vous ai fait mal ?

Il me repose et m'examine, au cas où il m'aurait abîmée.

— Absolument pas, je vais très bien. Félicitations ! Je suis fière de vous.

Je vais chercher les coupes et la bouteille, je pose le tout sur son bureau et je débouche le champagne. Le bouchon fait un bruit sonore et je nous sers une coupe à tous les deux.

— Santé ! nous exclamons-nous en chœur en trinquant.

Jason descend sa coupe d'un trait.

— Rien à foutre, je me prends une cuite, déclare-t-il joyeusement.

Il me tend son verre pour que je le resserve. Je m'exécute avec enthousiasme. De mon côté, je ne bois que de petites gorgées.

— Alors, qu'est-ce que vous voulez qu'on fasse pour fêter ça, Jason ?

— Euh… Je ne sais pas, je n'avais rien prévu de particulier.

— Heureusement que j'ai apporté du champagne, alors ! Je me suis dit que vous auriez sûrement besoin de boire un coup.

Je m'approche de son bureau et m'assois dessus. Ses yeux se posent sur la cuisse que je fais exprès de trop dévoiler. Il voit que je surprends son regard et tente de faire comme si rien n'était.

— Je tenais à vous remercier de m'avoir rasé la tête. Vous aviez raison, c'est bien mieux que d'attendre de tout perdre, et j'adore le résultat.

— Moi aussi, ça vous va bien. Vous avez une très jolie forme de tête.

D'un ton qui se veut séducteur, je réponds :

— Merci. Je ne me suis jamais sentie aussi bien dans ma peau.

Je passe ma main sur ma cuisse, pour attirer son attention sur ma peau. Jason se tortille, légèrement mal à l'aise, mais son regard reste rivé sur ma jambe. Je feins un énorme bâillement.

— Ce champagne m'endort. Je pense qu'il me faut un café. Est-ce que vous en voulez un ?

Je sais que Jason ne refuse jamais un expresso. Après ça, il faudra que j'aille vite, pour tirer avantage de son sperme quand il est au mieux de sa forme. En passant devant lui pour aller mettre en route la machine à café, j'ondule les hanches, juste assez pour qu'il le remarque.

— Voilà.

Je reviens et lui tends un double expresso. Je le regarde boire avec la même intensité que si j'étais en train de lui faire absorber du poison à son insu pour l'assassiner et que je voulais m'assurer qu'il avale tout jusqu'à la dernière goutte. Je remplis à nouveau nos coupes de champagne, puis je retourne m'asseoir sur son bureau. Je relève ma jupe un peu plus haut. C'est parti.

— Ça vous va vraiment bien, vous savez, reprend Jason d'une voix nerveuse. Votre tête. Enfin, vos cheveux.

Il est agité. Quelque chose flotte dans l'atmosphère. Impossible de l'ignorer.

Je lui offre un regard suggestif et un petit sourire. Je décroise les jambes et fais remonter mes mains de bas en haut de mes cuisses.

— Vous ne voulez pas approcher ?

— Stella, à quoi vous jouez ?

— Comment ça, « à quoi je joue » ? J'aimerais juste vous féliciter, c'est tout. Venez.

Ce que j'ai à l'esprit ne fait plus le moindre doute à ses yeux, désormais.

— Stella, je ne suis pas sûr que ce soit une bonne idée. Vous travaillez pour moi et vous... et votre...

— Allez-y, dites-le.

— Vous avez un cancer, déclare-t-il.

— Et alors ? Ça veut dire que je ne peux plus avoir de relations sexuelles ?

Il bafouille, comme s'il avait su dès le début ce que je suggérais, mais qu'il espérait se méprendre.

— Jason, j'ai encore envie de sexe, vous savez.

— Je suis désolé, Stella. Vous êtes superbe, mais je pense que ce ne serait pas bien. Je vais y aller, d'accord ? N'en parlons plus. Prenez une semaine de vacances, je vais en faire autant maintenant que le livre est terminé. Et oublions tout ça.

Il tourne les talons pour partir et je le rattrape en courant. Il ne sortira pas d'ici. Hors de question que je le laisse s'en aller comme ça.

— Jason, non. Détendez-vous. On peut très bien faire ça sans que cela change quoi que ce soit. On peut être deux personnes qui s'amusent un peu, rien de plus. On a bien mérité de s'amuser un peu, vous et moi, vous ne croyez pas ?

Je suis à quelques centimètres de lui, ma poitrine pressée contre son torse.

— Juste pour s'amuser un peu ?

Je frôle ses lèvres avec les miennes, puis je glisse brutalement ma langue dans sa bouche pour transformer cette tentative d'approche en un baiser profond. Il résiste au début, mais ça ne dure pas. Je prends sa main et l'entraîne jusqu'à son bureau. Je retire mon haut et dégrafe mon soutien-gorge. Comme absolument tous les hommes avec qui j'ai couché, Jason retient son souffle en voyant mes seins. Je le tiens, je le sais.

Je baisse ma jupe qui glisse jusqu'au sol, bientôt suivie de ma petite culotte. Mon sexe entièrement rasé semble le surprendre.

— Ça alors, Stella, je n'aurais jamais cru que vous étiez du genre à… Merde. Désolé. Est-ce que c'est à cause du traitement ?

Je plaque mon index sur sa bouche pour le faire taire et demande en souriant :

— Alors comme ça, vous avez pensé à ma chatte ?

— Non, je… Je veux juste dire que vous n'avez pas l'air de…

— C'est bon, Jason. Vous n'avez plus à vous poser la question, à présent. Elle est tout à vous.

Je m'assois sur son bureau et écarte les jambes pour lui offrir une vue imprenable sur mon sexe. Il le fixe intensément.

— Venez là, Jason. Tout va bien, c'est juste du sexe, ça ne changera rien entre nous.

J'écarte encore plus les cuisses, pour lui présenter un spectacle dont peu d'hommes auraient la force de se détourner. Je suis tout près d'obtenir ce que je veux, je le sens.

— Jason, s'il vous plaît, dis-je en affectant une pointe de désespoir. J'en ai besoin. Si ça se trouve, ce sera ma dernière fois.

— C'est vrai ?

Le stratagème fonctionne : il m'attrape et m'embrasse. Pendant quelques secondes, je me laisse faire sans bouger, parce que c'est délicieux. Sa bouche est d'une douceur incomparable et le baiser est parfait. Mais je dois rester concentrée. Je veux un petit garçon. Je me tourne rapidement pour être dos à lui.

— Prenez-moi comme ça.

Je colle mes fesses à son entrejambe. Je sens qu'il est en érection. Plus que quelques secondes avant que mon rêve ne devienne réalité. Je me caresse afin de jouir aussi, comme le recommandent les articles que j'ai lus. Mon orgasme attirera les spermatozoïdes mâles et les aidera à atteindre l'ovule en premier. C'est parfait. Tout se déroule merveilleusement bien.

Jason baisse sa braguette et prend son sexe dans sa main pour le guider. J'écarte les jambes pour l'accueillir. Je sens l'extrémité de son sexe contre moi. Alors que je suis sur le point de me coller à lui pour qu'il me pénètre, quelqu'un crie :

— Non, Jason ! N'entre pas en elle !

Nous sursautons tous les deux.

Quoi ? Nous tournons la tête vers la voix pour voir qui vient de dire ça.

— TARA ? s'écrie Jason en même temps que moi.

— Jason, elle essaie de voler ton bébé ! Je veux dire qu'elle essaie d'avoir un bébé. Elle veut que tu lui fasses un bébé. Merde… Je n'en reviens pas d'avoir dit « n'entre pas en elle ». Désolée, je ne m'attendais pas à débarquer pile à ce moment-là, je…

Tara met sa main sur ses yeux. Jason remonte son pantalon.

— Tara, qu'est-ce que tu racontes ?

— Pardon, je n'ai pas été très claire. Euh, je présume que c'est Stella ? demande-t-elle en me pointant du doigt.

Je hoche la tête. Je ne peux pas faire grand-chose de plus. Ah si. Remettre ma culotte.

— Oui, c'est Stella. Comment est-ce que tu… Une seconde. Stella, comment saviez-vous que c'était Tara ?

Oh oh.

— Tout le monde sait qui je suis, à cause de la vidéo.

— La vidéo ? répète-t-il d'un air ahuri.

— Oui, la vidéo ! De moi qui… Attends, tu ne l'as pas vue ?

Pendant que Jason explique qu'il a été privé de télé et d'Internet à cause de son livre, je me baisse pour ramasser ma jupe. Mais il crie en me voyant bouger et je me redresse d'un bond comme un bon petit soldat, avec mon foutu crâne rasé.

— Stella, pourquoi est-ce que vous ne… Tara, comment est-ce que tu connais Stella ?

— Je la connais parce qu'elle a harcelé mon amie Camilla Stacey depuis sa boîte mail professionnelle. J'ai vu les messages.

Jason dévisage Tara, puis se tourne vers moi.

— Vous parlez en langage codé, toutes les deux, ou quoi ?

— Stella, commence-t-elle, visiblement déterminée à ne pas pleurer. J'étais avec Camilla il y a deux jours, juste avant sa mort. J'ai lu le dernier mail que vous lui avez envoyé et j'ai vu où vous travailliez. J'étais obligée de te prévenir de ce qu'elle manigançait, Jason. Je me suis retrouvée en possession de cette information et je ne pouvais pas l'ignorer. Je sais que tu as dit que tu ne voulais pas me revoir, mais…

— Quoi ? Quand est-ce que j'ai dit ça ? coupe Jason d'un air plus que perplexe.

— Quand je t'ai envoyé un texto la semaine dernière, et que tu m'as répondu en m'expliquant que j'avais mal interprété la situation… Si tu le dis, c'est que c'est vrai, je suppose, mais je…

— Je n'ai rien envoyé du tout, je n'avais même pas de téléphone ! Quand tu es rentrée dans le métro ce soir-là, un type à vélo m'a foncé dedans. Mon portable est tombé dans une bouche d'égout. J'ai un nouveau téléphone depuis seulement quelques jours et je ne t'ai pas écrit parce que toi tu ne m'as pas écrit.

Tout se fige autour de nous tandis que les différentes pièces du puzzle commencent à s'emboîter. Jason et Tara se tournent vers moi et me dévisagent. Je me couvre du mieux que je peux, mais ça ne sert à rien. Je n'ai plus la moindre dignité, à ce stade. Je veux fermer les yeux, laisser passer ce qui est sur le point de se passer, et rentrer chez moi pour me cacher jusqu'à la fin des temps. Tout ça a pris une très, très mauvaise tournure.

— Stella, est-ce que vous avez envoyé un message à Tara pour lui dire que je ne voulais pas la revoir, alors que vous saviez à quel point elle me plaisait ?

Comment est-ce que je vais me sortir de ce pétrin ? Si je dis la vérité, est-ce que tout va s'arranger ? Je n'ai pas le choix, de toute façon. Alors…

— Oui. J'ai vu le message qu'elle vous avait envoyé et j'ai répondu en disant que vous ne vouliez pas la revoir.

— Pourquoi ? demande Jason, l'air profondément blessé.

— Parce que je voulais la maintenir à distance. J'avais besoin de vous.

— Besoin de moi ? Pourquoi, parce que vous avez un cancer ? Stella, je vous l'ai dit, je suis là pour vous.

— Merde, vous avez un cancer ?

Tara semble sincèrement inquiète. Puis, comme si un déclic venait de se faire dans sa tête, elle ajoute :

— Oh, est-ce que c'est pour ça que…

Elle tire sur ses cheveux. Je la fixe sans un mot. *Qu'est-ce que je peux bien répondre à ça ?* Je sens que je commence à me décomposer.

— Vous avez un cancer, pas vrai, Stella ? insiste Jason.

Je garde le silence.

— Stella, est-ce que vous avez un cancer ? interroge à nouveau Jason, plus fermement.

Cette fois, je craque.

— Non ! J'ai menti. Je ne suis pas malade. Je ne suis pas en traitement. Et oui, je voulais que vous me mettiez enceinte. La voilà, la vérité. Ça vous va, comme ça ?

Jason attrape la flûte à champagne la plus proche et la fracasse sur le sol. Il a l'air furieux. Je l'ai déjà vu exprimer tout un tas d'émotions, mais jamais la colère. Je suis tellement choquée que je commence à pleurer pitoyablement.

— Mais qu'est-ce qui vous a pris de faire un truc pareil ? J'ai été gentil avec vous, je me suis occupé de vous. J'ai même failli baiser avec vous par pitié, bon sang ! Pourquoi est-ce que vous avez inventé tout ça ?

— Parce que je veux avoir un bébé.

— Vous vous fichez de moi ?

— Non, je veux plus que tout avoir un enfant.

Je sanglote à chaudes larmes à présent. En disant ça à voix haute, je me rends compte qu'il doit me prendre pour une véritable cinglée. Est-ce que j'ai complètement perdu l'esprit ?

— Vous m'avez laissé vous raser les cheveux, dit-il en secouant la tête.

Tara nous regarde chacun notre tour, les yeux écarquillés.

— Waouh, souffle-t-elle en prenant conscience de l'énormité de mon mensonge.

— Sortez. Sortez, s'il vous plaît. Je n'arrive même pas à vous regarder. Mon Dieu, quand je pense que j'ai presque… Sortez ! hurle Jason en montrant la porte.

On dirait que je le dégoûte. Qu'il me déteste.

Je ramasse le reste de mes vêtements, passe devant lui et frôle Tara pour sortir du bureau. Je n'ai plus rien à perdre. Alors je fais volte-face et je laisse les mots déferler hors de ma bouche.

— Je ne suis pas atteinte d'un cancer, mais j'ai le gène BRCA. Ça signifie que j'ai quatre-vingt-cinq pour cent de chances d'avoir un cancer. Comme ma mère et ma sœur jumelle sont mortes de ça jeunes, la meilleure chose à faire dans mon cas est de subir une ablation des seins et des ovaires. Le médecin m'a dit que si je voulais avoir un enfant naturellement, je devais le concevoir maintenant, mais je n'avais personne avec qui faire un bébé.

Ils me fixent, abasourdis. Les larmes roulent sur mes joues. Je parle vite, parce qu'il faut que tout ça sorte.

— Vous répétez sans cesse que vous adoreriez avoir des enfants, mais que vous ne trouvez personne, vous non plus, alors j'ai pensé qu'on pouvait faire ça ensemble, au début. Mais finalement, j'avais prévu de ne pas vous le dire, parce que je savais que jamais vous ne tomberiez amoureux de moi. Je ne voulais pas vous piéger, j'ai juste pensé... Quand j'ai lu ce que Tara avait fait, j'ai compris que vous n'aviez même pas à être au courant. Ça paraissait tellement simple...

Une fois de plus, Jason a l'air de débarquer d'une autre planète.

— Attendez une seconde : comment ça, ce que Tara avait fait ?

— On ne parlait que d'elle sur Internet et dans les médias quelques jours après votre rencontre, la Super Branleuse de Walthamstow. Elle s'est masturbée dans le métro en rentrant de votre rendez-vous et...

— Tu as quoi ? s'étrangle-t-il en regardant Tara.

— Je t'expliquerai plus tard.

Ils se tournent tous les deux vers moi.

— Je savais que si vous en entendiez parler, vous la retrouveriez, alors je vous ai empêché d'aller sur Internet. Il fallait finir votre livre.

— On s'en fout, de mon livre, ça n'a rien à voir. Vous saviez à quel point je voulais revoir Tara. J'étais désespéré après notre soirée, bon sang, et vous m'avez laissé souffrir. Vous auriez pu obtenir du sperme auprès de n'importe qui, si c'est tout ce qui vous intéresse. Sale égoïste. Espèce de sale p...

Il s'interrompt.

— Je suis désolée. Je crois que j'ai de gros problèmes, dis-je d'une petite voix.

Silence total.

— Vous êtes complètement tarée, Stella, finit par déclarer Jason. Sortez de mon studio et ne revenez pas. Je ne veux plus jamais vous voir ici, c'est compris ?

— Mais Jason, je...

— Vous êtes la pire personne que j'aie jamais rencontrée. Dégagez de mon studio immédiatement.

Je m'exécute alors, et je débarrasse le plancher.

Tara

Jason et moi restons plantés là en silence. C'est dur de trouver quelque chose à dire après une scène pareille. J'essaie de ne pas penser à ce que j'ai vu. Jason n'est pas mon petit ami, il ne savait pas ce qui se passait réellement et il est libre de coucher avec qui il veut. Mais ce n'est pas dans ce genre de circonstances que j'espérais voir son pénis pour la première fois.

— Merci, finit-il par dire.

— De rien. Je ne savais pas trop ce qui se produirait si je venais, mais je ne m'attendais certainement pas à ça.

— Il ne s'est rien passé. Enfin, presque rien. Tu es arrivée juste à temps.

Il secoue la tête et se frotte le visage, visiblement très embarrassé.

— Ne t'inquiète pas. J'ai eu ma dose de gêne de mon côté, crois-moi. Je sais que ce n'est pas ta faute.

J'ai le sentiment que c'est la bonne réaction à avoir dans cette situation, et que ça annule peut-être un peu ma propre honte.

Il verse du champagne dans une coupe qu'il me tend, puis il va se chercher une tasse qu'il remplit également. Il se dirige ensuite vers la fenêtre et regarde dehors.

— Jason, est-ce que ça va ?

— Non. Je ne sais pas si je me sens idiot, ou en colère, ou si je suis juste très triste pour elle. Sans doute un mélange des trois. Elle s'est arraché une mèche de cheveux pour me faire croire qu'elle commençait à les perdre. Il faut vraiment être désespéré pour faire une chose pareille.

— Sûrement, oui.

Il réfléchit pendant quelques instants avant de se tourner vers moi.

— Je suis désolé pour la mort de ton amie. C'est très triste.

— Merci. Je pense que je ne réalise pas encore.

Je me demande quel effet me fera le chagrin lorsque ce sera le cas. Est-ce que ce sera plus facile parce que je ne l'ai rencontrée qu'une fois ? Ou plus difficile parce que je n'ai pas eu l'occasion de la connaître comme je l'aurais voulu ?

— Je suis très content de te revoir, Tara.

— Moi aussi. Quand tu n'as pas répondu à mon message, je ne savais pas quoi penser. Je n'arrivais pas à croire que je m'étais trompée à ce point.

— Tu ne t'es pas trompée. Je t'assure que dès que tu as disparu dans le métro, ce connard m'a percuté et m'a fait perdre mon téléphone. Je voulais t'écrire, mais quand j'ai enfin reçu un nouveau portable, ton numéro n'était plus dans mes contacts. On sait pourquoi, maintenant. Elle s'est vraiment donné un mal de chien pour nous empêcher de nous retrouver.

— J'ai supposé que tu avais vu la vidéo et que tu t'étais dit que j'étais une traînée, au final.

— C'est quoi, cette histoire ? Je n'y comprends rien. Super Branleuse ? Une amie de Stella en a parlé, mais j'ai cru que c'était un programme télé ou un truc comme ça. C'était toi ? C'est de ça que tu parlais quand tu m'as dit que tu travaillais pour la télévision ?

Je n'en reviens pas qu'il ne l'ait pas vue. Dire que pendant tout ce temps, j'étais convaincue qu'il me prenait pour une folle...

— Non. Ma vie a changé cette nuit-là, sur tous les plans. Tu m'avais tellement excitée que je me suis masturbée dans le métro. Quand j'ai ouvert les yeux, un pervers était en train de me filmer, et quand je suis arrivée au bureau le lundi matin, je faisais le buzz sur Internet. Je ne comprends pas comment tu as pu passer à côté.

— J'étais privé d'Internet, je te rappelle. Je comprends mieux pourquoi Stella était aussi inflexible. Et merde.

Un voile de tristesse ternit son regard. Mais l'instant d'après, une lueur apparaît dans ses yeux. Mon estomac se noue.

— Pas grave. Je vais la regarder maintenant.

— Non, Jason, s'il te plaît. On n'est pas obligés. Tu peux toujours la regarder plus tard.

— Je pense qu'on a déjà battu tous les records de malaise aujourd'hui, et il faudra bien que je la voie à un moment ou à un autre, alors autant régler ça tout de suite.

Il attrape l'ordinateur portable de Stella qu'elle a oublié d'emporter. J'essaie d'abord de le retenir, mais en y réfléchissant bien… Si j'ai réussi à regarder ça avec ma mère, je peux bien y arriver avec Jason.

— D'accord. Tape « Super Branleuse de Walthamstow ».

Je me crispe davantage à chaque mot qui sort de ma bouche. J'avais tort : c'est encore pire que quand mon père l'a vue.

Il trouve la vidéo et appuie sur « lecture ».

— Putain de merde, souffle-t-il une fois les treize secondes écoulées.

On dirait que ses yeux s'apprêtent à sortir de leurs orbites.

— Waouh. Près de sept millions de personnes t'ont vue te masturber ?

— Hum hum.

— Ça a au moins le mérite de m'aider à avoir moins honte que tu m'aies surpris en train de… Je n'ai pas la moindre idée de comment décrire ce que tu as vu.

— Guider ton pénis vers le sexe rasé de ton assistante pour qu'elle puisse te voler ton sperme ?

— C'est ça. Mon Dieu.

— Je pense qu'on est à égalité. Enfin, pas tout à fait, tes exploits à toi n'ont pas été visionnés par des millions de personnes.

— C'est vrai, mais toi au moins, tu étais sexy. C'est vraiment bon de te revoir, Tara. Je sais qu'on ne s'est vus qu'une fois, mais tu m'as manqué.

Il est sérieux ?

— Toi aussi, tu m'as manqué.

Il n'imagine pas à quel point.

Puis, en dépit du fait qu'il vient de me voir me livrer à, si j'en crois le reste du monde, l'acte le plus vulgaire qui soit, il m'embrasse.

***

Il est 8 heures du matin lorsque nous nous réveillons, enveloppés dans un immense rideau noir, sur le sol du studio. Nos corps s'emboîtent à la perfection. Hier soir, nous avons bu tout l'alcool qui nous est tombé sous la main et nous avons fait l'amour sur tous les objets et surfaces où nous pouvions le faire. Dieu sait à quelle heure nous avons fini par nous endormir. Nous avons discuté pendant des heures.

— Merde !

Soudain, je me rappelle que je suis maman et que je vis chez mes parents.

— Annie !

J'attrape mon portable pour envoyer un message à ma mère. J'ai cinq appels en absence. Elle doit être folle d'inquiétude.

> Maman, je suis vraiment désolée. Je vais bien, ne t'en fais pas. Comment va Annie ? Je rentre bientôt, pardon pardon pardon. Gros bisous

Elle me répond aussitôt.

> D'accord, ma chérie. Je viens de déposer Annie à l'école. Je dirai à ton père que tu étais chez Sophie, ça te va ? Bisous

Je ne réponds pas. J'ai quarante-deux ans. Tout ce que mes parents ont besoin de savoir, c'est que je vais bien.

Jason se lève pour nous faire du café et je me rallonge. J'observe le décor autour de moi. D'immenses photos de son travail décorent les murs. Je les connais toutes. Je les ai regardées je ne sais combien de fois sur son site au cours des deux dernières semaines.

— Qui était Camilla ? me demande-t-il en me tendant une tasse fumante.

Il n'a pas encore assemblé toutes les pièces du puzzle. Je m'assois et cale mon dos contre le mur. Il s'étend sur le rideau près de moi.

— Camilla Stacey. Elle avait un blog, *HowItIs.com*. Elle était géniale, une de ces personnes qui écrivent et n'hésitent pas à se mettre à nu et jouer cartes sur table. Les gens l'adoraient. Moi aussi. Elle est morte il y a deux jours. Elle est tombée dans son escalier. Nous venions de passer la soirée ensemble. Je n'arrive toujours pas à croire que...

Je pose mon mug et cache mon visage dans mes mains. Les larmes se mettent à couler.

— Elle est devenue une icône pour les femmes qui ne pouvaient pas ou ne voulaient pas avoir d'enfants, sauf qu'elle était enceinte. Elle avait pris rendez-vous pour avorter, mais elle est morte avant. Et maintenant, tout le monde la décrit comme une arnaqueuse et une menteuse, alors que ce n'est pas vrai.

— Vous étiez proches ?

— En réalité, c'était la première fois qu'on se rencontrait. Mais elle avait écrit un article dans lequel elle avait pris ma défense et on avait énormément échangé par e-mails. Lorsqu'on a passé ce bout de soirée toutes les deux, j'ai eu l'impression de la connaître depuis toujours. Et puis elle est morte comme ça, d'un coup. J'aimerais tellement pouvoir l'aider comme elle l'a fait pour moi. Mais elle est partie, alors je ne peux pas.

— Peut-être que si, justement. Tu pourrais publier un article pour la défendre à ton tour ? En expliquant aux gens qu'elle n'allait pas garder le bébé ?

— Je ne peux pas écrire ça. Ou pas assez bien pour lui rendre justice. Et puis, qui accepterait de le publier ? Si j'envoyais ça à un journal, il modifierait le texte de manière à me faire à nouveau passer pour une conne.

Je me colle à lui, pose ma tête sur mon épaule et caresse délicatement les poils de son torse. Je sens son cœur battre sous mes doigts. Je me souviens d'une chose que Camilla m'a écrite dans un de ses mails. Lorsque son père lui avait dit de tourner sa vie à son avantage. « Ne vous cachez pas, gardez la tête haute et ouvrez l'œil pour trouver un moyen de changer la donne. »

Ouvrez l'œil pour trouver un moyen de changer la donne.

Soudain, j'ai une idée. Peut-être que je peux l'aider, en fait.

Je me redresse brusquement et montre l'appareil photo fixé en haut d'un trépied.

— Jason, est-ce que ton appareil a une fonction vidéo ?

— Mon appareil peut tout faire. Pourquoi ? Tu veux tourner un film sexy pour moi ?

— Je crois que plus jamais de ma vie je ne me laisserai filmer en train de faire quoi que ce soit de ce genre. Mais j'aimerais enregistrer quelque chose.

— Bien sûr.

Je me lève, je m'habille et je place un tabouret entre l'appareil et un fond blanc installé au milieu du studio. J'attrape mon sac et vais jusqu'au miroir accroché à un des murs. Je me démêle les cheveux, je mets du fond de teint, un peu de blush, du mascara et du gloss.

Je me tourne vers Jason.

— De quoi ai-je l'air ?

— Tu as la coiffure de quelqu'un qui vient de faire des folies de son corps, mais tu es superbe. Qu'est-ce qu'on filme ? demande-t-il en allumant son appareil.

— Mon histoire.

Je règle les lumières et prépare le décor.

— Camilla m'avait demandé de la raconter dans un article pour son site. Elle m'avait assuré que si je m'exprimais avec mes mots, je parviendrais à mettre un terme à toute cette histoire, et je pense qu'elle avait raison. Mais au lieu d'écrire, je vais le faire à ma façon : en vidéo.

Je m'installe sur le tabouret et demande à Jason de prendre une photo pour que je puisse procéder à des ajustements si nécessaire.

— Qui est le photographe ici ? plaisante-t-il.

— C'est toi, mais c'est moi la documentariste, alors ne discute pas.

J'examine le cliché et ajoute un projecteur pour que l'éclairage soit parfait.

— Tu es toujours aussi énergique de bon matin ? s'enquiert-il d'un air nerveux.

— J'ai une petite fille de six ans. Le matin est la partie la plus énergique de la journée. Allez, on commence avant que je me dégonfle.

— À vos ordres, patronne.

Il regarde dans le viseur puis relève la tête.

— C'est parfait.

Il appuie sur un bouton et recule d'un pas.

— Ça tourne, Super Branleuse.

Je ris. Il faut bien avouer que c'est drôle.

Je prends un air sérieux, je regarde droit dans l'objectif et je me lance.

— Bonjour. Je m'appelle Tara Thomas, mais vous me connaissez sûrement sous le nom de Super Branleuse. Vous pouvez rire si vous voulez. C'est ce que tout un tas de gens ont fait au cours des dernières semaines. Soit ils se sont moqués de moi, soit ils ont affirmé que j'étais répugnante, perverse ou folle. La vérité, c'est que je ne suis rien de tout cela.

Il y a trois semaines, un vendredi soir, j'ai rencontré un homme. La soirée s'était si bien passée que je n'ai pas voulu tout gâcher en couchant avec lui le premier soir avec un verre dans le nez, alors j'ai décidé de rentrer chez moi toute seule. Malgré mes bonnes intentions, je me suis sentie très excitée alors que j'étais dans le métro. En constatant que la rame était entièrement vide, j'ai décidé de remédier à ça. Si vous êtes en train de visionner cette vidéo, vous savez ce qui s'est passé ensuite.

À 9 heures le lundi matin, je faisais le buzz sur Internet. Le jeudi, j'avais perdu mon travail, je m'étais fait arrêter par la police (bien que pas inculper) et j'avais souffert d'une crise d'angoisse si grave dans mon supermarché de quartier que j'avais fini à l'hôpital. Ensuite, j'ai donné une interview horrible à Sky News dans laquelle j'ai refusé de m'excuser pour ce que j'avais fait, ce qui les a poussés à éditer mes propos pour me faire passer pour une folle obsédée par le sexe.

Désormais, je suis retournée vivre chez mes parents, ma fille m'a appelée « Super Branleuse » à plusieurs reprises et les autres mamans de l'école me traitent comme une pestiférée. Mais je ne suis pas comme ça. Alors j'ai décidé de prendre la parole pour vous expliquer qui je suis vraiment, et comment j'ai vécu les trois semaines qui viennent de s'écouler.

Pour tout vous dire, ça a été la merde. La grosse, grosse merde. Non seulement j'ai été jugée pour mes actes dans le métro ce soir-là, mais aussi pour la façon dont j'avais eu ma fille. J'avais eu une aventure d'un soir, je n'ai jamais dit au mec que j'étais tombée enceinte, et apparemment, un tas de gens pensent que c'était horrible de faire ça.

D'après moi, ce qui aurait été horrible, ç'aurait été de forcer un homme à avoir un enfant. Et jusqu'à ce que le monde entier décide de me juger, tout allait très, très bien dans nos vies. J'ai fait ce qui était le mieux pour moi, pour ma fille et pour lui à ce moment-là, je suis une très bonne mère, et c'est la dernière fois que je me justifie quant à la manière dont j'ai eu ma fille.

Voilà pour ce qui est de mon histoire. Mais je souhaitais aussi vous parler de quelqu'un d'autre. Et ce quelqu'un, c'est Camilla Stacey. Même si vous ne connaissiez pas son travail, vous avez sûrement entendu parler d'elle ces jours-ci, parce qu'elle est décédée. À présent, les médias la dépeignent comme une menteuse, parce qu'elle a écrit de nombreux articles exprimant son désir de ne pas avoir d'enfants et qu'elle était enceinte au moment de sa mort.

Pour info, à toutes les personnes qui pensent que Camilla n'était qu'une hypocrite vénale : elle devait avorter le lendemain de son décès. Cam était tout ce qu'elle disait être. Et ce qui lui arrive actuellement est aussi injuste que ce qui m'arrive. Elle ne mérite pas d'être humiliée de la sorte. Que ses fans se rassurent : Camilla ne leur a pas menti. Elle a compris tard qu'elle était enceinte et elle ne voulait pas garder le bébé.

Quant à moi, je refuse de supporter cette situation plus longtemps. Je ne m'aplatirai pas face à une société peuplée d'hypocrites qui jugent à l'emporte-pièce. Je ne m'excuserai pas d'être mère et je ne m'excuserai certainement pas d'être femme. J'aurais davantage honte que ma fille grandisse en voyant sa mère se faire marcher dessus, qu'en voyant une vidéo stupide sur un instant de ma vie qui ne définit pas celle que je suis, et ne me définira jamais.

Merci de m'avoir regardée.

On pourrait entendre une mouche voler dans le studio. L'appareil continue à me filmer, le temps que Jason sorte de la transe qui semble s'être emparée de lui.

— Waouh, finit-il enfin par souffler. C'était génial.

— Merci.

Je me sens assez fière de moi, je dois dire.

— C'est minable qu'on la cloue au pilori parce qu'elle était enceinte alors qu'elle avait déclaré ne pas vouloir d'enfants. Ça veut dire que si elle avait changé d'avis et décidé qu'elle en voulait, ç'aurait été totalement inacceptable. Je détesterais être une femme.

Il a raison. Je n'avais même pas vu les choses sous cet angle. Pourquoi une femme n'aurait-elle pas le droit de changer d'avis quant au fait d'avoir des enfants ou pas ?

Jason me rejoint et se glisse entre mes jambes.

— Je n'en reviens pas qu'on sorte ensemble.

Je tente d'afficher un air détendu.

— Dis donc ! Tu ne peux pas simplement décréter que je suis ta petite amie sans m'avoir demandé ma permission !

— J'ignorais qu'on était encore dans les années 1950... Mais d'accord. Tara, veux-tu sortir avec moi ?

J'éclate de rire. Jason me dévisage, un peu vexé.

— Qu'est-ce qu'il y a de drôle ?

— On ne s'est vus que deux fois. Qu'est-ce que qu'on fabrique ?

— Seulement ? Merde, c'est vrai. Bizarre, hein ?

— Bizarre, oui.

Je l'embrasse. Ça, ça n'a rien de bizarre, en revanche.

— Et oui, Jason, je le veux. Je veux sortir avec toi. Maintenant, donne-moi la carte mémoire de l'appareil photo, je dois poster la vidéo avant de changer d'avis.

Je m'installe à l'ordinateur de Stella et me connecte à mon compte Twitter. J'ai désormais 750 000 followers. Alors que je mets la vidéo sur YouTube, j'imagine la joie que vont éprouver tous ces gens en constatant que Super Branleuse est enfin sortie de son cyber-silence. Bien sûr, il y a une chance sur deux pour que ça se retourne contre moi, mais... après tout, quelle importance ? Jason ne me juge pas, mes parents m'aiment et Annie est heureuse et en bonne santé. Je pense à Cam, incapable de se défendre de là où elle est. Peu importe ce que le karma me réserve, je lui dois de me sortir de ce marasme.

Une fois la vidéo téléchargée, je copie-colle le lien.

— Et...

J'expire lentement tandis que je tape « Je m'appelle Tara Thomas et ceci est mon histoire » sur Twitter.

— Vas-y ! m'encourage Jason.

J'appuie sur « tweeter ».

— ... voilà.

16

Dix jours plus tard

Tara

VÊTUE D'UNE PETITE ROBE NOIRE SANS MANCHES, je suis assise à la table de ma cuisine, en train d'essuyer mes dernières larmes. La journée a été rude. C'était l'enterrement de Cam. Je n'ai jamais vu autant de personnes pleurer dans une même pièce. Ses trois sœurs ont lu des poèmes, ses neveux et nièces ont chanté une chanson, ses parents (que j'ai reconnus pour les avoir croisés lors de ce funeste après-midi) se sont mutuellement soutenus et ont sangloté pendant toute la cérémonie. Je me suis faufilée dans le fond de l'église. Je ne voulais pas me faire remarquer, mais je tenais absolument à être présente pour dire au revoir à Cam.

Je ne suis pas très spirituelle, mais je dois avouer qu'en dépit de ma tristesse, tout semble aller de mieux en mieux dans ma vie depuis que je suis devenue amie avec Cam. C'est comme si elle m'avait laissé quelque chose, une partie d'elle-même qu'elle ne voulait pas emporter dans l'au-delà. Je ne me suis jamais sentie aussi en osmose avec ma propre existence. Toutes mes perspectives ont changé. En voyant la famille de Cam lors des funérailles, j'ai compris une chose : peu importe à quel point on est célèbre, peu importe l'étendue de notre ambition, au bout du compte, seule une petite unité compte. Tant que cette petite unité est forte, alors on l'est aussi. J'ai ma petite unité, ma famille, et je me sens indestructible.

C'est très perturbant de ressentir un tel manque pour une personne qu'on n'a vue qu'une seule fois. Mais parfois, on s'aime dès la première rencontre.

Je vais sur Twitter. C'est vraiment un symbole de la frivolité de la société. Il y a deux semaines, j'étais une icône détestée qui symbolisait l'irresponsabilité ; à présent, je suis une héroïne. Le mieux que l'on puisse faire dans ce monde qui retourne constamment sa veste, c'est rester soi-même. Mon refus de courber l'échine m'a permis de conquérir l'amour d'un public qui a fait tout son possible pour me détruire lorsqu'il me pensait faible. Je devrais détester ces gens, mais la positivité est comme une drogue. Je n'arrive pas à m'empêcher de lire les tweets.

La vidéo que j'ai postée a été visionnée près de trois millions de fois. Désormais, au lieu de menaces de viol, je reçois des demandes en mariage. Et au lieu de me descendre en flammes et de me traiter de folle, on me décrit comme une héroïne féministe parce que je ne me suis pas excusée d'avoir des désirs sexuels.

Mais je crois que ce qui me rend le plus fière, c'est que depuis ma vidéo, presque tous les journaux qui avaient critiqué Camilla ont publié des articles dans lesquels ils faisaient amende honorable. Ils ont admis qu'ils avaient eu tort de faire des suppositions sur la grossesse de Cam et de prétendre qu'elle mentait à ses fans par appât du gain. Toute cette histoire a ouvert le dialogue sur l'avortement, le harcèlement en ligne, le droit d'une femme de changer d'avis… J'espère que Cam est là, quelque part, et qu'elle voit tout ça, parce qu'elle adorerait ce bordel monstrueux qu'elle a suscité.

Tandis que je parcours les messages qui me sont adressés et que je m'autorise à laisser les compliments et le soutien me monter à la tête, l'un d'eux attire mon attention.

> @TaraThomas123 bonjour Tara, je travaille pour L'Oréal. Nous sponsorisions le blog de Cam. Pouvez-vous m'envoyer votre mail en DM ? Merci

Je réponds aussitôt. Moins de cinq minutes plus tard, je reçois un e-mail de Susan Jeffries.

> Chère Tara,
> Merci de m'avoir envoyé votre adresse mail. Cela fait quelques jours que je tente de vous contacter, mais je suppose que mes tweets se sont perdus dans la masse de réponses que vous avez reçues sur Twitter.
> Laissez-moi vous en dire un peu plus sur moi : j'étais directrice du sponsoring chez L'Oréal pour le Royaume-Uni, jusqu'à ce que l'on m'offre la chance d'exercer le même métier à New York. J'ai saisi cette opportunité, mais la personne qui me remplaçait ici était une catastrophe (c'est tout sauf professionnel de ma part de dire ça, mais elle est partie, alors peu importe) et on m'a suppliée de revenir. Je serai de retour à Londres la semaine prochaine. Une des partenaires dont j'étais le plus fière ici était Camilla Stacey : j'adorais son style et j'étais folle de joie lorsqu'elle a choisi L'Oréal comme sponsor principal. Quand j'ai appris qu'elle était morte, je n'y ai pas cru. Je n'y crois toujours pas, d'ailleurs. Nous avons perdu une légende.
> Depuis, je me creuse la tête afin de trouver un moyen pour L'Oréal de continuer à promouvoir une attitude aussi positive auprès des femmes. Après avoir vu votre vidéo, j'ai visionné les programmes que vous aviez réalisés. Je les ai trouvés fantastiques, et cela m'a donné une idée.
> J'ai à ma disposition un gros budget et je me demande comment l'investir au mieux. Tara, que penseriez-vous de lancer une chaîne numérique, sponsorisée par L'Oréal, pour laquelle vous pourriez produire des séries documentaires, toutes inspirées d'histoires qui sont réellement arrivées à des femmes ?

J'imagine que vous devez être inondée d'offres, alors prenez votre temps pour réfléchir et dites-moi ce que vous en pensez. J'attends votre réponse avec impatience.
Bien à vous,
Susan.

Bordel ! Je ne veux pas avoir l'air désespérée, alors j'attends trente secondes avant de répondre.

Chère Susan,
Merci de m'avoir contactée. Votre proposition me paraît très intéressante, j'adorerais en discuter. Peut-être que nous pourrions organiser un rendez-vous ?
Tara

Après avoir appuyé sur « envoyer », je me demande pourquoi j'ai été aussi formelle. Elle vient de m'offrir un avenir de rêve sur un plateau et j'ai réagi comme si j'étais à moitié blasée. Je souris et relève la tête. C'est encore un coup de Cam, je le sais. J'envoie un autre message à Susan.

Susan, veuillez excuser ma réponse précédente à votre e-mail.
Voilà ce que je pense réellement :
MAIS CARRÉMENT !! J'ADORERAIS !!
Merci ! Tara

Elle m'écrit quelques secondes plus tard.

GÉNIAL ! J'aimerais vraiment que vous soyez aux commandes de ce projet. Pourriez-vous me présenter quelques idées d'histoires dont vous aimeriez parler, afin que je puisse les soumettre à ma direction et obtenir leur feu vert ?

Je réfléchis pendant une minute. Puis la réponse s'impose d'elle-même.

Susan, j'ai le sujet parfait. Donnez-moi vingt-quatre heures.

Stella

Debout dans ma salle de bains, j'ai trente cachets dans une main et un verre d'eau dans l'autre. Je me dégoûte. La seule chose qui m'empêche de tout avaler, c'est d'imaginer ce que ma mère et Alice diraient si elles savaient ce que je m'apprête à faire. Si je me tue et qu'il y a bel et bien une vie après la mort, elles ne m'adresseront plus jamais la parole. J'ai la chance de vivre, une chance qu'elles n'ont pas eue. La voix lointaine de la raison me pousse à remettre les pilules dans leur flacon pour la troisième fois depuis ce matin.

J'ai passé une semaine horrible. Je n'ai pas mis le nez dehors. J'ai même demandé au livreur du supermarché de laisser les courses sur le pas de ma porte et de me faire signer le bon de livraison à travers la boîte aux lettres. Je ne veux voir personne. Je ne suis pas prête à affronter le monde.

Qu'est-ce que je suis devenue ? J'inspecte mon reflet dans le miroir. Mes cheveux ont commencé à repousser. J'ai peut-être l'air d'un soldat, mais j'ai le sentiment d'être une victime de guerre. La mutilation ou la mort ? Est-ce que c'est ça, mes deux seuls choix ? Vraiment réjouissant.

La sonnette de la porte retentit et je me fige. Je me fiche de qui ça peut être. Je ne veux pas répondre.

Nouveau coup de sonnette.

Je me blottis dans un coin de la salle de bains. Je me sens plus en sécurité comme ça qu'en restant en plein milieu de la pièce. La personne commence à frapper à la porte et à m'appeler à travers la boîte aux lettres. C'est une voix de femme. Une voix de femme que je reconnais. Je gagne le couloir à pas lents.

Tara

— Stella, répondez. Je sais que vous êtes là.

Je regarde par sa boîte aux lettres, sans savoir si elle est chez elle ou non. Les lumières sont éteintes, mais j'ai l'impression de sentir sa présence dans l'appartement. Un peu comme quand on sait que quelqu'un nous observe pendant qu'on dort.

— Stella, c'est Tara. Super Branleuse. Soyez sympa, ne me faites pas répéter un truc pareil.

Je sursaute lorsqu'elle apparaît au bout du couloir. Elle porte un tee-shirt blanc qui dévoile ses épaules et un legging noir. À contre-jour et avec le crâne rasé, elle fiche vraiment la trouille. Elle a un petit côté Britney Spears aux alentours de 2007. Quand son regard croise le mien, je discerne une lueur de peur dans ses yeux. La même que celle qu'elle avait au studio de Jason.

— Qu'est-ce que vous fabriquez ici ? demande-t-elle d'une voix nerveuse.

Plusieurs mètres la séparent encore de la porte.

— J'ai votre ordinateur portable. Je me suis dit que vous aimeriez peut-être le récupérer ?

J'étais bien contente de trouver cette excuse pour venir lui parler. Jason souhaitait garder l'ordinateur en guise de preuve, au cas où elle mettrait le feu au studio ou tenterait de l'assassiner. Mais je l'ai assuré qu'elle ne ferait pas davantage de dégâts.

— Vous n'allez pas réussir à me faire croire que c'est agréable d'être cloîtrée ici et de devoir lire le *MailOnline* sur votre téléphone.

Je remonte un peu mon visage, pour qu'elle voie mon sourire à travers la fente de la boîte. Elle se rapproche de la porte et finit par l'ouvrir. Elle plisse les yeux quand la lumière du soleil se répand dans son appartement, à croire qu'elle n'est pas sortie de chez elle depuis des jours.

— Écoutez, si vous êtes ici pour m'engueuler, ce n'est pas la peine, d'accord ? Je sais que j'ai mal agi et que j'ai eu tort.

Elle s'exprime avec calme, mais aussi avec une détermination qui m'indique qu'elle a sa dose et qu'elle n'hésitera pas à me claquer la porte au nez si je dis un mot de travers.

De près, je vois qu'elle est fatiguée. Elle a les yeux injectés de sang et la peau grasse. On dirait moi il y a quelques semaines.

— Je ne suis pas venue vous engueuler, je vous le promets. Est-ce que je peux entrer ?

Elle fait un pas de côté et je passe devant elle, tout en me sentant nerveuse à l'idée qu'elle referme la porte.

Nous nous rendons dans le salon. Elle ne fait pas le moindre effort pour tenter de dissimuler le chaos qui y règne. Il y a des tasses à café à terre et des assiettes sales avec des morceaux de tartines sur le canapé. La télé est allumée et diffuse *The Jeremy Kyle Show*. Tout ça a des allures beaucoup trop familières.

— J'adore votre appartement, dis-je en regardant autour de moi.

C'est la vérité. En dépit du bazar, c'est vraiment joli chez elle.

— Est-ce que vous êtes sortie depuis la semaine dernière ?

Je m'assois dans un fauteuil. Elle reste debout près de la porte, les bras croisés sur la poitrine. Maintenant, je regrette de m'être assise.

— Non. Je n'ai nulle part où aller. J'ai vu votre vidéo. On peut dire que vous avez inversé la tendance.

Peut-être qu'elle commence à se réjouir de ma visite ? Mais l'instant d'après, elle me prouve le contraire en assénant avec brusquerie :

— Qu'est-ce que vous êtes venue faire ici ?

J'avais prévu de lui expliquer les choses calmement, mais quelque chose me dit qu'elle risque de me mettre dehors d'un instant à l'autre, alors j'ai intérêt à cracher le morceau fissa. Néanmoins, l'odeur qui règne chez elle me donne la nausée, et le manque de lumière m'angoisse.

— Est-ce que je peux ouvrir les rideaux ?

Elle hoche la tête, visiblement honteuse.

Je me lève pour m'exécuter, et j'ouvre une fenêtre au passage. Une bouffée d'air frais s'engouffre dans la pièce et la tension semble se dissiper légèrement.

D'une voix assurée, je déclare :

— Stella, j'ai une proposition à vous faire.

— Une proposition, c'est-à-dire ? Vous allez me proposer de quitter le pays ou un truc comme ça ?

— Mon Dieu, non, je... Non, je ne veux pas que vous quittiez le pays.

Comment peut-elle imaginer que je suis venue jusqu'ici pour lui demander une chose pareille ? Ça en dit long sur son état d'esprit.

— Non. J'aimerais faire un documentaire sur vous.

Aussitôt, elle enrage. Elle décroise les bras et se dirige vers moi à grands pas.

— Comment ça, un documentaire sur moi ? Vous me prenez pour un putain de phénomène de foire, c'est ça ?

Waouh. J'ai le sentiment qu'on est rentrées à l'intérieur de l'écran de télé et que le garde du corps de Jeremy Kyle va devoir nous séparer. Sans lui demander la permission, j'éteins la télévision.

— Oui. Sur vous, sur votre histoire. Je devrais vous détester après tout ce que vous avez fait, mais votre petit discours au studio de Jason a résonné en moi. Je n'ai jamais été confrontée à la mort de la même façon que vous, mais je comprends votre isolement, et je comprends pourquoi vous voulez un bébé. J'étais comme vous : c'est pour ça que j'ai eu Annie de cette façon. Vous avez raison, avoir un enfant, c'est avoir une raison de vivre. Enfin, je trouve la façon dont vous avez essayé de tomber enceinte carrément délirante, mais à part ça, je vous comprends. J'ai failli devenir folle quand cette fichue vidéo a fait le buzz ; si j'ai tenu le coup, c'est uniquement grâce à Annie et à mes parents. Si j'avais été seule, j'ignore ce qui se serait passé. Je serais certainement encore enfermée chez moi à regarder la télé, exactement comme vous.

— Vous ne comprenez pas ce que c'est, de perdre sa jumelle.

Son intonation est pleine de colère. Mais je persévère.

— Vous avez raison, je n'ai pas la moindre idée de ce que ça fait. Je ne peux même pas l'imaginer. Mais je sais ce que c'est de perdre une partie de soi-même. Entre ce qui vous est arrivé dans la vie et ce que vous affrontez maintenant, vous avez plus d'une raison de devenir dingue. Je comprends pourquoi vous avez perdu les pédales.

Je marque une pause, nerveuse à l'idée d'une explosion potentielle de violence. Mais rien ne se passe, alors je continue.

— C'est pour ça que je pense qu'on devrait documenter votre parcours à partir de maintenant. L'opération, la reconstruction de votre vie après le deuil.

— Documenter mon parcours ? Vous voulez suivre mes aventures pendant que je subis une ablation des seins et des ovaires ? Super, très bon programme, ça va sacrément donner la pêche aux spectateurs.

— Sauf que ça va beaucoup plus loin que ça, en réalité, vous ne croyez pas ? Vous pourriez parler des épreuves que vous avez traversées.

— À la télévision ? Vous vous fichez de moi ?

— Pas du tout. Et d'ailleurs, ce ne serait pas diffusé à la télé, mais sur mon site Internet. Nous exercerions un contrôle absolu sur le contenu, vous auriez une totale liberté de parole. Votre combat est réel. Je pense que vous pouvez vraiment inspirer les gens.

— Une seconde…

Elle paraît un tantinet moins hostile, à présent.

— Depuis quand est-ce que vous avez un site ?

— Depuis tout de suite. L'Oréal sponsorisait Camilla avant, et ils m'ont proposé de financer une chaîne numérique. Je vais réaliser des courts-métrages et des mini-séries sur des femmes qui vivent des vies extraordinaires. Et j'aimerais vous consacrer le premier reportage.

Stella baisse la tête. J'ai dû dire quelque chose qui la contrarie.

— Je ne détestais pas Camilla, commence-t-elle lentement. Pas vraiment. Ça me faisait juste du bien de faire souffrir quelqu'un comme moi je souffrais. Sa vie semblait si parfaite par rapport à la mienne… Je suis devenue accro, je suppose. Je n'en suis pas fière.

— Et je pense que nous devrions en parler dans le documentaire.

— Super. Et je serais quoi ? Le visage des trolls sur Internet ?

— Non, parce que vous expliqueriez avec sincérité pourquoi vous avez fait ça. J'ai été violemment harcelée en ligne, moi aussi, et je pensais que les gens qui écrivaient ces messages étaient le diable incarné. Mais désormais, je connais la valeur de ces paroles. Vous m'avez fait changer d'avis sur le harcèlement virtuel. Cela ne me blessera plus jamais comme ça a pu le faire auparavant, car je comprends le phénomène, maintenant. Les personnes qui font ça le font uniquement parce qu'elles sont malheureuses. Mes harceleurs ne me détestent pas vraiment, leurs mots ne sont pas réels et je pense que nous devons en parler. Je ne souhaite pas faire un programme qui vous diffame, Stella. Je veux faire un programme qui montre que la vie peut parfois être sur le point de nous détruire, mais que tout le monde a le pouvoir de remonter la pente.

— Vous savez, j'ai relu tous les articles de Camilla dans lesquels elle parlait de son non-désir d'enfants, me confie-t-elle en grattant nerveusement les restes de vernis sur ses ongles. Je ne sais pas si c'est parce que je suis dans un nouvel état d'esprit, mais ça m'a aidée à me sentir mieux. Je commence à l'accepter, j'imagine. J'aurais dû les lire plus attentivement la première fois. Peut-être que, d'une certaine façon, ce documentaire pourrait être mon héritage ? Une preuve de mon passage sur Terre, une chose que je pourrais laisser derrière moi, outre ce bazar.

L'idée commence à lui plaire, on dirait. J'acquiesce.

— Exactement.

— Alors d'accord.

Pour la première fois depuis que j'ai fait sa connaissance, je découvre à quoi elle ressemble lorsqu'elle sourit.

— Merci. Je vais vous aider à vous remettre en selle, je vous le promets.

Je me lève pour partir et elle me raccompagne jusqu'à la porte.

— Je vous contacte bientôt.

— Parfait. Et en attendant, ouvrez les rideaux, faites la vaisselle, allez faire un tour à pied. J'ai testé la méthode de rester confiné chez soi et ça n'a rien donné de bon. Tout va bien se passer. Il s'agit juste de prendre les bonnes décisions, comme le disait Cam. Et elle avait raison.

Stella hoche la tête.

— Comment va Jason ? ose-t-elle demander, même si elle semble nerveuse de prononcer son nom.

— Il est en pétard. Ça se comprend. Ah, et il a besoin des mots de passe afin de débloquer l'accès à Internet sur son téléphone et son ordinateur. Est-ce que vous pouvez les lui envoyer par mail ? En revanche, si j'étais vous, je ne m'attendrais pas à une réponse, ou du moins pas tout de suite. Mais je pense qu'il se calmera avec le temps. Il sait que vous traversez un truc particulièrement difficile. En revanche, je chercherais un nouveau travail, à votre place.

— Je m'en doutais. De toute façon, je crois que je ferais mieux de me concentrer sur moi pendant quelque temps. Je vais commencer par programmer l'opération. Ensuite, je verrai.

— Très bien. Je vous paierai pour le documentaire et on ne sait jamais… peut-être que ça va faire un carton et que vous finirez par devenir « le visage des femmes sans nichons ». Qui sait où ça peut vous mener !

Je ris, puis j'ai aussitôt envie de me mettre des claques.

— Mon Dieu, je suis désolée, c'était complètement déplacé.

— Non, ne vous excusez pas. Ça me plaît. « Le visage des femmes sans nichons », ça sonne bien, je trouve.

Elle sourit à nouveau et, l'espace d'un instant, la peur dans ses yeux disparaît.

— Je vous laisse. Je vous appelle bientôt, d'accord ? Je demanderai votre numéro à Jason. Comme ça, je vous passe un coup de fil et on discute, ça vous va ?

— Ça me va. Au fait, comment s'appelle votre site ? s'enquiert-elle avec ce qui ressemble à une pointe d'excitation.

— *Ne suivez pas le troupeau.* C'est pour les femmes qui font les choses à leur façon. Comme nous.

— J'aime bien, répond-elle alors que je sors de chez elle.

J'ai hâte d'annoncer la nouvelle à Susan.

17

Six mois plus tard

Tara

JE SUIS TELLEMENT IMPATIENTE DE LUI PARLER que je l'appelle pendant que je prépare le petit déjeuner.

— Stella ? C'est moi. J'ai visionné l'enregistrement, c'est incroyable. Franchement, ce moment où tu te réveilles après l'anesthésie et où tu demandes « De quoi ils ont l'air ? »... Je crois que c'est un des trucs les plus adorables que j'ai jamais vus. Tu vas être super fière.

— Je suis hyper nerveuse de voir les images, avoue-t-elle.

Mais elle a hâte, elle aussi, je le sais.

— Je te préviens, c'est une opération, alors certains moments ne sont pas faciles, mais le moment où le chirurgien retire ton tissu mammaire et glisse ton nouvel implant à l'intérieur... c'est fou, ce qu'ils arrivent à faire. Comment tu te sens ?

— Ça va. J'ai réussi à faire une balade à pied aujourd'hui, je suis allée chez le coiffeur, aussi... Tu n'imagines pas à quel point je suis soulagée. J'aurais dû me faire opérer il y a des années. Quand est-ce que le prochain épisode sera diffusé ?

— À la fin de la semaine prochaine. Le dernier a été visionné par près de deux millions de spectateurs, alors celui-ci va faire imploser Internet ! Les gens t'adorent, ils adorent ta sincérité. Est-ce que tu as besoin de quelque chose ? Je peux passer tout à l'heure et t'apporter à manger, si tu veux ?

— Non, merci, j'ai tout ce qu'il me faut. Je vais aller voir Jessica et le bébé cet après-midi.

— Ah oui, c'est vrai. Comment tu te sens par rapport à ça ?

J'ai un peu peur de ce que cette visite peut déclencher en elle.

— Franchement ? Elle a passé cinquante-huit heures en salle d'accouchement et elle a dix-sept points de suture au niveau du vagin et de l'anus. Je trouve que je m'en sors bien, en comparaison.

— Tu gardes le moral, c'est bien ! Appelle-moi après, d'accord ? Je t'aime fort, bye.

En raccrochant, je laisse tomber mon portable dans la poêle au milieu des œufs.

— Hummm, du téléphone brouillé, mon plat préféré, dit Jason.

Il vient de rentrer après avoir déposé Annie à l'école. Je récupère mon portable avec une spatule et le pose sur un torchon.

— Je crois que j'ai foiré mes œufs au plat. Tartines grillées ?

— Je te propose qu'on essaie de cuisiner autre chose, si tu vois ce que je veux dire.

Il m'embrasse et me prend par la taille.

— N'oublie pas ce que le médecin a dit : je ne suis plus toute jeune, il se peut que ça prenne un moment.

— Je sais, mais on peut aussi s'entraîner pour le plaisir.

Il me soulève pour me poser sur le plan de travail et remonte ma jupe. Mon téléphone sonne. La spatule toujours à la main, je décroche. Super. Maintenant, j'ai la main et l'oreille toute grasses.

— Bonjour, Vicky !

— Salut, patronne. Je crois que j'ai localisé cette nana dont ils parlaient dans *Grazia*. Tu sais, celle qui a passé des années dans une secte sans que personne dans sa famille ne soit au courant ? Elle a ouvert son propre centre de méditation dans une île au nord de l'Écosse et elle a laissé ses enfants avec son mari à Londres. Un sacré personnage… Je n'arrive pas encore à savoir si je l'aime bien ou pas. Elle serait parfaite pour *NeSuivezPasLeTroupeau*. Je me disais que je pourrais peut-être aller là-bas pour la rencontrer à la fin de la semaine ? Ça ne me dérangerait pas de passer un week-end sans les enfants, pour être honnête.

— Excellente idée. Vas-y. Bon boulot !

— Merci, patronne !

Dès que L'Oréal m'a envoyé le contrat, j'ai proposé un travail à Vicky Thomson. Je devais bien reconnaître qu'elle avait de très bonnes idées et c'est une des meilleures enquêtrices avec qui j'aie jamais travaillé. Qui l'eût cru ?

— Désolée, Jason, qu'est-ce qu'on disait ?

— Tu disais que tu étais vieille, ou un truc très sexy dans le même genre.

— Ah oui, c'est vrai.

Il me retire ma culotte et la lance par-dessus son épaule.

Je laisse tomber la spatule à terre.

REMERCIEMENTS

Ce livre n'existerait pas sans la brillante Sarah Benton. Après avoir travaillé avec moi sur mes deux livres précédents, Sarah a parlé de moi à sa nouvelle équipe lorsqu'elle est partie chez HarperCollins UK. J'ai été invitée dans leurs bureaux et on m'a offert un contrat pour deux livres. J'adore écrire et c'est un honneur d'être publiée par n'importe quelle maison d'édition, mais j'avais toujours rêvé d'être chez HarperCollins. Alors merci, Sarah, j'espère que tu es fière de moi !

Les remerciements suivants vont à mon éditrice, Kimberley Young. Kim accompagnait Sarah lors de notre première réunion et il y avait un petit côté « si tu choisis de signer avec nous ». Je l'ai peut-être joué cool sur le moment, mais j'ai dû déployer tous les efforts du monde pour ne pas lui sauter dessus et crier « OUI ! » dans la seconde. Je suis immensément reconnaissante de la patience dont Kimberley a fait preuve au cours des deux dernières années. Il se trouve que c'est un peu ambitieux (du moins dans mon cas) de promettre de livrer un roman neuf mois après la naissance d'un premier enfant. La date de livraison (du livre, pas du bébé) n'a cessé d'être repoussée, jusqu'à ce que j'aie récupéré suffisamment de neurones pour écrire le roman que nous aimons toutes les deux. Merci, Kimberley, car si tu avais été moins tolérante, ce ne serait peut-être jamais arrivé. J'espère que tu es fière de moi, toi aussi !

Merci à mon agent, Adrian Sington, qui prend grand soin de moi comme toujours et reste passionné par mon travail. Merci, merci, merci !

Et enfin, merci à toutes les personnes de chez HarperCollins qui ont permis à ce livre d'être publié. De l'artiste chargé de la couverture à l'équipe de relations publiques et du marketing en passant par les correctrices, quelle équipe !

Maintenant, pour ce qui est des remerciements personnels… J'aimerais remercier chacun des amis qui m'ont supportée tandis que je me plaignais sans cesse que c'était difficile d'écrire. À ceux qui avaient envie de sortir et de s'amuser, mais qui ont laissé leur joie de côté pour écouter mes crises d'angoisse. Chaque gémissement, chaque conversation, chaque « JE N'Y ARRIVERAI JAMAIS » m'a amenée là où j'en suis aujourd'hui. Alors merci, car j'ai les meilleurs amis du monde ! Vous êtes nombreux, mais je tiens à mentionner certains d'entre vous en particulier : Jo Elvin, Johnny et Michelle, Mel et TJ, Mamre, Louise, Carrie, Mary Moi et ma sœur Jane.

Merci à toutes les femmes qui écrivent, qui pensent et qui s'expriment, c'est important qu'on le fasse. Je ne vais pas vous lister une par une, mais je tiens particulièrement à remercier Polly Vernon, qui a écrit son avis pour s'entendre dire de se taire. Polly, votre livre m'a beaucoup aidée à créer le personnage de Cam. Ne vous taisez pas. Et puisqu'on en parle, est-ce qu'on pourrait tous arrêter de dire aux femmes de se taire ? C'est vraiment formidable qu'il y ait autant de façons différentes d'être une femme, et autant de façons de se sentir femme. Nous devrions essayer de toutes les accepter. À part quelques exceptions, mais là encore, je m'abstiendrai de faire une liste.

Et maintenant, pour la dernière catégorie de remerciements…

Chris, tu es le meilleur. Le meilleur mari, le meilleur père, le meilleur complice, le meilleur ami. Tu as géré mes crises avec une grâce peu commune et je t'en remercie. Ton soutien dépasse l'entendement. L'amour que je te porte aussi. J'ai beau être une auteure pleine de doutes, je me sens parfaitement en sécurité grâce à la vie que je retrouve lorsque je rentre à la maison, après une journée passée à m'arracher les cheveux et à sauter au plafond. Merci pour tout l'amour et toute la joie et toutes les autres choses. Et bien sûr, il y a Art… la petite chose qui a changé ma vie. Qui est sorti de moi sans effort (je mens) et qui s'est avéré être le meilleur bébé au monde (ça, c'est vrai). Petit Art, tu ne m'as pas laissé deux minutes à moi certains jours, mais tu m'as aussi donné plus d'amour que ce que j'aurais jamais cru possible. Mon petit mec. Avec des joues à croquer. J'ai tellement d'amour pour toi que je pourrais exploser, mais arrête de balancer ta nourriture par terre. Ça me rend dingue, bordel.

Merci à toutes les personnes dont je n'ai pas cité le nom et qui ont le sentiment que j'aurais dû. Ces remerciements auraient pu s'étaler sur des pages et des pages, croyez-moi. Écrire est une expérience solitaire de bien des façons, mais c'est très souvent le soutien des gens qui vous entourent qui vous permet d'y arriver. Alors merci !

Achevé d'imprimer en février 2020
par CPI Bussière
À Saint-Amand-Montrond (18)
Dépôt légal : février 2020
N° d'impression : 2049088
Imprimé en France